McGRAW-HILL SPANISH

GALERÍA
DE ARTE Y VIDA

MARGARET ADEY
LOUIS ALBINI

McGRAW-HILL SCHOOL DIVISION
New York ● Oklahoma City ● St. Louis ● San Francisco ● Dallas ● Atlanta

Joan Miró
Spanish, 1893–1983
A Drop of Dew Falling from the Wing of a Bird
Awakens Rosalie Asleep in the Shade of a Cobweb,
1939
Oil on burlap, 65.4 × 91.7 cm.
The University of Iowa Museum of Art
Purchased through the aid of The Mark Ranney
Memorial Fund

All unit openers and illustrations by Lynn Colorio

ISBN 0-07-000364-5

MARGARET ADEY

Margaret Adey is a former teacher of Spanish at David Crockett High School in Austin, Texas. In 1981 the State of Texas and David Crockett High School named her Foreign Language Teacher of the Year. For eighteen years Mrs. Adey organized and directed the Spanish Workshop for High School Students in Guanajuato, Mexico. She is a past president of the Austin Chapter of the American Association of Teachers of Spanish and Portuguese. As an honorary lifetime member of the Texas Foreign Language Association, Mrs. Adey is active in the Spanish Heritage Exchange Program between the United States and Spain, and in other foreign language programs and activities.

LOUIS ALBINI

Louis Albini is a former chairman of the Foreign Language Department of Pascack Hills High School, Montvale, New Jersey, as well as Supervisor of the Year and a finalist for Teacher of the Year in New Jersey. Mr. Albini is the recipient of the New Jersey Modern Foreign Language Teacher's Award. His experiences include a series of methods and demonstration classes at the University of Puerto Rico for the National Defense Education Act Institute. He continues to travel and study in Spain and other Spanish-speaking countries.

Acknowledgments

The authors would like to thank the following publishers, authors, and holders of copyright for their permission to reproduce the following literary works:

"La pintura moderna" by John M. Pittaro, from *Cuentecitos,* 1968, published by Regents Publishing Company, reprinted by permission of Simon and Schuster Higher Education Group.

"Los fusilamientos de la Moncloa" by Manuel Machado, from *Obras Completas de Manuel y Antonio Machado,* fourth edition, 1962, published by Editorial Plenitud, Madrid, Spain.

"El gato de Sèvres" by Marco A. Almazán, from *El libro de las comedias,* 1976, published by Editorial Jus, A.A., Mexico, D.F.

"El mensajero de San Martín" from *Segundo curso progresando,* published by D.C. Heath and Company, Boston, Massachusetts.

"El Alcázar no se rinde" by Carlos Ruiz de Azilú, from *Temas españoles,* published by Publicaciones Españoles, Madrid, Spain.

"Dos soldados" from "Two Soldiers" from *Long Time Passing* by Myra MacPherson. Copyright © 1984 by Myra MacPherson. Used by permission of Doubleday, a division of Bantam, Doubleday, Dell Publishing Group, Inc.

"Un héroe" from "21 Kids Who Have Made a Difference" by Anne Cassidy. Reprinted with permission from McCALL'S magazine. Copyright © 1986 by The McCall Publishing Group.

"La yaqui hermosa" by Amado Nervo, from *Obras completas,* Vol. 20, *Cuentos misteriosos,* published by Ruiz-Castilla y Cía., S.A., Editorial Biblioteca Nueva, Madrid, Spain.

"Rosa Leyes, el indio" by Alberto Cortez, from *Equipaje,* © Alberto Cortez, © Emecé Editores S.A., 1986—Buenos Aires, Argentina.

"Manuel" by Pedro Villa Fernández, from *Por esas España,* 1945, published by Holt, Rinehart and Winston, New York, New York.

"El lago encantado" from *Cuentos contados,* edited by Pittaro and Green, published by D.C. Heath and Company, Boston, Massachusetts.

"La vieja del candilejo" by Antonio Jiménez-Landi, from *Leyendas de España,* 1967, published by Aguilar S.A. de Ediciones, Madrid, Spain.

"La camisa de Margarita" by Ricardo Palma, from *An Anthology of Spanish American Literature,* Vol. I, edited by Englekirk, Leonard, Reid, and Crow, 1968, published by Appleton-Century-Crofts, New York, New York, reprinted by permission of Prentice-Hall, Englewood Cliffs, New Jersey.

"El abanico" by Vicente Riva Palacio, from *Cuentos del general,* 1929, published by Editorial "Cultura," Mexico, D.F.

"La pared" by Vicente Blasco Ibáñez, from *La Condenada,* 1919, published by Prometeo, Sociedad Editorial, Valencia, Spain.

"Cuando un amigo se va" by Alberto Cortez, from *Equipaje,* © Alberto Cortez, © Emecé Editores S.A., 1986—Buenos Aires, Argentina.

"El arrepentido" by Ana María Matute, from *El arrepentido y otras narraciones,* 1967, published by Editorial Juventud, S.A., Barcelona, Spain.

"Hemos perdido aún" by Pablo Neruda. Every effort to contact this copyright holder has been unsuccessful.

"Una esperanza" by Amado Nervo, from *Obras completas,* Vol. 5, *Cuentos misteriosos,* published by Ruiz-Castilla y Cía., S.A., Editorial Biblioteca Nueva, Madrid, Spain.

"Mejor que perros" by José Mancisidor, from *Escritores contemporáneos de México,* 1949, edited by Paul Patrick Roger, published by Houghton Mifflin Company, Boston, Massachusetts, courtesy of Dolores Varela de Mancisidor.

"La persecución de Villa" from *Antología del corrido revolucionario*, published by Brambila Musical, Mexico, D.F.

"La lechuza" by Alberto Gerchunoff, from *Los Gauchos judíos*, 1910, published by EUDEBA, Buenos Aires, Argentina, courtesy of Ana María Gerchunoff de Kantor.

"En el fondo del caño hay un negrito" by José Luis González, from *En este lado*, published by Los Presentes, Mexico, D.F.

"Fuego infantil" by Luis Palés Matos. Every effort to contact this copyright holder has been unsuccessful.

"¿Soy yo quien anda?" by Juan Ramón Jiménez, from *Segunda Antolojía poética (1898–1918)*, © 1933, published by Espasa-Calpe S.A., Madrid, Spain.

"A la deriva" by Horacio Quiroga, from *Biblioteca Roda*, published by Claudio García y Cía., Editores, Montevideo, Uruguay.

"La cita" by Raquel Banda Farfán, from *Siglo veinte*, 1968, edited by Leal and Silverman, published by Holt, Rinehart and Winston, New York, New York.

"El diente roto" by Pedro Emilio Coll, from *Siglo veinte*, 1968, edited by Leal and Silverman, published by Holt, Rinehart and Winston, New York, New York.

"Hacia la independencia" by Soledad Rodríguez, from *Paula*, July, 1986, published by Editorial Lord Cochrane, S.A., Santiago, Chile.

"Las 'nuevas' madres" by Christiane Collange, from *Yo, tu madre*, published by Seix Barral, Barcelona, Spain.

"El leve Pedro" by Enrique Anderson Imbert, from *El mentir de las estrellas*, 1940, published by El Ángel Gulab, Buenos Aires, Argentina.

"Luna" by Enrique Anderson Imbert, from *El gato de Cheshire*, 1965, published by Editorial Losada, Buenos Aires, Argentina.

"El brujo postergado" by Jorge Luis Borges, published by Emecé Editores S.A., Buenos Aires, Argentina.

"Hoy he nacido" by Amado Nervo, from *Obras Completas: Tomo II*, 1962, published by Aguilar, S.A., Madrid, Spain.

"Llénalo de amor" by Amado Nervo, from *Obras Completas: Tomo II*, 1962, published by Aguilar, S.A., Madrid, Spain.

"Camina siempre adelante" by Alberto Cortez from *Equipaje*, © Alberto Cortez, © Emecé Editores S.A., 1986—Buenos Aires, Argentina.

"Anoche cuando dormía (XIV)" by Antonio Machado, from *Obras Completas de Manuel y Antonio Machado*, fourth edition, 1962, published by Editorial Plenitud, Madrid, Spain.

The authors are also indebted to the following persons and organizations for permission to include the following photographs: Pages 3, 5: Alinari/Art Resource; 7: Scala/Art Resource; 16, 124, 266: Bettmann Archive; 19: Alinari/Art Resource; 41, 129, 337: Marilu Pease/Monkmeyer; 46: Margaret Durrance/Photo Researchers; 53: David W. Hamilton/TIB; 57: Robert Doisneau/Photo Researchers; 86, 171, 184: Nat Norman/Photo Researchers; 93: Spanish National Tourist Office; 95: Artists Rights Society, New York/SPADEM 1988; 97: Christa Armstrong/Photo Researchers; 98, 239, 364, 369, 394: Wide World Photos; 117: Reuters/Bettman Newsphotos; 138, 141: Carl Frank/Photo Researchers; 145: John L. Stage/Photo Researchers; 159: A.H. Huntington; 166: Tom Hollyman/Photo Researchers; 175: Robin Forbes/TIB; 189: Alvis Upitis/TIB; 191: Robert Roval/TIB; 208: Aspect Picture Library Ltd., London; 218: Roger Malloch/Magnum; 227: Britton-Logan/Photo Researchers; 228: Helena Kolda/Photo Researchers; 255: Robert Capa/Magnum; 261: Leonard Freed/Magnum; 265, 331: Historical Pictures Service, Chicago; 283: Arthur W. Ambler/Photo Researchers; 296: Freda Leinwand/Monkmeyer; 301: Guido Alberto Rossi/TIB; 319: Yvonne Freund/Photo Researchers; 324: M. Schwart/TIB; 333: Ernest Haas/Magnum; 353: Victor Englebert/Photo Researchers; 393: Joe Devenney/TIB; 400: Jules Zolon/TIB; 404: Barbara Rios/Photo Researchers; 406: B. Roussel/TIB.

Reviewers

The authors wish to express their thanks to the numerous teachers across the country who have contributed ideas and suggestions for *Galería de arte y vida*. We especially thank the following teachers who carefully reviewed portions of the original manuscript and offered helpful comments and recommendations.

Kathy A. Babula
Charlotte Country Day Middle School
Charlotte, North Carolina

Lynn Glover
Godby High School
Tallahassee, Florida

Mary Ann Kindig
Nimitz High School
Irving, Texas

Helen Kincaid
Norman Senior High School
Norman, Oklahoma

Marian Littman
West Bloomfield Schools
West Bloomfield, Michigan

Paul Pflaumer
Hamilton Township School District
Trenton, New Jersey

Lucy Quimby
Eureka High School
Eureka, California

Gloria Shifflet
J. Frank Dobie High School
Houston, Texas

Doreen Wagner
Miramonte High School
Orinda, California

Preface

El Prado, the famous museum in the heart of Madrid, houses a collection of art treasures from the entire world. Captured on canvas in vivid hues or sculptured from stone in quiet gray, the creative fancy of the great artists is on display for all the world to see.

The visitor who wanders through the silent exhibition rooms pauses to admire the strength of Goya, the majesty of Velázquez, the sensitivity of El Greco, the warmth of Murillo. On every wall and in every niche there is an artistic creation that opens the way to a reflection on life, both past and present.

McGRAW-HILL SPANISH *Galería de arte y vida* also houses a rich collection of art treasures from the Spanish-speaking world. The student of Spanish is invited to wander through this gallery, read the diverse selections, and reflect upon the pictures of Hispanic life.

The themes in *Galería de arte y vida* are universal. The reading selections focus on aspects of life with which students of all ages can readily identify. As the students read, not only will they make the acquaintance of modern authors of Spain and Spanish America, but they will also be exposed to the similarities and differences in the cultures of the people who speak the Spanish language.

Included in this gallery are selections representing many literary genres. Short stories, excerpts from novels and plays, poems, songs, and articles from magazines offer students an opportunity to increase their ability to read with understanding. As students read the selections, they will gain greater insight into the structure of the Spanish language, learn to appreciate contemporary Spanish writing, and lay the foundation for discussion of style and literary analysis.

There is much emphasis on reading and writing at this level of study. Nevertheless, the text provides many opportunities for students to maintain and develop their listening and speaking skills. To continue learning Spanish in this effective way, there are detailed questions that accompany each selection, conversations, structure exercises for oral practice that tell a story or relate to a theme, unique treatment of new vocabulary, and creative exercises for oral and written expression.

Galería de arte y vida reproduces *Cuadros de la vida hispánica.*

Format

This book is designed to carry students further in their development of the four language skills while deepening their insight into Hispanic culture through an exposure to the works of modern writers of the Spanish-speaking world. The development of oral proficiency is emphasized throughout the text.

Each of the units of *Galería de arte y vida* is called a *cuadro* because it presents a picture of a phase of the cultures of Spain, South America, Central America, Mexico, or the Caribbean area.

In each *cuadro* there are several literary selections that relate to the unit theme. Also included in many of the units are conversations that tie in with the theme.

Vocabulary and structure concepts are taught through contextual exercises stimulated by the reading selections.

Each *cuadro* is developed in the following manner:

PARA PREPARAR LA ESCENA. Each *cuadro* is presented to the students through an illustration and a thematic introduction.

PARA PRESENTAR LA LECTURA. A short statement about the literary selection and the author precedes each selection.

PARA APRENDER EL VOCABULARIO is made up of two features:

Palabras clave. Key words from the literary selection are presented and defined in Spanish so that the students may comprehend the reading without difficulty. Words have been chosen because of their high frequency in spoken and written Spanish. Each word is defined in the context in which it is used in the selection that follows. English is used only where necessity dictates. The definition for each word is followed by a contextual sentence which illustrates for the student the way the new word is frequently used.

Práctica. This exercise reinforces the meaning and use of the **Palabras clave.**

SELECCIÓN. The literary pieces are representative of authors of the Spanish-speaking world. Works of authors of the nineteenth and twentieth centuries predominate in the text.

PARA APLICAR is made up of several parts:

Comprensión. Questions guide the students to discuss what they have read and provide an effective tool for the teacher to check comprehension. In addition to the questions, a variety of exercises is provided to reinforce reading comprehension skills. **Para personalizar la lectura** provides opportunities for the students to develop and/or improve conversational skills as well as to relate the theme of the literary selection to their own experiences.

Conversaciones. Most *cuadros* contain at least one **Conversación** that relates to the unit theme. These activities have accompanying exercises and can be a starting point for students to converse independently in Spanish.

Por si acaso . . . Each reading selection is accompanied by exercises that provide challenging oral and written assignments, discussion topics, and activities for a variety of ability levels.

ESTRUCTURA. Both simple and challenging exercises in each *cuadro* present in an interesting manner a complete review of the important concepts of Spanish structure. Also included are idioms and commonly used expressions.

In keeping with its title, *Galería de arte y vida* contains reproductions of Hispanic art, photographs from all over the Spanish-speaking world, and sixteen pages of Hispanic masterpieces in full color.

Contenido

CUADRO 1

EL ARTE

Más fácil es de la obra juzgar, que en ella trabajar.

PARA PREPARAR LA ESCENA

Una galería de arte es un sitio extraordinario en el que se pueden observar maravillosas combinaciones de formas, materiales y colores exhibidos en pinturas, dibujos, esculturas, tejidos y joyas de valiosos metales y piedras preciosas. Nosotros los visitantes podemos admirar los trabajos de los pintores, escultores, artesanos y otros artistas. Podemos observar muchos aspectos de la vida reflejados en las obras de arte. En su manera de percibir la vida, los artistas nos muestran los efectos que tienen los grandes problemas, los acontecimientos sobre los cuales no tenemos control y los altibajos de la vida cotidiana.

Seis estrellas de España

PARA PRESENTAR LA LECTURA

En este salón se exhiben las pinturas de seis artistas. Cinco de ellos ya están muertos, pero vamos a hablar de todos en el presente, porque viven hoy y para siempre a través de sus obras. Son verdaderas estrellas de España.

PARA APRENDER EL VOCABULARIO

Palabras clave I

1 **desdén** indiferencia con desprecio
El conde nunca trata a nadie con desdén.
2 **entierro (enterrar—ie)** acción de enterrar o sepultar a un muerto
Fue un entierro solemne e impresionante.
3 **merece (merecer—zc)** es o se hace digno de algo
Este rapaz merece un castigo por habernos robado el dinero.
4 **torcida (torcer—ue)** *twisted, bent*
El accidente lo deja con la mano torcida.

Práctica

Completa con una palabra de la lista.

> *merece*   *el entierro*
> *torcidos*   *desdén*

1 Su amigo murió ayer y _____ tendrá lugar mañana a las tres en El Paso.
2 Todos los artistas jóvenes tienen mucho talento, pero el pintor de este cuadro _____ el premio.
3 El pordiosero me miró con _____ cuando yo le ofrecí la única peseta que tenía.
4 El enano, además de su baja estatura, tenía los pies _____.

EL GRECO (DOMENIKOS THEOTOKOPOULOS)
(1540–1614)

Este pintor nace en la isla griega de Creta. Es por eso que se le conoce como El Greco. Hace la mayoría de su trabajo en España. Inspirado por los místicos, refleja en su pintura la emoción religiosa y la aspiración espiritual de ese país.

Lo más notable de su obra es el alargamiento y la anatomía torcida de las figuras, las líneas onduladas y el uso del color. Trata de revelar en su pintura el desdén hacia la verdad material.

A sus treinta y tantos años El Greco vive en Toledo, ciudad inmortalizada en su famoso cuadro *Vista de Toledo*, el cual merece considerarse como uno de los mejores paisajes en la historia del arte.

En otra obra titulada *Entierro del Conde de Orgaz* logra el artista expresar en forma material la relación entre lo natural y lo sobrenatural.

El retrato titulado *Cardenal Don Fernando Niño de Guevara* es otro cuadro célebre de El Greco. Representa al cardenal inquisidor Guevara. Se encuentra hoy en el Museo Metropolitano de Nueva York.

onduladas en forma de olas (*wavy*)

paisaje vista del conjunto de montañas, ríos, campo

inquisidor juez de la inquisición, investigador

El Greco
Entierro del Conde de Orgaz
Santo Tomé, Toledo

PARA APLICAR

Comprensión

Contesta las siguientes preguntas.

1 ¿Cuál es la nacionalidad de Domenikos Theotokopoulos? ¿Dónde nació? ¿Por qué le dan el nombre de El Greco?
2 ¿Qué influyó en su trabajo?
3 ¿Qué representa en sus obras?
4 Describe las figuras de sus pinturas.
5 ¿Qué revela en sus obras?
6 ¿En qué ciudad española va a vivir?
7 ¿Cómo describen algunos críticos el cuadro *Vista de Toledo*?
8 ¿Cuál es su obra más importante y por qué?
9 Mira el cuadro del Cardenal Don Fernando Niño de Guevara en el texto. ¿Te cae bien ese señor? ¿Por qué?

Por si acaso . . .

Busca más detalles de la vida de El Greco. ¿Tuvo una vida tranquila y feliz? ¿Qué otros artistas ejercieron influencia sobre él y su arte? Prepara un informe para presentar en clase.

PARA APRENDER EL VOCABULARIO

Palabras clave II

1 **bufones** payasos (*clowns*), los que divierten con sus palabras o con sus acciones graciosas
Los bufones eran los cómicos de las cortes.
2 **captar** agarrar, representar fielmente
El escultor capta el espíritu del guerrero en la estatua del Cid.
3 **enanos** personas muy pequeñas
Los enanos son muy bajos, y a veces caminan con dificultad. Muchos de ellos trabajan de bufones.
4 **lienzo** tela sobre la cual pinta el artista; obra pintada
Las Meninas está pintada sobre un lienzo enorme.
5 **plasmar** hacer o formar una cosa en sentido material o figurado

La obra es impresionante porque plasmó en la escena la dignidad y ternura de la familia real.
6 **retrata (retratar)** pinta o saca fotos de personas o paisajes
Velázquez quería al rey y lo retrató con cariño y fineza.
7 **tacha (tachar)** borra, elimina, cancela
Mariano tacha los números incorrectos.

Práctica

Completa con una palabra de la lista.

los enanos	*el lienzo*
plasmar	*tacha*
captar	*los bufones*
retrata	

1 Quiero _____ fijamente esta lección en mi memoria.

2 Los reyes se divierten con las gracias de
   _____.

3 Los artistas saben _____ los más mí-
   nimos detalles de los modelos en sus
   obras.

4 El pintor sabe captar la personalidad de
   su modelo y pintarla en _____.

5 El artista _____ lo innecesario del
   lienzo.

6 Me da pena que se rían de _____.

7 Velázquez _____ a la familia real en
   escenas familiares y formales.

Velázquez, *La Rendición de Breda*. Prado, Madrid

DIEGO RODRIGO DE SILVA Y VELÁZQUEZ
(1599–1660)

Pintor de extraordinario realismo es Velázquez. Su genio se manifiesta en la habilidad de captar la personalidad de su modelo y plasmarla en el lienzo.

Hijo de padre portugués y madre andaluza, Velázquez nace en Sevilla. Estudia y trabaja en el taller del pintor Francisco Pacheco. Se casa con la hija de su maestro y la retrata en una obra titulada *La Sibila*.

A los veintiséis años se pone al servicio del rey Felipe IV y se dedica a retratar al rey y a la gente de la corte, inclusive los bufones

sibila mujer dotada de espíritu profético *(sibyl)*

y los enanos. Son los retratos los que le dan su mayor fama. En ellos se establece la importancia de luz y sombra para crear ilusiones de distancia entre figuras humanas y cosas.

Se dice que Velázquez tiene costumbre de firmar sus retratos sencillamente como «pintor del rey». Muy impresionado con uno de los retratos reales, el rey mismo tacha la firma y la reemplaza con «rey de los pintores».

Entre las obras más conocidas de Velázquez están *Las Meninas* y *La Rendición de Breda*. Ésta a veces se llama *Las Lanzas* a causa de las muchas lanzas que aparecen en la escena dramática de la rendición del pueblo de Breda[1] a las tropas españolas. (Se puede ver otra obra de Velázquez en la página 208.)

meninas mujeres que servían a la reina o las infantas

rendición el acto de rendirse *(surrender)*

[1]Breda: ciudad en Holanda

PARA APLICAR

Comprensión

Contesta las siguientes preguntas.

1 ¿Deforma o exagera Velázquez las figuras que lleva al lienzo?
2 ¿Dónde nació Velázquez?
3 ¿Con quién estudió?
4 Más tarde, ¿con quién se casó?
5 ¿A qué edad fue a trabajar para el rey?
6 ¿Quiénes eran las personas (los sujetos) de sus primeras obras en la corte de Madrid?

7 ¿Qué elemento utilizó para distinguirse entre otros pintores?
8 Relata la anécdota de la firma del pintor.
9 Cita los nombres de algunos de los cuadros de Velázquez.

Por si acaso . . .

1 Haz un estudio breve de Velázquez—su vida, su arte y su importancia para el arte moderno.
2 ¿Dónde se pueden ver las obras de Velázquez?

PARA APRENDER EL VOCABULARIO

Palabras clave III

1 **cálidos** lo que está caliente
Los colores cálidos sobresalen en las obras de Murillo.

2 **ingresan (ingresar)** entran
La belleza e inocencia ingresan en las obras de este artista.

3 **manto** vestidura amplia exterior de algunos religiosos

En aquel monasterio los monjes se visten de mantos blancos.

4 **óleo** aceite, pintura a base de aceite
Las pinturas hechas al óleo retienen la fidelidad de los colores.

5 **ternura** calidad de tierno, blandura o sensibilidad
En las pinturas de Murillo, la Virgen muestra la ternura de una madre.

Práctica

Completa las oraciones con una palabra de la lista.

óleos   ternura
cálido   manto
ingresan

1 En las obras religiosas, los ángeles y los querubines sonríen con _____ al niño Jesús.

2 Al saludarme mi amigo me dio un abrazo _____.

3 En muchas obras religiosas la Virgen lleva un _____ azul.

4 Los monjes _____ a los monasterios después de probar la dedicación a su vocación.

5 ¿Prefieres pintar con _____ o pintura acrílica?

Murillo
La Purísima Concepción
Prado, Madrid

BARTOLOMÉ ESTEBAN MURILLO (1617–1682)

monjes frailes, religiosos
piadosa llena de piedad
(piety)

Inmaculadas puras

místicos devotos al extremo

querubines pequeños ángeles celestes
alados con alas
harapos ropa gastada
(rags)
rapaces niños que roban
pordioseros mendigos
(beggars)
dados pequeños cubos con puntos, usados en varios juegos *(dice)*

Las obras más famosas de este pintor tienen una inclinación religiosa. Imágenes de la Virgen, monjes y santos abundan en sus cuadros y revelan la vida piadosa que abraza la familia Murillo. Incluso tres de los hijos ingresan a varias órdenes religiosas. Murillo pinta muchas Inmaculadas, muchos cuadros que representan la adoración de la Virgen, símbolo de ternura y del amor maternal. Pinta además el fervor de los místicos y el éxtasis de los santos. En *La Purísima Concepción* pinta una visión de la Virgen María envuelta en un manto blanco, subiendo al cielo, elevada por vientos celestes entre las figuras preciosas de querubines alados y de carnes rosadas.

Es curioso que este artista que pinta las glorias celestes también traslada al óleo los harapos del mundo español. Pinta a los rapaces jugando en las calles, comiendo melones, a los pordioseros, a los ruidosos jugadores de dados; pero los pinta con suavidad y ternura. Los colores son cálidos y alegres porque el artista refleja en su pintura la piedad, la benevolencia y el amor.

PARA APLICAR

Comprensión

Contesta las siguientes preguntas.

1 ¿Cómo son las pinturas de Murillo? Cita los sujetos que abundan en sus obras.
2 ¿Qué refleja este interés?
3 ¿Por qué era tan popular ese tema?
4 Describe el cuadro *La Purísima Concepción*.
5 Cita otros temas que Murillo trató en sus pinturas.
6 Describe el carácter del pintor.

7 ¿Crees que Murillo era una persona buena y de personalidad simpática o maliciosa y egoísta? Defiende tu opinión.

Por si acaso . . .

Busca más información sobre la vida de Murillo y la importancia que tiene entre los maestros españoles.

¿Cómo se distinguen las pinturas de Murillo? Haz un informe breve y compártelo con otros alumnos de la clase.

PARA APRENDER EL VOCABULARIO

Palabras clave IV

1 **barrios** partes o sectores en que se dividen las ciudades o los pueblos
Viven en los barrios más pobres de la ciudad.

2 **caprichos** acciones humoradas; obras de arte llenas de ingenio e imaginación
«Los caprichos» reflejan la ira y las frustraciones de Goya.

3 **despreciar** no estimar, no respetar algo o alguien
Goya no puede respetar al rey. Así va a despreciar todo lo relacionado con esa sociedad.

4 **espanto (espantar)** terror, susto
Debido al espanto sufrió un ataque cardíaco.

5 **fusilar** matar con rifle, pistola u otra arma de fuego
Van a fusilar a los prisioneros en la plaza.

6 **trasladar(se)** llevar(se), cambiar(se) de lugar o mudar(se) a otro lugar

Van a trasladar la oficina de Monterrey a Puebla.

Práctica

Completa con una palabra de la lista.

un espanto	*fusilar*
trasladar	*barrios*
despreciar	*Los caprichos*

1 Después de capturar a los rebeldes, los van a _____ en seguida.

2 El presenciar un fusilamiento le da _____ a cualquiera.

3 El director va a _____ su trabajo si lo hace con poco entusiasmo.

4 Hay salones en venta en muchos _____ cercanos.

5 _____ parecen ser obras de una persona llena de furia, hasta locura.

6 Es imposible _____ al lienzo el odio y resentimiento que siente hacia la sociedad corrupta.

FRANCISCO GOYA Y LUCIENTES (1746–1828)

No menos brillante luce la estrella de Francisco Goya, pintor de gran genio y de estilo sumamente individual. Es un artista prolífico que es considerado un precursor importante de la pintura moderna. Sordo en los años avanzados, este impedimento le aguza la vista y el talento para pintar.

Goya recorre todas las ciudades de punta a punta. Visita los barrios bajos; juega con los niños de la calle; se entretiene en las tabernas; charla en los salones con las majas. Y cada una de tales escenas populares aparece en sus cuadros. La Real Fábrica de Tapices en Madrid copia estas escenas que hoy se pueden ver en el monasterio

sordo no puede oír
aguza *sharpens*

majas (mujeres) guapas y elegantes
tapices (tapiz) tela tejida de lana o seda con figuras, flores, etc.

El Escorial monasterio construido por Felipe II, cerca de Madrid. Tiene una rica colección de cuadros y tapices.

lona lienzo

aguafuertes *etchings*

debilidad e ineficacia estado débil e incompetente

El Escorial y en el Museo del Prado, uno de los más importantes de Europa.

Goya vive durante días de guerra. Presencia la cruel represión del pueblo madrileño por las fuerzas napoleónicas el dos de mayo de 1808. Ve también la heroica resistencia de la gente y las terribles consecuencias de agonía, fusilamiento y muerte que siguen al día tres de mayo. Todo el dolor, el espanto y la tragedia de esos días históricos se trasladan a la lona del artista. (Ver *Los fusilamientos del tres de mayo*, página 23.)

En las aguafuertes de sus *Caprichos*, Goya llega a denunciar la naturaleza humana, demostrando aspectos caprichosos de la vida como la ve él.

Pintor de la corte de Carlos IV, Goya pinta la familia real con brutal realismo, revelando en su obra el desprecio que siente hacia la debilidad e ineficacia del monarca.

Francisco Goya
El Sueño de la Razón Produce Monstruos,
from *Los Caprichos*, pl. 43
The Metropolitan Museum of Art
Gift of M. Knoedler & Col, 1918.

PARA APLICAR

Comprensión

Contesta las siguientes preguntas.

1 ¿Cómo se clasifica a Goya?
2 ¿Qué quiere decir *prolífico?* ¿Por qué dicen que Goya es prolífico?
3 ¿De qué defecto físico sufría cuando ya era adulto?
4 ¿Cómo se ve que Goya no era de la clase aristocrática?
5 Cita los lugares donde se pueden ver hoy las escenas pintadas por Goya.
6 ¿Cuándo vivió Goya?
7 ¿Qué escenas traslada al lienzo?
8 ¿Qué denuncia en *Los Caprichos?*
9 ¿Qué distinción adquirió Goya?
10 ¿Cómo representa a la familia real?

Por si acaso . . .

Haz una investigación en libros de referencia, historias de España o en la biblioteca sobre Goya y la invasión napoleónica de España. Los siguientes nombres y fechas pueden ayudarte:
Carlos V
la reina María Luisa de Parma
Manuel Godoy
Napoleón y José Bonaparte
Fernando VII
el dos de mayo
el tres de mayo

PARA APRENDER EL VOCABULARIO

Palabras clave V

1 **colmo** punto culminante, último grado
Con esa pintura el artista llegó al colmo de su brillante carrera.
2 **desnudos** sin ropa, representación artística de la figura humana sin vestido
Estatuas de dioses mitológicos, a veces desnudos, rodean el anfiteatro.
3 **hervir (ie)** agitarse un líquido al ser calentado
Voy a hervir el agua para preparar una taza de té.
4 **ira** enojo, cólera, rabia
Los niños que no se portan bien causan la ira de los padres.
5 **marco** cerco que rodea un cuadro (*picture frame*)

Para que se vean mejor, vamos a poner estos cuadros en marcos antiguos.

Práctica

Completa con una palabra de la lista.

> *hervir* *ira*
> *un marco* *el desnudo*
> *el colmo*

1 Puse el retrato de mi novia en ———— de plata.
2 En la escala centígrada va a ———— el agua a cien grados.
3 ———— se colocó en una postura decorosa para que el artista pudiera dibujarlo.

4   Algunas creen que el cuadro de *Guernica* pintado por Picasso es _____ del arte moderno.

5   Trata de controlar tu _____ sin levantar la voz.

PABLO RUIZ PICASSO (1881–1973)

arlequines personajes vestidos con máscara y traje de cuadros de distintos colores *(harlequins)*

El pintor más renombrado de los tiempos modernos es Pablo Picasso. Sus arlequines, sus músicos melancólicos y sus mujeres masivas preocupan a todo el mundo.

Nace el artista en Málaga, España, pero a principios del siglo veinte, su padre, profesor de arte de una academia barcelonesa, le envía a París para continuar sus estudios. Allí, gana fama con sus pinturas del «Período Azul», retratando a la gente pobre. (*El Viejo Guitarrista*, 1903, y *Le Gourmet*). Poco después aparecen las obras del «Período Rosado», que frecuentemente tratan de la gente del circo.

cubista artista de una escuela moderna de pintura que reduce los contornos de formas naturales a sus equivalentes geométricos

En 1907 Picasso pinta *Les Demoiselles d'Avignon*, una obra revolucionaria que le trae fama en el movimiento cubista. Se dice que un cubista entra en el marco de su obra, camina alrededor de su sujeto y lo observa de varios ángulos que le parecen significantes. Luego los registra en el lienzo tal como son sus impresiones de la forma. En el arte cubista la forma se reduce a una serie de elementos decorativos.[1] Dos obras monumentales de Picasso, ambos llamados *Los Tres Músicos*, indican el colmo de su cubismo. Al mismo tiempo pinta escenas neoclásicas con desnudos gigantescos y temas mitológicos. Unos años más tarde, los surrealistas van a influir en Picasso y a la vez van a ser influidos por él.

Muchos lo asocian con el arte francés, pero en 1937 le hierve a Picasso la sangre española. En abril de aquel año, el Generalísimo Francisco Franco ordena a los bombarderos alemanes que destruyan el pueblo de Guernica en el norte de España. Aquel bombardeo aéreo tan destructivo inspira el famoso y simbólico cuadro mural *Guernica,* en el cual Picasso captura la ira, la angustia y el horror de aquella tragedia.

bombarderos aviones de guerra que lanzan bombas

En su larga vida, Picasso gana fama como pintor, escultor, dibujante, ceramista y grabador. De sus obras él mismo ha dicho: Yo pinto a la manera de algunos que escriben su autobiografía. Las pinturas, terminadas o no, son las páginas de mi diario. El futuro escogerá las páginas que prefiera. No me toca a mí escoger.[2]

[1] «un cubista entra ... elementos decorativos» traducido de *Art and Civilization* por Bernard S. Myers, McGraw-Hill Book Co., 1967, p. 367

[2] «*Yo pinto ... escoger*» traducido de *Life with Picasso* por Françoise Gilot y Carlton Lake, McGraw-Hill Book Co., 1964, p. 123

Pablo Picasso
The Old Guitarist, 1903
Oil on canvas, 122.9 × 82.6 cm
Helen Birch Bartlett Memorial Collection, 1926.253
Courtesy of The Art Institute of Chicago

PARA APLICAR

Comprensión

Contesta las siguientes preguntas.

1   ¿Qué temas escoge Picasso para sus obras?
2   ¿En qué parte de España nació Picasso?
3   ¿Dónde hizo sus estudios?
4   ¿Qué representó en su «Período Azul»? ¿En el «Período Rosado»?
5   ¿En qué período entra después? Cita una obra famosa de ese período.
6   Describe lo que hace el artista cubista.
7   ¿Qué otra influencia afectó a Picasso más tarde?
8   En 1937, ¿qué evento le inspiró para crear su obra más conocida?
9   ¿Qué capta en *Guernica?*
10   ¿En qué otros ramos del arte ganó éxito?
11   ¿Cómo describe Picasso sus obras?

Por si acaso . . .

Haz un estudio breve de Picasso, dando más atención a su influencia sobre el arte moderno.

Considera la pregunta: ¿Vivió Picasso demasiados años?

PARA APRENDER EL VOCABULARIO

Palabras clave VI

1 **colocar** poner en un lugar a una persona o cosa
Vamos a colocar el cuadro en la sala donde todos pueden admirarlo.
2 **desierto** lugar despoblado y árido
El Sáhara figura entre los desiertos más vastos del mundo
3 **extraña** de nación o género distinto, rara
¿Por qué me estás mirando de una manera tan extraña?
4 **flojos** sin fuerza, débiles, desapretados
Que no estén flojos los cordeles si piensas mandar este paquete por correo.
5 **voluntad** disposición, intención, ánimo para hacer algo *(will)*
Según la voluntad de la mayoría, la reunión será el viernes.

Práctica

Completa con una palabra de la lista.

extraña	*colocar*
la voluntad	*flojos*
el desierto	

1 Para que no vea el regalo antes de su cumpleaños, podemos _____ lo en mi dormitorio.
2 En su delirio le apareció una visión bien _____.
3 Muchos atribuyen tal milagro a _____ de Dios.
4 El camello es uno de los pocos animales que se acomoda en _____.
5 Los hilos _____ indican que la tela es verdaderamente antigua.

Salvador Dalí, *The Persistence of Memory, 1931*. Oil on canvas, 24.1 × 33 cm.
Collection, The Museum of Modern Art, New York. Given anonymously.

SALVADOR FELIPE JACINTO DALÍ (1904–)

Dalí, nacido en Cataluña, es representante del surrealismo en el arte español. En sus cuadros, pintados como si fueran soñados, las figuras humanas y los objetos se transforman en imágenes fantásticas, muchas veces colocadas en paisajes que representan un desierto. *La Persistencia de la Memoria* (1931) es uno de los más conocidos cuadros de Dalí. Los relojes flojos simbolizan la relatividad del tiempo y la capacidad del artista de sujetar el tiempo a su propia voluntad.

El surrealismo es un movimiento en el arte moderno que trata de expresar el subconsciente. Empezó en Francia adelantado por André Breton,[1] pero es Salvador Dalí quien lo populariza en los Estados Unidos. Dalí se expresa mostrando su espíritu de libertad del convencionalismo por su pintura automática, es decir, pintando como si no tuviera nociones preconcebidas y sacando ideas e imágenes de los sueños. Para despertar el conocimiento del observador, Dalí coloca imágenes familiares en espacios inmensos con relaciones enigmáticas e incongruentes. Nos dice que produce sus pinturas en un estado de delirio psicológico. Tal vez por eso sus pinturas nos atraen por su oscuridad más bien que por su claridad.

En su obra *Aparición de un rostro y una copa de fruta en una playa*, Dalí nos presenta una extraña imagen de varias figuras que son más de una cosa a la vez. Esta obra muestra, principalmente, un rostro, una copa llena de fruta y la figura de un perro. El contorno del perro, sobre todo el contorno de la cabeza, puede también representar el paisaje de fondo. La copa de fruta se convierte en la frente del rostro. La mesa donde está la copa también puede ser la arena de la playa. El cuadro tiene que ser examinado cuidadosamente para detectar las diferentes funciones de cada figura. Todo representa el deseo de Dalí de dibujar en imágenes concretas lo ilógico, lo ilusorio, lo espontáneo, los impulsos irracionales del hombre moderno.

contorno *shape*

En los cuadros de Dalí existen todos los elementos más extravagantes del surrealismo. Es un pintor fascinante. Su éxito es glorioso. Es tal vez el artista más discutido de hoy. En 1973 se inaugura el Museo Salvador Dalí en su pueblo natal de Figueras.

[1]André Breton: líder en el movimiento surrealista en Francia, amigo de Dalí que le puso a su nombre el anagrama sarcástico «Idsavadollar»

PARA APLICAR

Comprensión

A Contesta las siguientes preguntas.

1 ¿De qué parte de España es Salvador Dalí?
2 ¿Cómo son sus obras?
3 Nombra uno de sus cuadros más conocidos. ¿Qué representan los relojes flojos?
4 ¿Qué es el arte surrealista? ¿Dónde empezó el movimiento? ¿Adónde lo llevó Dalí?
5 ¿Cómo se ve que Dalí no es conformista?
6 ¿En qué estado parece estar cuando hace sus obras?
7 ¿Qué quiere representar por medio de sus imágenes?
8 ¿Por qué es Dalí el artista más discutido hoy?

Por si acaso . . .

Haz un estudio breve de la vida de Dalí, su mujer Gala, su personalidad exagerada, la comercialización de su obra, el museo Dalí en Figueras, y distintos trabajos que hizo fuera del lienzo. ¿Lo consideras genio?

Salvador Dalí

Conversación 1

Acompáñanos

Carlos: Un momento, Lalo. ¿Adónde vas con
tanta prisa?

Lalo: ¡Qué milagro encontrarme contigo aquí!
¿Conoces a Nela Gómez? Vamos al Museo de Arte Contemporáneo. ¿Por qué
no vienes con nosotros?. Dicen que vale
la pena.

Carlos: ¿Puedo alcanzarlos un poco más tarde?   **alcanzarlos** encontrarlos
Tengo el coche de mi padre y tengo que
entregárselo en seguida. Él me espera
muy impaciente porque los jueves siempre visita a mi abuela.

Lalo: No hay problema. El museo no se cierra
hasta las ocho. Creo que puedes ver
todo en un par de horas.

Carlos: Vale. No quiero perderme esa exhibi-   **vale** muy bien
ción tan discutida.

Nela: Se me ocurre una idea. ¿Tardas mucho
en regresar?

Carlos: No, está muy cerca . . . a unos pasos.
Papá puede llevarme al museo.

Nela: Como hoy es el primer día, han de tener   **han de tener** deben tener
colas largas. ¿Qué te parece si te conse-
guimos la entrada y te esperamos al
lado derecho de la puerta principal?

Carlos: Vale. Estupendo. No tardo. Nos vemos
allí.

Para la comprensión

Contesta las preguntas.

1 ¿Con quiénes se encuentra Carlos?
2 ¿Adónde van ellos?
3 ¿Por qué no puede Carlos ir con ellos en
seguida?
4 ¿Qué costumbre tiene el padre de Carlos
los jueves?
5 ¿A qué hora se cierra el museo?

6 ¿Tendrán tiempo para ver todo?
7 ¿Qué idea se le ocurre a Nela?

Para completar

Termina las frases según las ideas de la conversación.

1 Lalo y Nela / prisa
2 Carlos / un poco más tarde

3 Su padre / los jueves
4 El museo / hasta las ocho
5 Carlos / la exhibición

6 Nela / sugerir
7 Carlos / de acuerdo

Conversación 2

En el museo

Carlos: Mi papá dice que hay pocos museos tan estupendos como el Prado en Madrid.

Nela: ¿Lo ha visto?

Carlos: Sí. Su negocio lo lleva a menudo a la capital de España y siempre se aprovecha de su estadía para visitar el museo.

Lalo: Me gustaría sobre todo visitar el salón Goya. Goya es mi artista favorito.

Nela: A mí me gustan más los cuadros de Velázquez. *Las Meninas* es una obra maestra. El artista mismo aparece en la pintura.

Carlos: ¿Sabes una cosa curiosa? A veces un museo le presta a otro museo una obra de arte para que todo el mundo pueda conocerla sin tener que viajar.

Nela: ¡Qué buena idea! Yo sé que el Louvre de París tiene hermosos y variados objetos artísticos creados por artistas de muchos países. *La Mona Lisa* de Leonardo da Vinci está allí.

Lalo: ¡Ah, sí, la mujer con la sonrisa enigmática! Pero me dicen que la manera de exhibir *La Mona Lisa* no llama mucho la atención.

Carlos: Eso se cambia de vez en cuando. Hubo una época en que *Las Meninas* de Velázquez se exhibía de una manera bien interesante.

Nela: Dime, dime.

Carlos: Bueno, en los cuadros de Velázquez se establece la importancia de luz y sombra para crear ilusiones de distancia entre las figuras humanas y las cosas. La profesora dice que antes se exhibía el cuadro de *Las Meninas* colocado frente a un espejo largo que reflejaba la imagen de la pintura, dándole así más dimensión.

Nela: ¡Ojalá tenga la oportunidad de visitar el Prado un día! El museo es como el espíritu humano encajado en obras de arte.

Para la comprensión

Contesta las preguntas.

1 ¿Qué es el Prado?
2 ¿Qué hace el padre de Carlos cada vez que va a Madrid?
3 ¿Qué parte del Prado tiene ganas de visitar Lalo?
4 ¿Qué artista prefiere Nela?
5 Describe en breve su obra maestra.
6 ¿En qué manera cooperan unos museos con otros?
7 ¿Qué obra famosa está en el Louvre de París?
8 Descríbela.
9 Antes, ¿cómo se exhibía *Las Meninas*? ¿Por qué?

Velázquez
Las Meninas
Prado, Madrid

Para completar

Termina las frases según las ideas de la conversación.

1 Entre los museos estupendos del mundo . . .
2 Lalo prefiere visitar . . .
3 A Nela le interesan más . . .
4 Uno no siempre tiene que ir a otra ciudad a ver los cuadros más conocidos porque . . .
5 En el Louvre de París se encuentra . . .
6 En los cuadros de Velázquez se nota . . .
7 Antes se colocaba *Las Meninas* frente a un espejo largo para . . .
8 Vale la pena visitar un museo que es como . . .

Para practicar

A Un alumno pregunta; otro contesta.

1 ¿Quieres que entremos en este museo?
2 ¿Dudas que tus padres nos permitan visitarlo?
3 ¿Me permites que te haga un comentario sobre este artista?
4 ¿Es posible que esté abierto el museo el domingo?
5 ¿Es necesario que discutamos el cuadro antes de verlo?
6 ¿Deseas que el guía nos diga detalles de esa pintura?
7 ¿Crees que haya obras modernas en el museo?

B Haz frases completas usando las palabras sugeridas.

1 artista / pintar / cuadros / representar / escena / vida / diaria
2 pintor / retratar / personas / calle / corte / obra
3 Murillo / trasladar / óleo / harapos / mundo
4 notable / obras / El Greco / ser / alargamiento / figuras / anatomía / torcida
5 Goya / presenciar / represión / madrileños / fuerzas / napoleónicas / dos de mayo
6 obras / Velázquez / establecerse / importancia / luz y sombra / ilusiones / distancia

PARA GOZAR

La pintura moderna

Escena:	*En un museo de pintura moderna*
Personajes:	*Un artista de pintura moderna y un amigo suyo que está mirando un cuadro del artista*
Artista:	Sí, amigo mío; todo ha cambiado en el arte de la pintura moderna. La pintura está cambiando día a día, en cuanto a su utilización. Ahora no mostramos nada al espectador; nos limitamos a sugerirle . . .

Amigo:	¿Cómo? ¿Qué quiere usted decir?
Artista:	Ya verá usted. Este cuadro mío representa a un ladrón robando una caja de caudales.
Amigo:	Pero no veo por ninguna parte la caja.
Artista:	Sí, claro. ¿Cómo va usted a ver la caja si se la ha llevado el ladrón?
Amigo:	Es que tampoco veo al ladrón.
Artista:	¡Es cosa muy natural! ¿Conoce usted algún ladrón que después de robar una caja de caudales no se escape inmediatamente?

caja de caudales caja fuerte para guardar cosas valiosas

Por si acaso . . .

1 Escoge una reproducción de una obra de arte favorita o un dibujo y desarrolla tu propia conversación.
2 Haz unos comentarios (orales o escritos) sobre:
   a. el arte moderno
   b. el arte clásico
3 Habla de un solo ejemplo de arte que más te impresiona y di por qué.
4 Di (en serie) todas las frases que puedas sobre un artista español.
5 Enumera en español las instrucciones necesarias para llegar a un museo especial.

Los fusilamientos de la Moncloa

Manuel Machado (1874–1947)

PARA PRESENTAR LA LECTURA

Durante el siglo diecinueve, era costumbre que los artistas y escritores americanos siguieran fielmente los estilos y las corrientes que dictaban los maestros europeos.

Pero durante el cambio de siglo ocurre un fenómeno cultural. Un movimiento literario nacido en América se traslada a Europa donde repercute hondamente. El movimiento, llamado el modernismo y encabezado por el nicaragüense Rubén Darío, llega a España donde influye en poetas como Juan Ramón Jiménez y los hermanos Antonio y Manuel Machado. De estos últimos, será Manuel Machado el más entusiasmado con la versatilidad en el tema y estilo de la nueva corriente.

repercute hondamente *it spreads widely and profoundly*

Una de las variantes del modernismo favorita de Manuel Machado es la elaboración de temas tomados de la pintura. El siguiente soneto parece una descripción de la obra *Los fusilamientos del tres de mayo* de Goya.

Los fusilamientos de la Moncloa

Él lo vio . . . Noche negra, luz de infierno . . .
Hedor de sangre y pólvora, gemidos . . .
Unos brazos abiertos, extendidos
en ese gesto del dolor eterno.

Hedor olor desagradable
pólvora *gunpowder*
gemidos *moans, groans*

Una farola en tierra, casi alumbra,
con un halo amarillo que horripila
de los fusiles la uniforme fila
monótona y brutal en la penumbra.

farola *a big lantern*
horripila *horrifies*
fila *row*
penumbra sombra débil

Maldiciones, quejidos . . . Un instante,
primero que la voz de mando suene,
un fraile muestra el implacable cielo.

Maldiciones *curses*
quejidos gemidos
fraile *friar*

Y en convulso montón agonizante,
a medio rematar, por tandas viene
la eterna carne de cañón al suelo.

rematar *to finish off*
tandas *groups*

Francisco Goya. *Los fusilamientos del 3 de mayo.* Prado, Madrid

El presente—Verbos regulares

Verbos de la primera conjugación

Repasa las formas de los verbos regulares de la primera conjugación.

mirar			
(yo)	miro	(nosotros)	miramos
(tú)	miras	(vosotros)	miráis
(Ud., él, ella)	mira	(Uds., ellos, ellas)	miran

¿Qué haces esta tarde? Claudio pregunta a Marisa los planes de ella y de otros para esta tarde.

> Claudio: *¿Trabajas después de clases? (descansar)*
>
> Marisa: *No trabajo porque descanso hoy.*

1 ¿Cantas con el coro? (bailar en los programas)

2 ¿Limpia Ricardo sus pinceles los sábados? (pintar más el cuadro)

3 ¿Estudian Mario y Teresa en la biblioteca después de las clases? (siempre visitar museos de arte)

4 ¿Llevas tus libros a casa? (dejarlos en el colegio)

5 ¿Empezamos otra pintura pronto? (terminar ésta primero)

6 ¿Viajan tus padres con frecuencia? (trabajar mucho)

Verbos de la segunda conjugación

Repasa las formas de los verbos regulares de la segunda y tercera conjugaciones.

comer			
(yo)	como	(nosotros)	comemos
(tú)	comes	(vosotros)	coméis
(Ud., él, ella)	come	(Uds., ellos, ellas)	comen

Verbos de la tercera conjugación

abrir			
(yo)	abro	(nosotros)	abrimos
(tú)	abres	(vosotros)	abrís
(Ud., él, ella)	abre	(Uds., ellos, ellas)	abren

Lo que se hace y lo que no se hace. Termina estas ideas con los verbos indicados.

1 Yo (leer) la guía pero no la (comprender).
2 Nosotros (ver) la película española, pero no la (comprender).
3 Tú (romper) la blusa, pero no la (coser).
4 Ellos (comer) maíz y frijoles, pero no (beber) nada.
5 Él (recibir) muchas cartas, pero no las (abrir).
6 Yo (subir) la escalera, pero no (asistir) a la conferencia.

Comprando regalos. Algunos turistas buscan regalos para familiares y amigos. Completa la idea con la forma apropiada de los verbos sugeridos.

En el correo Aurelio (escribir y mandar) tarjetas postales a sus primos.
En el correo Aurelio escribe y manda tarjetas postales a sus primos.

1 En el Museo del Prado, Pilar (examinar y escoger) una reproducción de *Las Hilanderas* de Velázquez para su madre.
2 En el Centro de Artesanía yo (descubrir y admirar) una guitarra para mi sobrino que sabe tocar.
3 En la playa de Cancún Jorge y Javier (ver y comprar) un sombrero de paja para el jardinero.
4 En el mercado de Huancayo, Perú, Angélica y yo (pedir y pagar) una máscara antigua para nuestra colección.
5 En el Museo de Antropología de México, tú (escuchar y escoger) un disco de música folklórica para el departamento.

Verbos de cambio radical

Primera clase

Los verbos son regulares y terminan con -*ar* o -*er*. Se cambia la radical de *e* a *ie* o de *o* a *ue*.

	cerrar	**contar**
(yo)	cierro	cuento
(tú)	cierras	cuentas
(Ud., él, ella)	cierra	cuenta
(nosotros)	cerramos	contamos
(vosotros)	cerráis	contáis
(Uds., ellos, ellas)	cierran	cuentan

Verbos parecidos son:

comenzar	sentarse	doler	mover	llover
defender	acordarse	encontrar	oler (*o* a *hue*)	nevar
despertarse	acostarse	forzar	recordar	
empezar	almorzar	jugar (*u* a *ue*)	sonar	
entender	costar	mostrar	volver	

Nota: *llover* y *nevar* se emplean sólo en la tercera persona singular.

Segunda clase

Los verbos terminan con -ir. Se cambia la radical de e a ie o de o a ue.

	sentir	**dormir**
(yo)	siento	duermo
(tú)	sientes	duermes
(Ud., él, ella)	siente	duerme
(nosotros)	sentimos	dormimos
(vosotros)	sentís	dormís
(Uds., ellos, ellas)	sienten	duermen

Verbos parecidos son:

consentir	divertirse	mentir	preferir	sentirse	morir

Tercera clase

Los verbos terminan con -ir. Se cambia la radical de e a i.

	pedir				
(yo)	pido	(nosotros)		pedimos
(tú)	pides	(vosotros)		pedís
(Ud., él, ella)	pide	(Uds., ellos, ellas)		piden

Verbos parecidos son:

despedirse	medir	reír	repetir	servir	sonreír	vestirse

¿Qué hacen los niños traviesos cuando llueve? Contesta con las ideas sugeridas.

1 No (dormir) la siesta ni (despertarse) temprano.
2 (Preferir) salir y (jugar) afuera.
3 (Comenzar) a pelearse y no (defenderse).
4 (Sentarse) en el agua y (divertirse).
5 (Empezar) a tener hambre y (almorzar).
6 (Acordarse) de los juguetes de otros y los (querer).
7 (Mentir) al decir que no los (encontrar).
8 (Reírse) de los hermanitos y (sonreírse) con malicia.
9 (Sentirse) cansados y (mostrarse) de mal humor.
10 (Vestirse) de vaqueros y no (acostarse).

Sigue practicando con otras personas (tú, nosotros, yo).

¿Qué haces al despertarte?

(despertarse y moverse en la cama)
Me despierto y me muevo en la cama.

1 (Pensar) en mis deberes y (entender) que debo aplicarme más en mis estudios.
2 (Acordarse) del paseo de anoche y (sentirse) feliz.
3 (Recordar) que ya es hora de (levantarse) y luego (almorzar) con la familia.
4 (Servir) café a todos y (sentarse) a charlar un rato en el comedor.
5 (Encontrar) raras las ideas de mis padres y (defender) mis opiniones lógicamente.
6 (Vestirse) de vaquero y (sonreír) al ver mi imagen en el espejo.
7 Antes de irme (preferir) repasar mis lecciones de francés y (repetir) las frases difíciles.
8 (Despedirse) de mi madre y (cerrar) la puerta al salir.

Práctica: Forma oraciones originales y lógicas con las ideas sugeridas.
1—1—1 Yo busco un hotel central.

1 yo	1 buscar	1 (a / al / un) hotel central
2 tú	2 volver	2 (a / a la) plaza mayor
3 él	3 conducir	3 (a) la ruta más directa a la autopista
4 nosotros	4 seguir	4 (a) la esquina indicada en el plano de la ciudad
5 ellos	5 escoger	5 (a / a la / la / una) señal para evitar los líos del tráfico
	6 dirigirse	6 (al / un) coche económico y en buenas condiciones
	7 encontrar	7 al policía que sabe evitar los cambios provisionales
		8 monedas para el parquímetro

Y tú, ¿qué dices?

Carta a un amigo que viene a visitar. Prepara una nota a un amigo que viene en coche por primera vez a tu ciudad o pueblo. Explica en términos específicos cómo llegar a tu casa. Si quieres, puedes incluir un plano que muestre cómo se llega a tu casa sin problemas.

Otras palabras que pueden ser útiles:

doblar, torcer(ue, z), a la derecha / a la izquierda / derecho, directo, semáforo, calle de un sentido (de doble sentido), una glorieta (círculo)

Modelo:

5 de junio, 1988

Querido Luis (Querida Luisa):

Acabo de recibir tu carta anunciando tu visita este sábado. No es difícil llegar a mi casa con este plano que te mando.

Entras en la ciudad por la carretera número 30 y sigues directamente a la Avenida Libertad. A la derecha encuentras una calle llamada Luz. Allí doblas a la izquierda. Pronto encuentras una pequeña calle con el nombre de Ave María. (Parece que el nombre es más largo que la calle.) Si sigues a la derecha hasta la esquina de Milagros, tienes que doblar a la izquierda. Allí en la esquina encuentras nuestra casa en el número 25-D. Es fácil encontrarla.

Hasta el sábado.

Tu amigo(a),

Juan(a)

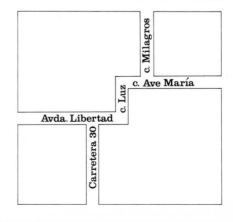

Verbos irregulares

En el presente los siguientes verbos son irregulares solamente en la forma con *yo*.

caber:	*quepo*, cabes, cabe, cabemos, cabeís, caben
caer:	*caigo*, caes, cae, caemos, caéis, caen
dar:	*doy*, das, da, damos, dais, dan
hacer:	*hago*, haces, hace, hacemos, hacéis, hacen
poner:	*pongo*, pones, pone, ponemos, ponéis, ponen
saber:	*sé*, sabes, sabe, sabemos, sabéis, saben
salir:	*salgo*, sales, sale, salimos, salís, salen
valer:	*valgo*, vales, vale, valemos, valéis, valen
ver:	*veo*, ves, ve, vemos, veis, ven

Algo parecidos a verbos que cambian la radical, los siguientes verbos son irregulares en otros tiempos.

poder:	puedo, puedes, puede, podemos, podéis, pueden
querer:	quiero, quieres, quiere, queremos, queréis, quieren

Los siguientes verbos son irregulares en varias formas y en otros tiempos.

decir:	digo, dices, dice, decimos, decís, dicen
estar:	estoy, estás, está, estamos, estáis, están
ir:	voy, vas, va, vamos, vais, van
oír:	oigo, oyes, oye, oímos, oís, oyen
ser:	soy, eres, es, somos, sois, son
seguir:	sigo, sigues, sigue, seguimos, seguís, siguen

¿Por qué no lo haces? Contesta con las expresiones entre paréntesis.

> *Por qué no me dices lo que te preocupa?*
> *(tener problemas con la exposición)*
> *Tengo problemas con la exposición.*

1 ¿Por qué no vienes a verme y podemos hablar?
(venir en seguida con los programas)

2 Hola. ¡Cuántas cosas! ¿Por qué no entras con ellas?
(bien / ponerlas encima del armario)

3 ¿Por qué no te sientas en esa silla?
(imposible / ser demasiado grande / no caber en ella)

4 ¿Por qué no estás tranquilo?
(tener dolor de cabeza por la exposición / no ir a estar preparado)

5 ¿Por qué no pospones la fecha de la inauguración?
(no poder con tan poco tiempo)

6 ¿De veras? ¿Por qué no le mientes un poco?
(siempre decir la verdad / no poder engañarlo)

7   ¿Por qué no sigues esculpiendo la figura?
    (no ver bien con estas gafas / no poder comprar otras ahora)
8   ¿Por qué no me repites lo que otros dicen?
    (no oírlos / no hacerles caso)
9   ¿Por qué no le das más responsabilidades a Vicente?
    (darle todo lo que poder)
10 ¿Por qué no vas a la plaza a pasear?
    (no querer / sentirme cansado / ir a casa)

Ensayo de la comedia El club de teatro ensaya para la presentación anual. El director quiere saber quién hace ciertos papeles.

¿Quień viene preparado a ensayar?
Pilar: Yo vengo preparada.

1   ¿Quién sale primero en la primera escena?
    Juanito: Yo _____.
2   ¿Quién va al centro del foro?
    Ruperto: Yo _____.
3   ¿Quién sale entonces con el protagonista?
    Aurora: Yo _____.
4   ¿Quién trae el manto al foro?
    Mónica: Yo _____.
5   ¿Quién cae al suelo fusilado?
    Rodrigo: Yo _____.
6   ¿Quién no vale nada en este reparto?
    Mauricio: Yo _____.

Los posesivos

Los adjetivos posesivos son:

mi, mis	nuestro, nuestra, nuestros, nuestras
tu, tus	vuestro, vuestra, vuestros, vuestras ·
su, sus	su, sus

También pueden emplearse las siguientes formas:

mío, mía, míos, mías	nuestro, nuestra, nuestros, nuestras
tuyo, tuya, tuyos, tuyas	vuestro, vuestra, vuestros, vuestras
suyo, suya, suyos, suyas	suyo, suya, suyos, suyas

Los adjetivos posesivos concuerdan con lo poseído, no con el que lo posee. La forma más larga suele tener un significado especial.

mi amigo	*my friend*	un amigo mío	*a friend of mine*

Para formar el pronombre posesivo se emplea la forma larga del adjetivo más el artículo.
    Tengo el mío, no el tuyo.
    No sabe lo que ha hecho con las nuestras.

Es corriente omitir el artículo después del verbo *ser*.
    Es mío, no tuyo.

Una entrevista. Cerca de Benidorm, un reportero entrevista a un amigo suyo para un artículo de una revista.

1 ¿Dónde está tu estudio? (sobre una montaña con vista al mar)
2 ¿Quién es tu socio? (Mauro, el hermano de mi cuñado)
3 ¿Trabajan cómodamente en su estudio? (Sí. Es amplio y bien iluminado.)
4 ¿De qué hablaste ayer con tu socio? (de las críticas en un diario)
5 ¿Criticaron tus obras? (no, solamente las de él)
6 ¿Dónde exhibirás tus últimas pinturas? (en Santiago de Compostela)
7 ¿Con quién hablas regularmente por teléfono? (con mi agente)
8 ¿De dónde vienen tus clientes? (de todas partes de España)
9 ¿Consideras que has tenido éxito con tu arte? (Me permite vivir cómodamente.)
10 Para terminar, me gustaría tu opinión personal. ¿Cuáles son los méritos de tus pinturas? (Captan el espíritu dinámico de nuestra generación.)

El guía paciente. Un grupo de excursionistas en España conversan del arte que han visto. Algunos no se acuerdan de todos los detalles. El guía les ayuda contestando sus preguntas.

Lorenzo: *¿Dónde hemos visto obras de Goya? ¿En el Prado?*
Guía: *Sí, hemos visto sus obras en el Prado.*
Concha: ¿Cómo son las figuras de El Greco? ¿Alargadas?
Daniel: ¿Qué caracteriza los colores de El Greco? ¿Son vívidos?
Dolores: En las pinturas de El Greco hay querubines, ¿no?
José Luis: ¿Dónde está la obra maestra de El Greco? ¿En Toledo, Ohio?
Piedad: ¿Dónde estaba el estudio de Velázquez? ¿En el Palacio Real?
Francisco: ¿Quién apreció los retratos de Velázquez? ¿El rey?

La concordancia de los adjetivos

Los adjetivos concuerdan con los sustantivos en número y género.

Singular	Plural
La obra es hermosa.	Las obras son hermosas.
El artista es famoso.	Los artistas son famosos.

Algunos adjetivos que terminan con -e o con consonantes como -r, -l, -z son neutros; es decir, no tienen género.

Singular	Plural
Este concepto es universal.	Estos conceptos son universales.
Esta obra es regular.	Estas obras son regulares.
Es un señor audaz.	Son señores audaces.

Un chico pesimista. La familia de Marco se trasladó de Albuquerque a San Antonio para vivir. Marco echa de menos a sus compañeros de antes y cree que no va a estar contento. Sus nuevos vecinos tratan de convencerle que lo va a pasar bien.

> Marco: ¿Es la escuela pequeña y fea?
> Otro: No, es grande y bonita.

1 ¿Es la escuela vieja y mala?
2 ¿Son las clases grandes y aburridas?
3 ¿Son los profesores aburridos y desinteresados en los alumnos?
4 ¿Son los administradores estrictos y tacaños con los materiales?
5 ¿Son los laboratorios de ciencias anticuados y mal equipados?
6 ¿Son los entrenadores de fútbol incomprensivos, severos e incompetentes?

Lector, en tu opinión, ¿le va a gustar a Marcos el nuevo colegio?

¡Cuántas preguntas! Hace tiempo que Elena no ve a Sonia. Elena pregunta por su familia. Completa las descripciones con los adjetivos sugeridos.

1 ¿Cómo es el niño? (precoz e inteligente)
2 ¿Y su hermano mayor también? (sí, listo y aplicado) ¿Y sus hermanas mayores?
3 ¿Cómo son sus hermanos menores? (capaz pero perezoso)
4 Describe a los padres. (sensible e inteligente)
5 ¿Lleva buenas relaciones con sus hermanos menores? (no, tacaño y egoísta)
6 ¿Cómo es su madre? (comprensivo y cariñoso)
7 ¿Y las primas que viven en la casa de al lado? (vivaz y divertido)
8 En general, ¿cómo es la familia? (feliz y unido)

¿Eh? ¿Qué dices? La abuela de Pablo no oye bien, y es necesario repetir todo para ella. Todos debemos respetar su edad.

> Pablo: Es mi fotografía.
> Abuela: ¿Eh? ¿Qué dices?
> Pablo: Digo que esta fotografía es mía.

Ana:	Es mi retrato.
Abuela:	No te oigo. Repite.
Ana:	
Enrique:	Es nuestro tapiz.
Abuela:	Habla más fuerte.
Enrique:	
Jaime:	Son sus obras.
Abuela:	No te entiendo. Repite.
Jaime:	
Aurora:	Es tu idea.
Abuela:	Acércate y repite.
Aurora:	
Luis:	Son nuestras pinturas.
Abuela:	¿Qué dices?
Luis:	
Ernesto:	Es su exposición.
Abuela:	Una vez más, por favor.
Ernesto:	
Gloria:	Son nuestros cuadros.
Abuela:	¿Eh? ¡Más alto!
Gloria:	
César:	Es su salón.
Abuela:	¡Por favor, no hables tan bajo!
César:	

Guarden bien sus cosas. En una visita a una galería de arte unos visitantes se ponen nerviosos entre tanta gente. Descubren que algunos de su grupo no pueden encontrar algunas de sus posesiones. Comienzan a investigar.

> Carla no encuentra su bolso. ¿Lo has visto? No lo he visto. Afortunadamente, tengo el mío.

1 Los de aquel grupo no encuentran sus entradas. ¿Las han visto Uds.?

2   Ramón busca su cámara. ¿La han visto sus compañeros?

3   El guía no sabe dónde está su cartera. ¿La has visto?

4   Los turistas no pueden encontrar su libro de guía. ¿Lo han visto ellos?

5   El visitante dejó su programa en algún sitio. ¿Lo han visto Uds.?

6   Unas chicas descuidadas dejaron sus compras en la otra sala. ¿Las han visto Uds.?

7   Rosalía perdió su reproducción de *Guernica*. ¿La ha visto su hermana?

8   Perdimos nuestros cheques de viajeros. ¿Los has visto por casualidad?

9   La Sra. Ramos dejó sus paquetes en el servicio. ¿Los han visto sus compañeras?

10 Lupe no encuentra la película para su cámara. ¿La has visto?

Perdón, pero creo que es mío. Después, las mismas personas ven artículos parecidos a los que han perdido. Alegremente y cortésmente los reclaman.

Carlos:	*¡Qué considerada eres, Anita! Gracias por recoger mi bolso.*
Anita:	*Lo siento, pero no es tuyo. Es mío.*
Uno del otro grupo:	Nuestras entradas están en ese sobre que ellos levantan del suelo. Lo reconozco. Muchas gracias, señores.
Uno de ellos:	
Ramón:	Mira, Pepe. ¿Ves mi cámara? Allí mis compañeros me la guardan. ¡Qué gentileza!
Pepe:	
El guía:	Oye, Aurelio. ¿No es ésa mi cartera que llevas?
Aurelio:	
Unos turistas:	Dejamos nuestro libro de guía por aquí. Perdone, señora. Si no me equivoco, creo que ese libro es nuestro.
Una señora:	
Una empleada:	Estos visitantes buscan sus programas. Tengan Uds. la amabilidad de ofrecerles dos de los que Uds. traen.
Una de las señoras:	
Guía:	Las señoras dejaron sus compras en la otra sala. ¿Las recogieron Uds., Sr. Muñoz?
Sr. Muñoz:	
Rosalía:	Perdí la reproducción de Goya que acabo de comprar. ¿Puede ser mía la que llevas, Petra?
Petra:	
Dos señores:	Perdone, señor. Perdimos nuestros cheques de viajeros de un banco de Uruguay. Son parecidos a los que Ud. encontró en el rincón.
Señor:	
Sra. Ramos:	¡Ay! Dejé mis compras en el servicio, pero creo que mis compañeras las tienen.
Compañera:	
Lupe:	No puedo sacar fotos sin la película que compré esta mañana. Ésa que está en tu bolso es mía, ¿verdad?
Amiga:	

Los demostrativos

Los adjetivos demostrativos son:

> este, esta, estos, estas
> ese, esa, esos, esas
> aquel, aquella, aquellos, aquellas

Los pronombres demostrativos, con la excepción de las formas neutras *esto, eso, aquello,* son los mismos que los adjetivos pero llevan acento.

> éste, ésta, éstos, éstas
> ése, ésa, ésos, ésas
> aquél, aquélla, aquéllos, aquéllas

Se emplea *este* para indicar lo que está cerca del hablante.
>   Este libro que tengo es interesante.

Se emplea *ese* para indicar lo que está cerca de la persona a quien se dirige el hablante.
>   Ese libro que tiene Ud. es interesante.

Se emplea *aquel* para indicar lo que está lejos de los dos.
>   Aquel libro (allí en la mesa) es interesante.

¿Cuál te gusta más? En una tienda de curiosidades unos estudiantes tienen dificultades para seleccionar sus recuerdos. Piden ayuda a sus compañeros.

> *¿Cuál de estas figuras te gusta más?*
> *Me gusta ésta pero no me gusta ésa.*

1   ¿Cuál de estos tapices te gusta más?
2   ¿Cuál de estas estatuas les gusta más?
3   ¿Cuál de estos querubines te gusta más?
4   ¿Cuál de estos ángeles te gusta más?
5   ¿Cuál de las tarjetas postales les gusta más?
6   ¿Cuál de los espejos les gusta más?
7   ¿Cuál de las aguafuertes te gusta más?
8   ¿Cuáles de las reproducciones les gustan más?

¡No quiero nada! Gonzalo siente haber ofendido a su novia. Quiere comprarle un regalo, pero ella no lo perdona. Al contrario, ella se niega a escoger algo.

> *Él: Me equivoqué. ¿Quieres este collar?*
> *Ella: No, no quiero nada. ¡Ni éste, ni ése, ni aquél!*

1   Dispénsame. ¿Quieres estas cintas cassette?
2   Discúlpame. ¿Quieres esta cámara?
3   Perdóname. ¿Quieres estos perfumes?
4   Lo siento. ¿Quieres esta blusa?
5   No lo volveré a hacer. ¿Quieres estos jabones?
6   Ten piedad, por favor. ¿Quieres esta crema?
7   Te lo ruego, corazón. ¿Quieres comer en este restaurante?
8   Olvídate de eso. ¿Quieres ver esta película?

Conjunciones especiales

Por razones fonéticas la conjunción *y* no se emplea delante de una palabra que empieza con la letra *i* o *hi*. En estos casos se emplea *e* para unir dos palabras o ideas.

ir y venir	*pero*	venir e ir
Inés y Marta		Marta e Inés
incas y aztecas		aztecas e incas
historia y sociología		sociología e historia

(Nota: Esto no se aplica a palabras que empiezan con el diptongo *hie*. Ejemplos: *acero y hierro, nieve y hielo*.)

Conformista. A veces Cristina no se acuerda del orden más aceptado de palabras y consulta con su compañera Lisa.

> Cristina: *¿Dices inglesas y francesas?*
> Lisa: *No. Digo francesas e inglesas.*

1 ¿Dices indios y orientales?
2 ¿Dices inteligente y popular?
3 ¿Dices invierno y otoño?
4 ¿Dices industria y arte?
5 ¿Dices hipócritas y maliciosos?

Debido a semejantes razones fonéticas, no se emplea la *o* delante de palabras que empiezan con *o* o con *ho*.

Oscar o Ramón	*pero*	Ramón u Oscar
ocupado o distraído		distraído u ocupado
hoy o mañana		mañana u hoy

Último repaso. Alfredo y Felipe estudian para una prueba lingüística mañana. ¿Qué estilo prefiere Felipe?

> Alfredo: *¿Hay ocho o diez expresiones distintas?*
> Felipe: *Hay diez u ocho.*
>
> Alfredo: ¿Hay miles de hombres o mujeres representados aquí?

¿Hay hospitales o clínicas en todas las ciudades?

¿Hay oxígeno o helio en la luna?

¿Hay oficiales o soldados en el campamento?

¿Hay oro o plata en estas joyas?

Mejor estilo. Tu hermanito Abel sacó muy mala nota en su composición. Está tan desolado que tú te ofreces a ayudarle. ¿Qué le vas a decir?

Abel:	*Yo escribí «hospitales o clínicas». ¿Es incorrecto?*
Tú:	*No es incorrecto, pero prefiero decir «clínicas u hospitales».*

Abel:	Aquí yo puse «hombres o mujeres». ¿Qué debo decir?
Abel:	En esta oración digo «oficiales o soldados». ¿Qué prefieres tú?
Abel:	Mira. En este párrafo tengo «oro o plata». ¿No te gusta este orden?
Abel:	La expresión «océano o mar» no está mal, ¿verdad?
Abel:	No entiendo a ese profesor. ¿Qué hay de malo en «horas o minutos»?
Abel:	Yo digo: «Llegaré en octubre o agosto». Tampoco le gustó.
Abel:	Gracias, pero seguramente nos va a preguntar por qué es así. ¿Cómo debo explicar esto?
Tú:	(Dile en forma sencilla por qué es así.)

Un juego académico. En clase la profesora prepara a los alumnos para una prueba. En la pantalla proyecta un ejercicio que requiere que todos participen. Primero llama a individuos por su nombre. Después, toda la clase participa en coro.

Profesora:	*Elena, arte / historia*
Elena:	*arte e historia*

Profesora:	Claudio, español / inglés
Profesora:	Rebeca, verano / otoño
Profesora:	Ofelia, escuela / iglesia
Profesora:	Saúl, este / oeste
Profesora:	Honorario, viajar / observar
Profesora:	Teresa, Luis / Hilario

Continuemos. Excelente. Vamos a continuar con *o o u.*

Profesora:	*miraron / oyeron*
Juana:	*miraron u oyeron*

Profesora:	Daniel, este / oeste
Profesora:	Ernesto, invierno / primavera
Profesora:	Cristina, verano / otoño
Profesora:	Andrés, escuchó / oyó
Profesora:	Paquita, brazos / pies
Profesora:	Quique, pesimista / optimista

MODISMOS Y EXPRESIONES

La lengua española es rica en modismos y expresiones populares. Es importante que el que se propone conocer a fondo el idioma aprenda de memoria estas palabras y expresiones y las emplee en el trato diario.

> **por si acaso** *just in case*
> Si piensas viajar, lleva más dinero por si acaso lo necesitas.
> **querer decir** *to mean*
> ¿Qué quiere decir esta palabra nueva? No la entiendo.
> **acabar de + infinitivo** *to have just done the action of the infinitive that follows*
> Acabo de comer y no puedo más.
> **vale** *(popular slang usage) O. K., all right, that's it, enough, understood*
> Quiero comprar esto, ¿vale?
> **valer la pena** *to be worth the trouble*
> Vale la pena aprender y usar estas expresiones.
> **echar de menos** *to long for, to miss (a person or something familiar)*
> En Madrid este verano echamos de menos la comida mexicana.
> **hace + *expression of time* + que** *have been doing something for the length of time expressed*
> Hace una hora que estamos aquí.

¡OJO!

Las palabras a veces engañan. Para la persona que estudia el español es fácil cometer el error de atribuir a las palabras españolas el significado de las palabras cognadas en inglés o de no hacer caso a ciertas distinciones y sutilezas. ¡Ojo! No se confundan.

colegio **y universidad**	La palabra *colegio* corresponde a «escuela», un lugar destinado a la enseñanza elemental o secundaria. El colegio español es menos avanzado que el «college» de que hablamos en los Estados Unidos. Éste corresponde a la universidad española y comprende un grupo de escuelas llamadas facultades que suministran la enseñanza superior. Ejemplo: Después de completar sus estudios en el colegio, María piensa matricularse en una universidad bien conocida.

CUADRO 2

EL HUMORISMO

Las burlas son víspera de las veras.

PARA PREPARAR LA ESCENA

Los españoles y los latinoamericanos son muy amantes del humor. Su humorismo es una mezcla de lo chistoso con lo trágico y con lo irónico, como en el Quijote. Los ricos y los pobres, los nobles y los campesinos, todos tienen una inclinación natural por el humorismo. Por eso Gómez de la Serna, un escritor español, dijo que lo que se apoya en el aire claro de España es lo humorístico.

Una carta a Dios

Gregorio López y Fuentes

PARA PRESENTAR LA LECTURA

El cuento que sigue fue escrito por Gregorio López y Fuentes, autor mexicano, y demuestra el humor irónico mexicano. Además del humorismo que se ve en este cuento, se puede ver la fe de un campesino pobre. Es esta fe la que sirve de ímpetu para escribir «Una carta a Dios».

El campesino mexicano de este episodio también nos revela la sencillez de toda cosa complicada. A la vez podemos comprender con mayor claridad el problema de ganarse la vida con las manos y luchar contra los caprichos de la naturaleza.

PARA APRENDER EL VOCABULARIO

Palabras clave I

1 **aguacero** lluvia fuerte de poca duración
Un aguacero inundó la calle.

2 **cortina** lo que cubre y oculta algo, como la tela que cubre una ventana *(curtain)*
Me gusta la cortina que tienes en la sala.

3 **cosecha** acto de recoger los frutos del campo *(harvest)*
La cosecha del maíz es en septiembre.

4 **darse el gusto** hacer algo con placer y en beneficio propio

Elena quiere darse el gusto de comprarse un automóvil nuevo.

5 **gotas** partículas de un líquido
Las gotas de agua caen de las nubes.

6 **granizo** hielo que cae del cielo, lluvia helada
Cayó tanto granizo que destruyó la cosecha.

7 **maduro** listo para comer *(ripe)*
El maíz estaba maduro.

8 **soplar** hacer viento
Un fuerte viento comenzó a soplar.

Práctica

Completa con una palabra de la lista.

cosecha　　　　*las gotas*　　*soplar*
granizo　　　　*maduro*　　　*el aguacero*
darse el gusto　*la cortina*

1　Una brisa fresca comenzaba a
　　———— las hojas.
2　Le gustaba sentir ———— de lluvia en
　　la cara.
3　La luz no puede penetrar ———— en
　　la sala.
4　Comenzó a caer tanto ———— que
　　destruyó la cosecha.
5　El campesino esperaba que ————
　　pudiera salvar la cosecha de maíz ma-
　　duro y las flores del frijol.
6　Con bastante lluvia tendremos buena
　　———— en el otoño.
7　El melón duro no está todavía
　　————.
8　Quiere ———— de ver a sus niños.

Palabras clave II

1　**aflijas (afligirse)** te preocupes
　　No vale afligirse cuando el mal no tiene
　　remedio.
2　**buzón** cajón en el cual se depositan las
　　cartas para mandarlas a otra parte
　　Mariana echó la carta en el buzón.
3　**esperanza** fe, confianza que ha de pa-
　　sar una cosa *(hope)*
　　Juan todavía tenía esperanza de recibir
　　una respuesta.
4　**fondo** parte más baja de una cosa
　　Hay leche en el fondo del vaso.
5　**huerta** lugar donde se cultivan árboles
　　frutales y legumbres
　　La huerta estaba llena del aroma de
　　manzanas y peras.

6　**mortificado** muy preocupado
　　Jaime estaba mortificado por las malas
　　noticias.
7　**rudo** áspero, sin educación
　　La pescadora era una persona muy
　　ruda.
8　**sello** estampilla para mandar cartas
　　Las cartas necesitan sello.
9　**sobre** papel doblado dentro del cual se
　　mandan las cartas
　　Mi hermana puso la dirección en el so-
　　bre.
10　**tempestad** tormenta *(storm)*
　　Pepe se asustó con la tempestad.
11　**tristeza** infelicidad, pena
　　Los padres se consumían de tristeza al
　　ver que su hija no mejoraba.

Práctica

Completa con una palabra de la lista.

fondo   *el sobre*   *la tempestad*
un sello   *aflijas*   *tristeza*
el buzón   *ruda*   *la esperanza*
huerta   *mortificado*

1   Ana escribió «por avión» en
    _____ antes de mandar la carta.
2   La familia sintió _____ al ver que la
    cosecha estaba arruinada.
3   No te _____ tanto porque el mal no
    es muy grande.
4   En su _____ mi tía tiene perales,
    manzanos y cerezos.
5   Para mandar una carta por correo aéreo
    a España hay que ponerle _____ de
    cuarenta y cuatro centavos.
6   La llave había caído al _____ de su
    bolsillo.
7   _____ de granizo destruyó la cosecha
    del campesino.
8   Tenemos _____ de ver paz en la
    tierra.
9   Eche estas tarjetas postales en
    _____, por favor.
10 El hijo del campesino era una persona
    _____.
11 El campesino se sintió _____ al ver
    el granizo.

Palabras clave III

1   **arrugando (arrugar)** haciendo pliegues
    (*wrinkling*)
    Con tanta humedad toda mi ropa quedó
    arrugada.
2   **enfadó (enfadarse)** se enojó
    Al enterarse de lo que había sucedido, la
    doctora no pudo menos que enfadarse.

3   **equivocado (equivocarse)** que no tiene
    razón, que ha errado
    Perdone, señora. Yo estoy equivocado.
4   **firma** nombre de una persona puesto al
    pie de algo escrito
    El contrato tenía la firma de la abogada.
5   **golpecitos** choquecitos, palmaditas (*little
    taps*)
    Sentí unos golpecitos pero no sabía de
    dónde venían.
6   **ladrones** los que roban
    Anoche entraron unos ladrones y nos ro-
    baron todo.
7   **mojó (mojar)** humedeció con un líquido
    La lluvia mojó la camisa de Roberto.
8   **puñetazo** acto de pegar con el puño
    Sara le dio a Juan un puñetazo.
9   **seguridad** certidumbre
    Rosa tenía la seguridad de que iba a ga-
    nar el juego.

Práctica

Completa con una palabra de la lista.

firma   *golpecitos*   *mojó*
los ladrones   *arrugando*   *equivocado*
enfadó   *la seguridad*   *un puñetazo*

1   Al ver que le dieron poco dinero, el car-
    pintero se _____.
2   Yo oí tres _____ en la puerta.
3   El chico estaba _____ el papel.
4   La reunión tendrá lugar el dos de julio,
    no el tres; yo estaba _____.
5   El empleado _____ el sobre para ce-
    rrarlo.
6   Hay que poner su _____ en el con-
    trato.
7   El campesino tenía _____ de ser
    oído.
8   La policía encontró a _____ que ha-
    bían robado el banco.
9   La directora dio _____ en la puerta.

Una carta a Dios

Gregorio López y Fuentes

I

La casa . . . única en todo el valle . . . estaba en lo alto de un cerro bajo. Desde allí se veían el río y, junto al corral, el campo de maíz maduro con las flores del frijol que siempre prometían una buena cosecha.

Lo único que necesitaba la tierra era una lluvia, o a lo menos un fuerte aguacero. Durante la mañana, Lencho . . . que conocía muy bien el campo . . . no había hecho más que examinar el cielo hacia el noreste.

—Ahora sí que viene el agua, vieja.

Y la vieja, que preparaba la comida, le respondió:

—Dios lo quiera.

Los muchachos más grandes trabajaban en el campo, mientras que los más pequeños jugaban cerca de la casa, hasta que la mujer les gritó a todos:

—Vengan a comer . . .

Fue durante la comida cuando, como lo había dicho Lencho, comenzaron a caer grandes gotas de lluvia. Por el noreste se veían avanzar grandes montañas de nubes. El aire estaba fresco y dulce.

El hombre salió a buscar algo en el corral solamente para darse el gusto de sentir la lluvia en el cuerpo, y al entrar exclamó:

—Éstas no son gotas de agua que caen del cielo; son monedas nuevas; las gotas grandes son monedas de diez centavos y las gotas chicas son de cinco . . .

Y miraba con ojos satisfechos el campo de maíz maduro con las flores del frijol, todo cubierto por la transparente cortina de la lluvia. Pero, de pronto, comenzó a soplar un fuerte viento y con las gotas de agua comenzaron a caer granizos muy grandes. Esos sí que parecían monedas de plata nueva. Los muchachos, exponiéndose a la lluvia, corrían a recoger las perlas heladas.

Lencho sobrenombre de Lorenzo

perlas heladas modo figurativo de decir *granizo*

E sto sí que está muy malo—exclamaba mortificado el hombre—, ojalá que pase pronto . . .

No pasó pronto. Durante una hora cayó el granizo sobre la casa, la huerta, el monte, el maíz y todo el valle. El campo estaba blanco, como cubierto de sal. Los árboles, sin una hoja. El maíz, destruido. El frijol, sin una flor. Lencho, con el alma llena de tristeza. Pasada la tempestad, en medio del campo, dijo a sus hijos:

langostas *locusts*

—Una nube de langostas habría dejado más que esto . . . El granizo no ha dejado nada: no tendremos ni maíz ni frijoles este año . . .

La noche fue de lamentaciones:

—¡Todo nuestro trabajo, perdido!

—¡Y nadie que pueda ayudarnos!

—Este año pasaremos hambre . . .

Pero en el corazón de todos los que vivían en aquella casa solitaria en medio del valle había una esperanza: la ayuda de Dios.

aunque *even though*

—No te aflijas tanto, aunque el mal es muy grande. ¡Recuerda que nadie se muere de hambre!

—Eso dicen: nadie se muere de hambre . . .

Y durante la noche, Lencho pensó mucho en su sola esperanza: la ayuda de Dios, cuyos ojos, según le habían explicado, lo miran todo, hasta lo que está en el fondo de las conciencias.

sin embargo *nevertheless*

Lencho era un hombre rudo, trabajando como una bestia en los campos, pero sin embargo sabía escribir. El domingo siguiente, con la luz del día, después de haberse fortificado en su idea de que hay alguien que nos protege, empezó a escribir una carta que él mismo llevaría al pueblo para echarla al correo.

Era nada menos que una carta a Dios.

«Dios», escribió, «si no me ayudas, pasaré hambre con toda mi familia durante este año. Necesito cien pesos para volver a sembrar y vivir mientras viene la nueva cosecha, porque el granizo . . . »

volver a sembrar sembrar otra vez

Escribió «A Dios» en el sobre, metió la carta y, todavía preocupado, fue al pueblo. En la oficina de correos, le puso un sello a la carta y echó ésta en el buzón.

III

Un empleado, que era cartero y también ayudaba en la oficina de correos, llegó riéndose mucho ante su jefe, y le mostró la carta dirigida a Dios. Nunca en su existencia de cartero había conocido esa casa. El jefe de la oficina . . . gordo y amable . . . también empezó a reír, pero muy pronto se puso serio y, mientras daba golpecitos en la mesa con la carta, comentaba:

—¡La fe! ¡Ojalá que yo tuviera la fe del hombre que escribió esta carta! ¡Creer como él cree! ¡Esperar con la confianza con que él sabe esperar! ¡Empezar correspondencia con Dios!

Y, para no desilusionar aquel tesoro de fe, descubierto por una carta que no podía ser entregada, el jefe de la oficina tuvo una idea: contestar la carta. Pero cuando la abrió, era evidente que para contestarla necesitaba algo más que buena voluntad, tinta y papel. Pero siguió con su determinación: pidió dinero a su empleado, él mismo dio parte de su sueldo y varios amigos suyos tuvieron que darle algo «para una obra de caridad».

caridad *charity*

Fue imposible para él reunir los cien pesos pedidos por Lencho, y sólo pudo enviar al campesino un poco más de la mitad. Puso los billetes en un sobre dirigido a Lencho y con ellos una carta que tenía sólo una palabra como firma: DIOS.

Al siguiente domingo, Lencho llegó a preguntar, más temprano que de costumbre, si había alguna carta para él. Fue el mismo cartero quien le entregó la carta, mientras que el jefe, con la alegría de un hombre que ha hecho una buena acción, miraba por la puerta desde su oficina.

Lencho no mostró la menor sorpresa al ver los billetes . . . tanta era su seguridad . . . pero se enfadó al contar el dinero . . . ¡Dios no podía haberse equivocado, ni negar lo que Lencho le había pedido!

negar *to deny*

Inmediatamente, Lencho se acercó a la ventanilla para pedir papel y tinta. En la mesa para el público, empezó a escribir, arrugando mucho la frente a causa del trabajo que le daba expresar sus ideas. Al terminar, fue a pedir un sello, que mojó con la lengua y luego aseguró con un puñetazo.

Tan pronto como la carta cayó al buzón, el jefe de correos fue a abrirla. Decía:

«Dios: Del dinero que te pedí, sólo llegaron a mis manos sesenta pesos. Mándame el resto, como lo necesito mucho; pero no me lo mandes por la oficina de correos, porque los empleados son muy ladrones. —Lencho».

PARA APLICAR

Comprensión I

A Contesta las siguientes preguntas.

1 ¿Dónde estaba la casa?
2 ¿Qué se veía desde allí?
3 ¿Qué necesitaba la tierra?
4 ¿Qué hacía la vieja?
5 ¿Cuándo comenzaron a caer grandes gotas de lluvia?
6 ¿Cómo estaba el aire al comenzar la lluvia?
7 ¿Qué parecían los granizos?

B Para personalizar la lectura

1 ¿Cómo es tu casa?
2 ¿Es única?
3 ¿Dónde está colocada?
4 ¿Qué se ve desde allí?
5 ¿Cómo es la casa de tu vecino(a)?
6 ¿Has estado en una tempestad del noreste?
7 ¿Por qué se preocupan tanto los agricultores con el tiempo?
8 Una lluvia puede ser una bendición o una maldición. Explica por qué.
9 ¿Has visto una vez la caída de granizo? ¿Cómo fue?

Comprensión II

A Contesta las siguientes preguntas.

1 ¿Cuánto tiempo cayó el granizo?
2 ¿Cómo estaban los árboles después de caer el granizo? ¿Y el maíz? ¿Y el frijol?
3 ¿En qué pensó Lencho durante la noche?
4 ¿A quién escribió Lencho una carta?
5 ¿Por qué necesitaba Lencho los cien pesos?

B Completa las siguientes oraciones con una palabra o una expresión apropiada.

1 El granizo cayó durante una hora sobre la _____, la _____, el _____, el _____ y todo el _____.
2 El campo quedó blanco como _____.
3 Lencho ya no sentía alegría sino _____.
4 El _____ no dejó nada en las plantas.
5 Pasaron la noche muy tristes pero en sus corazones guardaban una _____.
6 No se afligieron demasiado porque recordaron que nadie _____.
7 Lencho pasó la noche pensando en la _____.
8 Aunque Lencho era hombre de poca educación, sabía _____.
9 En su carta a Dios pidió _____ para _____ y _____.
10 Después de poner el _____ a la carta, la echó en el _____.

Comprensión III

Contesta las siguientes preguntas.

1 ¿Quién le mostró la carta al jefe de la oficina?
2 ¿Qué dijo el jefe de la oficina después de leer la carta?

3 ¿Qué idea tuvo el jefe de la oficina?
4 ¿A quiénes les pidió dinero?
5 ¿Fue posible reunir todo el dinero pedido por Lencho?
6 ¿En dónde puso los billetes?
7 ¿Cómo reaccionó Lencho al recibir la carta?
8 ¿Qué pidió Lencho en la ventanilla?
9 ¿Dónde escribió Lencho su segunda carta?
10 ¿Cómo mojó Lencho el sello?
11 Según Lencho, ¿cómo eran los empleados de la oficina de correos?

LA CORRESPONDENCIA EN ESPAÑOL

Es cierto que aprendemos mucho de Lencho por la carta que le escribió a Dios. Una carta revela mucho acerca del escritor, dando origen al refrán popular «Carta canta».

Al considerar la correspondencia en español hay que notar semejanzas y diferencias con la nuestra. Claro que se escribe, se pone en un sobre, se deposita en los buzones públicos en el correo y se reparte a domicilio por los carteros, pero hay gran variedad en la forma de la carta según la relación personal que existe entre el destinatario y el remitente. Esta variedad se refleja principalmente en el saludo y la despedida que van desde una forma simple y cordial a una con ornato y sumamente formal.

La carta privada y personal es bastante informal. El saludo típico para este tipo de carta es: *Querido(a)*. Despedidas típicas son: *Tu amigo(a), Con cariño, Afectuosamente, Un abrazo fuerte y Sinceramente*.

La carta comercial sigue cierta fórmula establecida y tiene una estructura fija.

Típicos saludos que se emplean en la correspondencia comercial son:

Muy señor mío
Muy señora mía
Muy señorita mía } cuando el remitente es una sola persona y el destinatario es una sola persona

Muy señores míos
Muy señoras mías
Muy srtas. mías } cuando el remitente es una sola persona y el destinatario es una compañía

Típicas despedidas que se emplean en la correspondencia comercial son:

Muy atentamente
Suyo(a) atentamente
Suyo(a) afectísimo(a)
Su atento(a) y seguro(a) servidor(a)
Sus atentos(as) y seguros(as) servidores(as)

Abreviaciones comunes:

Sr.	Sres.
Sra.	Sras.
Srta.	Srtas.
Atto. y. ss.	Attos. y ss. ss.

Apartado 265
Rosario, Argentina
4 de abril de 1986

Casa de Música
Prado 244
Buenos Aires, Argentina

Muy señores míos:

Les agredeceré tengan la bondad de enviarme, a la dirección que figura en esta carta, el último catálogo de sus discos clásicos. Me interesa sobre todo el «Bolero» de Ravel, rendición de la Orquesta Sinfónica Nacional. Aquí en Rosario no lo consigo.

Agradeciéndole por anticipado la atención que preste a mi pedido, se despide de usted

muy atentamente,

Raúl Figueroa
Raúl Figueroa

Frases útiles para emplear en el cuerpo de la correspondencia comercial:

Le agradeceré se sirva enviarme . . .
Le agradecería me informara de . . .
Adjunto va un cheque (un giro) por . . .
Tenga la bondad de mandarme . . .
Acuso (amos) recibo de su carta del (fecha) . . .
Aprovecho (amos) esta ocasión para saludarle (les)

PARA PRACTICAR

A ¿Qué saludo y qué despedida usarías si estuvieras escribiendo una carta en español a cada una de las siguientes personas?

1 tu mamá
2 el secretario de una universidad pidiendo el catálogo de los cursos de verano
3 uno de tus primos
4 el gerente de un supermercado en donde piensas buscar una colocación durante el verano
5 Esteban Fortuna, negociante en sellos y monedas
6 tu novio(a)
7 un político de tu pueblo a quien quieres hacer una sugerencia
8 un empleado del banco, corrigiendo un error

B Un alumno lee la siguiente lista de saludos; otros alumnos responden con una despedida apropiada.

1 Distinguida profesora
2 Muy señores míos
3 Querida madre
4 Estimado señor García
5 Muy señor mío
6 Querido amigo
7 Distinguido Sr. Álvarez
8 Muy señora mía

Por si acaso . . .

1 Escribe una descripción del campo después de la caída del granizo.
2 Escribe sobre la reacción del empleado al ver la carta de Lencho.
3 Tú eres empleado(a) de correo y recibes la carta de Lencho. Contesta por escrito.
4 Si tú fueras Lencho, ¿dónde buscarías ayuda? Indica las distintas maneras de obtener ayuda que existen hoy día para los campesinos y la gente pobre.
5 Escribe una de las siguientes cartas que te interesa más. Incluye el encabezamiento, un saludo apropiado, la despedida y la firma. Prepara el sobre correspondiente.
a. una carta a un amigo de tu escuela mientras estás de vacaciones
b. una carta a una casa comercial pidiendo un catálogo
c. una carta a una universidad donde piensas matricularte
d. una cartita infantil como ejemplo de una cartita que un niño tal vez escribiría a San Nicolás o a los Tres Reyes Magos pidiendo algo como regalo de Navidad

El gato de Sèvres

Marco A. Almazán

PARA PRESENTAR LA LECTURA

Sèvres es un pueblo del norte de Francia. Este pueblo es conocido por la hermosa porcelana que produce desde el siglo dieciocho. La porcelana de Sèvres, delicada y translúcida, tiene fama internacional como el mejor ejemplo del arte en dicho material.

Recientemente ha surgido gran interés en toda clase de antigüedades. Los coleccionistas, según el gusto personal, compran y venden preciosos objetos de arte. Van de tienda en tienda buscando curiosidades, y cuando por fin encuentran algo auténtico, pues, ¿quién sabe lo que harían para conseguirlo?

Marco A. Almazán, el maestro mexicano del humorismo, nos presenta un cuento que demuestra con humor que a los propietarios no se les engaña fácilmente.

PARA APRENDER EL VOCABULARIO

Palabras clave I

1 **antigüedades** objetos de arte antiguos
Su casa está llena de antigüedades.

2 **aparentando (aparentar)** manifestando una actitud que uno no siente
Mi hermana tenía que aparentar gran satisfacción con ese regalo ridículo.

3 **desdeñosamente** con indiferencia que insulta
Me ofendes hablándome desdeñosamente.

4 **escaparate** ventana de una tienda donde se exhiben cosas para vender
¿Cuánto cuesta esa camisa en el escaparate?

5 **no cabía (caber) duda** había seguridad
No cabía duda que Lencho iba a sufrir.

6 **pedazos** partes pequeñas de algo (*pieces*)
El plato se cayó y se hizo pedazos.

7 **vistazo** mirada (*glance*)
Vio todo de un vistazo.

Práctica

Completa con una expresión de la lista.

antigüedades	*no cabía duda*
aparentando	*un vistazo*
desdeñosamente	*un pedazo*
el escaparate	

1 Quiere comprar los zapatos que vio en
_____.

2 _____ que ése era el ladrón.

3 Estoy arreglando este plato, pero me falta
_____.

4 Dio _____ al periódico y luego lo
dejó en la silla.

5 El capitán se enojó cuando el sargento le
saludó _____.

6 Compré unas estatuas en esa tienda de
_____.

7 Aunque se sentía muy triste; Roberto entró _____ alegría.

Palabras clave II

1 **acariciar** tratar con amor y ternura,
mostrar afecto con la mano (*to caress, to
pet*)
El perro no nos dejó en paz hasta que lo
acariciamos.

2 **adquirir** obtener o ganar una cosa
En ese trabajo Ud. puede adquirir experiencia.

3 **agachó (agacharse)** inclinó o bajó una
parte del cuerpo
María se agachó para poder ver el insecto en el suelo.

4 **cazador** persona que caza, que busca
animales para matarlos
El cazador regresó del monte con el animal que había matado.

5 **cola** extremidad del cuerpo de un animal opuesta a la cabeza, rabo
El perro movía la cola de pura alegría.

6 **hombro** parte superior del tronco de
donde sale el brazo (*shoulder*)
Después de tanto trabajo me duele el
hombro.

7 **incorporándose (incorporarse)** levan-
tándose de posición horizontal
El enfermo estaba incorporándose en la
cama para poder comer.

8 **obsequiaron (obsequiar)** regalaron,
dieron algo de regalo
Yo quiero obsequiar el plato de porcelana a los recién casados.

9 **palmada** golpe que se da con la palma
de la mano
Le di una palmada al perro para mos-
trarle que no le tenía miedo.

10 **pleito** disputa, lucha
Roberto siempre está de pleito con su
hermana.

Práctica

Completa con una expresión de la lista.

acariciar	*la cola*	*obsequiar*
adquirir	*hombros*	*una palmada*
agachó	*incorporándose*	*un pleito*
los cazadores		

1 El gato tenía _____ corta.

2 ¿Qué vas a _____ a tu padre el día
de su santo?

3 Tengo que _____ una buena calcu-
ladora para hacer mis ejercicios de matemáticas.

4 Perdió toda su fortuna en _____ legal.

5 Al ver a su papá regresar a casa, el niño le dio _____ de alegría.

6 El campesino se _____ para examinar el daño a las plantas.

7 _____ tienen que salir muy temprano.

8 _____, María se dio cuenta de que se había despertado tarde.

9 Ven, michito, quiero _____ tu pelo tan suave.

10 Durante el desfile, el padre sentó al niño en sus _____.

Palabras clave III

1 **ademán** movimiento del cuerpo con que se expresa un sentimiento, gesto
Al ver su ademán de sorpresa, supe que hacía algo incorrecto.

2 **advierto (advertir—ie, i)** aconsejo, llamo la atención sobre una cosa, hago saber
Le advertí que no lo hiciera para no sufrir las consecuencias.

3 **cartera** bolsa portátil para llevar billetes y documentos, billetera
La mujer sacó treinta pesos de su cartera y pagó la cuenta.

4 **retirarse** irse, marcharse
Antes de retirarse le pagó cuarenta pesos más.

Práctica

Completa con una palabra de la lista.

> un ademán   la cartera
> advierto   retirarse

1 Disculpe a la niña. Es tarde y tiene que _____.

2 Mi hermana guardaba sus llaves en _____.

3 Te _____ ahora del peligro de ir tan rápido.

4 Marlena hizo _____ de disgusto.

El gato de Sèvres

Marco A. Almazán

I

el corazón le daba un vuelco *his heart was skipping a beat*
baratijas mercancía barata
escuálido y roñoso flaco y sucio

fastidio falta de interés

amontonamiento de cachivaches monte de utensilios viejos
cojas rotas
óleos desteñidos *faded oil paintings*
cacharros fragmentos de cerámica
menudencias cosas de poco valor
Con el rabillo del ojo *Out of the corner of his eye*
atisbó observó

El coleccionista de cerámica sintió que el corazón le daba un vuelco. Al pasar frente a la pequeña tienda de antigüedades—en realidad de baratijas, según la había catalogado al primer vistazo—observó que un gato escuálido y roñoso bebía leche pausadamente en un auténtico plato de Sèvres, colocado en la entrada del establecimiento.

El coleccionista llegó hasta la esquina y después volvió sobre sus pasos, aparentando fastidio e indiferencia. Como quien no quiere la cosa, se detuvo frente al escaparate de la tienda y paseó la mirada desdeñosamente por el amontonamiento de cachivaches que se exhibían: violines viejos, mesas y sillas cojas, figurillas de porcelana, óleos desteñidos, pedazos de cacharros supuestamente mayas o incaicos y, en fin, las mil y una menudencias que suelen acumularse en tiendas de esta especie. Con el rabillo del ojo, el coleccionista atisbó una vez más el plato en que bebía leche el gato. No cabía duda: Sèvres legítimo. Posiblemente del segundo tercio del siglo XVIII. Estos animales—pensó el experto, refiriéndose a los dueños . . . —no saben lo que tienen entre manos . . .

II

Michito Gatito *(Kitty)*
ronroneó *purred*

Venciendo la natural repugnancia que le inspiraban los felinos, se agachó para acariciar al gato. De paso, examinó más de cerca la pieza de cerámica. El coleccionista se dio mentalmente una palmada en el hombro: no se había equivocado. Sin lugar a dudas, Sèvres, 1750.

—Michito, michito—ronroneó el coleccionista, al ver que se acercaba el propietario de la tienda.

—Buenas tardes. ¿Puedo servirle en algo?

—En nada, muchas gracias. Sólo acariciaba al animalito.

—¡Ah, mi fiel Mustafá . . . ! Está un poco sucio, pero es de casta: cruce de persa y angora, con sus ribetes de Manx. Observe usted qué cola tan corta tiene. Eso lo distingue.

El gato, efectivamente, tenía sólo medio rabo; pero no por linaje, sino porque había perdido la otra mitad en un pleito callejero.

—Se ve, se ve—dijo el coleccionista, pasándole una mano enguantada por encima del lomo—. ¡Michito, michito mirrimiáu . . . ! Me encantaría tenerlo en casa para que hiciera pareja con una gatita amarillo limón que me obsequiaron. ¿No me lo vendería?

—No, señor. Mustafá es un gran cazador de ratones y sus servicios me son indispensables en la tienda.

—¡Lástima!—dijo el coleccionista, incorporándose—. Me hubiera gustado adquirirlo. En fin, que tenga usted buenas tardes.

III

E l coleccionista hizo ademán de retirarse.

—¡Un momento!—lo llamó el propietario—. ¿Cuánto daría por el gato!

—¿Cuánto quiere?—le devolvió la pelota el coleccionista, maestro en el arte del trapicheo.

—Cincuenta pesos.

—No, hombre, qué barbaridad. Le doy treinta y ni un centavo más.

—Ni usted ni yo: cuarenta morlacos y es suya esta preciosidad de morrongo.

El coleccionista lanzó un suspiro más falso que un manifiesto político, sacó la cartera, contó los billetes y se los entregó al dueño de la tienda. Éste a su vez los contó y se los guardó en el bolsillo. El coleccionista, siempre aparentando una sublime indiferencia, señaló el plato con la punta del bastón.

—Imagino que el animalito estará acostumbrado a tomar su leche en ese plato viejo, ¿no? Haga el favor de envolvérmelo.

—Como el señor disponga—repuso el anticuario—. Sólo que le advierto que el plato cuesta diez mil pesos . . .

—¡Diez mil pesos!—aulló el coleccionista.

—Sí, señor. No sólo es un auténtico Sèvres, 1750, sino que además me ha servido para vender trescientos veinticinco gatos desde que abrí mi modesto establecimiento . . .

de casta puro *(pedigreed)*
ribetes de Manx *markings of a Manx* (gato sin cola)

linaje familia
callejero de la calle

enguantada llevando guantes
lomo espalda *(back)*

trapicheo regateo *(bargaining)*

morlacos pesos
morrongo gato

bastón palo que ayuda al andar

Como el señor disponga Como el señor quiera
anticuario experto en antigüedades
aulló gritó

PARA APLICAR

Comprensión I

Contesta las siguientes preguntas.

1 ¿Quién pasó por delante de la tienda de antigüedades?
2 ¿Cómo había clasificado esa tienda?
3 ¿Qué sorpresa tuvo?
4 ¿Se quedó allí mirando?
5 Al regresar, ¿qué vio en el escaparate?
6 ¿Cómo observó el objeto de su deseo?
7 ¿De qué estaba seguro?

Comprensión II

A   Contesta las siguientes preguntas.

1 ¿Al coleccionista le gustaban los gatos?
2 ¿Qué hizo para acercarse al gato?
3 ¿Tenía razón o estaba equivocado?
4 ¿Qué hizo cuando se acercaba el dueño?
5 ¿Cómo describe el dueño al gato?
6 ¿Qué distingue a un gato Manx?
7 ¿Por qué le encantaría al coleccionista tenerlo en casa?
8 ¿Qué servicio importante ofrece Mustafá?
9 Al coleccionista, ¿qué le hubiera gustado?

B   Completa las siguientes oraciones con una palabra o una expresión apropiada.

1 Decidió agacharse para _____ al gato.
2 Se contentó de su observación y se dio mentalmente una _____ en el _____.
3 El propietario estaba orgulloso del gato porque era de _____.
4 Al gato Manx le falta la _____.
5 Mustafá perdió la cola en un _____.
6 En casa el coleccionista tiene una gatita que unos amigos le _____.
7 El dueño no quiere vender el gato porque es un gran _____ de ratones.
8 El señor se sentía triste porque quería _____ al gato.

Comprensión III

Contesta las siguientes preguntas.

1 ¿Cuánto dinero pide el dueño por el gato?
2 ¿Cuánto le ofrece el señor?
3 ¿Cuánto acepta el dueño?
4 ¿Qué quiere incluir el coleccionista en el precio?
5 ¿Qué le advierte el dueño?
6 ¿Cómo le ha ayudado el plato?
7 ¿Cuál de los dos es el más astuto?

PARA PRACTICAR

A   Da un sinónimo de las siguientes palabras.

1 levantarse
2 obtener
3 rabo
4 lucha
5 billetera
6 regalar
7 irse
8 gesto

B   Completa las siguientes oraciones con una palabra o una expresión apropiada.

1 El que colecciona algo es _____.
2 Hacer algo con indiferencia es hacerlo _____.
3 Aconsejar es _____.

4 Un golpe que se da con la mano es
  _____.
5 Una parte pequeña de algo es un
  _____.
6 Bajarse hacia los pies es _____.
7 Un gesto que expresa una actitud es
  _____.
8 _____ son objetos viejos de mucho valor.

Por si acaso . . .

1 Prepara una lista de objetos que se podrían encontrar en una tienda de antigüedades. Antes de entregar la lista, ponla en
  orden alfabético.
2 Tienes un objeto de arte valioso que deseas vender. Tiene que ser catalogado de-
  talladamente como lo hacen todos los
  coleccionistas. Incluye en tu descripción
  los siguientes detalles:
  a identificación del objeto
  b medidas exactas empleando el sistema
     métrico
  c período al que pertenece (¿barroco?
     ¿colonial? ¿renacentista?)
  d lugar y año de fabricación y nombre
     del artesano si es posible
3 Haz un dibujo de un objeto de arte. Pre-
  párate para describirlo oralmente ante la
  clase.
4 Prepara una breve conversación entre el
  dueño de una tienda de antigüedades y
  un coleccionista. Acuérdate que el regateo
  es parte integral de los negocios de ese
  tipo.

Signos de puntuación

M. Toledo y Benito

PARA PRESENTAR LA LECTURA

En la pequeña escena que sigue, el autor nos enseña la importancia de los signos de puntuación, manteniendo a la vez un tono ligero y alegre. Varios personajes se presentan delante del juez para saber los detalles del último testamento del señor Álvarez. Entre ellos hay un maestro, un sastre, un mendigo, el hermano y el sobrino del difunto. ¡Qué listos son todos! Cada uno de los personajes tiene su propia interpretación del testamento. La conclusión contiene una sorpresa para los lectores y para todos los personajes también.

PARA APRENDER EL VOCABULARIO

Palabras clave I

1 **mendigo** persona indigente que pide limosna
El mendigo me pidió diez centavos.
2 **puntúa (puntuar)** pone puntuación en la escritura
Los niños tienen que aprender a puntuar.
3 **sastre** persona que cose y arregla trajes y vestidos
El sastre dice que no puede arreglar el saco.

4 **testamento** documento en que uno declara su última voluntad y dispone de sus bienes
Mi amiga se murió antes de escribir su testamento.

Práctica

Completa con una palabra de la lista.

> *puntúa* *el testamento*
> *mendigo* *sastre*

1 Dale una moneda a ese pobre _____.

2 Poco después del funeral se juntaron para leer _____.
3 Roberto _____ muy mal. Nadie entiende lo que escribe.
4 ¡Mira este traje tan bonito que me hizo el _____!

Palabras clave II

1 **herederos** personas que reciben lo que alguien les deja en un testamento
Hay tantos herederos que ninguno va a recibir mucho.
2 **herencia** bienes y derechos dejados o recibidos en un testamento
La herencia que recibió Julia le permite vivir sin trabajar.
3 **juicio** proceso que tiene por objeto la liquidación y partición de una herencia
El juez declaró terminado el juicio.

4 **me toca a mí (tocarle a uno)** me llega a mí el turno
Ahora a mí me toca dar la interpretación.

Práctica

Completa con una palabra de la lista.

los herederos	*el juicio*
la herencia	*le toca*

1 ¿Cuál de _____ recibirá la casa del difunto?
2 Ahora, ¿a quién _____ hablar?
3 ¿Es grande _____ del señor Álvarez?
4 _____ duró poco tiempo.

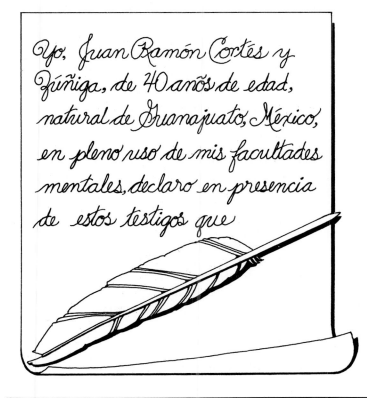

Yo, Juan Ramón Cortés y Zúñiga, de 40 años de edad, natural de Guanajuato, México, en pleno uso de mis facultades mentales, declaro en presencia de estos testigos que

Signos de puntuación

I

Personajes

El juez	El mendigo
El maestro	El hermano
El sastre	El sobrino

Escena

(Una sala. Los personajes están sentados delante de una mesa.
Habrá una pizarra colocada frente al público.)

El juez: Y ya, señores. Para que todos aprecien las diversas interpretaciones del testamento que dejó nuestro buen amigo, el señor Álvarez, vamos a copiar en esa pizarra la forma en que lo dejó. *(al maestro)* Hágame el favor de copiarlo usted, señor maestro, que sabe usar la tiza con más soltura que cualquiera de nosotros . . .

soltura agilidad

El maestro: Permítame el original, señor juez.

El juez: *(dándoselo)* Sírvase.

El hermano: *(mientras el maestro copia en la pizarra el testamento que dice:* «Dejo mis bienes a mi sobrino no a mi hermano tampoco jamás se pagará la cuenta del sastre nunca de ningún modo para los mendigos todo lo dicho es mi deseo yo Federico Álvarez».) Señor juez, como hermano, quisiera hacer la primera interpretación.

El juez: Puede hacerla, señor.

El hermano:	*(Puntúa el testamento y lo lee en la siguiente forma:)* «¿Dejo mis bienes a mi sobrino? No: a mi hermano. Tampoco jamás se pagará la cuenta del sastre. Nunca, de ningún modo para los mendigos. Todo lo dicho es mi deseo. Yo, Federico Álvarez».
El sobrino:	Está equivocado, completamente equivocado, señor juez. La verdadera intención de mi tío fue otra, como les puedo demostrar. *(Puntúa el testamento y lee.)* «Dejo mis bienes a mi sobrino, no a mi hermano. Tampoco jamás se pagará la cuenta del sastre. Nunca de ningún modo para los mendigos. Todo lo dicho es mi deseo. Yo, Federico Álvarez».

II

El sastre:	Y ahora, señor juez, me toca a mí demostrar la intención del señor Álvarez. *(Puntúa el testamento y lo lee.)* «¿Dejo mis bienes a mi sobrino? No. ¿A mi hermano? Tampoco, jamás. Se pagará la cuenta del sastre. Nunca de ningún modo para los mendigos. Todo lo dicho es mi deseo. Yo, Federico Álvarez».
El mendigo:	Permítame, señor juez, puntuar el testamento como lo habría querido el señor Álvarez. *(Puntúa el testamento y lo lee.)* «¿Dejo mis bienes a mi sobrino? No. ¿A mi hermano? Tampoco, jamás. ¿Se pagará la cuenta del sastre? Nunca, de ningún modo. Para los mendigos todo. Lo dicho es mi deseo. Yo, Federico Álvarez». Esto y nada más es lo que quiso mandar el señor Álvarez, téngalo por seguro.
El maestro:	Yo no lo creo. El señor Álvarez habría querido que yo puntuara el testamento para él. *(Lo hace y lee este testamento en esta forma.)* «¿Dejo mis bienes a mi sobrino? No. ¿A mi hermano? Tampoco.

Jamás se pagará la cuenta del sastre. Nunca, de ningún modo para los mendigos. Todo lo dicho es mi deseo. Yo, Federico Álvarez».

El sastre: En esa forma el señor Álvarez no habría dejado herederos.

El juez: Así es, en efecto, y, visto y considerando que esta última interpretación es correcta, declaro terminado el juicio, incautándome de esta herencia en nombre del Estado.

adaptado de M. Toledo y Benito

incautándome tomando posesión

PARA APLICAR

Comprensión I

A Contesta las siguientes preguntas.

1 ¿Por qué van a copiar el testamento en la pizarra?
2 ¿A quién escoge el juez para copiarlo?
3 ¿En qué forma va a copiarlo?
4 Mientras se escribe el testamento en la pizarra, ¿qué le pide el hermano al juez?
5 Conforme a la puntuación del hermano, ¿qué recibirá el sobrino?
6 ¿Quién recibirá todos los bienes, según el hermano?
7 ¿Qué dice el sobrino de la puntuación del hermano del difunto?
8 Cuando el sobrino puntúa el testamento, ¿quién recibirá los bienes?

B Termina las oraciones poniendo en orden las palabras entre paréntesis.

1 El juez quiere que todos (interpretaciones / del / aprecien / diversas / testamento / las).
2 Van a copiar en esa pizarra (dejó / que / lo / la / en / forma).

3 El señor maestro va a copiarlo porque (soltura / más / la / usar / con / sabe / tiza).
4 Mientras el maestro copia en la pizarra el testamento, el hermano (primera / permiso / para / pide / interpretación / la / hacer).
5 El hermano declara que (nada / no / sobrino / el / recibe).
6 La interpretación del sobrino dice que (tío / todos / él / le / deja / a / bienes / sus / su).

Comprensión II

A Contesta las siguientes preguntas.

1 Después del sobrino, ¿a quién le toca demostrar la verdadera intención del señor Álvarez?
2 Según el sastre, ¿deja el señor Álvarez sus bienes a su hermano?
3 ¿Qué beneficio recibirá el sastre?
4 ¿A quiénes les dará todo según el mendigo?
5 ¿Qué problema comprende el sastre?
6 En vista de eso, ¿qué declara el juez?

B Para personalizar la lectura

1 ¿Has tenido que aparecer alguna vez delante de un juez? Explica.
2 ¿Cuáles son tus bienes personales?
3 ¿A quién se los dejarías?
4 ¿Crees que sea importante tener preparado un último testamento?
5 ¿A quién irías para prepararlo?
6 ¿Tus padres ya tienen preparado un testamento? Pregúntales esta noche.
7 ¿Has recibido alguna vez una herencia? Dinos algo de eso.

Conversación

El nuevo redactor del anuario
(Dos alumnos del cuarto año de la escuela secundaria se encuentran en el pasillo.)

Arturo: ¿Oíste, Maruja? ¡La señora Feliciano acaba de nombrarme redactor del anuario!

Maruja: ¡Ay, qué bueno! Te felicito. ¡Ahora sí que tendremos un libro precioso!

Arturo: ¡Ojalá! El año pasado los retratos salieron tan malos. ¿Recuerdas? Mario Espinosa parecía una momia en su foto individual.

Maruja: Y le habían seleccionado como «el más guapo de la clase». Espero que cambiemos de fotógrafo este año.

Arturo: Es prioridad número uno. ¿Y sabes un aspecto nuevo que el comité piensa incluir este año?

Maruja: Dime.

Arturo: El último testamento de cada uno en nuestra clase.

Maruja: ¡Qué gracioso! Sin pensarlo sé lo que voy a dejar . . . ¡con ganas! Mi libro de español.

Arturo: ¿A quién se lo donas?

Maruja: A Carlos Estrada. Se lo doy completo con todos mis apuntes. Carlos necesita toda la ayuda que pueda conseguir.

Arturo: ¡Qué bien lo conoces! Todavía no he pensado lo que voy a dejar yo. Tal vez mi casillero con todos sus olores. ¿Qué dejará Roberto?

Actividad: Cada alumno dice lo que va a dejar, a quien se lo deja y, si es posible, por qué.

Por si acaso . . .

1 Relata el cuento en tus propias palabras. ¿Quiénes ganan más en estos litigios—los herederos o los abogados?

2 Escribe un testamento en el cual dejas algo a dos o tres compañeros de la clase de español. Más tarde, en clase, se leerán todos los testamentos sin dejar saber quién los escribió. Todos tratarán de adivinar quién escribió el testamento.

3 ¿Es importante dejar un testamento bien preparado? ¿Qué puede suceder si hay conflictos o malos entendidos? Cita ejemplos de testamentos famosos que estaban en litigio por mucho tiempo.

4 Cita los elementos humorísticos de este cuento. Explica el tipo de humor que se explota en cada cuento de este cuadro. ¿Es exagerado? ¿Educado? ¿Irónico? ¿Satírico?

PARA GOZAR

Chistes

¡Ya soy feliz!

Él: Amor mío, una sola palabra tuya puede hacerme el hombre más feliz del mundo. Dime, ¿quieres casarte conmigo?

Ella: ¡No!

Él: Ésa es la palabra.

Petición contestada

Un señor bastante bien vestido se dirigió al altar de la Virgen María y empezó a hacer su petición: —Virgen Santísima, me faltan mil pesos para acabar con los pagos de mi equipo estereofónico o me lo van a quitar. Ayúdame a conseguirlos y yo te prometo . . .

En ese momento se arrodilló a su lado un humilde campesino que comenzó a rezar con gran fervor: —Virgen Santísima, Reina de los cielos, mi pobre señora está muy grave. Necesita medicinas pero me faltan los quince pesitos para comprárselas. Muéstrame cómo conseguirlos porque si no, se me va a morir . . . sólo quince pesitos.

Con esto, el otro se impacientó, sacó su cartera y le ofreció quince pesos, diciéndole: —Tome, hombre, y váyase que la está distrayendo.

Apetito

Un hombre sofisticado y metropolitano llevó a su primo de la provincia a cenar pizza en un restaurante de la ciudad. El camarero dirigió la palabra al provinciano:

Camarero: Perdone, señor, ¿quiere usted su pizza cortada en cuatro o en ocho rebanadas?

Provinciano: En ocho, por favor. Tengo un hambre espantosa.

Verbos reflexivos

Los pronombres reflexivos

Si el sujeto y el complemento del verbo se refieren a la misma persona, el verbo es reflexivo. Es decir, el sujeto hace la acción a sí mismo. Los verbos reflexivos van acompañados de un pronombre reflexivo. Estudien las siguientes formas.

lavarse	**acostarse**
me lavo	me acuesto
te lavas	te acuestas
se lava	se acuesta
nos lavamos	nos acostamos
os laváis	os acostáis
se lavan	se acuestan

Se notará que el pronombre reflexivo precede al verbo.

> Me lavo las manos.
> Carlos se levanta temprano.

El pronombre reflexivo con infinitivo

El pronombre reflexivo puede añadirse al infinitivo o puede preceder al verbo auxiliar.

> Me tengo que levantar.—Tengo que levantarme.
> Él se va a enfadar.—Él va a enfadarse.

La reunión anual. A veces la responsabilidad nos molesta. Resulta que hay mucho trabajo y poca gloria en ser jefe de un comité. Relata este episodio en el presente y en el futuro inmediato (*ir a* + inf.).

> *Mañana (despertarme) temprano.*
> *Mañana me despierto temprano.*
> *Mañana voy a despertarme temprano.*

1 (Levantarme) a las ocho y (desayunarme) solo.
2 (Vestirme) informalmente y (sentarme) en la sala para escribir invitaciones para la reunión anual.
3 Mis compañeros y yo siempre (reunirnos) en el verano. A nuestro grupo aquí (tocarnos) hacer los preparativos este año. (Encargarnos) de pagar los gastos también.

4 Una amiga llega y (ocuparnos) por más de dos horas.

5 Ella (ponerse) nerviosa si no terminamos todo hoy.

6 Dice que nuestros amigos (preocuparse) que la reunión no sea un éxito.

7 (Levantarnos) a las tres para ir a la casa de correos.

¿Divertido? Después de leer «Una carta a Dios», unos alumnos se ríen y expresan cómo les afecta la sencillez de Lencho.

(Usa el verbo *reírse*.)
Yo _____ de su sencillez.
Yo me río de su sencillez.

1 Alberto _____ de la reacción de los empleados al leer la carta.

2 Los empleados _____ de la inocencia del campesino.

3 Nosotros _____ de la respuesta de Lencho.

4 ¿Por qué no _____ Ud.?

5 Yo no puedo _____ del sufrimiento de otros.

6 Ella no _____ porque no comprende el humor de la selección.

7 ¿De qué _____ tú?

Un hombre de fe. Sigue en breve la historia de un hombre que trata de superar *(overcome)* sus problemas. Termina la historia en el tiempo presente.

(sonreírse) *Lencho* _____ *al ver las plantas de maíz.*
Lencho se sonríe al ver las plantas de maíz.

1 (considerarse) El campesino _____ un hombre afortunado.

2 (verse) Mentalmente _____ como un hombre próspero y hasta rico.

3 (hablarse, prometerse) Él _____ en silencio y _____ trabajar aún más en el futuro.

4 (alegrarse) El hombre del campo _____ cuando comienza a llover.

5 (asustarse) Pero más tarde _____ al caer el granizo.

6 (preocuparse) Siendo hombre de fe, no _____.

7 (morirse) Sabe que no va a _____ de hambre.

8 (ponerse, salvarse) Él _____ a pensar en cómo puede _____.

9 (afligirse) Lencho no _____ porque toma una decisión muy fuerte.

10 (sentarse) En su humilde casa, él _____ y escribe una carta a Dios.

(Ahora, repite la historia cambiando el sujeto *Lencho* a *yo, nosotros, Uds.*, etc.)

Y tú, ¿qué dices? ¿Cómo resuelves tus problemas? ¿Con quiénes hablas? ¿Dónde buscas ayuda?

Mandatos directos—Formas formales

Verbos regulares

Estudia las siguientes formas del mandato formal.

infinitivo	indicativo	mandato singular	mandato plural	mandato con *nosotros*
tomar	tomo	tome	tomen	tomemos
vender	vendo	venda	vendan	vendamos
abrir	abro	abra	abran	abramos

Verbos con raíz irregular

infinitivo	indicativo	mandato singular	mandato plural	mandato con *nosotros*
caer	caigo	caiga	caigan	caigamos
decir	digo	diga	digan	digamos
hacer	hago	haga	hagan	hagamos
huir	huyo	huya	huyan	huyamos
oír	oigo	oiga	oigan	oigamos
poner	pongo	ponga	pongan	pongamos
salir	salgo	salga	salgan	salgamos
tener	tengo	tenga	tengan	tengamos
traer	traigo	traiga	traigan	traigamos
valer	valgo	valga	valgan	valgamos
vencer	venzo	venza	venzan	venzamos
venir	vengo	venga	vengan	vengamos
ver	veo	veo	vean	veamos

Verbos de cambio ortográfico

infinitivo	indicativo	mandato singular	mandato plural	mandato con *nosotros*
buscar	busco	busque	busquen	busquemos
conducir	conduzco	conduzca	conduzcan	conduzcamos
escoger	escojo	escoja	escojan	escojamos
dirigir	dirijo	dirija	dirijan	dirijamos
distinguir	distingo	distinga	distingan	distingamos
empezar	empiezo	empiece	empiecen	empecemos
llegar	llego	llegue	lleguen	lleguemos
sacar	saco	saque	saquen	saquemos
seguir	sigo	siga	sigan	sigamos

Verbos irregulares

infinitivo	indicativo	mandato singular	mandato plural	mandato con *nosotros*
dar	doy	dé	den	demos
estar	estoy	esté	estén	estemos
ser	soy	sea	sean	seamos
ir	voy	vaya	vayan	vayamos
saber	sé	sepa	sepan	sepamos

Se notará que el pronombre de complemento directo o indirecto se agrega al mandato afirmativo. Precede al mandato en la forma negativa.

Levántese Ud.	Levantémonos.
No se levante Ud.	No nos levantemos.

Viajando con los abuelos. Mis abuelos son muy formales e insisten en que yo les trate de *usted*. Los acompañé en un viaje a Europa para comprar artículos, muebles y objetos de arte para su tienda de curiosidades. A veces era aburrido, pero tuve ocasión de visitar Europa. Por ejemplo, ésta es una escena típica.

Abuela: Quiero entrar en esa tienda de antigüedades.
Yo: Entre en ésta que está más cerca.

Escoge una frase lógica de la lista de abajo para terminar la idea.

1   Quiero mirar ese reloj.

2 Quiero observar ese plato de Sèvres.
3 Quiero escuchar esa caja de música.
4 Quiero tocar ese violín.
5 Quiero leer ese documento.
6 Quiero vender ese florero de cerámica.
7 Quiero comer de ese plato de porcelana.
8 Quiero beber de esa copa de cristal.
9 Quiero escribir con esa pluma antigua.
10 Quiero subir esa escalera.

está más cerca   es más atractivo(a)
está mejor hecho(a)   es más hermoso(a)
es más delicado(a)   es de mejor calidad
es de mejor gusto   es más raro(a)
es más interesante   es de mejor construcción

Un trabajo que cansa. José Luis es dependiente en una perfumería grande y de mucha categoría. Naturalmente, es necesario que él trate con mucha cortesía a los clientes.

Unas señoras entran y miran los productos nuevos.
José Luis: Entren, señoras, y miren los productos nuevos.

1 Ellas observan cuidadosamente y seleccionan lo que les gusta.
2 Indican una marca nueva y huelen el aroma delicado.
3 Ellas comparan los perfumes franceses y determinan cuál es más agradable.
4 Toman sillas cerca del mostrador y descansan un rato.
5 Las clientes no ignoran la alta calidad y seleccionan el perfume más nuevo de París.
6 Ellas rompen el sello y abren la botella.
7 Admiran la riqueza del contenido y escogen ése.
8 Pagan en la caja y regresan a casa contentas con el perfume más exclusivo del mundo.

Mandatos directos—Formas familiares

Verbos regulares

El mandato familiar de los verbos regulares es igual que la tercera persona singular del indicativo. La forma negativa es la segunda persona del presente del subjuntivo.

infinitivo	mandato	forma negativa
tomar	toma	no tomes
vender	vende	no vendas
abrir	abre	no abras
comenzar	comienza	no comiences
volver	vuelve	no vuelvas
pedir	pide	no pidas

Verbos irregulares

El mandato familiar de los siguientes verbos es irregular.

infinitivo	mandato	forma negativa
hacer	haz	no hagas
poner	pon	no pongas
salir	sal	no salgas
tener	ten	no tengas
venir	ven	no vengas
decir	di	no digas
ir	ve	no vayas
ser	se	no seas

Clase de ejercicios en la tele y en vídeo.
Hoy en día muchos hacen «footing» y otros ejercicios para mantenerse en buenas condiciones físicas. Cada mañana se transmite de Madrid un programa de ejercicios para animar al público. También hay un vídeo con la misma animadora esbelta y hermosa que nos habla como amiga íntima. Expresa lo que ella te dice.

Animadora: Hola. Buenos días. Comenzar despacio.
Animadora: Hola. Buenos días. Comienza despacio.

1 (Levantar) los brazos en alto.
2 (Tocar) el pie izquierdo con la mano derecha.
3 Ahora al revés. (Poner) la mano izquierda sobre el pie derecho.
4 (Repetir) esto cinco veces al compás de la música.
5 Con la mano derecha en la cadera y la izquierda en alto (inclinarse) a la derecha cuatro veces. Ahora, al revés.
6 (Quedarse) con las manos en las caderas, (correr) sobre el lugar y (contar) hasta diez.
7 (Acostarse) con las manos detrás de la cabeza. (Enderezarse.) (Acostarse.) Arriba. Atrás. Despacio. No (hacerse) daño.
8 (Pararse) y (respirar). (Inhalar.) (Exhalar.) No (darse) prisa.
9 (Sentarse) con las manos en la misma posición y las piernas dobladas. (Torcer) el cuerpo y (tocar) el codo derecho a la rodilla izquierda. (Volver) a hacer lo mismo con el codo izquierdo. (Repetir) diez veces.
10 Con las piernas extendidas, (estirarse) los brazos para tocar el pie opuesto con la mano izquierda. En ritmo. ¡Vamos!
11 ¡Qué rápido se nos pasa el tiempo! (Seguir) con los ejercicios todos los días.
12 (Contar) las calorías y (evitar) el exceso de grasa y azúcar. Adiós. Hasta pronto.

Mandatos directos con *nosotros(as)*

Cuando la persona que habla se incluye en el grupo, es decir, en el sujeto, se usa la primera persona plural del presente del subjuntivo.

Declaración	Mandato
Entramos en este almacén.	Entremos en este almacén.
No entramos aquí.	No entremos aquí.
Comemos en casa hoy.	Comamos en casa hoy.
No comemos temprano.	No comamos temprano.
Subimos en el ascensor.	Subamos en el ascensor.
No subimos al quinto piso.	No subamos al quinto piso.
Salimos ahora.	Salgamos ahora.
No salimos con ellos.	No salgamos con ellos.
Hacemos este proyecto.	Hagamos este proyecto.
No hacemos esto.	No hagamos esto.
Vamos al despacho.	Vamos al despacho. (excepción)
No vamos al despacho.	No vayamos al despacho.
Nos sentamos aquí.	Sentémonos aquí. (Se omite la *s* final.)
No nos sentamos aquí.	No nos sentemos aquí.
Nos acercamos al jefe.	Acerquémonos al jefe.
No nos acercamos al patrón.	No nos acerquemos al patrón.

Sigue practicando con estas ideas en forma afirmativa y negativa.

1   (Quedarse) en el despacho hoy.
2   (Poner) los asuntos en orden.
3   (Venir) a inspeccionar a menudo.
4   (Dormir) en ese hotel económico.
5   (Pedir) informes en la administración.
6   (Recoger) los boletos.
7   (Pagar) la cuenta.
8   (Vestirnos) informalmente.
9   (Corregir) los errores de las cartas.
10   (Justificar) nuestros gastos.

Hagamos lo mismo. Unos viajeros relatan sus planes para las vacaciones. Otros quieren hacer lo mismo.

Grupo A: Escogemos un tour y volamos en
primera clase.
Grupo B: Escojamos un tour y volemos en
primera clase.

1   Por la mañana bajamos y almorzamos en el comedor del hotel.
2   Comenzamos a considerar excursiones y seleccionamos varias.
3   Pedimos información y salimos en seguida.
4   Seguimos con el tour y acertamos con el local de tiendas de curiosidades.
5   En una parada atrevesamos la calle y entramos en una tienda.
6   Seleccionamos regalos, conseguimos papeles bonitos y más tarde envolvemos los regalos.
7   Nos acostamos temprano y nos dormimos en seguida.
8   Extendemos la visita unos días y después volvemos a casa a fin de mes.

Mandatos directos con *vosotros(as)*

En España se usa la forma familiar plural (segunda persona plural) en el trato diario, y el peninsular (nativo de España) que visita o vive en otros países lo emplea en su conversación diariamente. También se emplea en la literatura de España, en las películas filmadas allí y en los vídeos españoles. El estudiante de «la lengua de los ángeles» debe familiarizarse bien con estas formas aunque prefiera seguir usando la tercera persona plural *Uds*. Amigos, tratad de emplear el *vosotros*. No podéis evitarlo.

Infinitivo	Mandato afirmativo	Mandato negativo (Presente del subjuntivo)
ayudar	ayudad	no ayudéis
responder	responded	no respondáis
subir	subid	no subáis
dar	dad	no deis
decir	decid	no digáis
ir	id	no vayáis
salir	salid	no salgáis
contar	contad	no contéis
dormir	dormid	no durmáis
pedir	pedid	no pidáis
sentarse	sentaos	no os sentéis
reírse	reíos	no os riáis

Repaso:

1 Con todas las formas afirmativas la *d* reemplaza la *r* final del infinitivo.

2 Las formas negativas se expresan con el presente del subjuntivo.

El ritual nocturno. Ha sido otro día difícil y mamá está cansada y nerviosa. Ya es hora de acostarnos, pero no queremos. Como todas las noches, mamá nos dice: Ya, mis angelitos, (acostaros) (1). No. No. No. No (acostaros) (2) aquí. (Iros) (3) a vuestras habitaciones y (poneros) (4) los pijamas. (Decir) (5) «Buenas noches» a papi y (darle) (6) un beso. (Calmaros) (7). No (hacer) (8) tanto ruido. (Andar) (9) por el pasillo. Por favor, no (despertar) (10) a la abuelita. Uno por uno (pasar) (11) al cuarto de baño. (Lavaros) (12) los dientes, pero (no beber) (13) mucha agua. (Venir) (14), niños. (No deteneros) (15) allí. Ay, Dios mío, ¡(no tirar) (16) el agua! ¡(Mirar) (17) lo que habéis hecho! (Limpiarla) (18) en seguida. (No limpiarla) (19) con esas toallas, tontos. (Salir) (20) y yo lo hago. (No llevaros) (21) las toallas mojadas. (No ponerlas) (22) encima de las camas. Carlos, Martín, (no pegar) (23) al peque con las almohadas. (Meteros) (24) en la cama, niños traviesos.

—Santo Señor, dame paciencia con estos diablillos.

Ser y estar

Los verbos *ser* y *estar* se traducen *to be* en inglés, pero no son intercambiables. Cada uno tiene sus aplicaciones propias.

Usos del verbo *ser*

Ser expresa lo que es el sujeto. Une las siguientes ideas al sujeto:

Descripción o identificación, por medio de adjetivos o sustantivos predicados que expresan cualidades inherentes, características.

> Ella es alta.
> Nicanor es guapo.

Origen

> Somos de los Estados Unidos.

Nacionalidad

> Nosotros somos norteamericanos.

Profesión u oficio

> Esa mujer es médica.

Asociación religiosa o política

> Mis padres son presbiterianos.

Posesión

> El auto es de Estela.

Material de construcción o de confección

> La casa es de piedra.

Se usa en expresiones impersonales.

> Es necesario.
> Es lástima.

Expresa la hora y la fecha.

> ¿Qué hora es? Son las diez de la noche.
> ¿Qué día es hoy? Hoy es miércoles, doce de diciembre.

La hora en el pasado sólo se expresa en el imperfecto.

> Eran las diez y media.

La voz pasiva se expresa con *ser* más el participio pasado.

> El libro fue escrito en el siglo XVI.
> Los hombres fueron llevados a la directora.

Si se expresa quién hizo la acción (el agente), se introduce con la preposición *por*.

> El poema fue escrito por Gabriela Mistral.

Anteriormente, si el verbo indicaba sentimiento o emoción, se empleaba la preposición *de*. Sin embargo, *por* refleja la tendencia actual.

> Ella es admirada (respetada, querida) de todos.
> Ella es admirada (respetada, querida) por todos.

Usos del verbo *estar*

El verbo *estar* se emplea para expresar un estado o una condición.
Colocación (permanente o no)

> Buenos Aires está en la Argentina.
> La niña estaba en el árbol.

Condición o estado temporal

> El hijo está enfermo.
> Los cuartos estaban limpios.

Se usa *estar* para formar el tiempo progresivo con el gerundio.

> Está jugando con el gato.
> El hombre estaba limpiando el piso.

Muchas veces el significado de una oración puede cambiar según el uso de *ser* o *estar*. Estudia los siguientes ejemplos:

María está triste. (condición causada por una desgracia)
El abuelo es triste. (característica de personalidad)

Marcelino estaba malo. (condición física)
El capataz era malo. (característica o cualidad moral)

Están listos para salir. (condición de estar preparados)
Esa niña es lista. (característica)

Está pálido. (condición física)
Es pálido. (descripción o identificación)

María está viva. (condición o estado temporal)
El gato es muy vivo. (característica de ser animado)

Está alegre. (estado temporal)
Es feliz. (característica)

¿Cuál es el más listo? Termina la historia con la forma correcta de *ser* o *estar* en el presente del indicativo.

_____ (1) temprano y el día _____ (2) hermoso. Un señor _____ (3) caminando por una calle en que hay muchas tiendas de cachivaches y mercancías en malas condiciones. Por ejemplo, pasa una tienda que _____ (4) llena de antigüedades y baratijas. Casi todos los objetos _____ (5) en malas condiciones. Se ve un violín que _____ (6) viejo, pero _____ (7) roto.

El señor _____ (8) coleccionista de objetos de arte. _____ (9) un egoísta que se considera experto en antigüedades y cosas por el estilo. _____ (10) sorprendido cuando ve un gato que _____ (11) feo y roñoso que _____ (12) comiendo de un plato bonito. _____ (13) obvio que el gato no _____ (14) de casta. _____ (15) seguro que el dueño de la tienda _____ (16) un ignorante que no sabe que el plato _____ (17) de una cerámica conocida. En realidad, _____ (18) de Francia, de un pueblo que _____ (19) cerca de París. Sí, _____ (20) de gran valor y él quiere comprarlo. Se detiene el interesado. Se agacha y le hace caricias al gato, aunque no _____ (21) aficionado a los felinos. En ese momento el dueño se acerca y dice que _____ (22) dispuesto a venderle el gato en precio bajo. Resulta que el coleccionista _____ (23) el tonto porque el dueño sabe que el plato _____ (24) un auténtico Sèvres. _____ (25) muy listo y _____ (26) usando el plato para vender gatos.

¡Decisiones! ¡Decisiones! Cada día es necesario tomar decisiones. Afortunadamente las de hoy son fáciles. Usa *es, son, está, están* para completar estas ideas.

1 El juez _____ vestido de toga negra.
2 El juez _____ justo y muy profesional.
3 El juez _____ interesado en el testamento misterioso.
4 El juez _____ leyendo lo escrito en la pizarra.

5 El juez _____ más listo que los interesados.

6 El maestro _____ el más instruido de los presentes.

7 El maestro _____ el escribano de la corte.

8 El maestro _____ escribiendo el testamento en la pizarra.

9 El maestro _____ cansado de escribir.

10 El maestro _____ el único desinteresado.

11 Los empleados _____ en la casa de correos.

12 Los empleados _____ los que reparten las cartas.

13 Los empleados _____ leyendo la carta de Lencho.

14 Los empleados _____ sorprendidos de la segunda carta a Dios.

15 Los empleados _____ ladrones, según Lencho.

Dicho y hecho. Mariano dice lo que hacen los personajes o elementos de la selección. Jaime expresa los resultados de las acciones.

Mariano: *La mujer de Lencho abre la puerta. (acción)*

Jaime: *La puerta está abierta. (resultado de la acción)*

1 Jesús cierra la puerta.
2 El campesino ara los campos.
3 La mujer prepara la cena.
4 La lluvia cubre la tierra.
5 El granizo destruye la cosecha.
6 El viento rompe los cristales.
7 La lluvia moja la camisa.
8 El árbol caído interrumpe la electricidad.
9 El animal muerto impide el tránsito por el camino.
10 Lencho escribe la carta a Dios.
11 Los empleados alzan la bandera sobre la oficina de correos.
12 La respuesta no satisface a Lencho.
13 Su contestación desilusiona a los empleados.

El gerundio o participio presente

Estudia las siguientes formas de los gerundios de los verbos regulares.

infinitivo	gerundio
pasar	pasando
comer	comiendo
recibir	recibiendo

Algunos gerundios terminan en -*yendo*.

infinitivo	gerundio
caer	cayendo
construir	construyendo
creer	creyendo
destruir	destruyendo
huir	huyendo
leer	leyendo
oír	oyendo
traer	trayendo

Los verbos de cambio radical de las segunda y tercera clases exigen un cambio en la raíz del gerundio.

infinitivo	gerundio	infinitivo	gerundio
advertir	advirtiendo	pedir	pidiendo
convertir	convirtiendo	perseguir	persiguiendo
divertir	divirtiendo	reír	riendo
mentir	mintiendo	repetir	repitiendo
preferir	prefiriendo	seguir	siguiendo
sentir	sintiendo	sonreír	sonriendo
venir	viniendo	vestir	vistiendo
decir	diciendo	dormir	durmiendo
despedir	despidiendo	morir	muriendo
medir	midiendo		

Los verbos *ir* y *poder* tienen gerundios irregulares.

infinitivo	gerundio
ir	yendo
poder	pudiendo

El tiempo progresivo

La acción progresiva se expresa con un verbo auxiliar más el gerundio para indicar una acción que progresa en el momento indicado.

> Ahora estoy leyendo.
> En ese momento estábamos comiendo.

El énfasis se concentra en la acción misma y no en las consecuencias.
Los verbos auxiliares más comunes son *estar, seguir, continuar, quedar, andar, venir* e *ir*.

> Están burlándose del campesino.
> Sigue hablando con el jefe.

Los verbos *ser, estar, tener, haber, ir* y *venir* no se emplean comúnmente en la forma progresiva.

> Voy con él.
> Vienen a verme.
> Tenemos un examen.

Nuestra primera exposición. Después de mucho trabajo, Vicente y yo tenemos la oportunidad de presentar nuestras obras en una galería de mucha fama. En los últimos días hay tanto que hacer.

Vicente:	*Pintamos día y noche.*
Vicente:	*Estamos pintando día y noche.*
Yo:	Pero vemos buenos resultados.
Vicente:	¿Qué haces ahora?
Yo:	Limpio los pinceles y arreglo los marcos. ¿Y tú?
Vicente:	Determino los precios y los escribo en papelitos.
Yo:	Vale. Óscar los pega al revés de los marcos. Describe el día de la inauguración.
Vicente:	Mientras los invitados leen los programas y hablan entre sí, los camareros traen y sirven canapés y refrescos. Un momento. ¿Manolo y Felipe? ¿Qué hacen?
Yo:	Manolo construye una pequeña plataforma. Los dos convierten el salón en un lugar atractivo.
Vicente:	¿Y Loles?
Yo:	Dolores arregla las flores y pone los últimos toques en las decoraciones.
Vicente:	¡Qué bien me siento! Hace años que perseguimos esta ilusión. Nuestra persistencia da buenos resultados.
Yo:	Ya cuento nuestras ganancias y deposito el dinero en el banco.
Vicente:	Yo pienso en la fama y en el éxito del futuro.

En una corte con un sordo-mudo. Un señor sordo-mudo aparece delante de un juez por un asunto civil. El juez habla con él por medio de un intérprete que habla con las manos. Después de terminar la escena, expresa lo que le ha pasado al pobre desafortunado.

> Juez: *Pregúntele qué busca aquí. (la justicia)*
>
> Intérprete: *¿Qué está buscando aquí? (con las manos, dice al señor)*
>
> Intérprete: *(al juez) Está buscando la justicia.*

1 Pregúntele dónde vive ahora. (en Miami)
2 Pregúntele qué pide. (la devolución de su dinero robado)
3 Pregúntele qué dice. (el nombre del acusado)
4 Pregúntele si miente en la corte. (no)
5 Pregúntele dónde trabaja. (en un supermercado)
6 Pregúntele quién le persigue. (sus acreedores)
7 Pregúntele si paga sus obligaciones. (cuando puede)
8 Pregúntele si escribe a la oficina de Asistencia Pública. (constantemente)
9 Pregúntele si pierde esperanzas de encontrar al ladrón. (Sí, pero necesita el dinero.)
10 Pregúntele si se resigna a perder el pleito. (sí, tristemente)

Con la imaginación activa. Conchita, tu hermanita, tiene los ojos vendados debido a una operación. Le encanta mirar la televisión, pero hoy no la puede ver. Para que no se sienta demasiado frustrada, tú vas a describir lo que está pasando en las caricaturas con la acción rápida y, a veces, un poco violenta.

Ejemplo: Está lloviendo en la ciudad. La gente está corriendo locamente por las calles y entrando en las tiendas para no mojarse. De repente . . . (Continúa con tu relato.)

El gerundio como adverbio

Se puede sustituir el gerundio por varias cláusulas adverbiales para indicar duración de una acción, una condición o circunstancia, una causa, o la manera de realizar algo. Corresponde a *-ing* en inglés.

> *Paseando por el campo, vi a Lencho recoger la cosecha.*
> *Encontré al niño durmiendo.*
> *Siendo ya tarde, los campesinos dejaron de trabajar.*
> *Contestó sonriendo.*

MODISMOS Y EXPRESIONES

tocarle a uno *to be one's turn*

Me toca a mí preparar la comida.

¡Qué + adj./adv.! *Exclamation to emphasize a quality of a person, action, or thing.*

¡Qué buena es esta comida!

¡Qué bien canta ella!

¡Ojalá! *Would that, I hope that . . .*

Va a llover mañana. ¡Ojalá!

Volver a + inf. *to do that action of the infinitive again*

El campesino vuelve a sembrar después de la tempestad.

sin embargo *nevertheless*

No hay prueba mañana; sin embargo, tengo que prepararme para la clase.

costarle un ojo de la cara *to be very expensive*

Este perfume me va a costar un ojo de la cara.

No cabe duda. *There is no doubt.*

No cabe duda que el plato es auténtico.

¡OJO!

Buzón: El buzón es la abertura donde se *echan* las cartas para mandarlas.

Ejemplo: Lencho le puso un sello a la carta y la echó en el buzón.

Apartado: El apartado es la casilla postal numerada donde se *reciben* las cartas, generalmente en el correo.

Ejemplo: El número de mi apartado es 203, y cada día voy al correo para recoger las cartas.

CUADRO 3

EL HEROÍSMO
Quien no se aventura no pasa la mar.

PARA PREPARAR LA ESCENA

En la literatura universal hay miles de cuentos que tratan de la conducta heroica y los personajes valientes. Estos cuentos perduran, aumentando en popularidad, no sólo porque son muy emocionantes sino porque también tienen valor inspirativo.

En los anales del heroísmo uno puede encontrar muchos nombres españoles inmortalizados en canción y cuento. Mientras que algunos han ganado fama mundial a causa de su valor, otros, igualmente valerosos, han muerto en la oscuridad, desconocidos y olvidados.

El mensajero de San Martín

PARA PRESENTAR LA LECTURA

«El Mensajero de San Martín» es el cuento de un joven que se muestra muy valiente. Aunque no lucha en el campo de batalla y ni siquiera lleva armas, su acto es digno de un verdadero patriota.

En la tierra de nuestros vecinos sudamericanos tuvo lugar una insurrección tan dramática como la de los colonos norteamericanos a fines del siglo dieciocho. Hubo numerosas batallas, mucho sufrimiento y muchos sacrificios, inmensurables conspiraciones e intrigas. Hubo heroísmo en todas sus formas. Las fuerzas realistas eran partidarias de la realeza y apoyaban la corona española, mientras que las fuerzas patriotas luchaban para conseguir la independencia. Ambos lados querían conseguir la victoria, haciendo del movimiento independentista una lucha larga y sangrienta. Muchos soldados y líderes figuraron de un modo prominente en la guerra—héroes como Bolívar, Sucre, Miranda, O'Higgins, Artigas, San Martín, y otros menos conocidos, como el mensajero de San Martín.

PARA APRENDER EL VOCABULARIO

Palabras clave I

1 **castigo** pena o sufrimiento impuesto por alguna falta
Le van a dar un castigo fuerte por ese crimen.
2 **despacho** oficina, lugar donde una persona trabaja
La abogada trabajaba en su despacho.
3 **enviar** mandar a una persona o cosa a alguna parte
Roberto le va a enviar ese regalo a su primo.
4 **halló (hallar)** encontró
La profesora te buscaba ayer, pero no te podía hallar.
5 **huir** escaparse rápidamente para no sufrir algo malo
En circunstancias especiales aun una persona fuerte puede huir.
6 **paisaje** vista del campo considerada desde el punto de vista artístico (*landscape*)
Las montañas y los valles formaban un paisaje maravilloso.

Práctica

Completa con una palabra de la lista.

halló	*paisajes*	*el castigo*
huir	*enviar*	*el despacho*

1 Al ver a los soldados, la familia cometió el error de _____.
2 La secretaria trabajaba en _____ cuando recibió la noticia.
3 Si confiesas quizá puedas evitarte _____.
4 Inés buscó sus llaves pero no las _____.
5 Este artista es especialista en _____.
6 Quiero _____ el paquete por correo aéreo.

Palabras clave II

1 **choza** casa pequeña y pobre (*hut*)
El pobre tiene que vivir en aquella choza.
2 **encierren (encerrar—ie)** contengan a una persona o cosa en una parte de donde no es posible salir (*lock up*)
Llévenlo a la policía y enciérrenlo esta noche.
3 **golpearon (golpear)** dieron golpes (*struck repeatedly*)
El soldado golpeó la puerta hasta derribarla.
4 **jurado (jurar)** prometido solemnemente
Juan le había jurado amor eterno, y ya cambió de opinión.
5 **puñado** lo que cabe en la mano, cantidad pequeña
De toda la fortuna, sólo quedó un puñado de monedas.
6 **sombras** imágenes oscuras por interrupción de luz (*shadows*)
La sombra se movía misteriosamente en la noche.
7 **valiente** que no tiene miedo, que muestra coraje
La enfermera fue muy valiente durante la batalla.
8 **velaban (velar)** pasaban la noche sin dormir
Las tropas velaban de noche para prevenir un ataque por sorpresa.

Cordillera de los Andes

Práctica

Completa con una palabra de la lista.

la choza   *un puñado*   *una sombra*
jurado   *golpearon*   *valiente*
velaban   *encierren*

1   Dos soldados lo ———— hasta que perdió el conocimiento.
2   Algunos ————, pero otros estaban dormidos.
3   No quiero decirte el nombre porque he ———— guardar el secreto.
4   La ladrona andaba como ———— en la noche oscura.
5   En el invierno esos pobres niños tienen frío en ———— en que viven.
6   El ladrón no quiere que ellos lo ————, pero sabe que lo tienen que castigar.
7   En todo el ejército sólo ———— de soldados se escapó.
8   El coronel vio que la madre era muy ————.

El mensajero de San Martín

I

El general don José de San Martín leía unas cartas en su despacho. Terminada la lectura, se volvió para llamar a un muchacho de unos dieciséis años que esperaba de pie junto a la puerta.

—Voy a encargarte una misión difícil y honrosa. Te conozco bien; tu padre y tres hermanos tuyos están en mi ejército y sé que deseas servir a la patria. ¿Estás resuelto a servirme?

—Sí, mi general, sí—contestó el muchacho.

—Debes saber que en caso de ser descubierto te fusilarán—continuó el general.

—Ya lo sé, mi general.

—Entonces, ¿estás resuelto?

—Sí, mi general, sí.

—Muy bien. Quiero enviarte a Chile con una carta que no debe caer en manos del enemigo. ¿Has entendido, Miguel?

—Perfectamente, mi general—respondió el muchacho. Dos días después, Miguel pasaba la cordillera de los Andes en compañía de unos arrieros.

Llegó a Santiago de Chile; halló al abogado Rodríguez, le entregó la carta y recibió la respuesta, que guardó en su cinturón secreto.

—Mucho cuidado con esta carta—le dijo también el patriota chileno—. Eres realmente muy joven; pero debes ser inteligente y buen patriota.

Miguel volvió a ponerse en camino lleno de orgullo. Había hecho el viaje sin dificultades, pero tuvo que pasar por un pueblo cerca del cual se hallaba una fuerza realista al mando del coronel Ordóñez.

encargarte darte

resuelto listo, decidido

cordillera cadena de montañas
arrieros *mule drivers*
entregó dio

Alrededor se extendía el hermoso paisaje chileno. Miguel se sintió impresionado por aquel cuadro mágico; mas algo inesperado vino a distraer su atención.

Dos soldados, a quienes pareció sospechoso ese muchacho que viajaba solo y en dirección a las sierras, se dirigieron hacia él a galope. En la sorpresa del primer momento, Miguel cometió la imprudencia de huir.

—¡Hola!—gritó uno de los soldados sujetándole el caballo por las riendas—. ¿Quién eres y adónde vas?

Miguel contestó humildemente que era chileno, que se llamaba Juan Gómez y que iba a la hacienda de sus padres.

Lo llevaron sin embargo a una tienda de campaña donde se hallaba, en compañía de varios oficiales, el coronel Ordóñez.

—Te acusan de ser agente del general San Martín—dijo el coronel—. ¿Qué contestas a eso?

Miguel habría preferido decir la verdad, pero negó la acusación.

—Oye, muchacho—añadió el coronel—, más vale que confieses francamente, así quizá puedas evitarte el castigo, porque eres muy joven. ¿Llevas alguna carta?

—No—contestó Miguel, pero cambió de color y el coronel lo notó.

Dos soldados se apoderaron del muchacho, y mientras el uno lo sujetaba, el otro no tardó en hallar el cinturón con la carta.

—Bien lo decía yo—observó Ordóñez, disponiéndose a abrirla. Pero en ese instante Miguel, con un movimiento brusco, saltó como un tigre, le arrebató la carta de las manos y la arrojó en un brasero allí encendido.

II

Hay que convenir en que eres muy valiente—dijo Ordóñez—. Aquél que te ha mandado sabe elegir su gente. Ahora bien, puesto que eres resuelto, quisiera salvarte y lo haré si me dices lo que contenía la carta.

—No sé, señor.

—¿No sabes? Mira que tengo medios de despertar tu memoria.

—No sé, señor. La persona que me dio la carta no me dijo nada.

El coronel meditó un momento.

—Bien—dijo—te creo. ¿Podrías decirme al menos de quién era y a quién iba dirigida?

---

mas pero

se dirigieron fueron hacia

sujetándole *holding*
riendas *reins*

tienda de campaña *tent*

más vale es mejor
evitarte *avoid*

se apoderaron *held*

brusco repentino
arrebató *snatched, took away*
brasero *small charcoal stove*

convenir admitir *(agree)*

—No puedo, señor.

—¿Y por qué no?

—Porque he jurado.

El coronel admiró en secreto al niño pero no lo demostró. Abriendo un cajón de la mesa, tomó un puñado de monedas de oro.

—¿Has tenido alguna vez una moneda de oro?—preguntó a Miguel.

—No, señor—contestó el muchacho.

—Bueno, pues, yo te daré diez. ¿Entiendes? Diez de éstas, si me dices lo que quiero saber. Y eso, con sólo decirme dos nombres. Puedes decírmelo en voz baja—continuó el coronel.

—No quiero, señor.

—A ver—ordenó—unos cuantos azotes bien dados a este muchacho.

azotes *lashes*

En presencia de Ordóñez, de sus oficiales y de muchos soldados, dos de éstos lo golpearon sin piedad. El muchacho apretó los dientes para no gritar. Sus sentidos comenzaron a turbarse y luego perdió el conocimiento.

apretó *tightened, pressed, gritted*
perdió el conocimiento se desmayó

Basta—dijo Ordóñez—enciérrenlo por esta noche. Mañana confesará.

Entre los que presenciaron los golpes se encontraba un soldado chileno que, como todos sus compatriotas, simpatizaba con la causa de la libertad. Tenía dos hermanos, agentes de San Martín, y él mismo esperaba la ocasión favorable para abandonar el ejército real. El valor del muchacho lo llenó de admiración.

A medianoche el silencio más profundo reinaba en el campamento. Los fuegos estaban apagados y sólo los centinelas velaban con el arma en el brazo.

centinelas *guardias*

Miguel estaba en una choza, donde lo habían dejado bajo cerrojo, sin preocuparse más de él.

cerrojo *bolt, lock*

Entonces, en el silencio de la noche, oyó un ruido como el de un cerrojo corrido con precaución. La puerta se abrió despacio y apareció la figura de un hombre. Miguel se levantó sorprendido.

—¡Quieto!—murmuró una voz—. ¿Tienes valor para escapar?

¡Quieto! ¡Quédate calmado!

De repente Miguel no sintió dolores, cansancio, ni debilidad; estaba ya bien, ágil y resuelto a todo. Siguió al soldado y los dos andaban como sombras por el campamento dormido, hacia un corral donde se hallaban los caballos del servicio. El pobre animal de Miguel permanecía ensillado aún y atado a un poste.

ensillado *saddled*

—Éste es el único punto por donde puedes escapar—dijo el soldado—, el único lugar donde no hay centinelas. ¡Pronto, a caballo y buena suerte!

El joven héroe obedeció, despidiéndose de su generoso salvador con un apretón de manos y un ¡Dios se lo pague! Luego, espoleó su caballo sin perder un minuto y huyó en dirección a las montañas.

apretón de manos *strong handshake*
espoleó *spurred*

Huyó para mostrar a San Martín, con las heridas de los golpes que habían roto sus espaldas, cómo había sabido guardar un secreto y servir a la patria.

PARA APLICAR

Comprensión I

Contesta las siguientes preguntas.

1 ¿Qué estaba haciendo San Martín en su despacho?
2 ¿Qué misión difícil le encargó al joven?
3 ¿Qué podía pasar si lo descubrían?
4 ¿Qué le entregó a Rodríguez?
5 ¿Dónde guardó la respuesta?
6 ¿Qué le dijo el patriota chileno?
7 ¿Qué vino a distraer la atención de Miguel al contemplar el paisaje chileno?
8 ¿Por qué les pareció sospechoso el muchacho?
9 ¿Adónde lo llevaron?
10 ¿Cómo evitó Miguel que el coronel Ordóñez leyera la carta?

Comprensión II

A Contesta las siguientes preguntas.

1 ¿Cómo intentó el coronel persuadir a Miguel de que le dijera el contenido de la carta?
2 ¿Cómo intentó que le dijera a quién iba dirigida?

3 ¿Qué sentimiento tuvo el coronel hacia el muchacho?
4 ¿Cuándo se abrió la puerta de la choza de Miguel?
5 ¿Cómo se escapó Miguel?
6 ¿Dónde se quedó el soldado chileno?
7 ¿Adónde huyó Miguel?
8 ¿A quién fue a mostrar cómo había sabido guardar el secreto para servir a la patria?

B Para personalizar la lectura

1 ¿Qué entiendes por patriotismo?
2 ¿Cómo reaccionas al ver pasar la bandera nacional?
3 ¿Cómo reaccionas al oír tocar el himno nacional?
4 ¿Piensas servir en el ejército de tu país?
5 ¿Te gustaría asistir a una escuela militar?
6 ¿Qué oportunidades hay para servir a la patria en tiempos de paz?
7 ¿Sabes guardar un secreto?
8 ¿Podrías mantener silencio si te amenazaran con golpes, tortura o incluso la muerte?
9 ¿Puedes resistir las tentaciones?

PARA PRACTICAR

A Completa las siguientes oraciones con una palabra o una expresión de la lista.

servirme, arrieros, cerrojo, medianoche, de pie, corrido, espoleó su caballo, atado, dolores, misión, admiración, buena suerte, huyó, generoso salvador, sombras, apoderaron, despacho, cordillera, choza, manos del enemigo

1 El general leía unas cartas en su _____.

2 El muchacho esperaba _____ junto a la puerta.

3 Voy a encargarte una _____ difícil.

4 ¿Estás resuelto a _____?

5 La carta no debe caer en _____.

6 Miguel pasaba la _____ de los Andes.

7 Iba en compañía de unos _____.

8 El valor del muchacho lo llenó de _____.

9 Dos soldados se _____ del muchacho.

10 A _____ el silencio más profundo reinaba.

11 Miguel estaba en una _____.

12 Lo habían dejado bajo _____.

13 Oyó el ruido de un cerrojo _____.

14 De repente no sintió _____.

15 Los dos andaban como _____.

16 El animal permanecía _____ a un poste.

17 ¡Pronto, a caballo y _____!

18 Se despidió de su _____ con un apretón de manos.

19 Luego _____ sin perder un momento.

20 _____ en dirección a las montañas.

B Da un antónimo de las siguientes palabras.

1 un palacio
2 perder
3 poner en libertad
4 dormir bien
5 cobarde

C Contesta las siguientes preguntas.

1 ¿Qué hace la policía con un criminal?
2 ¿Qué hay en un ejército?
3 ¿En qué tienen que vivir los pobres?
4 ¿Qué lleva una persona para que no se le caigan los pantalones?
5 ¿Qué reciben los soldados en una batalla cruel?

Por si acaso . . .

1 Imagina que eres director de escena de un estudio cinematográfico. Tienes que repartir papeles para una película titulada *El mensajero de San Martín*. ¿Qué características tendrían los actores que escogerías para desempeñar los siguientes papeles?
   a. San Martín
   b. Miguel
   c. el coronel Ordóñez
   d. el soldado que simpatizaba con la causa de la libertad

2 Haz una lista de palabras y expresiones «militares» que se encuentran en el cuento. Luego, escribe un párrafo usando por lo menos cinco palabras de la lista (por ejemplo: *soldado, luchar, ejército, fusilar, herida*).

El Alcázar no se rinde

Carlos Ruiz de Azilú

PARA PRESENTAR LA LECTURA

Durante la Guerra Civil en España las fuerzas republicanas se habían apoderado de la ciudad de Toledo. Asediados en el Alcázar de Toledo había algunos insurgentes quienes se habían negado a entregar el armamento y las municiones de este centro militar a los republicanos. El contingente, bajo las órdenes del comandante militar, coronel Moscardó, había jurado morir si fuera preciso antes que rendirse.

Para ser héroe, muchas veces es necesario sacrificar algo. Hay dos héroes identificados en este cuento del Alcázar de Toledo. ¿Quiénes son? ¿Por qué lo son?

PARA APRENDER EL VOCABULARIO

Palabras clave I

1 **alcázar** fortaleza, palacio árabe
El Alcázar de Sevilla es un edificio magnífico.
2 **aparato** instrumento para ejecutar una cosa; máquina, teléfono
El aparato no funciona.

3 **detenido (detener)** parado, arrestado
Tenemos que detener a todos los criminales.
4 **rinde (rendirse —i)** se entrega, se sujeta al dominio de otros
Prefieren morir antes que rendirse.
5 **sonó (sonar—ue)** hizo ruido una cosa *(sounded, rang)*
El niño se despertó al sonar el teléfono.

Práctica

Completa con una palabra de la lista.

sonó   rendirse   detenido
el Alcázar   el aparato

1   Han _____ al asesino hasta que vengan los demás.
2   Es un acto de coraje no _____ .
3   Creo que _____ el teléfono durante la noche.
4   ¿Dónde está _____ de radio?
5   _____ de Sevilla es un palacio magnífico.

Palabras clave II

1   **angustia** dolor moral profundo
    El padre no podía disimular la angustia que sentía cuando perdió a su hijo.
2   **atrevía (atreverse)** quería, osaba
    Nadie se atrevía a hablarle de la muerte de su padre.
3   **colgó (colgar —ue)** suspendió una cosa en otra; cortó una comunicación telefónica *(hung up)*
    Tengo que colgar. Mi padre quiere usar el teléfono.
4   **entristecidos** tristes *(saddened)*
    Todos quedaron entristecidos al despedirse en el aeropuerto.
5   **sobran (sobrar)** exceden, hay unas cosas de más, hay más de lo necesario de una cosa
    Como no vienen nuestras amigas, sobran tres asientos.

Práctica

Completa con una palabra de la lista.

la angustia   entristecidos   atreverse
colgó   sobran

1   Elena _____ su abrigo en este clavo.
2   Veo por la lista de los invitados que _____ hombres.
3   Todos podían comprender _____ que sentía el viudo.
4   Pablo tenía los ojos _____ por la profunda emoción que sentía.
5   El niño ha aprendido una buena lección. La próxima vez no va a _____ a hacer tal cosa.

El Alcázar de Toledo

El Alcázar no se rinde

Carlos Ruiz de Azilú

I

ran aproximadamente las diez de la mañana del día veintitrés de julio de 1936 cuando sonó el teléfono del despacho del coronel Moscardó. Se hallaba éste rodeado de varios de los jefes del Alcázar y otros oficiales, organizando la defensa exterior y la acomodación del personal refugiado. Pausadamente se levantó el coronel y se dirigió al teléfono.

La conversación de aquella llamada telefónica ha de contarse entre los diálogos más heroicos de nuestros días:

—¿Quién está al aparato?

—Soy el jefe de las milicias socialistas. Tengo la ciudad en mi poder, y si dentro de diez minutos no se ha rendido Ud., mandaré fusilar a su hijo Luis, que lo he detenido; y para que vea que es así, él mismo le hablará. «A ver, que venga Moscardó».

En efecto, el padre oye a su hijo Luis, que le dice tranquilamente por el aparato:

—Papá, ¿cómo estás?

—Bien, hijo mío. ¿Qué te ocurre?

—Nada de particular. Que dicen que me fusilarán si el Alcázar no se rinde, pero no te preocupes por mí.

—Mira, hijo mío; si es cierto que te van a fusilar, encomienda tu alma a Dios, da un ¡Viva Cristo Rey! y otro ¡Viva España! y muere como un héroe y mártir. Adiós, hijo mío; un beso muy fuerte.

—Adiós, papá; un beso muy fuerte.

II

A continuación se oye nuevamente la voz del jefe de milicias, preguntando:

—¿Qué contesta Ud.?

El coronel Moscardó pronuncia estas sublimes palabras:

---

personal refugiado gente sin hogar

ha de contarse *has to be considered*

encomienda confía, da

—¡Que el Alcázar no se rinde y que sobran los diez minutos!

Cuando el coronel Moscardó colgó el auricular, un silencio impresionante que nadie se atrevía a romper reinaba en su despacho. Todos comprendían la magnitud del sacrificio ofrecido a la Patria y la singular heroicidad del gesto. Intensamente pálido y con los ojos entristecidos por la angustia de su drama interior, el coronel Moscardó rompió el silencio, dirigiéndose a sus colaboradores:

—Y bien, señores, continuemos . . .

A los pocos días fue asesinado vilmente don Luis Moscardó Guzmán, joven de diecisiete años, nuevo mártir de la causa.

PARA APLICAR

Comprensión I

Contesta las siguientes preguntas.

1 ¿Quién es el coronel Moscardó?
2 ¿Quién le llamó por teléfono?
3 ¿Qué le dijo?
4 ¿Con quién habló el coronel entonces?
5 ¿Qué consejo le dio a su hijo el coronel?

Comprensión II

Contesta las siguientes preguntas.

1 ¿Con quién volvió a hablar el coronel?
2 ¿Qué le dijo?
3 ¿Qué pasó a los pocos días?
4 Cuando el coronel Moscardó colgó el auricular del teléfono, ¿qué reinaba en su despacho?

Pablo Picasso, *Guernica*

5 ¿Qué comprendían los que habían escuchado la conversación entre el padre y su hijo?

6 ¿Quién rompió el silencio por fin?

7 ¿Qué dijo él?

8 ¿Por qué podemos llamarles héroes al coronel y a su hijo?

PARA PRACTICAR

A Reemplaza la palabra en letra bastardilla con la palabra indicada.

1 Soy el *jefe* de las milicias nacionales. **general**

2 Si no se rinde, mandaré *fusilar* a su hijo. **matar**

3 Sonó el teléfono en *el despacho* del presidente. **la oficina**

4 Fue asesinado *vilmente*. **cobardemente**

5 Hizo un *gesto* de desesperación. **ademán**

6 Esperamos que se *rinda* el enemigo. **entregue**

7 Oye, Carmen, ¿qué te *ocurre*? **sucede**

8 ¿Es *cierto* que te van a fusilar? **seguro**

B Completa las siguientes oraciones con una palabra de la lista.

pausadamente	*rendido*	*la fortaleza*
detención	*preciso*	*el aparato*
poder		

1 Era _____ acabar lo que se había empezado.

2 Por infracción de la ley, lo habían puesto en _____.

3 Cuando quiso hablar por _____, éste no funcionaba.

4 Cayó en _____ del enemigo.

5 Siempre hablaba _____.

6 Después de un asedio largo, _____ cayó en manos del enemigo.

7 Después de luchar por semanas, la fortaleza se había _____.

C Da un antónimo de las siguientes palabras.

1 la mañana

2 la noche

3 hablar

4 exterior

5 impersonal

6 vivir

7 preguntar

8 oscuro

9 el silencio

10 guardar silencio

D Completa la siguiente conversación empezando cada vez con la palabra sugerida.

Maestro: Pregúntale a un compañero de clase lo que es un alcázar.

Alumno A: ¿Qué _____ ?

Maestro: Dile que es una especie de fortaleza o palacio árabe.

Alumno B: ¿Es _____ ?

Maestro: Pregúntale si hay muchos en España.

Alumno A: ¿Hay _____ ?

Maestro: Contéstale que sí y que el de Toledo tiene su historia especial.

Alumno B: Sí, _____ .

Maestro: Pregunta ahora quién sabe por qué.

Alumno A: ¿Quién _____ ?

Sigue con la conversación, dando detalles sacados del cuento «El Alcázar no se rinde».

Por si acaso . . .

1. Una guerra civil casi siempre resulta en tragedia. En un párrafo explica por qué.
2. Cada guerra produce sus héroes. Escoge una figura heroica de una de las muchas guerras que la historia nos revela. En un párrafo, explica por qué merece el título de héroe.
3. En tu opinión, ¿cuál es la diferencia entre un héroe y un mártir?
4. Examina la pintura de la destrucción de Guernica en la página 00. Luego, haz la siguiente tarea:

   a. Prepara una lista de cosas que tú puedes identificar en el cuadro.
   b. Escribe algunas líneas indicando tus impresiones o reacciones personales al examinar la reproducción de la pintura.
   c. En tu opinión, ¿qué es lo que Picasso trata de decirnos a propósito de la Guerra Civil en España?

5. Compara o contrasta el cuento «El Alcázar no se rinde» con «El Mensajero de San Martín», poniendo atención a los siguientes puntos:

   a. el lugar de la acción
   b. el tiempo de la acción
   c. los personajes valientes

PARA PRESENTAR LA LECTURA

polémicos: controvertidos, disputados *(controversial)*

La guerra en Vietnam abarcó una década y fue uno de los conflictos más polémicos y controvertidos de la historia moderna. El impacto en los hombres y las mujeres de aquella generación es increíble, y las consecuencias se sienten hasta hoy.

La selección que sigue no propone ser comentario en el orgullo o la culpabilidad de los que lucharon o los que se resistieron a luchar. Es sencillamente un cuento, de los miles que hay, que ocurrió durante el conflicto que polarizó a una generación entera. El cuento es una traducción de uno escrito en el libro titulado *Long Time Passing: Vietnam and the Haunted Generation* de Myra MacPherson.

Vietnam War Memorial,
Washington, D.C.

DOS SOLDADOS

La patrulla siguió su camino por la maleza, tan espesa que al mediodía ya parecía medianoche. Era una especie de oscuridad silenciosa, muerta. Cincuenta hombres marchaban en fila por la estrecha senda sinuosa. Los diez primeros empezaron a cruzar un río. El soldado que servía de avanzada y que era encargado del reconocimiento tocó algo con la bota. No era una ramita caída; no era la raíz de un árbol; tampoco era piedra. Era un disparador al olvido; un alambre que al instante hizo estallar una enorme mina de cien kilogramos. El espantoso estrépito interrumpió el silencio . . . un destello de luz y de fuego mezclado con el acre olor de pólvora que despedazó con violencia al soldado que llevaba la delantera. La metralla voló por el aire llevando consigo la muerte y la destrucción.

Tomás, alto y delgado, y a los diecinueve años ya desarrollando una postura floja y descuidada, se quedó paralizado. Cerró los ojos y grabó la escena en la mente para siempre; la cara de un compañero desintegrándose por la fuerza de la detonación; otros dando los últimos pasos y cayendo muertos; los sangrientos huesos cortando y saliendo por las heridas recibidas en sus carnes. Algunos murieron desangrados, tiñendo de rojo la tierra, el lodo y las hojas con sus últimos momentos de vida antes de poder llegar los helicópteros. Algunos fueron atrapados en el río. Tomás siempre recuerda el río, corriendo rojo como una sopa de tomate. Los heridos gritaban de dolor; los demás gritaban sobrecogidos de terror.

Su primer pensamiento, como de costumbre, fue de Carlitos. Se volvió y vio a Carlitos tendido en el suelo, inmóvil, los ojos fijos con la mirada más asustada jamás vista en la cara.

Tomás no podía imaginar lo que causaba esa mirada tan asustada . . . ¿la respiración? . . . ¿el latido del corazón? . . . ¡pero algo la causaba! Cada segundo una fuente de sangre salía de una herida en el pecho de Carlitos. Tomás se arrodilló y con dedos trémulos, agarró una venda y se la arrolló a Carlitos dos o tres veces alrededor del pecho, ligándola apretadamente. La presión contuvo la salida de sangre aunque algunas gotas de brillo escarlata se escurrían por los bordes de la venda.

maleza espesura formada por muchos árboles, plantas y matorrales
espesa densa

avanzada partida de soldados que va delante para observar; los que preceden
disparador llave de las armas de fuego
estallar detonar, reventar, hacer explosión
estrépito gran ruido
destello rayo de luz
metralla pedazos de hierro con que se cargaban las balas (*shrapnel*)

desangrados habiendo perdido mucha sangre

agarró una venda asió fuertemente la faja que se usa para ligar las heridas
se escurrían (escurrirse) se escapaban

pegajoso viscoso *(sticky)*

cortes del bambú mellado rajándoles la piel los pedazos rotos del bambú cortando la piel

francotiradores personas escondidas que tiran *(snipers)*
engañabobos que engañan a los bobos, a los descuidados *(booby traps)*
brújula instrumento circular con aguja imanada que se dirige siempre al norte *(compass)*

pesadillas sueños malos

encajando encerrando
invernadero lugar encerrado con cristales, calentado, donde se cultivan plantas
faena trabajo, labor

En ese momento sintió Tomás algo pegajoso en su propio brazo izquierdo. Se tocó el codo y retiró la mano cubierta de sangre. Un pedazo de metralla se había plantado allí.

No les quedaba tiempo sino para acción frenética. La vegetación por todos lados era tan densa que tenían que cortar con machetes por el bambú, los cortes del bambú mellado rajándoles la piel.

Tras lo que parecía una eternidad, llegaron los helicópteros y se llevaron a los heridos, a los desmembrados. Se llevaron también a los muertos . . . más de quince soldados. Los otros tenían que buscar manera de escaparse de la selva.

Sólo mucho más tarde tendrían tiempo Tomás y Carlitos para darse cuenta de la suerte que los había acompañado. Casi siempre los dos formaban la avanzada para la patrulla . . . el uno buscando a francotiradores, granadas escondidas y engañabobos; el otro un poco atrás armado de mapa y brújula. Habían formado la avanzada toda la mañana. Cinco minutos antes de la explosión de la mina, el capitán había decidido alternar las responsabilidades de la patrulla. Si no, habrían muerto Tomás y Carlitos.

Para los que se quedaban en la selva, el espanto de las próximas horas igualó el horror de la detonación de la mina. Estaban en una batalla que los jóvenes soldados lucharon sin fin en Vietnam . . . una lucha de guerrilleros sin cesar contra un enemigo raramente visto. Un tipo de guerra perfeccionado por el Viet Cong, una guerra que hasta hoy día evoca pesadillas temblorosas a muchos veteranos.

—Tuvimos que quitar el sendero y abrirnos uno nuevo a punta de machete a cada paso—recuerda Tomás—. La razón que nos reventó en primer lugar es que caminábamos en la misma senda.

La selva era calurosa, como si el cielo no fuera cielo sino un vaso gigante de cristal encajando un monstruoso invernadero. Los soldados se sofocaban con la humedad y respiraban con dificultad por falta de movimiento de aire. El sudor y la sangre hacían que los trajes de faena se les pegaran a la espalda, a los brazos y a las piernas. Nadie sabía si la mina fue preludio de una emboscada. Todos sí sabían que los naturales conocían muy bien la selva y podían caminar por ella de noche aun con los ojos vendados.

Algo siniestro se escondía cerca. Centenares de granadas, ligeramente sujetas por delgaditos alambres invisibles, adornaban la vegetación tropical como ornamentos de muerte. A cada paso les esperaba una detonación horrorosa, seguida de gritos de dolor. Les costaba cuatro horas avanzar quinientos metros.

—Cada veinte pasos había otro engañabobos—recuerda Carlitos—. Uno tenía que pasar muy cerca de una granada para descubrirla y entonces intentar desarmarla. Algunos soldados perdieron los brazos haciendo la prueba.

Tiembla la voz de Tomás al decir: —Le suplicamos a Dios que nos dejara escapar de ese lugar infernal. Unos soldados se quedaron calladitos; otros lloraron. El pánico era abrumador. Sólo podía agarrarse uno bien al que iba delante cuando la oscuridad era tan tan negra. No se podía animar a los soldados. No se podía hablar por miedo de que oyera las voces el enemigo.

abrumador pesado; estado de ánimo

Los ojos de Tomás se alejan . . . . ¡Fue una experiencia espantosa!

Carlitos ya tiene treinta y siete años. Tomás tiene treinta y cinco. En 1980 se reunieron y repasaron esa época espeluznante de su vida. Había desacuerdos; levantaron las voces en discusión tratando de explicarse el enigma interminable de Vietnam, pero por encima de todo había como siempre camaradería, un amor protector y palpable.

espeluznante que hace erizarse el pelo

Tomás y Carlitos son hermanos.

Actividades:

A Contesta las siguientes preguntas.

1 Di algo del ambiente en la maleza.
2 ¿Cómo marchaban los cincuenta hombres de la patrulla?
3 ¿Qué tocó con la bota el soldado que servía de avanzada?
4 Describe la explosión de la mina.
5 ¿Dónde estaba herido Carlitos?
6 ¿Cómo lo ayudó Tomás?
7 ¿Qué había hecho el capitán cinco minutos antes de la explosión de la mina?
8 ¿Cómo era la selva? ¿Qué parecía?
9 ¿Cómo cortaban senderos por la vegetación los soldados?
10 ¿Qué hicieron los hermanos cuando se reunieron en 1980?

B Cuando Tomás y Carlitos se reunieron, había desacuerdos cuando recordaron la época de Vietnam. Apunta diez frases que ayudan a explicar por qué se le considera a Vietnam «un enigma interminable».

Ideas afines que pueden ayudarte
1 POW's
2 MIA's
3 rehabilitación de los veteranos
4 morir en el extranjero
5 drogas
6 napalm
7 Viet Cong
8 muertes violentas
9 polarizando una generación
10 los que se resistieron a luchar
11 patriotismo
12 refugiados

Conversación

Pesadilla en Vietnam
(Dos soldados jóvenes en un campo militar en el extranjero)

Soldado A:	Anoche soñé que moría en batalla aquí en Vietnam, y me desperté temblando y cubierto de sudor.
Soldado B:	¿Tanto miedo tienes de morir?
Soldado A:	De morir, no, porque es una tontería temer lo inevitable, pero morir en el extranjero bajo condiciones tan miserables antes de cumplir con todo lo que quiero hacer . . . sí.
Soldado B:	¿Tan grandes planes tienes de ganar la fama?
Soldado A:	¿Ganar fama? No aspiro a nada tan grandioso. Sólo quiero el tiempo que me corresponde . . . tiempo con mi novia . . . tiempo en cierto lugar para leer o escuchar música . . . o plantar flores . . . o pescar o dar un paseo al crepúsculo . . . tiempo para bañarme al sol y soñar.
Soldado B:	Ah, la vida simple sin balas y bombas, sin papeleo y política, sin ir y venir.
Soldado A:	Ésa, precisamente. ¿Y tú? ¿No tienes miedo de la muerte?
Soldado B:	Temo la muerte inesperada. Temo la muerte insensata. Temo la muerte violenta. Temo morir aquí sin razón igual que tú.
Soldado A:	¿No eres patriota?
Soldado B:	Sí, lo soy. Pero el patriotismo está en el cerebro y en el corazón. No se lo manda otro. Yo tengo un vago sentido de amor por la patria, un cierto espíritu nacional. No soy cobarde. Lucharía como fiera para proteger mis derechos. La injusticia me enfurece. Pero luchar en el extranjero, meterse uno contra un enemigo desconocido, luchar sin saber por qué y morir sin gloria, sin bendición, sin los seres queridos, podrida la carne y los huesos en cualquier arrozal . . .

| Soldado A: | ¿Hay peor pesadilla? |
| Soldado B: | No la hay. Poco le satisface al héroe una medalla póstuma. |

Un héroe

El heroísmo tiene varias formas. No es necesario que haya una guerra para que salga gente de valor. Al joven mencionado abajo se le puede llamar héroe porque ha sido valiente y ha significado algo en el mundo.

Héctor del Valle

—Después de tomar seis botellas de cerveza, me creía invencible.

Así describió su coraje Héctor del Valle de Dover, Nueva Jersey, cuando era un joven automovilista borracho. Aquellos días terminaron en septiembre de 1983 cuando Héctor, a la sazón diecisiete años, chocó con otros dos vehículos y una pared de ladrillos. Cuando volvió en sí, estaba paralizado del pecho abajo. No había otras víctimas del accidente, pero el accidente sí puso fin al futuro prometedor de Héctor como gimnasta y aprendiz de carpintero.

—En el centro de rehabilitación me di cuenta de que me hubiera dañado aún más—nos explica.

Su accidente le dio a Héctor el coraje de admitir que se había equivocado y las ganas de ayudar a otros jóvenes. Ahora, trabajando con la División de Alcoholismo de Nueva Jersey y el Concilio Nacional de Alcoholismo, habla con jóvenes en las escuelas y en las iglesias, empleándose como ejemplo de lo malo que les puede ocurrir.

Mientras debe ser muy penoso para él repasar su accidente cada vez que dirige la palabra a su auditorio, Héctor está muy satisfecho con su trabajo.

—Cuando todos me escuchan y luego me rodean en el escenario y me dan la mano—dice Héctor—, me siento feliz y orgulloso.

borracho: embriagado, que ha bebido mucho
a la sazón: entonces *(at that time)*
ladrillos: *bricks*
pecho: *chest*

auditorio: reunión de oyentes *(audience)*
escenario: parte del teatro donde representan los actores *(stage)*

Mandatos indirectos

El mandato indirecto se expresa por medio de otra persona.

Consuelo quiere entrar.	Que entre.

Se expresa con la tercera persona del presente del subjuntivo singular o plural, según el sujeto. Casi siempre se introduce con *que* y sólo se expresa el sujeto para evitar ambigüedad o para dar énfasis.

¡Que no nos molesten! Hoy es sábado y los señores Vilariño están ocupados planeando una nueva casa. Desafortunadamente, los peques (niños pequeños) quieren su atención. Los padres piden que Francisco, el mayor, los cuide, pero los niños no le hacen caso, y él tiene que interrumpir continuamente a los padres.

Francisco: *Roberto quiere comer el pan.*
Papá o   *Que lo coma.*
mamá:

1   Isabel quiere abrir la caja de dulces.
2   Los peques quieren tocar el piano.
3   Salvador quiere prender la tele.
4   Juan y Carlos quieren escribir cartas en el estudio.
5   Mimí quiere leer su horóscopo.
6   Jacinta quiere preparar una tortilla española.
7   Carlitos quiere escuchar los discos.
8   Ellos quieren beber los refrescos en el frigo (refrigerador).
9   Lo siento, pero ésta es la última molestia.
10 Los peques quieren montar las bicis (bicicletas) en el parque.

Que sí. Que no. En un hospital Elena, una enfermera, consulta con la supervisora de los deseos de varios pacientes o personal.

Elena: *La paciente que entró con la gripe ya no tiene fiebre. Quiere levantarse e irse a casa.*
Supervisora: *Que se levante, pero que no se vaya.*

1   Parece que el Sr. Flores está cansado. Va a acostarse y dormirse.
2   Oigo que la Sra Escobedo está impaciente. Quiere bañarse y ponerse su pijama.
3   Me dice que la niña del cuarto 302 se siente mejor. Dice que va a beber jugos y comer helados.
4   La Srta. Menéndez está de mal humor. Se aburre y va a quejarse del servicio.
5   Parece que el Sr. Reyna está mejor hoy. Creo que va a trabajar y molestar a los enfermeros.
6   El quirófano (sala de operaciones) no está vacante todavía. El cardiólogo va a terminar el examen del Sr. Gordillo y subirlo en seguida.

7 La enfermera nueva está nerviosa con el anciano del 316. Tiene que tomarle el pulso y darle una inyección.

8 El paciente en el 318 es testarudo (*stubborn*). Quiere sentarse en la silla de ruedas y bajar al jardín.

Y tú, ¿qué dices? Nombra varias cualidades necesarias para ser buen(a) enfermero(a) o administrador(a) en un hospital. ¿Por qué (no) te gustaría ser enfermero(a) en un hospital?

Una comida campestre. Un grupo de jóvenes planean una parrillada (*cookout*) en una casa de campo para celebrar la clausura del colegio. Lupe y Luis están terminando los preparativos y acordándose de detalles importantes.

> *decirles a los invitados / recordar la fecha*
>
> Lupe: ¿Qué les digo a los invitados?
> Luis: Que recuerden la fecha.

1 recomendarles a los invitados / acostarse temprano la noche anterior
2 recordarle a Bernardo / devolver el termo que le prestamos el año pasado
3 pedirles a Mónica e Irene / conseguir los filetes y chorizos
4 decirle a Ricardo / pedir ayuda con la fogata (*bonfire*)
5 sugerirles a los chicos / recordar cómo se llega al sitio
6 recomendarles a las chicas / vestirse de tejanos con botas
7 recordarles a los del último coche / cerrar el portón
8 decirle a tu hermano / no reírse al ver mi nuevo corte de pelo
9 pedirle al cocinero / servir a las nueve y media
10 recomendarles a todos los presentes / divertirse mucho

Y tú, ¿qué dices? Describe un pícnic o una parrillada que resultó divertido(a).

¿Qué fue la ocasión?
¿Quién(es) hizo (hicieron) los planes?
¿Quiénes fueron invitados?
¿Dónde tuvo lugar? Describe el sitio.
¿Cómo llegaron al sitio?
¿Qué comieron? ¿Qué bebieron?
¿Quién(es) preparó (prepararon) la comida?
Aparte de comer, ¿qué más hicieron?
Describe los resultados. ¿Se divirtieron todos?

La noche de la parrillada Después de llegar al sitio de la fiesta, todos quieren participar y preguntan cómo pueden ayudar. Lupe emplea una de las preguntas sugeridas.

> *¿Cómo puede(n) ayudar . . . ?*
> *¿Qué puede(n) hacer . . . ?*
> *¿Qué quieres que haga(n) . . . ?*
>
> *los chicos / bajar las cosas del coche y llevarlas a las mesas*
>
> Lupe: ¿Qué pueden hacer los chicos?
> Luis: Que bajen las cosas del coche y que las lleven a las mesas.

1 Florencio y Enrique / traer los refrescos y abrir las botellas
2 Julio / abrir la hielera (caja de hielo) y sacar el hielo
3 Santos y Joaquín / traer leña y preparar la fogata (fuego)
4 Alonso / darle las cerillas a Ignacio y hacer la fogata
5 los dos / atenderla y no descuidarla
6 Angelina y Lidia / venir con la carne y ponerla en la parrilla
7 Ramiro y Claudia / hacer la ensalada y preparar el aderezo (salsa)
8 los que tienen hambre / no estar tan impacientes y esperar un poco más
9 los chicos de Guadalajara / tocar la guitarra y cantar

El presente del subjuntivo

Verbos regulares

La primera persona singular del presente de indicativo sirve de raíz para el presente del subjuntivo.

infinitivo	indicativo	subjuntivo	
mirar	miro	mire	miremos
		mires	miréis
		mire	miren
comer	como	coma	comamos
		comas	comáis
		coma	coman
vivir	vivo	viva	vivamos
		vivas	viváis
		viva	vivan

Verbos con raíz irregular

infinitivo	indicativo	subjuntivo
caer	caigo	caiga
conducir	conduzco	conduzca
conocer	conozco	conozca
decir	digo	diga
escoger	escojo	escoja
hacer	hago	haga
oír	oigo	oiga
poner	pongo	ponga
salir	salgo	salga
tener	tengo	tenga
traer	traigo	traiga
vencer	venzo	venza
venir	vengo	venga
ver	veo	vea

Verbos irregulares

Los siguientes verbos son irregulares en el subjuntivo.

infinitivo	subjuntivo
dar	dé
estar	esté
saber	sepa
ser	sea
ir	vaya
haber	haya

¿Qué es el subjuntivo?

¿Realidad o irrealidad?

El español distingue entre la realidad y lo que no es una realidad. El modo indicativo expresa verdades, o mejor dicho, realidad. Indica lo que es, lo que existe, lo que se puede ver, oír, tocar, comer, pensar, creer, etc. Por el contrario, el subjuntivo expresa acciones, ideas, ilusiones o esperanzas no concretas, no reales, no realizadas. Nota el contraste:

> Tú conoces a mi hermano
> Yo te doy mi cámara. (verdades, certezas, realidades)
> Espero que conozcas a mi hermano. (No es realidad. No lo conoces todavía.)
> Mamá pide que yo te dé mi cámara. (No es realidad hasta darte la cámara.)

Cláusulas nominales: Expresiones de voluntad

El subjuntivo se emplea después de los verbos o expresiones de deseo, voluntad, consejo, preferencia, esperanza, permiso y prohibición.

> Quiero que te vayas.   Te aconsejamos que pienses en este problema.
> Deseamos que estés bien.   Permiten que nos quedemos aquí.
> Insisten en que trabajemos.   Les pedimos que nos ayuden.
> Mandan que salgamos hoy.

Nota que cuando hay un solo sujeto en la oración, se emplea el infinitivo.

> Quiero salir.
> Insisto en terminar el proyecto.

Para practicar más

Cambia de la realidad a la irrealidad.

Yo voy a Chile mañana. (cierto, realidad)
El jefe pide que yo . . . (No es realidad todavía.)
El jefe pide que yo vaya a Chile esta tarde.

1 Entramos en su despacho.
(El general quiere que . . .)
2 Miguel lleva una carta al abogado.
El comandante pide que . . .)
3 El patriota pone las cartas en su cinturón.
(Le sugerimos que . . .)
4 Los arrieros pasan la cordillera.
(El guía recomienda que . . .)
5 Yo le entrego la carta al abogado.
(La secretaria me dice que . . .)
6 Miguel vuelve en seguida a Argentina.
(El chileno insiste en que . . .)
7 El joven se pone en camino en seguida.
(Todos esperamos que . . .)
8 Las fuerzas reales no ven al patriota.
(Espero que . . .)
9 El mensajero no se detiene para admirar el paisaje.
(Rogamos que . . .)
10 El joven huye de los realistas.
(Los soldados no quieren que . . .)
11 El enemigo no lo fusila.
(Los insurgentes esperan que . . .)
12 Miguel confiesa ser agente de San Martín.
(El coronel insiste en que . . .)
13 El joven arroja la carta al brasero.
(Los soldados no quieren que . . .)

Los últimos arreglos. En Mendoza los Sres. Guzmán han hecho planes para ir a una boda en Buenos Aires. Lo malo es que hay tantos arreglos que hacer a último momento. Expresa lo que el Sr. Guzmán pide a su señora.

El Sr. Guzmán quiere que la Sra. . . .
ayudarle con los preparativos
El Sr. Guzmán quiere que la Sra. le ayude con los preparativos. (Se puede sustituir por quiere los verbos pide, insiste en, suplica, ruega, recomienda, etc.)

1 . . . ayudar con los preparativos
2 . . . recoger los billetes de avión
3 . . . mandar el smoking (*tuxedo*) a la tintorería (*cleaners*)
4 . . . plancharle los pantalones grises
5 . . . lavarle la camisa deportiva
6 . . . comprarle jabón para afeitarse
7 . . . conseguir cheques de viajero
8 . . . sacar los palos de golf del ropero
9 . . . decirle al portero que se marchan
10 . . . arreglarle la maleta
11 . . . meter las corbatas nuevas en la maleta
12 . . . tener todo listo para mañana

La señora no puede acabar con todo sin ayuda. Por eso, ella pide (*quiere, espera, insiste en, suplica*) que Gabriela la sirvienta le ayude.

La señora quiere que Gabriela
. . . buscar las llaves del coche
La señora quiere que Gabriela busque las llaves del coche.

1 . . . buscar las llaves del coche
2 . . . encontrar su bolso
3 . . . lavarle la ropa íntima
4 . . . ir a la perfumería por su perfume favorito
5 . . . limpiar la casa mañana
6 . . . regar las plantas todos los días
7 . . . pagar al jardinero por cortar el césped
8 . . . apagar la tele si no la está mirando
9 . . . cuidar bien a los peques
10 . . . preparar la comida en seguida
11 . . . ir a recoger a los niños del colegio

12 ... informar a los vecinos cuándo regresen

13 ... no molestar a nadie con la radio

14 ... guardar los periódicos para el señor

La Navidad ideal. Haz una lista de los regalos, favores o atenciones que te harían feliz en la próxima Navidad.

> *mi abuela / llevarme a Europa*
> *Quiero que mi abuela me lleve a Europa.*

1 mi padre / conducir con más cuidado

2 mi madre / no ser tan exigente

3 mis hermanitos / dejarme en paz

4 mi hermana mayor / no llevarse mis perfumes y lociones

5 mi tía / recuperarse del accidente automovilístico

6 mi novio(a) / llamarme todas las noches

7 mis amigos / pagarme lo que me deben

8 mi mejor amigo(a) / conseguir un trabajo de mucha promesa

9 mis profesores / darnos menos deberes cada noche

10 los políticos / cooperar con otras naciones y buscar la paz

11 en el mundo / haber paz

Y tú ¿qué deseas? Prepara una lista de tus deseos especiales para la Navidad. En tu opinión, ¿qué es lo más importante?

Expresiones de emoción

Las emociones varían mucho y no son constantes. Por eso, se emplea el subjuntivo después de verbos o expresiones de emoción. Unos ejemplos son: *alegrarse de, esperar, dar pena, gustar, lamentar, preocuparse, sentir, sorprenderse, tener miedo, temer, ¡lástima que!*

> Temen que lo sepamos.
> Nos alegramos de que estés aquí.

Expresiones de duda

Del mismo modo, las expresiones o verbos de duda expresan incertidumbre o inseguridad, y el subjuntivo se emplea con ellos. Pero si el verbo o expresión indica certidumbre, se emplea el indicativo.

> Dudo que estén en casa.
> No dudo que regresan pronto.
> No creo que lleguen a tiempo.
> Creo que llegarán un poco tarde.

El campeonato. Nuestro equipo de fútbol, Los Tigres, juega contra Los Jaguares para el campeonato regional. Desafortunadamente, varios jugadores nuestros tienen problemas y parece que no pueden jugar. Adiós campeonato. El entrenador *(coach)* está muy triste mientras habla con varias personas.

Entrenador:	*(estar) Jorge ———— en el hospital.*
Capitán:	*¡Qué lástima que ———— en el hospital!*
Entrenador:	*(jugar) No podrá ———— el viernes.*
Capitán:	*Después de la práctica ayer, muchos dudan que él ————*

Entrenador: (haber) Marcos no ———— pasado el examen de inglés.

Ignacio: Siento oír que ———— sido reprobado.

Entrenador: (estar) Él ———— en la lista de suspendidos.

Ignacio: Pero es buen alumno. Dudo que él ———— en esa lista.

Entrenador: (tener) Beto ———— la pierna fracturada.

Director: ¡Oh no! Lamento que ———— una fractura.

Entrenador: (operarle) Van a ———— mañana.

Director: Me sorprende que no ———— hoy.

Entrenador: (ser) Vicente ———— el mejor goleador que tenemos.

Profesor: Me alegro que él ———— bueno en algo.

Entrenador: (haber) ¿Por qué? ¿No ———— sacado buenas notas?

Profesor: Me da pena que no ———— sacado notas suficientes en mi clase.

Director: (haber) El bus ———— tenido un accidente, pero no ———— heridos *(injured ones)*.

Entrenador: Me alegro de que no ————. heridos.

Director: (ir) No ———— a ser posible llevar el equipo al partido.

Entrenador: ¿Cómo? Siento que los chicos no ———— a jugar.

Secretaria: (tener) El Director General ———— una noticia sobre un premio.

Director: Espero que él ———— buenas noticias.

Secretaria: (recibir) El mejor jugador va a ———— un reconocimiento especial.

Director: Si no pueden jugar, no creo que nadie lo ————

Director: (tener) Este telegrama dice que todos los Jaguares ———— la gripe.

Secretaria: ¡Qué lástima que todos ———— la gripe!

Director: (haber) ¿No ves que son buenas noticias para nosotros? ¡———— ganado el campeonato!

Secretaria: ¡Estupendo! Me alegro de que nosotros ———— ganado el trofeo.

Durante el partido. En las graderías *(seating section)* muchos hablan durante el partido. Construye oraciones lógicas según los números indicados, escogiendo sucesivamente de cada lista. (Un acuerdo: No son posibles todas las combinaciones. ¿Por qué?)

1 Yo	1 dudar que	1 Ud.	1 hacer un gol
2 Ud.	2 no dudar que	2 los chicos	2 tirar la pelota
3 El entrenador	3 esperar que	3 tú	3 ir al partido
4 Nosotros	4 no creer que	4 el equipo	4 correr más rápido
5 Uds.	5 creer que	5 yo	5 ganar el partido
6 Ellos	6 sentir que	6 nosotros	6 salir victorioso(s)
7 Tú	7 alegrarse de que	7 los rivales	7 buscar al recibidor
			8 quedarse allí

Cláusulas adverbiales

En cláusulas adverbiales introducidas por una expresión temporal, se emplea el subjuntivo si el verbo indica lo que puede suceder. Si el verbo indica lo que sucede o lo que ya sucedió, se emplea el indicativo. Las conjunciones temporales son: *luego que, cuando, en cuanto, tan pronto como, antes de que, hasta que, después de que.*

> Me quedaré aquí hasta que regresen.
> Me quedé aquí hasta que regresaron.
>
> En cuanto llegue, el dueño le servirá la comida.
> En cuanto llegó, el dueño le sirvió la comida.

Con las siguientes conjunciones, se emplea siempre el subjuntivo: *antes de que, a menos que, para que, con tal (de) que, sin que, en caso de que.*

> Nosotros saldremos antes de que ellos vuelvan.
> Lo diré para que tú lo sepas.

Con las siguientes conjunciones, se emplea el subjuntivo si el verbo indica incertidumbre, duda o estado indefinido; si el verbo indica una acción realizada se emplea el indicativo: *así que, aunque.*

> Aunque llueve, saldremos. (Está lloviendo.)
> Aunque llueva, saldremos. (No sabemos si va a llover.)

Paciencia con la que sermonea. Dora se desespera con su madre que le sermonea *(nags)* constantemente. Dora procura no enojarse al contestar su sinfín de preguntas molestas aunque a veces es difícil.

Madre: ¿Cuándo vas a levantarte? (acabar de despertarme)
Dora: Voy a levantarme cuando acabe de despertarme.

1   ¿Cuándo vas a arreglar tu habitación? (terminar de bañarme)
2   ¿Cuándo vas a regar el jardín? (acabar de cortar el césped)
3   ¿Cuándo vas a lavar el coche? (dejar de llover)
4   ¿Cuándo vas a hacer los ejercicios? (terminar de comer este pastel)
5   ¿Cuándo vas a echar esta carta al buzón? (comprar más sellos)
6   ¿Cuándo vas a estudiar? (terminar el programa en la tele)
7   ¿Cuándo vas a llamar a tu novio? (encontrar su nuevo número)
8   ¿Cuándo vas a llevarme a cenar? (tener dinero)
9   ¿Cuándo vas a traer más pan o bolillos? (volver de clases)
10   ¿Cuándo vas a salir? (dar la una)

Y tú, ¿sermoneas a otros a veces? Prepara una serie de situaciones parecidas y sermonea a tu vecina.

Bienvenidos a Texas. Unos primos puertorriqueños de la familia Sandoval quieren visitarlos en Houston. Va a ser una reunión extraordinaria. Los Sandoval quieren que todos se diviertan mucho.

Combina las dos oraciones con la conjunción entre paréntesis.

¿Quién va a recibirlos en el aeropuerto? (cuando)
Ellos vienen.
¿Quién va a recibirlos en el aeropuerto cuando vengan?

1   Papá cree que es mejor ir en dos coches. (para que)
Hay suficiente espacio.
2   Los hermanos van a correr a recoger las maletas. (tan pronto como)
Las bajan del avión.
3   Queremos presentarlos a nuestros vecinos. (después de que)
Ellos llegan a casa.
4   Será divertido conversar en el patio. (hasta que)
La comida está lista.
5   Cenaremos filetes a la parrilla en casa. (sin que)
Nos cuesta mucho.
6   Los chicos vamos a hacer el aseo *(tidying up)*. (sin que)
Los mayores nos lo dicen.
7   Van a dormir en nuestra casa. (a menos que)
Prefieren ir a un hotel.
8   Al día siguiente los llevaremos al parque. (para que)
Pueden nadar en la piscina de tamaño olímpico.
9   Todos los días podemos hacer footing. (a menos que)
Hace mucho calor.
10   Iremos a San Antonio. (antes de que)
Van a El Paso.
11   Visitaremos el Álamo y el museo Witte. (con tal que)
Les interesa la historia.
12   Lo vamos a pasar bien. (con tal que)
Nosotros entendemos el español de Puerto Rico.

Cláusulas relativas

Si la cláusula relativa modifica un sustantivo o pronombre que sea indefinido o negativo, el verbo de la cláusula subordinada se expresa en el subjuntivo. Si el antecedente es definido, se emplea el indicativo.

> Busco un secretario que sepa español.
> Conozco a un secretario que sabe español.
>
> Aquí hay alguien que puede hacer el trabajo.
> Aquí no hay nadie que pueda hacer el trabajo.

Cuando me gradúe . . . ¿Qué vas a hacer cuando te gradúes? Algunos candidatos para la graduación hablan de sus planes para el año próximo.

Yo: buscar un trabajo / pagarme bien
Yo buscaré un trabajo que me pague bien.

1 Javier: comprar un coche / ser de mucho lujo
2 Yo: vivir en una ciudad / no estar lejos de mi familia
3 Carla: llevar ropa / ser de buena calidad y de la última moda
4 Tú: viajar a un país / cuidar a los turistas
5 Nosotros: comer en restaurantes / servir comida continental
6 Mis amigos: ir a discotecas / tener buenos músicos
7 Todos: conocer gente / trabajar para mejorarse
8 Varios de nosotros: estudiar en universidades / ofrecer cursos avanzados
9 yo: tomar cursos / ayudarme en mi profesión
10 Tú: trabajar con una compañía / garantizarle un futuro brillante

Aquí viene la novia. En junio Rocío va a casarse con Manuel. Muchos parientes y amigos preguntan qué pueden regalarles. La madre de la novia ha preparado una lista de todo lo relativo a la boda.

(tener) Quieren casarse en una iglesia que _____ lugares para 500 personas.
Quieren casarse en una iglesia que tenga lugares para 500 personas.

1 (poder) Buscan un florista que _____ decorar la iglesia de manera muy original.
2 (estar) Quieren tener la fiesta en un salón que no _____ muy lejos de la iglesia.
3 (tocar) Necesitan una orquesta que _____ todo tipo de música.
4 (sacar) Esperan encontrar un fotógrafo que _____ un vídeo de la ceremonia.
5 (costar) Piensan alquilar una casa que no _____ mucho.
6 (durar) Les faltan muebles que _____ bastante tiempo.
7 (ser) Piden aparatos domésticos que _____ prácticos y útiles.
8 (iluminar) Necesitan lámparas que _____ bien la sala.
9 (tener) Quieren un refrigerador que _____ dos puertas.
10 (reflejar) Les encantan los regalos que _____ su espíritu joven y alegre.

Y tú, ¿qué quieres? Empleando las ideas sugeridas abajo, cita algunas cosas que quieres cuando te cases. Añade tus propias ideas.

Busco un(a) compañero(a) que:
Quiero una casa que:
Espero tener una relación que:

estar bien construido(a)
tener compasión y comprensión
ser duradero(a)
comprenderme y respetarme
cooperar en todo
quererme
ser cómoda y espaciosa

Expresiones impersonales

Se emplea el subjuntivo después de las expresiones impersonales que indican duda, necesidad, probabilidad, voluntad o cualquier otra opinión.

> Es dudoso que vengan.
> Es preciso que estés aquí.
> Es probable que lo sepan pronto.
> Es importante que recibas la carta.
> Es posible que volvamos pronto.
> Es mejor que se queden aquí.
> Urge que todos estudien esto.
> No es cierto que Mauro tenga la gripe.

Se emplea el modo declarativo después de expresiones impersonales que declaran una certeza o verdad, lo obvio, lo claro, lo evidente.

> Es verdad que éste es un país poderoso.
> Es cierto que ese problema es difícil.
> Es obvio que Pepe ha crecido más que su hermano.
> Es claro que no cometieron este error.
> Es evidente que han falsificado el cheque.

De otra opinión. Tú y un compañero conversan acerca de varios eventos o ideas, pero no pueden ponerse de acuerdo. Expresa estas ideas en forma contraria.

dudoso—cierto / ellos—venir mañana
Es dudoso que ellos vengan mañana.
¡Qué va! Es cierto que ellos vienen mañana.

1 mentira—verdad / Marta—tener una invitación para visitar al gobernador

2 cierto—mentira / los profesores—ser demasiado estrictos

3 probable—evidente / haber una crisis en el gobierno

4 claro—imposible / todos—ir a salir mal en este examen

5 importante—seguro / esta carta—llegar mañana a Nueva York

6 obvio—no es seguro / nuestro equipo—entrar en las finales

7   improbable—verdad / el coche—andar mejor que antes
8   preciso—cierto / los miembros—traer los refrescos
9   evidente—dudoso / a los hombres—gustarles el nuevo coche
10 urge—se cree / los estudiantes—salir del edificio en seguida

Pronóstico del tiempo. Varias veces diariamente el meteorólogo da reportajes del tiempo en la televisión y en la radio. Termina sus pronósticos (*predictions*) para mañana o el futuro, expresando los verbos subrayados en el indicativo o el subjuntivo.

> Ahora <u>hace</u> fresco, pero es posible que mañana _____ frío.
> Ahora hace fresco, pero es posible que mañana haga frío.

1   No <u>llueve</u> ahora, pero es cierto que _____ mañana.
2   En el Golfo <u>hay</u> condiciones inestables, pero es posible que _____ un huracán en desarrollo (*development*).

3   Es cierto que las aguas del Río Bravo <u>han</u> subido, pero es improbable que _____ inundaciones (*floods*) dentro de un par de días.
4   En Yucatán <u>han</u> <u>llegado</u> vientos fuertes con lluvias torrenciales, pero es dudoso que el huracán _____ a la península antes de pasado mañana.
5   Vemos que en el norte <u>nieva</u> mucho, pero según lo que yo preveo es imposible que _____ muchas horas más.
6   En las costas de Florida los barcos pesqueros (*fishing*) <u>se quedan</u> en áreas seguras. Es mejor que todos _____ en el puerto.
7   En el oeste la sequía (*drought*) <u>sigue</u> haciendo daño a la cosecha. Es probable que _____ unas semanas más.
8   En California muchos <u>tienen</u> miedo de un terremoto, pero no es necesario que _____ miedo. El peligro ha pasado.
9   El relámpago <u>causó</u> interrupciones de fuerza eléctrica, pero es dudoso que _____ más problemas.
10 El pronóstico indica que el buen tiempo va a <u>durar</u>, pero no es seguro que _____ hasta la semana que viene.

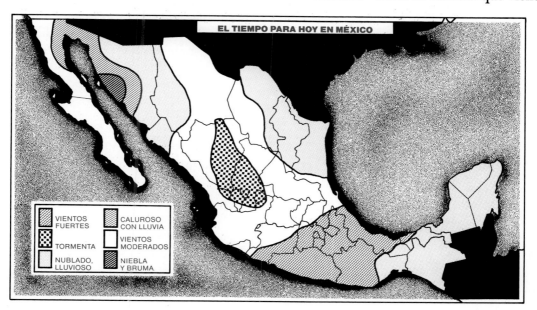

EL TIEMPO PARA HOY EN MÉXICO

VIENTOS FUERTES
CALUROSO CON LLUVIA
TORMENTA
VIENTOS MODERADOS
NUBLADO, LLUVIOSO
NIEBLA Y BRUMA

La voz pasiva

Con *se*

Se expresa la voz pasiva con el pronombre reflexivo *se* y la tercera persona del verbo. El verbo concuerda con el sujeto. La voz pasiva indica que el sujeto es indefinido o general. Esta construcción se usa con frecuencia.

> Aquí se habla español.
> Se venden corbatas aquí.
> Se graban las cintas en el laboratorio.

En la oficina. Unos visitantes de Ecuador visitan las oficinas de IBM en Los Ángeles porque quieren observar cómo funciona una empresa internacional bien dirigida. Un guía les explica cómo se trabaja allí.

> *(abrir) las puertas a las 10.*
> *Se abren las puertas a las 10.*

1 (estacionar) los coches en el garaje
2 (preparar) los documentos publicitarios en esa oficina
3 (hablar) inglés aquí
4 (tocar) música suave y tranquila
5 (hacer) todo el trabajo clasificado en aquel edificio
6 (escribir) las cartas en aquellas máquinas
7 (resolver) los problemas decisivamente
8 (echar) las cartas en el buzón central
9 (hacer) fotocopias rápidamente en las nuevas máquinas
10 (celebrar) todos los días festivos
11 (acabar) el trabajo a las 5
12 (no poder) fumar en la cafetería
13 (cerrar) la entrada central a las 5:30

Y tú, ¿cómo describes el régimen de tus clases o de la administración (*central office*)**? ¿Cuáles de estas acciones se permiten?**

> (poder) usar el teléfono
> Se puede usar el teléfono.

1 (hacer) mucho ruido
2 (pedir) prestado (*to borrow*) dinero para la comida
3 (hablar) en voz alta
4 (entrar) sin permiso
5 (andar) descalzo
6 (comprar) sellos
7 (correr) en los pasillos (corredores)

Sigue citando otras acciones que sí (o no) se pueden hacer. ¿Cuáles te gustaría cambiar?

Una fiesta anual. En algunos barrios en la primavera los vecinos preparan una fiesta para reunir a todos los residentes y conversar o ponerse al tanto (*catch up*) de los sucesos, los chismes (*gossip*) y, sobretodo, divertirse mucho. Sacan a la calle mesas, sillas, y naturalmente, mucho que comer y beber.

Cambia los verbos de la forma activa a la pasiva.

> *Hacemos una comida especial cada año.*
> *Se hace una comida especial cada año.*

1 La policía cierra la calle a los vehículos con motor.
2 Los hombres jóvenes bajan mesas y sillas a la calle.
3 Los jóvenes decoran las calles con ornamentos y luces festivos.

4 Las señoras preparan platos típicos y deliciosos.

5 Algunos señores sirven refrescos, cerveza y vinos.

6 Vendemos la comida y las bebidas en precios razonables para cubrir los gastos.

7 Todos hablamos mucho y hacemos mucho ruido.

8 Los jóvenes bailan los bailes nuevos y tradicionales.

9 Cantamos la música folklórica.

10 Terminamos la fiesta muy tarde.

11 Muchos acuerdan limpiar la calle y dejar todo en orden.

12 Todo el mundo comenta el éxito del evento.

13 Hacemos planes para el próximo año.

La voz pasiva con *ser*

La voz pasiva, que se emplea con menos frecuencia que la voz activa, se forma con el verbo *ser* y el participio pasado. El participio concuerda en número y género con el sujeto.

El agente (el que ejecuta la acción) generalmente se introduce con la preposición *por*. Anteriormente, si el verbo indicaba sentimiento o emoción, se empleaba la preposición *de*. Sin embargo, *por* refleja la tendencia actual.

> El poema fue escrito por Luis Llorens Torres.
> La doctora Ramos es amada de todos.
> La doctora Ramos es amada por todos.

Un desastre. En septiembre de 1985 hubo una serie de terremotos (*earthquakes*) desastrosos en la ciudad de México que resultaron en miles de muertos y la destrucción de más de 5.000 edificios. Muchas naciones participaron en los trabajos de rescate (*rescue*) y ayudaron a los damnificados (*injured*). Ésta es una lista muy incompleta, pero se puede ver que muchos querían tomar parte en ese gran esfuerzo.

> *Los bomberos apagaron los fuegos.*
> *Los fuegos fueron apagados por los bomberos.*

1 La Cruz Roja preparó y sirvió comidas en distintas áreas de la ciudad.

2 Los alemanes enviaron perros entrenados en el rescate.

3 Muchas naciones donaron ropa y medicinas.

4 Los suizos regalaron tiendas (*tents*) y otras viviendas portátiles.

5 Varias naciones donaron maquinaria y equipo pesado.

6 Los norteamericanos contribuyeron una cámara especial para exploraciones interiores.

7 Los ingleses enviaron dos helicópteros.

8 Los estudiantes mexicanos rescataron a unos niños en sus escuelas.

9 Plácido Domingo, el famoso cantante de ópera, contribuyó dos millones de dólares.

10 Varios países europeos mandaron médicos y expertos en rescates alpinos y de minas.

MODISMOS Y EXPRESIONES

dar con *to find*
Cuando lo necesito, no doy con él.

tener que + inf. *to have to . . .*
Tengo que ir al centro para comprar algo.

haber de + inf. *one must . . . do the action of the inf.*
Han de visitar el museo antes de salir de la ciudad.

más vale que + subj. *it is better to . . .*
Más vale que aprendamos las palabras de memoria.

¡Dios se lo pague! *May God reward you!*
¡Ud. le ha salvado la vida! ¡Dios se lo pague!

ponerse *to become*
Si no prestamos atención, el maestro se pone enojado.

ponerse a *to begin to*
Antes de oír el fin de un chiste, mi hermanito se pone a reír.

ponerse de acuerdo *to come to an agreement*
¡Cada uno tiene tanto orgullo! No sé si van a ponerse de acuerdo pronto.

¡OJO!

realizar:	Esta palabra significa «hacer efectiva una cosa», «llevar a cabo» o «ejecutar». También se usa en un sentido comercial para indicar reducción a dinero rápidamente. No se debe usar para indicar la palabra inglesa *realize* en su sentido común de «comprender» o «tomar en cuenta». Tal idea se expresa con «darse cuenta de» o «hacerse cargo de».
Ejemplos:	El entrenador realizó cambios en el equipo. *(The coach made changes in the team.)*
	Vamos a realizar nuestro objetivo. *(Let's carry out our objective.)*
darse cuenta de:	Juan se dio cuenta del error que había cometido. *(John realized the mistake he had made.)*
	En aquel momento me di cuenta de que el tren no iba a llegar a tiempo. *(At that moment I realized the train was not going to arrive on time.)*

CUADRO 4

EL INDIO

Agua que no has de beber, déjala correr.

PARA PREPARAR LA ESCENA

Es difícil definir al indio americano. Es un enigma y es casi imposible clasificarlo. ¿Pobre? ¿Sufrido? ¿Humilde? ¿Melancólico? ¿Rico? ¿Afortunado? ¿Orgulloso? ¿Feliz?

Hoy día el indio puede ser una persona que vive como vivían sus antecesores, o alguien que ha logrado éxito en la sociedad moderna. Quizás es descendiente de una civilización bien desarrollada; quizás la sangre de muchas razas corre en sus venas.

Sin hacer caso de su herencia, hay una atracción misteriosa al considerar su historia, una historia tan antigua que mucha de ella se saca de la tierra misma.

La yaqui hermosa

Amado Nervo

PARA PRESENTAR LA LECTURA

En el Estado de Sonora, México, viven los indios yaquis. Después de ser conquistados por los españoles, muchos de ellos fueron explotados. Los colonos criollos los usaban en las faenas agrícolas. Algunos de los indios se adaptaron fácilmente a su nueva vida; algunos resistieron hasta la muerte.

El cuento que sigue nos indica la reacción de la yaqui hermosa. Fue escrito por el autor mexicano Amado Nervo (1870–1919).

Los yaquis son belicosos y orgullosos. Siempre se han dedicado a la guerra. Los conquistadores españoles también eran belicosos y orgullosos. Fue un choque de culturas cuando estos dos grupos, uno vencedor, el otro vencido, trataron de vivir juntos, adaptándose a una vida nueva.

En este cuento la yaqui hermosa representa el espíritu indomable de la raza.

PARA APRENDER EL VOCABULARIO

Palabras clave I

1 **colonos** habitantes de una colonia
Los colonos no son nativos del país.
2 **coraje** ira, irritación; valor
Me dio coraje saber de estas injusticias.
3 **faenas** trabajos, labores
Es una faena difícil.
4 **fierezas** ferocidades, salvajismos, bestialidades

La fiereza de los animales es el producto de la región donde habitan.

5   **huérfanas** muchachas que han perdido a sus padres
Una familia bondadosa crió a las huérfanas.

6   **ni siquiera** (conjunción) *(not even)*
Juana quiere jugar al béisbol, pero ni siquiera tiene una pelota.

7   **repartidos (repartir)** divididos entre varias personas
Los dulces fueron repartidos entre todos los niños.

8   **riberas** márgenes de un río, bordes, orillas
Acostada en la ribera del río, la niñita, fascinada, se miraba en el agua.

9   **suavidad** cualidad de suave, blando, tierno
Me gustó sentir la suavidad de sus manos.

Práctica

Completa con una palabra de la lista.

la fiereza	repartidos
coraje	huérfanas
los colonos	la suavidad
la ribera	ni siquiera
las faenas	

1   Después de la tragedia las niñas quedaron _____.

2   Don Luciano descansó en _____ del Río Bravo.

3   _____ del rancho mantenían ocupada a la dueña.

4   Lo que le gustaba a Jorge era _____ de esa lana.

5   _____ se establecieron hace siglos en el Nuevo Mundo.

6   No pudo dominar su _____; se puso furioso.

7   Esa niña no tiene _____ siete años y ya está leyendo el diario.

8   Los premios fueron _____ entre los ganadores.

9   La gente de la ciudad no sabe nada de _____ de la gente de la selva.

Palabras clave II

1   **barro** masa que forma la tierra con agua *(clay, mud)*
Había mucho barro en el camino después de la lluvia.

2   **caza** la búsqueda y matanza de animales que sirven de comida; los animales mismos
En aquellas montañas la caza es abundante.

3   **enternecido (enternecer)** movido por la compasión *(moved to compassion)*
La abogada se sintió enternecida al ver a las pobres prisioneras.

4   **esbelta** bien formada, delgada
Aunque pasaron largos años, doña Luz se mantuvo esbelta.

5   **madrugó (madrugar)** se levantó temprano
El día de su santo, la chica madrugó con entusiasmo, pero se quedó dormida durante su fiesta por la tarde.

6   **quejas** lamentos, protestas, clamores
En esa escuela hay alumnos contentos que nunca tienen una queja.

7   **tamaño** dimensión
Ya que Roberto ha aumentado de peso, tiene que comprarse ropa de mayor tamaño.

Práctica

Completa con una palabra de la lista.

enternecido	barro	las quejas
la caza	esbelto	madrugó
el tamaño		

1 El hombre, ———, ayudó al niño perdido.

2 La olla está hecha de ———.

3 El dueño tenía que escuchar todas
——— de sus clientes que no estaban
contentos.

4 La señora López tiene una casa de
——— de un hotel.

5 La india ——— el lunes para el viaje
largo a su hogar.

6 José se siente mejor cuando no pesa tanto.
Prefiere estar ———.

7 Con los perros, uno puede ir a ———.

La yaqui hermosa

Amado Nervo

I

Los indios yaquis . . . casta de los más viriles entre los aborígenes de México . . . habitan una comarca fértil y rica del estado de Sonora; hablan un raro idioma que se llama el «cahita»; son altos, muchas veces bellos, como estatuas de bronce, duros para el trabajo, buenos agricultores, cazadores máximos . . . y, sobre todo, combatientes indomables siempre.

Su historia desde los tiempos más remotos puede condensarse en esta palabra: guerra.

Jamás han estado en paz con nadie. Acaso en el idioma cahita ni existe siquiera la palabra «paz».

No se recuerda época alguna en que los yaquis no hayan peleado.

De ellos puede decirse lo que de Benvenuto Cellini se dijo: «que nacieron con la espuma en la boca», la espuma de la ira y del coraje.

La historia nos cuenta que Nuño de Guzmán fue el conquistador que penetró antes que nadie en Sinaloa y Sonora, y llevó sus armas hasta las riberas del Yaqui y del Mayo. El primer combate que los yaquis tuvieron con los españoles fue el cinco de octubre de 1535. Comandaba a los españoles Diego Guzmán, y fueron atacados por los indios, que en esta vez resultaron vencidos, pero tras un combate muy duro. Los españoles afirmaron después que nunca habían encontrado indios más bravos.

Recientemente el gobierno federal inició nueva acción contra las indomables tribus, y para dominar su tenacidad bravía, casi épica, hubo de recurrir a medidas radicales: descepar familias enteras de la tierra en que nacieron, y enviarlas al otro extremo de la república, a Yucatán y a Campeche, especialmente. Lo que el yaqui ama más es su terruño. La entereza de la raza se vio, pues, sometida a durísima prueba.

yaquis *a Native American people named after the Yaqui River in the state of Sonora in northern Mexico*
comarca región

Benvenuto Cellini *an Italian Renaissance goldsmith, sculptor, and author, who was famous for his quarrels*
la espuma en la boca *like the foam at the mouth of a mad dog*

recientemente alrededor de 1905
para dominar . . . medidas radicales *in order to tame their fierce, almost epic tenacity, had to resort to extreme measures*
descepar *to uproot*
terruño tierra natal
entereza *integrity*

criollos hijos de españoles,
nacidos en América
**dada la falta . . . se ado-
lece** *owing to the shortage
of help they suffered from*
terrateniente dueño de tierra
acurrucadas *huddled up*

En Campeche los desterrados fueron repartidos entre colonos criollos, que se los disputaban ávidamente, dada la falta de brazos de que se adolece en aquellas regiones para las faenas agrícolas.

Un rico terrateniente amigo mío recibió más de cien indios de ambos sexos.

Separó de entre ellos cuatro niñas huérfanas y se las envió a su esposa, quien hubo de domesticar a fuerza de suavidad sus fierezas. Al principio las yaquitas se pasaban las horas acurrucadas en los rincones. Una quería tirarse a la calle desde el balcón. Negábanse a aprender el castellano, y sostenían interminables y misteriosos diálogos en su intraducible idioma, o callaban horas enteras, inmóviles como las hoscas piedras de su tierra.

hoscas *dark-colored,
gloomy*

**ese fiel y conmovedor
culto del indígena** *that
faithful and moving respect
that the Indian has*

Ahora se dejarían matar las cuatro por su ama, a la que adoran con ese fiel y conmovedor culto del indígena por quien lo trata bien.

Entre los ciento y tantos yaquis, sólo una vieja hablaba bien el castellano. Era la intérprete.

II

Cuando mi amigo los recibió, hízolos formar en su hacienda, y dirigióse a la intérprete en estos términos:

—Diles que aquí el que trabaje ganará lo que quiera. Diles también que no les tengo miedo. Que en otras haciendas les prohiben las armas; pero yo les daré carabinas y fusiles a todos . . . porque no les tengo miedo. Que la caza que maten es para ellos. Que si no trabajan, nunca verán un solo peso. Que el Yaqui está muy lejos, muy lejos, y no hay que pensar por ahora en volver . . . Que, por último, daré a cada uno la tierra que quiera: la que pueda recorrer durante un día.

—¿De veras me darás a mí toda la tierra que pise en un día?— preguntó adelantándose un indio alto, cenceño, nervioso, por medio de la intérprete.

—¡Toda la que pises!—le respondió mi amigo.

**cuando se apagaba el lu-
cero** *by the time the morning star was gone*

Y al día siguiente, en efecto, el indio madrugó, y cuando se apagaba el lucero, ya había recorrido tres kilómetros en línea recta, y en la noche ya había señalado con piedras varios kilómetros cuadrados.

—¡Todo esto es tuyo!—le dijo sencillamente el propietario, que posee tierras del tamaño de un pequeño reino europeo.

El indio se quedó estupefacto de delicia.

Diariamente iba mi amigo a ver a la indiada, y la intérprete le formulaba las quejas o las aspiraciones de los yaquis.

Un día, mi amigo se fijó en una india, grande, esbelta, que tenía la cara llena de barro.

—¿Por qué va esa mujer tan sucia?—preguntó a la intérprete.

Respondió la intérprete:

—Porque es bonita; dejó al novio en su tierra y no quiere que la vean los «extranjeros».

La india, entretanto, inmóvil, bajaba obstinadamente los ojos.

—¡A ver!—dijo mi amigo—que le laven la cara a ésta. ¡Traigan agua!

Y la trajeron y la intérprete le lavó la cara.

Y, en efecto, era linda como una Salambó.

Su boca breve, colorada como la tuna; sus mejillas mate, de una carnación deliciosa; su nariz sensual, semiabierta; y, sobre todo aquello, sus ojos relumbrosos y tristes, que no acababan nunca, negros como dos noches lóbregas.

El colono la vio, y enternecido le dijo:

—Aquí todo el mundo te tratará bien, y si te portas como debes, volverás pronto a tu tierra y verás a tu novio.

La india, inmóvil, seguía tenazmente mirando al suelo, y enclavijaba sus manos sobre el seno.

Mi amigo dio instrucciones para que la trataran mejor que a nadie. Después partió para México.

*   *   *

Volvió a su hacienda de Campeche al cabo de mes y medio.

—¿Y la yaqui hermosa?—preguntó al administrador.

—¡Murió!—respondió éste.

Y luego, rectificando:

—Es decir, se dejó morir de hambre. No hubo manera de hacerla comer. Se pasaba los días encogida en un rincón, como un ídolo. No hablaba jamás. El médico vino. Dijo que tenía fiebre. Le recetó quinina. No hubo forma de dársela. Murió en la quincena pasada. La enterramos allí.

Y señalaba un sitio entre unas peñas, con una cruz en rededor de la cual crecían ya las amapolas.

Salambó *a character of exceptional beauty in a novel*
tuna *prickly pear or Indian fig*
relumbrosos brillantes
que no acababan nunca *which never ended (She had very big, dark eyes.)*
lóbregas *murky*
tenazmente determinadamente
enclavijaba sus manos sobre el seno *clasped her hands over her bosom*

encogida *shrunk, curled up*
Le recetó quinina. *He prescribed quinine for her.*
quincena pasada *last half month*
peñas rocas grandes
amapolas *poppies*

PARA APLICAR

Comprensión I

A Contesta las siguientes preguntas.

1 ¿Dónde habitan los yaquis?
2 ¿Qué idioma hablan los yaquis?
3 Describe a los yaquis.
4 ¿En qué palabra puede condensarse la historia de los yaquis?
5 ¿Quién fue el primer conquistador que penetró la tierra de los yaquis?
6 ¿Hasta dónde penetró él?
7 ¿Adónde mandó el gobierno federal a los pobres yaquis?
8 ¿Fue fácil para el yaqui este cambio?
9 ¿Qué hizo el gobierno con los yaquis en Campeche?
10 ¿A cuántos indios recibió el rico terrateniente?
11 ¿Qué hizo él con cuatro niñas huérfanas?
12 ¿Qué hacían las yaquitas al principio?
13 ¿Cuántos de los yaquis hablaban bien el castellano?

B Termina las oraciones según la selección.

1 Los yaquis son . . .
2 Viven en . . .
3 Hablan . . .
4 En la guerra son . . .
5 En su idioma no existe la palabra . . .
6 Los yaquis fueron conquistados por . . .
7 Para dominarlos el gobierno tuvo que . . .
8 Los mandó a . . .
9 En Campeche los indios fueron . . .
10 Un rico terrateniente recibió . . .
11 Envió a cuatro niñas a . . .
12 Al principio ellas se pasaban las horas . . .

13 Una quería tirarse . . .
14 Sostenían diálogos . . .
15 Una vieja . . .

Comprensión II

A Contesta las siguientes preguntas.

1 Relata las cosas que les prometió el terrateniente por medio de la intérprete.
2 ¿Qué hizo el indio alto al día siguiente?
3 ¿Cumplió su promesa el propietario?
4 ¿Cada cuánto tiempo iba el propietario a ver a la indiada?
5 ¿En quién se fijó un día?
6 ¿Por qué andaba sucia la india?
7 ¿Qué ordenó el propietario?
8 Describe a la yaqui hermosa.
9 ¿Qué instrucciones dejó el terrateniente al salir para México?
10 ¿Por quién preguntó al regresar a la hacienda?
11 ¿Cómo murió la yaqui hermosa?
12 Describe el lugar donde la enterraron.

B Para personalizar la lectura.

1 ¿Te gusta la caza de venado?
2 ¿Tienes licencia para cazar o pescar? ¿Cómo se obtiene tal permiso?
3 ¿Qué restricciones les pone la ley a los cazadores y pescadores?
4 ¿Tienes aspiraciones de obtener tu propio terreno un día?
5 ¿Lo quieres para residencia o para cultivar? ¿Qué cultivarías?
6 ¿Te permite armas la ley?
7 ¿Qué opinas de la posesión de armas?

PARA PRACTICAR

A Da un sinónimo de las palabras en letra
bastardilla.

1 *Viven en* una comarca fértil.
2 Fue una *pelea* dura.
3 Era una raza *conquistada*.
4 El yaqui ama a su *tierra*.
5 Era la *traductora*.
6 La india era *esbelta*.
7 Se quedó *quieto*.
8 *Las faenas* son difíciles.

B Completa las siguientes oraciones con una palabra apropiada.

1 Es una india fuerte y _____.
2 Él nunca se levanta tarde; siempre _____.
3 Los dos indios se sentaban a la _____ del río.
4 Van a la _____. ¿Con cuántos conejos van a volver?
5 La india joven tiene una forma _____.
6 No está limpio; está _____.
7 Los padres del _____ murieron hace dos años.
8 El jefe siempre tiene una _____. Nunca está satisfecho.
9 Tenemos que _____ esta comarca.
10 Es una _____ que cuesta mucho trabajo.

C Da una palabra equivalente a cada una de las siguientes.

1 el niño sin padres
2 el que tiene tierra
3 el que habita una colonia
4 el que trabaja en el correo
5 el que colecciona antigüedades

Por si acaso . . .

1 El *cuento corto* se divide básicamente en tres partes: la exposición, el desarrollo y el desenlace: (a) *La exposición* (o introducción) le presenta al lector la información necesaria para comprender lo que sigue. Generalmente hay información sobre algunos personajes, el tiempo, el lugar y los sucesos anteriores a la acción. (b) *El desarrollo* consiste en el desenvolvimiento progresivo de la acción hasta llegar al punto culminante. (c) *El desenlace* es sencillamente la solución, o cómo se resuelven los problemas y los conflictos. Ya que has leído «La yaqui hermosa», trata de dividir el cuento en las tres partes fundamentales, indicando la línea en que empieza cada parte.
2 Haz un dibujo del mapa de México, colocando en él los Estados de Sonora, Sinaloa, Campeche, Yucatán, el río Yaqui, el Mayo y la ciudad de México.
3 Escribe un poema breve de cuatro u ocho líneas en que relatas algo de un aspecto de la vida de la yaqui hermosa. Por ejemplo:
Triste va la yaqui a Campeche,
Dejando en Sonora a su amor.
¿Qué le espera en tierra nueva?
¿Vida alegre o vida de dolor?

Rosa Leyes, el indio

Alberto Cortez

PARA PRESENTAR LA LECTURA

El día 25 de abril de 1967, Alberto Cortez, compositor y cantante argentino, dio un recital en el Teatro de la Zarzuela de Madrid. Su voz y su presencia conmovedora le aseguraron un estreno triunfal.

Alberto Cortez es un artista que tiene una voz rica y resonante. Acompañado por el ronco sonar de los instrumentos de percusión y el dulce cantar de las cuerdas de la guitarra, su personalidad, energía y talento creador hacen brotar música recia y bella. Sus canciones son íntimas, intensas y vibrantes. Es un cantante de moda.

A veces, Cortez toma poemas tradicionales y transforma la palabra conocida en sonido nuevo a través de su voz y su instinto poético. Así las palabras de los poetas del pasado hacen la música de hoy.

En el cuento que sigue, la sensibilidad de este artista es palpable.

PARA APRENDER EL VOCABULARIO

Palabras clave I

1 **avance** acción de avanzar
   El avance de la tecnología nos ha dado mejores métodos de comunicación.

2 **botín** lo que los guerreros se llevan o roban después de una batalla o ataque (*booty*)
   Debido a la pobreza de los vencidos, los soldados encontraron un botín escaso.

3 **cautivas** mujeres capturadas por algún enemigo
Las mujeres de las fronteras tenían miedo de ser cautivas de los indios.

4 **se llevaron a cabo** (llevarse a cabo) se completaron o se realizaron (actos o proyectos)
Los experimentos nucleares se llevaron a cabo en el Pacífico.

5 **perjudicar** ocasionar daño
Estas falsificaciones sólo pueden perjudicar al senador.

6 **premiar** remunerar los méritos y servicios de alguien
Por ser el mejor estudiante, van a premiarle con una medalla y posibilidades de hacer estudios universitarios.

7 **salvajes** nativos violentos de países sin cultura
Los salvajes maltrataron cruelmente a sus víctimas.

Práctica

Completa con una palabra de la lista.

cautiva	*los avances*	*llevarse a cabo*
perjudicar	*premiar*	
un salvaje	*el botín*	

1 Ese señor enojado reacciona feroz y cruelmente como _____.

2 Tengo que ir a la asamblea porque van a _____ a mi hija por sus estudios sobresalientes.

3 Podemos vivir mejor y por más años debido a _____ médicos.

4 Después de una guerra se dividía _____ entre los victoriosos o vencedores.

5 La india quedó _____ de los españoles por un mes.

6 A causa de las lluvias torrenciales, los experimentos no pudieron _____.

7 No puedo mentir al juez aunque no quiero _____ al acusado.

Palabras clave II

1 **no me animo a** no me interesa, no me da la gana, no me estimula ningún interés
Con este calor no me animo a trabajar en el jardín.

2 **asiduo** frecuente, persistente
Es un cliente asiduo del banco; lo veo allí todos los días.

3 **cumplir** completar una obligación, ser responsable
Yo le tengo mucha confianza porque siempre cumple con su palabra.

4 **dio en (dar en)** chocó o se pegó con algo; aquí encontró o llegó a un lugar
Tuvo suerte cuando dio en este empleo de categoría.

5 **emprender** comenzar una acción u obra
Tiene ganas de emprender un nuevo negocio.

6 **exigencias (exigir)** demandas o necesidades
Por ser una señora conservadora y con exigencias mínimas, no es un problema económico para sus hijos.

7 **huida** fuga, acción de huir
En la huida del robo, el ladrón dejó cosas de mucho valor.

8 **a lo mejor** quizás, tal vez
No dice cuándo viene. A lo mejor vendrá mañana.

9 **pertenencias** las posesiones de uno
Lleva todas sus pertenencias en una pequeña bolsa.

10 **presos** prisioneros
Los presos son bien atendidos en la cárcel.

11 **ternura** sensibilidad o cariño como de la madre (*tenderness*)
La madre cariñosa le trató al hijo con ternura.

Práctica

Completa con una palabra de la lista.

los presos	*dio en*	*ternura*
la huida	*a lo mejor*	*asiduos*
se animan	*pertenencias*	*las exigencias*
emprender	*cumplir*	

1 Yo sé que podemos contar con Juanjo porque va a _____ en todo.
2 En _____ dejó indicios de su identidad.
3 _____ tu padre se fue con mis llaves.
4 Nota la expresión de _____ en la cara de la chiquita.
5 Me da pena pensar en _____ que el gobierno mandó a ese lugar tan lejos de aquí.
6 Los fieles son _____ en ir a oír misa.
7 Los perros _____ al ver a su dueño.
8 Me canso de oír _____ de ese egoísta.
9 Ese cazador tiene buen ojo porque _____ el blanco.
10 El pobre dejó sus únicas _____ en la puerta y alguien las robó.
11 Los médicos piensan _____ nuevas investigaciones sobre la cura del cáncer.

Palabras clave III

1 **colecta** contribución para caridad
Decidimos hacer una colecta para ayudar a esos enfermos.
2 **galopar** correr el caballo a toda velocidad
Los indios tenían que galopar por las Pampas para escaparse de los soldados.
3 **insólito** no común ni ordinario
Ese plan insólito me interesa porque creo que tiene méritos.

4 **limosna** lo que se da a un pobre gratuitamente y por caridad
Muchas iglesias y organizaciones cívicas reparten limosna de ropa usada, comida y dinero para los necesitados.
5 **olvido** estado de no ser recordado (*oblivion*)
Ese desafortunado pasó al olvido y nadie se dio cuenta de su ausencia.
6 **peregrino** uno que anda por tierras extrañas (*pilgrim*)
El peregrino caminó hasta Roma para rezar allí.
7 **sugerencia** idea que se le ocurre a uno, inspiración
A Rosa Leyes no le gustó la sugerencia de limpiar la cárcel.

Práctica

Completa con una palabra de la lista.

el olvido	*limosnas*	*insólitas*
galopar	*la colecta*	
la sugerencia	*los peregrinos*	

1 Al joven le encantaba _____ por los campos.
2 Siguiendo el modelo normal, la música de los años 30 pasó a _____.
3 En noviembre celebramos una fiesta nacional iniciada por _____.
4 En muchas iglesias hay un depósito para _____.
5 Nos gustó _____ de aprender más de Argentina y los gauchos.
6 Sus experiencias _____ me inspiran a hacer algo fuera de la rutina normal.
7 Pagamos los gastos médicos con lo que se recibió en _____.

Rosa Leyes, el indio

Alberto Cortez

I

«Qué más da que yo le cante
si se quedó en el camino,
siempre de tosca y abrojo,
Don Rosa Leyes, el indio.»

A finales del siglo pasado y a principios del actual, la pampa todavía era «el desierto». Sólo habitaban en ella la paja brava, el puma y el indio. Estos indígenas, auténticos centauros de la llanura, aunque eran relativamente pocos significaban un problema para el avance de la civilización que había establecido la frontera de sus dominios en donde empezaban los dominios del salvaje.

Ese problema se traducía en constantes ataques, o malones, a poblaciones y haciendas de avanzada. El botín que se cobraba en aquellas correrías, eran tesoros generalmente en granos y ganado, y por sobre todo en cautivas, mujeres blancas que pasaban a formar parte del harem particular del jefe de la tribu. Detrás del malón, quedaba siempre la desolación y la muerte.

Las magnas testas que gobernaban el país por aquellos tiempos consideraron que era más fácil organizar una guerra de exterminio que tratar de ganar al indio para la civilización.

Así fue como se llevaron a cabo las históricas campañas al desierto por parte del Ejército Argentino.

Eran necesarias las praderas pampeanas para echar sobre ellas las semillas del progreso, pues los «bárbaros» cazaban demasiadas vacas y eso perjudicaba los más caros intereses económicos, vaya usted a saber de quién. Estas campañas dieron como resultado la expulsión del salvaje hacia las áridas tierras del sur y la repartición de la inmensidad de la pampa liberada entre unos pocos señores a quienes la «civilización» quiso premiar de esta manera, por haberla librado de semejante lacra.

La historia, que siempre la escriben los vencedores, relata aquellas acciones como una de las más grandes epopeyas de las armas del país. Como dije antes, los indios fueron expulsados hacia el sur, es decir hacia La Patagonia, es decir hacia la región más inhóspita, es decir hacia la carencia de lluvias, es decir hacia la carencia de recursos para desarrollar las mínimas condiciones de vida.

carencia falta

II

En toda huida, sobre todo cuando se lleva a cabo de una forma desordenada, quedan rezagados y dispersos que encuentran refugio en las casas de aquellos que responden más a sus conciencias de seres humanos que a sus deberes cívicos.

rezagados los que se quedan atrás

Aunque nunca tuve indicios precisos, creo que Rosa Leyes era uno de éstos. Abandonado quizás por sus fugitivos padres a la buena de Dios, dio tal vez en la casa de alguien que se apiadó de él y a lo mejor le dio comida, techo y ese poco de ternura necesaria para que el niño vislumbre su posibilidad de hombre a su justo tiempo.

se apiadó tuvo piedad

vislumbre conozca perfectamente

Digo quizás, tal vez, a lo mejor, porque nadie me supo dar datos concretos sobre su origen; de todas maneras Rosa Leyes era algo así como el tonto del pueblo, el bastardo receptor de todas las bromas de mal gusto, de las injusticias de los iracundos, de la caridad condicionada al temor a Dios, de la paciencia de los reyezuelos de corona nebulosa, de la soberbia conferida a las máximas y mínimas autoridades del pueblo.

iracundos de mal humor
reyezuelos de corona nebulosa *evil kings of questionable crowns (harsh leaders)*
soberbia arrogancia

¡Insignificante Rosa Leyes! Sus mayores exigencias ni siquiera formaban parte del idioma de los demagogos. Vivía de «changas» (favores esporádicos), para cuya realización parecía haber sido puesto exprofeso por Dios en la vida de la comunidad.

exprofeso de propósito, con particular intención
pila de leña que hachar: *pile of wood to be chopped*
arqueando: doblándose

—Rosa, tengo una pila de leña que hachar . . . te doy dos pesos y la comida si me lo haces. Y podíamos ver al bueno de Leyes arqueando el lomo para cumplir, siempre con una sonrisa.

—Yo no me animo a matarlo . . . ¡me da tanta pena!

—Y bueno, llámalo al Rosa Leyes y listo.

—Ché Rosa, te doy un peso y un litro de vino, si me matás y cueriás este chivo que me trajeron del monte. El indio era el matarife oficial de casi todos los cabritos y corderos que adornaban las mesas de Navidad y Año Nuevo en las casas de los gentileshombres del pueblo.

—Vení pa'ca indio, te vi'a meter en el calabozo por vago . . .

che interjección con que se llama, se hace detener o se pide atención a una persona
si me matás y cueriás este chivo *if you kill and skin this goat for me (dialect)*
matarife *slaughterman*
cabritos y corderos *goats and sheep*
vi'a debía
el calabozo la cárcel

—Como usted mande siñor comesario. Asiduo visitante de la pequeña comisaría, sobre todo cuando había que limpiar las letrinas o los pisos y no había presos disponibles para esas tareas.

En la esquina del bar de la esquina de mi casa, a la hora del café o del «vermú», muchas veces se producía esta escena:

—Dale Rosa, bailate un malambo.

—No ché . . .

—Si bailas un poco, te doy un cigarro.

Y la esquina del bar de la esquina de mi casa se llenaba de risas viendo las evoluciones del indio.

Su casa eran las calles y formaba parte del paisaje del pueblo; siempre aparecía cuando menos uno lo esperaba, con sus bombachas descoloridas, sus alpargatas viejas y «bigotudas», su gran sombrero y el atadito con sus cuatro pertenencias.

Asistente asiduo de la estación, cuando alguien emprendía viaje a cualquier parte, siempre pedía que le trajeran una pipa con tapa, para que el viento pampero, vecino incondicional y permanente, no le apagara el tabaco.

III

Cuando murió apenas si su muerte ocupó una breve posdata en una carta familiar:

—Casi me olvido; se murió Rosa Leyes y se hizo una colecta para enterrarlo.

En las melancólicas luces de un atardecer de otoño en Madrid, mientras leía aquella carta se fueron organizando en mi alma los versos que siguen:

> Qué más da que yo le cante
> si se quedó en el camino,
> siempre de tosca y abrojos
> Don Rosa Leyes, el indio.
>
> Fumaba siempre la pipa
> que le regaló el destino.
> Él era amigo de todos
> y nunca tuvo un amigo.
>
> Aunque inocentes, a veces
> qué malos somos de niño.
> Nos burlábamos, me acuerdo,
> de Rosa Leyes, el indio.

Le quitaron el caballo
mucho antes de haber nacido
y fue arriero de su vida
de a pie, como un peregrino.

Porque él era de una raza
que el hombre blanco no quiso
que galopara la pampa
como Dios lo había previsto.

Un día se fue despacio,
como abrazando al olvido.
Con un poco de tabaco
y una limosna de vino.

No hubo ni llanto ni duelo
por Rosa Leyes, el indio.
Su muerte, toda la vida
se la fue llorando él mismo.

ni llanto ni duelo *neither weeping nor mourning*

Así es: «Su muerte, toda la vida, se la fue llorando él mismo».

Como si la gente quisiera pagarle todo ese llanto, curiosamente aparecen sobre su tumba, a diario, unas cuantas monedas que sólo Dios sabe quién las pone allí.

Frente a ese insólito acto, la sugerencia es tentadora. ¿Por qué esas monedas? ¿Será quizás que querramos darle de esta manera toda la ternura que le negamos en vida? ¿Será tal vez, que tratamos de comprar la absolución a nuestra indiferencia e incomprensión? ¿Quién sabe? Lo más probable es que no sean más que una propina para el sepulturero, sugiriéndole que eche de vez en cuando algunas flores sobre su tumba, para que acompañen en su abstracto viaje a través de nuestras conciencias a Don Rosa Leyes, el indio.

tentadora interesante

sepulturero el que cuida el cementerio

PARA APLICAR

Comprensión I

Contesta las siguientes preguntas.

1 ¿Cómo era la pampa a finales del siglo pasado?
2 ¿Qué habitaba en ella?
3 ¿Qué problemas presentaban los indios para el avance de la civilización?
4 ¿Qué botín se cobraba en los ataques de los indios?
5 ¿Cómo trataron los jefes del gobierno de resolver el problema que les presentaban los indios?
6 ¿Qué llevó a cabo el Ejército Argentino?
7 ¿Cómo es la región de La Patagonia hacia donde fueron expulsados los indios?

Comprensión II

Contesta las siguientes preguntas.

1 ¿Qué datos hay sobre el origen de Rosa Leyes?
2 ¿Cómo lo trataron los del pueblo?
3 ¿Cómo ganaba la vida Rosa Leyes?
4 ¿Cómo se vestía Rosa Leyes?
5 ¿Cómo reaccionaba la gente al ver a Rosa Leyes bailar un malambo?
6 Cuando alguien emprendía viaje a cualquier parte, ¿por qué le pedía Rosa Leyes que le trajera una pipa con tapa?

Comprensión III

Contesta las siguientes preguntas.

1 ¿Cómo se enteró el autor de la muerte de Rosa Leyes?
2 ¿Qué dicen los versos que escribió?
3 Cuando murió Rosa Leyes, ¿había llanto y duelo?
4 ¿Qué aparece a veces sobre la tumba de Rosa Leyes?
5 ¿Por qué?

Actividades

A Explica lo que quieren decir las siguientes oraciones sacadas de la lectura.

1 « . . . los 'bárbaros' cazaban demasiadas vacas y eso perjudicaba los más caros intereses económicos, vaya usted a saber de quién.»
2 «Estos indígenas . . . significaban un problema para el avance de la civilización que había establecido la frontera de sus dominios en donde empezaban los dominios del salvaje.»
3 «[Rosa Leyes] dio tal vez en la casa de alguien que se apiadó de él y a lo mejor le dio comida, techo y ese poco de ternura necesaria para que el niño vislumbre su posibilidad de hombre a su justo tiempo.»
4 «Le quitaron el caballo / mucho antes de haber nacido.»
5 «Su muerte, toda la vida se la fue llorando él mismo.»

B ¿Qué entiendes por los siguientes términos?

1 una broma de mal gusto
2 las injusticias de los iracundos
3 la caridad condicionada al temor a Dios
4 la paciencia de los reyezuelos de corona nebulosa
5 la soberbia conferida a las máximas y mínimas autoridades del pueblo
6 insignificante Rosa Leyes
7 la hora del «vermú»

Manuel

Pedro Villa Fernández

PARA PRESENTAR LA LECTURA

El joven Manuel vivía en un pueblecito indígena escondido entre las montañas. Aunque le rodeaban la pobreza y la miseria, que desgraciadamente caracterizan a tales pueblos andinos, Manuel parecía diferente. Se destacaba entre los demás no sólo por su aspecto físico sino también por su inteligencia y sus ambiciones. Solía llevar las cosas hechas a mano por los aldeanos a la ciudad para venderlas y volver con el dinero al pueblo donde divertía a los otros, contándoles detalles de la vida fuera del pueblecito. Sus viajes a la ciudad duraban cada vez más tiempo hasta que un día cambiaron las cosas para todos.

PARA APRENDER EL VOCABULARIO

Palabras clave

1 **a menudo** con frecuencia
  En esos años sus amigos iban a menudo al cine.
2 **cestas** utensilios portátiles de mimbre o junco que sirven para llevar o guardar cualquier cosa *(baskets)*
  El señor Gómez es un gran colector de chucherías que guarda en una cesta de mimbre en el garaje.
3 **collares** adornos que se llevan alrededor del cuello

La señora Pérez le trajo a su hija un collar de coral de Acapulco.
4 **daba (dar) rienda suelta** daba libre curso *(freed, cut loose)*
  Al componer sus canciones la mujer daba rienda suelta a su talento artístico.
5 **follaje** hojas de los árboles
  Los pájaros se esconden entre el follaje.
6 **paraguas** aparato que sirve para proteger a una persona de la lluvia
  Pensando que iba a hacer buen tiempo,

la doctora Madero dejó el paraguas en la oficina.

7 **pescaban (pescar)** cogían peces con redes o cañas
Tom Sawyer y Huck Finn pescaban en el gran río.

8 **tela** tejido de lana, seda, algodón, etc.
Con esta tela voy a hacerme un vestido.

9 **tontería** estupidez, acción o palabras tontas, cosa de poco valor
Era tal su coraje que Anita dijo muchas tonterías.

Práctica

Completa con una palabra de la lista.

a menudo	*tontería*	*cestas*
pescaban	*daba rienda suelta*	*los collares*
el follaje	*una tela*	*paraguas*

1 Recogieron la fruta y se la llevaron en _____.

2 En la selva _____ es abundante y siempre es verde.

3 ¿De qué te ríes? ¿Quién te contó tal _____?

4 A todos les encantan _____ de oro.

5 Veo mucho a mi prima. Viene a mi casa _____

6 Al escribir cartas, la autora _____ a su pluma y escribía verdaderas obras de literatura.

7 _____ en alta mar a pesar del peligro.

8 Juan se compró _____ de lana y la llevó al sastre.

9 No te olvides de llevar tu _____. Dijeron que iba a llover.

Manuel

Pedro Villa Fernández

M anuel era el indio más popular de un pequeño pueblo que se hallaba entre las montañas a unas cien millas al sur de Ciudad Bolívar en Venezuela. Allí vivía con un pequeño grupo de seres humanos inconscientes todos de su pobreza, rodeados de relativa libertad y abundancia de miseria, hablando una mezcla de español e indio, medio desnudos, con el pelo y las uñas largas, los pies grandes y duros como piedras, los labios secos, la inteligencia atrofiada y el instinto tan despierto como el de un animal de la selva.

Todos se parecían física y psicológicamente; todos menos Manuel, quien tenía algo diferente. Había más luz en sus ojos y en su mente. Parecía menos indio que los demás. Su piel era más blanca. Era más alto. Hablaba español mucho mejor. Tenía una imaginación viva. Manuel tocaba una pequeña guitarra que siempre llevaba consigo, y cantaba canciones que los demás indios jamás habían oído. Había venido al pequeño pueblo cuando tenía unos catorce años. ¿De dónde? «De allá», era todo lo que les decía. Cuando le preguntaron dónde estaba ese «allá» les decía que muy lejos. ¿Quiénes eran sus padres? No lo sabía. Así fue que el chico vino a formar parte del pequeño grupo de indios que lo recibieron con gusto, pues traía una guitarrita y cantaba como un ángel. Además, en su cara se veía siempre una sonrisa muy simpática, y contaba muchas cosas interesantes de «allá» y sabía mucho de todo.

Aquellos indios cazaban, pescaban, plantaban algo. Hacían cestas, collares, bastones pintados, adornos con plumas de ave y objetos de madera. De vez en cuando bajaban a uno de los pueblos grandes y vendían lo que habían hecho. Con el dinero compraban cerillas, cuchillos, agujas, hilo—simples necesidades sin las cuales era difícil continuar la vida diaria. Algunas veces cuando les era posible compraban sal, y en muy raras ocasiones un poquito de azúcar o alguna tontería que les llamaba la atención y que no les servía para nada. En sus viviendas no había sillas, ni mesas. No había cocina, ni puerta, ni ventana. Había una entrada y bastantes agujeros por donde entraban el aire, la luz y el agua. Dormían en el suelo. Cocinaban entre unas piedras y comían con las manos. Si

uñas *fingernails*

atrofiada *degenerated from disuse*

bastones *canes*

cerillas *matches*
agujas *needles*
hilo *thread*

agujeros *aberturas*

se lavaban, que no era a menudo, lo hacían en el río. Creían en Dios, un Dios indio con ciudadanía católica, y los santos de esta religión estaban tan mezclados con las deidades indígenas que no había manera de separarlos. En la vida de la pequeña comunidad no había más que las pequeñas cosas de todos los días: nacían indios, morían indios; se enfermaban, o se ponían bien. En fin, que todo lo que allí pasaba tenía una base fisiológica o biológica. Después venía la cuestión del tiempo. Llovía o hacía sol. Había o no había luna. Esto era todo o casi todo lo que pasaba en su vida.

Pero Manuel trajo un nuevo interés al pequeño pueblo, y empezó a bajar a los otros pueblos para vender lo que hacían los otros indios. Obtenía más dinero que los demás, y volvía no sólo con más dinero, sino con historias muy interesantes de lo que pasaba durante su ausencia. Cuando llegaba se sentaban todos en un círculo; entonces él, en el centro, les contaba los detalles de su viaje. Daba rienda suelta a su imaginación y adornaba cada historia con todo lo que se le ocurría. Los indios le escuchaban con gran interés. Si la historia era triste, se ponían tristes; si era alegre, se alegraban; si era cómica, se reían; si era trágica, lloraban; y si era fantástica, se maravillaban. Cuando Manuel hablaba del gran calor de allá abajo, sentían calor. Si hablaba del fresco de la noche, sentían fresco. Luego que terminaba, uno de ellos le contaba a Manuel lo que había pasado en el pueblo durante su ausencia, porque los viajes del muchacho siempre duraban días, y como inspirado por las historias de Manuel, el narrador contaba también las cosas tristes y alegres, cómicas y trágicas, que habían pasado en el pueblo, y lo hacía lo más dramáticamente posible. Volvían todos a ponerse tristes o alegres; se reían o lloraban. Entonces Manuel entregaba el dinero, y hasta que se iba de nuevo se veía obligado a contar las mismas cosas una y otra vez, lo cual hacía con gusto, y con nuevas versiones de los mismos incidentes.

En busca de nuevas experiencias, Manuel empezó a hacer viajes más largos. Sus ausencias se fueron prolongando. Salía del pueblo muy de mañana con su carga y con su guitarra; jamás se iba sin su guitarra, y trotaba más bien que caminaba pueblo abajo. Los indios le veían alejarse tocando y cantando. Cuando le perdían de vista podían oír aún entre el follaje su guitarra y su voz. Con él se iba la alegría, se iba la vida, y el pueblo se quedaba triste.

Cuando los viajes se fueron haciendo más largos, los incidentes del viaje aumentaron. Cuanto más lejos iba más fantásticos eran sus cuentos. Ya empezaba a tardar semanas. En uno de sus viajes llegó hasta Ciudad Bolívar y no volvió hasta cuarenta días después, pero trajo cosas increíbles que contar, y nuevas canciones, y muchas cosas bonitas; cintas de colores, una corbata, botones verdes y rojos, un paraguas, un espejo y unos lentes azules. Había visto un barco

alejarse irse lejos

lentes anteojos

y mujeres muy bonitas con labios rojos y trajes de seda, y Manuel les contó cosas admirables de todo. Les habló de una casa muy grande que se llamaba un cine donde mucha gente miraba unos fantasmas que caminaban y hasta hablaban en una «tela».

Después les entregó el dinero. Los indios se miraron asombrados. A pesar de que había comprado tantas cosas traía más dinero que nunca. Les dijo que la gente le daba dinero en los cafés, porque cantaba y tocaba la guitarra.

Del próximo viaje no volvió en tres meses. Traía dinero y más cosas que en el viaje anterior, pero sus historias eran más cortas. Parecía que había dejado el alma allá muy lejos en aquella ciudad maravillosa de que les había hablado y donde había cines y cafés y mujeres bonitas de labios rojos y trajes de seda. Luego se fue otra vez, y el pueblo esperó meses, un año, triste y ansioso. Tenían muchas cosas que contarle. Habían muerto cuatro indios. Habían nacido seis. Había muchos enfermos de una enfermedad que no conocían. Pero Manuel jamás volvió. La civilización lo había reclamado; Ciudad Bolívar primero, Caracas después, y más tarde, ¿quién sabe?

PARA APLICAR

Comprensión

A   Contesta las siguientes preguntas.

1   ¿Cómo vivía la gente del pueblo?
2   ¿Se dieron cuenta de las condiciones desafortunadas en que vivían?
3   Describe su aspecto físico.
4   ¿Cómo se distinguía Manuel de los demás?
5   ¿Cómo divertía Manuel a la gente?
6   ¿Cómo se ganaban la vida aquellos indios?
7   Con el poco dinero que ganaban, ¿qué compraban los indios?
8   Describe sus casas.
9   ¿En qué se basaba todo lo que sucedía allí?
10   ¿Qué nuevo interés trajo Manuel al pueblo?

11   ¿Cómo reaccionaban a los relatos que les traía Manuel de la ciudad?
12   Cita los cambios en las costumbres de Manuel.
13   Cita los nuevos relatos fantásticos que trajo de Ciudad Bolívar.
14   ¿Qué cambios se notaban en él en su última visita?
15   ¿Por qué estaba triste el pueblo?

B   Termina las oraciones según la selección.

1   Manuel era de . . .
2   La gente de su pueblo ignoraba . . .
3   Hablaban . . .
4   Comparado con los otros, Manuel era . . .
5   De vez en cuando bajaban . . .
6   Cuando Manuel regresaba del pueblo . . .

7 Al escuchar los relatos de Manuel los in- dios . . .

8 Con los viajes más largos, Manuel les trajo . . .

9 Los indios se maravillaron de . . .

10 Un día Manuel . . .

Por si acaso . . .

1 Esta selección sencilla toca algunos de los muchos problemas que han persistido en la convivencia del indio con la sociedad hispana moderna: el aislamiento, la inclinación a permanecer aparte con gente de su propia cultura, la falta de líderes con contacto exterior y, sobre todo, la pérdida de los más listos a las ciudades. ¿Qué cualidades de buen líder tenía Manuel? ¿Cómo les sirvió a los otros indios? ¿Cómo les faltó?

2 Se hallan en esta historia las razones por las cuales mucha gente de las regiones rurales ha ido a la ciudad. Trata de hacer una comparación entre la historia de Manuel y el movimiento hacia las ciudades en nuestra propia historia.

3 Compara el indio de «Manuel» con Rosa Leyes.

4 ¿Cómo crees que la pérdida de Manuel realmente afectó al pueblo?

ESTRUCTURA

La *a* personal

Una característica particular del español es la manera en que se distingue un objeto que tiene vida de otro que es inanimado. Cuando una persona, figura imaginaria o un animal que es parecido a un miembro de la familia o amigo sirve de complemento directo, se usa una *a* entre el verbo y el complemento. Esta *a* se llama la *a* personal.

> Yo veo a mi hermano. (persona)
> Felipe ve a Noche, nuestro perro. (animal conocido)
> Ellos ven a Mickey Mouse. (personaje ficticio popular)
> Pero:
> Tú ves el coche deportivo. (cosa inanimada)

Recuperado por fin. Durante varias semanas Lucio ha estado enfermo. Hoy sale de casa por primera vez. Habla de todo lo que ve y hace.

> *en la calle / Carlos / Chela*
> *En la calle veo a Carlos pero no veo a Chela.*

1 en el mercado / los vendedores / los juguetes
2 en el desfile / los soldados / los payasos *(clowns)*
3 en el cine / la película / mis compañeros de clase
4 en el colegio / los profesores y mis amigos / la directora
5 en el estadio / el césped verde / los entrenadores ni los jugadores
6 en la cafetería / la mitad de los alumnos / nada bueno que comer
7 regresando a casa / los novios y los invitados / el pastel

Nueva en la ciudad. Hace poco tiempo que Francisca vive en nuestra ciudad. Hablamos con ella acerca de gente, lugares y costumbres. Continúa la conversación con ella.

> *conocer / el alcalde / el nuevo centro comercial*
> *¿Conoces al alcalde y el nuevo centro comercial?*

1 conocer / el nuevo estadio de fútbol / el director de actividades deportivas
2 escuchar / el ruido de tráfico / los policías que dirigen el tráfico
3 mirar / el pronosticador de tiempo / los gráficos que indican el tiempo que viene
4 pagar / la cuenta para la medicina / el farmacéutico
5 escribir / tu nombre en el registro / el redactor *(editor)*
6 lavar / tu perro / el coche cubierto de barro
7 respetar / las reglas de tráfico / el jefe de policía
8 ayudar / las enfermeras / la Cruz Roja
9 conocer / la Calle Puente / el intérprete en el banco
10 temer / el profesor de español / los tests que él da

Cambia el sujeto a *Ud., Uds.,* y sigue practicando.

El pretérito—verbos regulares

Verbos de la primera conjugación

Estudia las formas del pretérito de los verbos regulares de la primera conjugación

mirar	
(yo) miré	(nosotros) miramos
(tú) miraste	(vosotros) mirasteis
(Ud., él, ella) miró	(Uds., ellos, ellas) miraron

¿Qué hiciste ayer? Completa las preguntas con la forma apropiada del pretérito. Después, contesta las preguntas empleando las respuestas sugeridas entre paréntesis.

¿Dónde trabajar ayer? (en el taller de reparaciones)
¿Dónde trabajaste ayer?
Trabajé en el taller de reparaciones.

1 ¿Con quién (trabajar)? (con mi hermano mayor)
2 ¿A quién (esperar) ayer? (al dueño del taller)
3 ¿Qué (arreglar) ayer? (un defecto del motor)
4 ¿(Terminar) el trabajo? (todo menos el radiador)
5 ¿A quién (llamar) por teléfono ayer? (a mi amigo Luis)
6 ¿Dónde (cenar) ayer? (en casa, como siempre)
7 ¿Qué (mirar) ayer? (parte de un programa necio [silly])
8 ¿Qué (estudiar) anoche? (la nueva lección de matemáticas)
9 ¿Con quién (hablar) por teléfono? (con un compañero de clase)
10 ¿A qué hora (acostarse)? (a medianoche)

Cambia el sujeto de *tú* a *Ud.*, después a *Uds.*, y contesta con los nuevos sujetos.

Los zapatos nuevos. Relata cómo estas personas pasaron el sábado pasado. Usa sólo una persona cada vez.

yo   tú   nosotros   Uds.

Despertarse tarde y mirar el reloj al lado de la cama.
Me desperté tarde y miré el reloj al lado de la cama.

1 (Levantarse) de la cama y (desayunar) un poco.
2 Después (bañarse) y (lavarse) el pelo.
3 (Sentarse) y (peinarse).
4 (Arreglarse) y (prepararse) para salir.
5 Pero antes, (llamar) a un amigo que (acompañarme) al centro.
6 (Caminar) lentamente por las tiendas y (admirar) las últimas modas.
7 (Mirar) unos zapatos en oferta especial y los (probar).
8 Los (comprar) y los (llevar) a casa.
9 Cuando (llegar) a casa, los (guardar) en el ropero.
10 Más tarde los (tomar) de la caja y (bailar) en ellos esa noche.

Hoy no. Fue ayer. Dos campesinos hablan de actividades en su pueblo. Agustín describe lo que ocurre, pero después se da cuenta de que está equivocado y corrige el error.

> *Agustín:* *Hoy mi mujer les grita a los niños.*
> *No. Fue antes cuando les gritó.*

1 El trabajador examina el cielo y habla después con su ayudante.
2 Los campesinos miran las plantas y quitan las hierbas malas *(weeds)*.
3 No pasan hambre porque llevan su comida al campo.
4 En el mercado yo cambio verduras por pan y compro otras necesidades.
5 Yo llego a casa temprano y busco a los niños.
6 Yo juego con ellos y mi mujer (esposa) prepara la comida.
7 Cenamos afuera y después limpiamos la cocina.
8 Me canso de tanto trabajo y descanso un poco antes de acostarme.

Verbos de la segunda conjugación

Estudia las formas del pretérito de los verbos regulares de la segunda conjugación.

comer	
(yo) comí	(nosotros) comimos
(tú) comiste	(vosotros) comisteis
(Ud., él, ella) comió	(Uds., ellos, ellas) comieron

Verbos de la tercera conjugación

Estudia las formas del pretérito de los verbos regulares de la tercera conjugación.

abrir	
(yo) abrí	(nosotros) abrimos
(tú) abriste	(vosotros) abristeis
(Ud., él, ella) abrió	(Uds., ellos, ellas) abrieron

Acaban de hacerlo. Unos amigos conversan de lo que acaban de hacer.

> *Manolo:* *Salvador, ¿vas a comer la fruta?*
> *Salvador:* *No, ya la comí.*

1 Antonio y Felipe, ¿van a beber más leche?
2 Luisa, ¿vas a leer la selección?
3 Ramón, ¿va tu padre a responder a la petición?
4 Marcos y Enrique, ¿van a escoger otra novela?
5 Anita, ¿voy a leer la oración otra vez?
6 Ignacio y Jaime, ¿van a correr la carrera de los 10.000 metros?
7 Luis, ¿voy yo a aplaudir la presentación?

8 Daniel, ¿van tus padres a conocer a la nueva directora?

9 Chicos, ¿van ellos a perder la elección?

10 Loles, ¿vas a perder esa magnífica oportunidad?

Reunión en el pueblo. Ayer fue miércoles y mucha gente se reunió en el pueblo. Relata lo que hicieron.

Los viejos amigos (verse) en el centro.
Los viejos amigos se vieron en el centro.

1 Unos propietarios (aparecerse) en la plaza y (leer) un documento oficial.

2 Unos recién llegados (conocerse) allí y (recoger) unos documentos relativos a un proyecto de ley.

3 Unos trabajadores no (comer ni beber) por falta de tiempo.

4 Yo (conocer) a un señor y le (prometer) un trabajo.

5 Nosotros (meter) el auto en un taller mecánico y (perder) esperanzas de viajar en ese vehículo.

6 Más tarde tú me (ofrecer) dos mil dólares por el coche y yo te lo (vender).

7 Yo no (reconocer) a los jóvenes de otro pueblo, pero tú (ofrecer) presentarme a ellos.

8 Nadie (entender) sus nombres, y esto les (ofender) un poco.

9 En ese momento, Emilio me (sorprender) con una noticia importante. En seguida yo (entender) que él tenía dinero para mí.

10 Mi hermano y yo (correr) al banco y después (volver) a casa.

Fue una tarde aburrida, pero como se puede ver, no hay mucho que hacer aquí.

Un final triste. Lee estas oraciones que resumen la historia de la yaqui hermosa. Cambia el relato al pretérito.

1 Cuando los yaquis llegan a la hacienda, el dueño los junta y en tono serio les informa de las condiciones de su vida allí.

2 Les ofrece armas para la caza de aves y otros animales.

3 También les promete su propia tierra en recompensa por su trabajo.

4 Un indio alto no le cree, pero al día siguiente recorre tres kilómetros de tierra que él señala con piedras.

5 El indio incrédulo recibe ese terruño, convencido de la sinceridad de su amo.

6 Un día el señor ve a una india con la cara cubierta de barro.

7 Él pregunta a la intérprete por qué.

8 El dueño comprende su deseo de esconderse de los ojos de otros hombres.

9 Él promete tratarla bien y ayudarle a volver a su novio.

10 Pero ella no le cree, no come y en poco tiempo muere de hambre.

11 Las flores de su tierra crecen sobre su tumba.

El pretérito—verbos de cambio radical

Verbos con el cambio *e—i*

Los verbos de la segunda y tercera clases de cambio radical tienen la letra *i* en la tercera persona singular y plural. Todos aceptan los términos regulares de la segunda y tercera conjugaciones.

infinitivo	pretérito		
pedir	pedí	pediste	pidió
	pedimos	pedisteis	pidieron

Otros verbos comunes y parecidos son: *conseguir, despedir, medir, mentir, pedir, preferir, reír, repetir, seguir, sentir, sugerir, vestir.*

Verbos con el cambio *o—u*

Los verbos *dormir* y *morir* tienen una *u* en la tercera persona singular y plural. Los términos son regulares.

infinitivo	pretérito		
dormir	dormí	dormiste	durmió
	dormimos	dormisteis	durmieron
morir	morí	moriste	murió
	morimos	moristeis	murieron

Completamente diferentes. Mi hermano y yo somos muy diferentes. Aquí hay unos ejemplos de nuestras diferencias.

> *(Preferir) prepararse para una prueba.*
> *Yo preferí prepararme para una prueba.*
> *Él no prefirió prepararse.*

1 (Elegir) ponerse a estudiar en seguida.
2 (Corregir) los errores en los deberes.
3 (Pedir) ayuda con los problemas difíciles.
4 (Advertirle) a mamá de un conflicto.
5 (Sugerir) una solución para evitar molestias.
6 (Medir) el líquido con cuidado en el laboratorio.
7 (Morir) en el primer acto en la comedia.
8 (Sonreír) varias veces.
9 (Herir) al protagonista sin intención.
10 (Servir) de intérprete en la recepción panamericana.

Sigue practicando con *nosotros y nuestros primos.*

El pretérito—verbos de cambio ortográfico

Se conserva siempre el sonido original del final del infinitivo. Así, unos verbos requieren atención en la forma escrita para indicar la pronunciación debida.

términación	cambio	infinitivo	conjugaciones		
1 -car	-qu	buscar	busqué buscamos	buscaste buscasteis	buscó buscaron
2 -gar	-gue	pagar	pagué pagamos	pagaste pagasteis	pagó pagaron
3 -guar	-güe	averiguar	averigüé averiguamos	averiguaste averiguasteis	averiguó averiguaron
4 -zar	-c	rezar	recé rezamos	rezaste rezasteis	rezó rezaron
5 -eer	-í -yó	leer	leí leímos	leíste leísteis	leyó leyeron
6 -uir	-í -yó	concluir	concluí concluimos	concluiste concluisteis	concluyó concluyeron

Otros verbos parecidos a los grupos de arriba son:

> 1 colocar, explicar, sacar, secar, tocar, practicar
> 2 apagar, cargar, castigar, conjugar, pagar, jugar
> 3 apaciguar, santiguar *(to make sign of cross)*
> 4 abrazar, alcanzar, cazar, gozar
> 5 creer, poseer
> 6 destruir, incluir, huir

Otras diferencias. Tú hablas de unas acciones que tú y tu hermano hicieron de distintas maneras.

> *buscar un bolígrafo / encontrarlo*
> *Él buscó su bolígrafo y lo encontró.*
> *Yo busqué mi bolígrafo pero no lo encontré.*

1 llegar a tiempo / beber un refresco
2 averiguar el número / llamar en seguida
3 santiguarse en la capilla / rezar
4 correr hacia la tía / abrazarla
5 ver el fuego / apagarlo
6 poseer un Porsche / conservarlo bien
7 ver el documento / destruirlo
8 huir de la hacienda / cazar en el monte
9 tocar a la puerta / apaciguar a los que peleaban
10 construir una casa / pagarla en cinco años

Repite el ejercicio, cambiando los sujetos a *ellos y nosotros, tú y yo.*

Y tú, ¿qué dices? ¿Eres creativo? Prepara un párrafo, empleando los verbos siguientes con otros que necesites para terminar tu relato: colocar, cargar, apaciguar, alcanzar.

Solución fácil. Dos chicas hablan de la pelea entre la profesora de bailes *aerobic* y Adita. ¿Quién va a salir ganando? Practica la conversación con un/a compañero/a, expresando todos los verbos en el pretérito.

Inés: ¿Por qué (enojarse) la señora?

Celia: Adita (dormir) tarde porque no (oír) el despertador.

Inés: ¿(Sentirse) mal después de la práctica ayer?

Celia: Ella (gemir) varias veces en clase. ¿No la (oír) tú?

Inés: Es cierto que la señora (exigir) mucho de nosotros.

Celia: ¿A quién (pedir) Adita unos consejos?

Inés: A sus padres, y ellos (sugerir) un cambio a un grupo menos avanzado.

Celia: En clase, ¿(seguir) Adita las instrucciones a la letra?

Inés: Sí, y las de su grupo (pedir) más tiempo en cada actividad, pero la señora (reírse) de ellas.

Celia: ¿Adita (preferir) estar en esta clase?

Inés: Sí, aunque su hermana Rosa le (advertir) que la señora nunca (sentir) compasión ni comprensión el año pasado.

Celia: ¿A qué (referirse) Rosa? ¿No le (caer) bien la señora?

Inés: No, y (elegir) no quedarse en esta clase.

Celia: Ya comprendo. Rosa (perder) interés y (huir) de lo difícil.

Inés: Pues, en parte, sí. (Despedirse) de ésta y (elegir) ir con otra profesora. Jamás (divertirse) en esta clase.

Celia: ¡Mira allá! ¿Es Adita y nota— (vestirse) para la clase.

Inés: Parece que ella (elegir) quedarse aquí, y ¿por qúe?

Las dos: ¡Su novio está en esta clase!

El pretérito—verbos irregulares

Las terminaciones de la mayoría de los verbos irregulares en el pretérito son *-e*, *-iste*, *-o*, *-imos*, *-isteis*, *-ieron*. Los siguientes verbos tienen una raíz irregular en el pretérito.

infinitivo	raíz del pretérito	pretérito
andar	anduv-	anduve
caber	cup-	cupe
estar	estuv-	estuve
haber	hub-	hube
hacer	hic-	hice (hizo)
poder	pud-	pude
poner	pus-	puse
querer	quis-	quise
saber	sup-	supe
tener	tuv-	tuve
venir	vin-	vine

Si una *j* precede a la terminación, se omite la *i* en la terminación de la tercera persona plural.

infinitivo	raíz del pretérito	pretérito
decir	dij-	dijeron
traer	traj-	trajeron

(Otros verbos semejantes son **conducir, producir** y **traducir.**)

Los verbos **dar, ser** e **ir** también son irregulares en el pretérito.

infinitivo	pretérito
dar	di, diste, dio, dimos, disteis, dieron
ser e ir	fui, fuiste, fue, fuimos, fuisteis, fueron

Dar usa las terminaciones de los verbos regulares de la tercera conjugación.

Hoy fue diferente. Todos tienen costumbres que repiten con regularidad. Hoy no las hicieron. Haz el contraste con lo que hacen generalmente y lo que no hicieron hoy.

(hacer) Cada noche _____ los deberes, pero hoy no los _____.
Cada noche hacen los deberes, pero hoy no los hicieron.

1 (andar) Los novios siempre _____ juntos a la misma hora, pero hoy _____ a una hora distinta.
2 (caber) Generalmente los niños _____ en la camioneta, pero hoy no _____.
3 (ir) Por lo general ellos _____ temprano, pero hoy _____ más tarde.
4 (hacer) Comúnmente _____ mucho ruido, pero hoy no _____ ni un sonido.
5 (tener) Regularmente mis hermanos _____ mucho trabajo, pero hoy no _____ nada que hacer.
6 (venir) Cada tarde las chicas _____ de visita, pero hoy no _____.
7 (poder) Generalmente las madres _____ llevar a las chicas a casa, pero hoy no _____ llevarlas.
8 (poner) Frecuentemente los profesores _____ los tests en mimeógrafo, pero hoy los _____ en la pizarra.
9 (decir) Regularmente los directores _____ los resultados de las competencias, pero hoy no las _____.
10 (traer) Regularmente los fotógrafos _____ las cámaras a la asamblea, pero hoy no las _____.

Breves facetas de la historia. Lee la historia que sigue, cambiando los verbos subrayados del presente al pretérito.

1. A Colón se le <u>ocurre</u> que el mundo era redondo y <u>decide</u> salir en busca de una ruta más directa a las Indias.

2. Él se <u>da</u> cuenta de la necesidad de tener la ayuda de los Reyes Católicos, por eso <u>va</u> a Granada y <u>habla</u> con ellos.

3. Al Rey Fernando no le <u>cae</u> bien Colón y no <u>quiere</u> tener nada que ver con el proyecto.

4. Rechazado, Colón <u>sale</u> para Francia, pero unos mensajeros de la reina lo <u>detienen</u> en el camino.

5. Colón <u>vuelve</u> a Granada donde la reina <u>oye</u> sus teorías, los cuales le <u>atraen</u> su interés.

6. Ella <u>pide</u> opiniones a unos profesores de la Universidad de Salamanca.

7. Colón <u>hace</u> el viaje a esa conocida ciudad universitaria donde <u>convence</u> a algunos consejeros de los reyes de las provechosas posibilidades de la empresa.

8. Poco después, ella <u>promete</u> ayudarle y le <u>da</u> su palabra.

9. Así, cuando <u>termina</u> la guerra de la reconquista de España, la reina <u>pone</u> su atención en el proyecto de cruzar el océano desconocido y espantoso.

10. Colón <u>pide</u> la colaboración de los hermanos Pinzón para equipar las tres carabelas.

11. Colón <u>sale</u> de Palos, Huelva, el tres de agosto de 1492.

12. Se <u>dirige</u> primero a las Islas Canarias donde <u>hace</u> reparaciones en los barcos y también cambios en los planes.

13. Después de seis semanas de navegación difícil y peligrosa, los marineros <u>ven</u> tierra y le <u>ponen</u> el nombre de San Salvador.

El imperfecto

Verbos regulares

Estudia las formas del imperfecto de los verbos regulares.

mirar	comer	vivir
miraba	comía	vivía
mirabas	comías	vivías
miraba	comía	vivía
mirábamos	comíamos	vivíamos
mirabais	comíais	vivíais
miraban	comían	vivían

Verbos irregulares

Los verbos *ser*, *ver* e *ir* son irregulares en el imperfecto. Estudia las siguientes formas.

ser	ver	ir
era	veía	iba
eras	veías	ibas
era	veía	iba
éramos	veíamos	íbamos
erais	veíais	ibais
eran	veían	iban

Resumen:

El *pretérito* expresa:
1) Una acción comenzada en el pasado

> A las nueve el director anunció los planes.
> (A las nueve el director comenzó a anunciar los planes.)
> En ese momento vi al niño salir a la calle.

2) Una acción terminada en el pasado

> Él mató la oveja.
> Yo cerré el libro.
> Ella se sentó.

El *imperfecto* expresa:

1) Una acción no terminada. No importa cuándo empieza ni cuándo termina la acción. Lo importante es la acción misma.

> Abría la carta lentamente.
> Durante aquellos días, nos quedábamos callados.
> Cuando estaba en Colombia, vi el monumento.

2) Una acción habitual o repetida muchas veces en el pasado

> Todas las mañanas me levantaba a las seis.
> Íbamos a la playa en el verano.

3) Descripciones en el pasado

> Era alto y fuerte.
> El juguete era de plástico.
> Hacía mal tiempo.

4) Estado mental o emocional

> El héroe no tenía miedo.
> Rosa Leyes quería una pipa con tapa.
> Ellos odiaban al dictador.

5) Acción futura planeada en el pasado

> Dije que iba el lunes.
> Escribió que quería venir.
> Prometió que íbamos a salir pronto.

6) La hora del reloj

> Eran las dos y todos dormíamos.
> Era la una cuando llegó.

Mis tíos favoritos. Las memorias más tiernas de mi niñez son de unos tíos que me querían muchísimo.

Completa el ejercicio, cambiando los verbos al imperfecto.

1. El hermano de mi padre (llamarse) Benjamín.
2. Su mujer (tener) un nombre alemán que (ser) difícil de pronunciar.
3. Por eso, nosotros la (llamar) Tilín, que le (gustar) mucho.
4. (Ser) una persona jovial y (reírse) mucho.
5. (Tener) la costumbre de juntar las manos con una palmadita y su risa (parecer) el tilín de una campanilla.
6. (Tener) el pelo rubio, corto y rizado *(curly)* que (moverse) graciosamente cuando (andar) y la luz (reflejarse) en él.
7. (Ser) generosa y nunca (olvidarse) de los días especiales como el día del santo, el cumpleaños, recitales y sobre todo, la Navidad.
8. Muchas veces cuando mis padres (hacer) viajes de negocios, yo (pasar) esas noches con ellos. (Ser) noches felices.
9. Ellos (ser) una pareja algo cómica porque el tío (medir) casi dos metros de altura y ella (ser) bajita.
10. Mi tío (ser) panadero y ella le (ayudar) todas las tardes excepto los sábados cuando me (llevar) al cine y me (comprar) helados italianos que me (gustar) mucho.
11. Yo (ir) con ellos cuando (poder) porque (saber) que ellos (ver) algo especial en mí y me (tratar) con mucho cariño.

Y tú, ¿qué dices? ¿Cómo te acuerdas de un pariente a quien querías mucho cuando eras niño/a? Describe a esa persona con referencia a su aspecto físico, su carácter y personalidad.

¿Qué hacían el domingo pasado durante el partido de fútbol? Cada persona tiene distintos intereses. Los Martínez encendieron el televisor, pero hacían lo que les daba la gana. Expresa lo que hacían.

> *Mi padre (dormir) en su sillón y no enterarse de nada.*
> *Mi padre dormía en su sillón y no se enteraba de nada.*

1. Yo (mirar) la tele y (comer) tamales y champurrado (platos típicos de México).
2. Mi madre (ausentarse) de la casa y (visitar) a amigos.
3. Lorena (padecer) de dolor de cabeza y (descansar) en su habitación.
4. Lorenzo (escuchar) mientras (hacer) los deberes.
5. El perro (ladrar) y (molestar) a todos.
6. Los vecinos (tener) invitados y (jugar) al póker.
7. Mientras los equipos (descansar, haber) mucha propaganda comercial.
8. Los miembros del club acuático (nadar) y (remar) en el lago.
9. Cada individuo lo (pasar) a su gusto, y nadie (tener) que conformarse.

Y tú, ¿qué dices? ¿Qué hacías durante el partido de fútbol? ¿Durante las noticias nacionales?

Un carnaval sensacional. Cada otoño la escuela primaria celebra «Halloween» con un carnaval. Todos cooperan, los padres incluidos. Cuesta mucho trabajo, pero todos se divierten. Este año fue un poco diferente. Nota los contrastes.

> *Yo (ir) a casa temprano. (tarde)*
> *Yo siempre iba a casa temprano, pero este año fui a casa tarde.*

1 La directora (suspender) las clases después de la comida / no
2 Todos los alumnos (ir) a casa en seguida / los del sexto (ir) al gimnasio a ayudar
3 Los directores (anunciar) el carnaval con carteles y letreros / en la radio
4 Las madres (preparar) perros calientes, sandwiches y pasteles / hamburguesas, una selección de bizcochos y pizzas
5 Los padres (dirigir) los juegos / los maestros
6 Muchos chicos (vestirse) de brujas y fantasmas / de Rambo y E.T., y otras figuras feas
7 Los maestros (vender) las entradas / los estudiantes del quinto
8 La maestra de arte (pintar) figuritas en las caras por 25 centavos / 50 centavos
9 El carnaval (terminar) a las 9:30 / 10:00, por ser viernes
10 Algunos no (divertirse) / todo el mundo

Interrupciones inesperadas. Algunas personas se ocupaban en alguna forma cuando fueron interrumpidas por otros y probablemente forzadas a abandonar sus actividades originales.

Combina los elementos de las cuatro columnas formando ideas lógicas.

> *Papá dormía cuando los peques gritaron muy fuerte.*

Papá	dormir	los peques	gritar muy fuerte
Mamá	hacer crucigramas	tú	entrar corriendo
Yo	leer las noticias	Raquel	llamar por teléfono
Nosotros	ir a salir	la vecina	traer flores del jardín

¿Qué tiempo hacía cuando . . . ? El tiempo es un factor que nos obliga a hacer ciertas actividades o acciones. Nota cómo el tiempo afecta a las siguientes personas.

> *(Hacer) frío cuando yo (ponerme) un suéter.*
> *Hacía frío cuando me puse un suéter.*

1 (Hacer) frío cuando yo (ponerme) guantes y una gorra.
2 (Hacer) frío cuando tú y yo (ir) a esquiar en la sierra.
3 (Hacer) frío cuando tú (jugar) en la nieve.
4 (Hacer) frío cuando (congelarse) el agua de la laguna.
5 (Hacer) frío cuando el viento (comenzar) a soplar.
6 (Hacer) calor cuando yo (tener) que cambiar la llanta.
7 (Hacer) calor cuando tú (abrir) las ventanas del coche.
8 (Hacer) calor cuando nosotros (prender) el aire acondicionado.
9 (Hacer) calor cuando ellos (salir) a navegar en el golfo.
10 (Hacer) calor cuando ella (comprar) ese vestido sin mangas.

Rodrigo Díaz de Vivar, héroe nacional de España.

Cambia los verbos subrayados al pretérito.

En 1040 nace en Vivar, un pueblo cerca de Burgos, un niño de familia noble y muy respetada. Le bautizan con el nombre Rodrigo Díaz, y como de costumbre, agregan «de Vivar» al nombre.

Rodrigo crece acostumbrado a los peligros de la guerra y a los ataques de los moros. Sus padres mueren dejándolo huérfano. El rey lo lleva a una escuela para hijos de nobles situada en un monasterio. Allí se educa con los hijos del rey en las artes liberales. Además aprende a cazar, a ser buen jinete y a usar las armas. Es armado caballero y poco después el rey don Sancho le nombra Alférez del Rey, un honor que le concede el privilegio de marchar delante del rey con espada y estandarte. Además le dan el título de Campeador. Más tarde los moros le llaman Cid. Por eso, se le conoce como Rodrigo Díaz de Vivar, el Cid Campeador.

El Cid sirve fielmente al rey. Cuando pide la mano de doña Jimena, una dama de alto rango, el rey se la concede con mucho gusto. Se casan y tienen dos hijas gemelas, doña Elvira y doña Sol.

En 1077 el rey muere asesinado cerca de Zamora. Muchos sospechan una intriga entre don Alfonso, el hermano del rey que hereda la corona, y su hermana doña Urraca. En una ceremonia en una iglesia de Burgos, Rodrigo exige el juramento de inocencia del rey Alfonso, quien se lo da, pero el nuevo rey se pone furioso con Rodrigo y lo manda desterrar. Casi todos los hombres del Cid eligen acompañarlo al destierro. El rey les permite llevar consigo sus armas y caballos, pero amenaza a todos sus vasallos con quitarles sus posesiones y «los ojos de la cara» si se atreven a ayudar al Cid.

El Cid lleva a doña Jimena y a sus hijas al monasterio de Cardeña donde las deja aseguradas en la protección de los religiosos. Se separa de ellas tristemente.

Este gran héroe y sus hombres luchan valientemente y expulsan a los moros de tierras ocupadas por ellos, y mandan mucho botín al rey quien después perdona a su fiel vasallo. En 1099 el Cid muere luchando en Valencia. Doña Jimena lleva su cuerpo al monasterio de Cardeña donde está enterrado durante muchos años. Al morir, Doña Jimena es enterrada junto a él. Hace pocos años los dos cuerpos son trasladados a la gran catedral de Burgos y enterrados delante del altar con mucho respeto y grandes honores.

El Cid
Courtesy of the Hispanic Society of America

La conquista de México. Termina este breve relato de la entrada de Hernán Cortés y sus hombres en México. Expresa los verbos en el pretérito o el imperfecto.

El éxito del viaje de Colón (animar) (1) a miles de hombres españoles a buscar su fortuna en «las Indias». En poco tiempo (establecerse) (2) en Cuba una colonia desde donde (hacerse) (3) viajes de exploración. Hernán Cortés, nacido en Medellín, Extremadura, (ser) (4) secretario de Diego Velázquez de Cuéllar, gobernador de Cuba. Cortés (engañar) (5) al gobernador y (salir) (6) con once barcos preparados para una excursión de exploración.

Cortés (saber) (7) que otra expedición (haber) (8) llegado a Yucatán; por eso él (ir) (9) a esa península primero. Allí (encontrar) (10) a Jerónimo de Aguilar, sobreviviente de la expedición de Grijalva. Aguilar (hablar) (11) maya y (poder) (12) servir de intérprete. En Tabasco los españoles (conquistar) (13) a los indios con sus armas superiores, su armadura protectora, y, en particular, los caballos que (aterrorizar) (14) a los nativos sin defensas efectivas. Cortés (recibir) (15) de esos indios un tributo de veinte mujeres jóvenes quienes (ser) (16) bautizadas e incorporadas a la expedición. Entre ellas (haber) (17) una esclava llamada Malintzín que (ser) (18) hija de un cacique *(leader)* nahua. Ella (recibir) (19) el nombre cristiano de Marina, y (llegar) (20) a ser imprescindible para Cortés. Marina (hablar) (21) náhuatl, su lengua nativa, y maya. Cortés (creer) (22) que con la ayuda de esos dos intérpretes podría entrar en la tierra del gran jefe azteca llamado Moctezuma, líder supremo de cientos de miles de aztecas, el dominio más poderoso y temido de todo México.

Moctezuma (sospechar) (23) que Cortés (ser) (24) el antiguo dios Quetzalcóatl que (marcharse) (25) hace muchos años, prometiendo regresar por mar. Ese dios (ser) (26) alto, fuerte, rubio y con los ojos azules.

Cortés (tomar) (27) la decisión de separarse completamente de Velázquez, el Gobernador de Cuba, y (establecer) (28) la ciudad de Veracruz en nombre del Rey Carlos V. Cortés (ser) (29) elegido Capitán General y se le (conceder) (30) el derecho de quedarse con una quinta parte de los tesoros descubiertos. Él (enviar) (31) un barco a España, solicitando la aprobación y protección del rey. El decidido Capitán General (mandar) (32) quemar los barcos y (emprender) (33) la marcha hacia la capital azteca.

En poco tiempo Cortés (llevar) (34) a cabo la conquista de México por medio de valentía, persistencia, audacia, diplomacia y traición. Hoy día en México la palabra *malinche* significa «traidor», que describe tanto a doña Marina como a Cortés.

MODISMOS Y EXPRESIONES

cuando menos *at least*
Le faltan cuando menos dos horas para acabar con la tarea.
dar rienda suelta *to give free rein to*
A ver si puedes dar rienda suelta a tu imaginación y decirme cómo va a terminar este cuento.
llevar a cabo *to carry through, accomplish, carry out*
Siempre hay que llevar a cabo investigaciones en la medicina.
negarse a *to refuse to*
No le gusta el arte moderno y por eso se negó a visitar la galería.
ni siquiera *not even*
No tenemos ni siquiera un centavo para prestarle.

¡OJO!

rincón: *(corner)* Un rincón es un ángulo interior donde se encuentran dos paredes.
Ejemplo: La yaqui hermosa se sentaba calladita en un rincón de la casa.

esquina: *(corner)* La esquina es un ángulo exterior que forman dos superficies.
Ejemplo: Los amigos decidieron encontrarse en la esquina de la Calle de la Unión y la Avenida Mayor a las ocho en punto.

 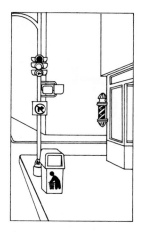

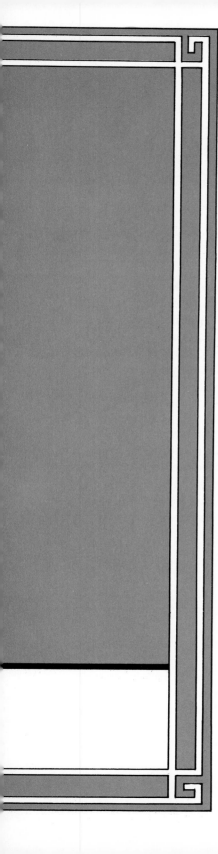

CUADRO 5

LA LEYENDA

Del dicho al hecho hay gran trecho.

PARA PREPARAR LA ESCENA

Las leyendas son narraciones en las que se mezcla un poco de verdad con grandes dosis de ficción. La imaginación y la fantasía juegan un papel muy importante en las leyendas, puesto que lo que comenzó como historia acaba por alejarse de la realidad.

Las leyendas tratan de hechos de un pasado remoto y los personajes demuestran cualidades notables. Frecuentemente son personajes históricos.

Las tres leyendas que siguen son del mundo hispánico pero el tema de cada una es distinto. Las leyendas son producto de la tradición y, por consiguiente, tienen rara vez un autor conocido; más bien, llevan el nombre de quien las ha compilado.

El lago encantado

PARA PRESENTAR LA LECTURA

La primera leyenda en este cuadro viene del Perú y se refiere a los incas, una de las civilizaciones indígenas del Nuevo Mundo, cuya riqueza y cultura son muy famosas. Algunos de los personajes son de la vida real; otros son ficticios. El conflicto que surge entre conquistadores e indios es un relato poético de la conquista con todas sus hazañas, trágicas y nobles. La leyenda es de una colección de Alejandro Sux.

Lee esta leyenda y deléitate con su belleza. Luego fíjate en cuáles de los personajes son históricos y cuáles son probablemente legendarios. Examina la narración para ver si reconoces los hechos históricos y los lugares geográficos que verdaderamente existen. La leyenda presenta la conquista bajo un aspecto diferente de cómo fue en la realidad, porque como todas las leyendas, quiere filtrar los acontecimientos a través de la fantasía.

PARA APRENDER EL VOCABULARIO

Palabras clave I

1 **atrevidos** audaces, intrépidos
Los indios creían que los conquistadores españoles eran muy atrevidos.
2 **desafiando (desafiar)** confrontando, afrentando
Susana caminaba sola de noche a casa, desafiando el peligro de las calles.

3 **perecía (perecer)** moría, sucumbía, expiraba
En las civilizaciones indígenas, cuando perecía una dinastía, nacía otra.
4 **pisaban (pisar)** ponían el pie sobre alguna cosa
Los niños pisaban las flores cuando el vecino les gritó.

5 **quebrada** abertura estrecha entre dos montañas, cañón
Hay una quebrada muy pintoresca cerca de la ciudad.

6 **reinarían (reinar)** gobernarían (como rey), dominarían
Creían que los Incas reinarían en paz.

7 **superficie** parte exterior de un cuerpo plano, especialmente del agua
Se reflejan los rayos del sol sobre la superficie del agua.

Práctica

Completa con una palabra de la lista

la quebrada	atrevidos	la superficie
desafiando	reinarían	pisaban
perecía		

1 Los tíos de María tienen una casa cerca de _____.

2 Prometieron que _____ con justicia y compasión.

3 Los indígenas observaban cómo los caballos _____ el maíz que crecía en los campos.

4 Don Ramón era un hombre valiente. Su hijo también era intrépido. Los dos eran muy _____.

5 Juana se lanzó al lago para salvar al chiquillo, _____ el peligro.

6 Cuando no hay viento, _____ del agua parece un espejo.

7 En la ley de los indígenas, cuando _____ el jefe de la tribu, su hijo le reemplazaba.

Palabras clave II

1 **agüero** anuncio, señal, pronóstico
Algunos creen que es mal agüero encontrarse con un gato negro en el camino.

2 **arroja (arrojar)** tira un objeto, lanza
Es mala costumbre arrojar basura en la calle.

3 **disimuló (disimular)** escondió, ocultó, aparentó
El soldado disimuló su temor y siguió la marcha, obedeciendo a su capitán.

4 **engañan (engañar)** hacer creer a otro u otros lo que no es verdad (deceive, trick)
¡Cuidado! ¡Que esos comerciantes no te engañen!

5 **oculto** escondido
Hay un edificio oculto entre los árboles al otro lado del río.

6 **rumor** murmullo, ruido
Cuando uno está en la quebrada, a lo lejos se oye el rumor de las olas del mar.

7 **sacerdote** cura, ministro de la religión, padre
Los sacerdotes enseñan los misterios de la religión.

8 **sordo** que no oye u oye mal, que hace muy poco ruido
La india anciana estaba sorda y la gente le tenía que hablar por medio de señas y gestos.

9 **veloces (veloz)** rápidos
Hoy en día hay aviones muy veloces que transportan a la gente de un sitio a otro en muy poco tiempo.

Práctica

Completa con una palabra de la lista

arrojes	oculto	sacerdote
agüero	disimuló	el rumor
sordo	veloces	engaña

1 En la Sierra Madre hay un lago _____ que es poco conocido.

2 En el pueblo se oía un _____ murmullo de ansiedad y temor.

3 La señora Perales _____ su temor durante todo el interrogatorio.

4 ¿Qué _____ dijo misa esta mañana?

5 ¡No _____ tus cosas al suelo!

6 Ese millonario colecciona coches _____ .

7 Los vientos fuertes comenzaron a traer el mal _____ de que venía la tempestad.

8 Una buena persona nunca _____ a los demás.

9 De la casa se oye _____ de las personas en la calle.

Palabras clave III

1 **acudieron (acudir)** fueron para ayudar
   Los soldados acudieron a socorrer a las víctimas de la inundación.

2 **atrajo (atraer)** trajo hacia algo o alguien *(attracted, drew)*
   Cuando el presidente habló en la escuela, atrajo mucha gente.

3 **lisa** sin aspereza, suave *(smooth)*
   La gatita era preciosa, tenía el pelo liso y ojos grises.

4 **opaca** no transparente
   La cortina es opaca y por eso no deja entrar la luz del sol.

5 **repentino** impensado, que pasa de repente *(sudden)*
   El ladrón hizo un movimiento repentino y corrió.

Práctica

Completa con una palabra de la lista

repentino	lisa	opaca
atrajo	acudió	

1 ¿Qué te _____ a estudiar idiomas?

2 El agua del lago es _____ .

3 La superficie del agua en la piscina estaba _____ .

4 Hubo un cambio _____ en el tiempo y todos tuvieron que volver a casa.

5 El padre _____ al niño herido.

El lago encantado

I

En el norte de la república de Argentina hay un lago tranquilo, circular y rodeado de montañas cubiertas de vegetación. Los habitantes de aquella región lo llaman el Lago Encantado. El paraje sólo es accesible por una estrecha quebrada.

paraje lugar

Durante gran parte del día el lago queda en las sombras. Sólo por pocos minutos llegan los rayos del sol a la superficie del agua.

Muchos años antes de la conquista española habitaban aquellas regiones unas tribus de indios, vasallos de los incas. En aquel tiempo vivía un curaca muy rico, respetado y querido de su pueblo. Poseía objetos de oro, trabajos de plumas y otras muchas cosas de valor inestimable.

vasallos sometidos a un superior y obligados a obe-decerle
curaca jefe, gobernador

Entre sus tesoros había una urna de oro que uno de los reyes incas había regalado a su abuelo en señal de gratitud por un importante servicio. La urna tenía maravillosas virtudes: mientras estaba en poder de esa nación, los curacas gobernaban en paz y el pueblo vivía tranquilo y feliz; pero si caía en manos enemigas, perecería la dinastía y reinarían poderosos conquistadores.

Todos los años en la gran Fiesta del Sol, la urna sagrada era puesta en exhibición. De todas partes venían los indios para adorarla.

*   *   *

Las razas indias tenían una tradición común. Ellos creían que un día debían llegar al continente hombres de lengua desconocida, de piel blanca y de costumbres extrañas. Estos extranjeros iban a conquistar a los indios. Según unos, un dios iba a anunciar su llegada; según otros, un espíritu malo iba a traer consigo la muerte. Los pueblos que vivían cerca del mar esperaban a los forasteros del otro lado del mar; para las naciones del interior, los forasteros iban a venir de allende las montañas, de los desiertos o de la selva. El fondo de la leyenda era siempre el mismo.

forasteros extranjeros

allende otra parte de

Los años pasaron y la antigua leyenda se convertía en realidad. Los forasteros pisaban las costas del continente. Hombres atrevidos cruzaban las selvas, desafiando todos los obstáculos.

chasqui mensajero

Cierto día un «chasqui» del Cuzco llevó la noticia que del norte venían hombres de aspecto nunca visto.

II

En el país hubo un sordo rumor de inquietud. Los habitantes ofrecieron sacrificios al Sol para aplacar su ira.

Poco después se supo que el Inca Atahualpa había caído prisionero en poder de los invasores. Todo el país estaba en conmoción y los guerreros marchaban a defender a su rey.

*   *   *

La esposa del curaca se llamaba Ima. El noble amaba a Ima con ternura y pasión. Cuando se recibieron las primeras noticias del Cuzco acerca de los invasores, la frente de la joven india se nubló y tuvo sueños de mal agüero.

—Tú estás inquieta—le dijo su marido—; la mala noticia te ha alarmado, pero de todas partes llegan guerreros y pronto el Inca estará libre de los invasores.

desgracia mala fortuna

—Yo he soñado que las hojas de los árboles caían—contestó Ima—y eso significa desgracia.

—Los sueños engañan muchas veces, mi querida; no todos son enviados por los dioses.

—Pero éste sí, esposo mío—insistió Ima—. Y ayer, vi una bandada de pájaros que volaba hacia el norte. Un sacerdote me explicó que eso también indica calamidad.

El curaca disimuló su propia inquietud y se preparó a partir con sus tropas. Antes de partir llamó a Ima, y dándole la urna sagrada, le dijo:

sombrío en sombra

—Antes de dejarla caer en manos de los enemigos, arrójala al lago sombrío, oculto en medio de la sierra.

Ima prometió hacer lo que mandaba su esposo. A los pocos días el curaca partió con sus guerreros.

*   *   *

Inca (con *i* mayúscula) emperador, soberano

Un día llegaron a la lejana provincia unos veloces chasquis. Anunciaron que el Inca Atahualpa había prometido al jefe de los invasores, en cambio de su libertad, una sala llena de oro y dos piezas más pequeñas llenas de plata. En todas partes del imperio mandaron recoger todos los metales preciosos.

Nadie rehusó, nadie murmuró cuando vino la orden de entregar los tesoros para rescatar al Hijo del Sol. Caravanas de riquezas maravillosas cruzaban el país por bosques, montañas, desiertos y ríos. Una de las caravanas paró en la casa del curaca, donde recibió muchos objetos de oro y de plata.

    El jefe que recogía los objetos de valor notó que Ima apartaba la urna. Como nunca había estado en aquella región, ignoraba las propiedades maravillosas de la urna sagrada.

    —¿Por qué aparta Ud. eso?—preguntó a la mujer del curaca.

    Ima le explicó el motivo por qué guardaba la urna. Al guerrero no le interesó la explicación. Él había recibido orden de recoger todos los objetos de oro y de plata.

    —Lo que Ud. dice no me importa—dijo a Ima—. ¡Déme la urna!

    —No; tome todo lo demás para el rescate del Inca, nuestro señor. Pero la urna he prometido no entregarla jamás.

    —En nombre del Inca, ¡déme la urna!

    —¡Jamás!

III

Viendo que Ima no consentía, el guerrero quiso quitarle el objeto sagrado por la fuerza. Los criados de la casa acudieron y hubo una lucha. El ruido del combate atrajo gente que tomó parte en favor de Ima. En la confusión del combate, Ima se escapó con el tesoro; iba a cumplir su promesa de arrojar la urna al lago y no dejarla caer en manos de los forasteros.

    El jefe había visto huir a Ima y la siguió. Ésta corría con tal velocidad a través del valle que su perseguidor varias veces la perdió de vista. Luego apareció a los ojos del jefe indio la superficie lisa y opaca del lago encantado.

    Allí alcanzó a Ima cuando ésta levantaba los brazos con la urna. Los dos lucharon unos instantes. La mujer del curaca, que no podía sostener con éxito una lucha desigual, tomó una resolución suprema. Con un movimiento repentino se libró de las manos del guerrero, y alzando la urna sagrada, se arrojó con ella al agua.

    El agua se agitó con un rumor de voces bajas y excitadas. El lago se iluminó pronto con una luz color de oro. El mágico espectáculo duró algunos instantes. El resplandor se apagó y el guerrero vio otra vez el lago tranquilo en la sombra. Tenía por cierto que el fenómeno extraordinario provenía de la urna sagrada, y que los dioses iban a castigarle. Lleno de espanto, olvidando su altivez de guerrero, volvió la espalda al lago misterioso, y huyó como un loco a través de las selvas.

    Al día siguiente hallaron el cuerpo sin vida del indio . . . Y la urna no cayó en manos de los conquistadores.

rescatar libertar pagando (*to ransom*)

apartaba retiraba

a través del valle por el valle

alzando levantando

altivez orgullo

PARA APLICAR

Comprensión I

A Contesta las siguientes preguntas.

1 ¿De qué se trata esta leyenda?
2 Describe el lago y el paraje donde se encuentra.
3 ¿Cómo se llega a ese lugar?
4 Antes de la conquista española, ¿quiénes habitaban esa región?
5 ¿Cómo era el curaca de ese pueblo?
6 ¿Qué objeto especial tenía él entre sus tesoros?
7 ¿De dónde vino esa urna?
8 ¿Tenía alguna virtud esa urna?
9 ¿Por qué era necesario cuidar mucho esa urna?
10 ¿Cuándo se exhibía la urna?
11 Cuenta algo de la tradición común que tenían las razas indias.
12 ¿Qué diferencia había entre la leyenda de los indios que vivían cerca del mar y los que vivían en las montañas?
13 ¿Qué noticia llevó cierto día un chasqui?

B Escoge la respuesta apropiada.

1 Es difícil llegar al lago encantado porque
   a. está en el norte de Argentina.
   b. está rodeado de montañas cubiertas de mucha vegetación.
   c. hay sólo una entrada estrecha.
2 Los habitantes allí
   a. eran vasallos de los incas.
   b. conquistaron a los españoles.
   c. conquistaron a los incas.
3 La urna que tenían los indios
   a. cayó en manos enemigas.
   b. poseía maravillosas virtudes.
   c. fue un regalo del abuelo del curaca.

4 La urna fue puesta en exhibición
   a. cuando reinaban los conquistadores.
   b. cuando llegaron hombres de lengua desconocida.
   c. cada año en la Fiesta del Sol.
5 Existían varias teorías acerca de
   a. dónde vivían los forasteros.
   b. los resultados de la llegada de los blancos.
   c. cómo llegarían los forasteros.
6 Resultó que
   a. la leyenda se convertía en realidad.
   b. los forasteros se quedaron en las costas.
   c. los forasteros temían entrar en las selvas.

Comprensión II

A Contesta las siguientes preguntas.

1 ¿Cómo reaccionó el pueblo a esta noticia?
2 ¿Qué le pasó a Atahualpa poco después de esto?
3 ¿Cómo afectaron las noticias del Cuzco a la esposa del curaca?
4 Relata algo del diálogo que tuvieron ellos sobre los sueños.
5 Antes de partir el curaca, ¿qué le dijo a Ima?
6 ¿Cuánto valoraba Atahualpa su libertad?
7 ¿Qué hicieron los incas para rescatar al Hijo del Sol?
8 ¿Qué sucedió cuando llegó una de las caravanas a la casa del curaca?
9 ¿Por qué se dirigió el jefe de la caravana a Ima?
10 ¿Qué orden había recibido el guerrero?

B Escoge la expresión de la segunda lista (2) que completa la idea empezada en la primera lista (1).

1	2
1 El noble curaca amaba	a. porque dijo que llegarían guerreros de todas partes a rescatarlo.
2 Cuando recibieron las primeras noticias del Cuzco,	b. porque no todos son enviados por los dioses.
3 El curaca confiaba que el Inca estaría libre	c. y caravanas de riquezas fueron mandadas al Cuzco.
4 Ima opinaba distinto porque	d. también indicaba calamidad.
5 Muchas veces los sueños engañan	e. a Ima con ternura y con pasión.
6 La bandada de pájaros que volaba hacia el norte	f. soñaba que las hojas caían de los árboles, lo cual era una señal de desgracia.
7 Antes de irse el curaca le dio a su esposa la urna	g. y exigió que Ima se la diera.
8 Más tarde llegaron unos chasquis anunciando	h. Ima tuvo sueños de mal agüero.
9 Nadie rehusó la orden de entregar sus objetos valiosos de oro y plata	i. que Atahualpa, prisionero de los invasores, había prometido grandes cantidades de oro y plata por su libertad.
10 El guerrero ignoraba las propiedades maravillosas de la urna	j. que no debía caer en manos del enemigo.

Sacsahuamán: fortaleza inca

Comprensión III

A Contesta las siguientes preguntas.

1 Viendo que Ima no consentía en darle la urna, ¿qué hizo el guerrero?
2 ¿Por qué se escapó Ima? ¿Qué iba a hacer?
3 ¿Quién la vio huir?
4 ¿Qué hizo él?
5 ¿Dónde alcanzó el jefe a Ima?
6 ¿Qué resolución tomó ella?
7 Describe lo que ocurrió en el lago cuando se arrojó Ima en el agua.
8 ¿Cómo afectó todo esto al guerrero?

B Para personalizar la lectura

1 ¿Eres supersticioso?
2 ¿Cuáles son algunas de las supersticiones en que crees?
3 ¿Tienes algunas posesiones que traen buena suerte? ¿Cuáles son? ¿Dónde las guardas?
4 ¿Lees tu horóscopo en el periódico cada día? ¿De vez en cuando?
5 ¿Cuál es tu signo del zodíaco?
6 ¿Llevas algún amuleto de ese signo?

PARA PRACTICAR

A Completa las siguientes oraciones con una palabra apropiada.

1 Una extensión de agua rodeada de tierra es un ⸺.
2 Los ⸺ vencieron a los indios.
3 El lago estaba rodeado de ⸺ altas.
4 Un sinónimo de *extranjero* es ⸺.
5 El cuento que se repite durante varias generaciones es una ⸺.
6 Un lugar seco donde no hay agua es un ⸺.
7 El que está sometido a otro es un ⸺.
8 *Esposo* es lo mismo que ⸺.
9 La ⸺ tiene muchos árboles y vegetación.
10 La sucesión de reyes de una familia forma una ⸺.

B Da una definición de las siguientes palabras.

1 el lago
2 la leyenda
3 el sueño
4 la isla
5 el combate
6 el oro
7 la selva
8 atrevido
9 alcanzar
10 disimular

Por si acaso . . .

1 Prepara un informe en español sobre la vida de los incas antes de la conquista, como se ve en esta leyenda.
   a. ¿Qué personajes son verdaderamente históricos?
   b. ¿Qué personajes son ficticios?
   c. ¿A qué sucesos históricos se refiere la leyenda?
   d. La tradición decía que la dinastía perecería si la urna caía en manos enemigas. ¿Resultó cierta esta creencia?
2 Menciona algunos personajes legendarios de otras culturas y describe sus hazañas.

La vieja del candilejo

Antonio Jiménez-Landi

PARA PRESENTAR LA LECTURA

Cada región de España tiene su bello tesoro de leyendas. Algunas tienen antiguos temas que recorrieron el mundo medieval; otras están inspiradas en mitos locales o en algún suceso histórico. La que sigue es una leyenda andaluza, tal vez desfigurada durante los años, que evoca el nombre de una calle de Sevilla, la de la cabeza del Rey don Pedro, y un extraño suceso de la época del rey del mismo nombre. La leyenda viene de una colección reunida por Antonio Jiménez-Landi.

Don Pedro I, hijo de Alfonso XI, fue rey de Castilla de 1350 hasta 1369. No le interesaba la doctrina caballeresca ni las maniobras políticas de la gente que le rodeaba. Fue hombre de acción, a veces demasiado dispuesto a matar primero y juzgar después. Sus partidarios le llamaban el Justiciero y sus enemigos, el Cruel.

PARA APRENDER EL VOCABULARIO

Palabras clave I

1 **ambas** las dos cosas, personas, etc.
Visitamos ambas ciudades en Andalucía.

2 **apresuró (apresurarse)** se dio prisa, no tardó
Rosa se apresuró a identificar al delincuente.

3 **bulto** figura que se distingue mal, masa indefinible
Notamos un bulto en el rincón que parecía el cuerpo de un hombre.

4 **candil** lámpara de aceite
Ese candil es muy bonito pero da poca luz.

5 **naranjo** árbol cuya fruta es la naranja
Este naranjo tiene más de cien años y da naranjas muy dulces.

6 **restaurar** reparar o reconstruir en su forma original
Los artesanos restauraron el edificio al estilo morisco.

7 **rezar** orar de palabra, recitar las oraciones usadas por la iglesia
Delante del altar se puso de rodillas para rezarle a Dios.

8 **temporadas** espacios de tiempo que se dedican habitualmente a algo
En la temporada de vacaciones siempre vamos a la playa.

Práctica

Completa con una palabra de la lista.

rezar	el candil	temporadas
el naranjo	restaurar	ambas
apresuró	el bulto	

1 Con la luz de _____ Adela pudo ver el camino.

2 Todos los domingos va a la iglesia a _____.

3 Don Pedro hizo _____ el Alcázar de Sevilla para vivir en él.

4 A don Pedro le gustaba pasar largas _____ en el palacio restaurado.

5 No pudo identificar _____ que vio en la calle.

6 Alguien plantó _____ en el huerto del palacio hace muchos años.

7 Quería _____ cosas pero tuvo que escoger sólo una.

8 Se _____ a iniciar la reunión porque tenía muchos temas que presentar.

Palabras clave II

1 **asunto** tema
Es un asunto de gran importancia.

2 **ejercer** practicar un oficio o facultad
El rey quería ejercer su autoridad de justiciero.

3 **pegado (pegar)** colocado firmemente con un clavo, goma, etc.
Han pegado fotos del candidato en todos los árboles del barrio.

4 **prende (prender)** se apodera de un delincuente
Busca al ladrón y préndelo antes de que abandone la ciudad.

Práctica

Completa con una palabra de la lista.

pegado	prende
el asunto	ejercer

1 No entendí _____ que discutían.

2 La víctima, al ver al ladrón, le gritó a su amiga: ¡_____ a ese miserable!

3 ¿Qué tienes _____ al zapato? ¿Goma de mascar?

4 Es abogada, pero no quiere _____ más su profesión, ya que está vieja y enferma.

Palabras clave III

1 **amenazas** declaraciones de malos intentos (threats)
No tengo miedo de sus amenazas.

2 **prosiguió (proseguir—i)** siguió o continuó después de una interrupción
El Alcalde Mayor entró y el rey prosiguió con la investigación.

3 **recorría (recorrer)** caminaba, andaba
La policía recorría toda la ciudad en busca del asesino.

4 **temblar (ie)** agitarse con movimiento frecuente y rápido
El culpable va a temblar más al saber su castigo.

Práctica

Completa con una palabra de la lista.

las amenazas prosiguió
recorría temblar

1 Yo _____ toda la escuela varias veces al día.

2 Van a _____ de frío si no les permiten entrar.

3 Después de una pausa la doctora _____ con el examen.

4 A pesar de _____ el rey se portó como un gran líder de su pueblo.

El Alcázar de Sevilla y sus jardines

La vieja del candilejo

Antonio Jiménez-Landi

I

candilejo lámpara pequeña
sucedido suceso
partidarios *followers*
justiciero *strictly fair, stern*
amplió hizo más grande

retorcido *twisted*

lóbrega oscura, tenebrosa
angosta estrecha

desfallecida *faint*

ventanuco ventana pequeña
mortecina *dying, pale, wan*
membrudo muscular, fuerte
diestra mano derecha

torpeza poca habilidad

pisadas *steps*
muro pared
choquezuelas, rótulas *kneecaps*

En Sevilla hay una calle que se llama la calle de la cabeza del Rey don Pedro. Este nombre evoca un sucedido de la época de don Pedro I de Castilla, a quien sus partidarios llamaban el Justiciero y sus enemigos, el Cruel.

A don Pedro le gustaba mucho residir en Sevilla; hizo restaurar su alcázar morisco, lo amplió con magníficos salones y pasaba grandes temporadas en él. Todavía, al cabo de los siglos, se conserva un antiquísimo y retorcido naranjo en sus jardines maravillosos, que, según tradición, fue plantado por el propio don Pedro.

Era una noche lóbrega. No se oía ningún ruido en la angosta callejuela, cuyos vecinos dormían ya, sin duda, salvo la viejecita que habitaba, sola, en una casa muy pobre.

De pronto se oyó el choque de unas espadas, allí mismo, en el esquinazo de la calle y, poco después, una voz agónica, desfallecida, que exclamaba: «¡Dios me valga! ¡Muerto soy!»

La viejecilla, sin pensar en las consecuencias que podría tener aquel acto, cogió el candilejo que la alumbraba y se dirigió a un ventanuco de la habitación. A la mortecina luz del candil pudo ver, entonces, el bulto de un hombre bañado en sangre y caído sobre las piedras de la calle y, a su lado, un caballero membrudo y alto, que permanecía con la espada en la diestra. La luz del candil iluminó el rostro del matador, quien se apresuró a cubrirlo con ambas manos, de manera que la curiosa mujer no pudo conocerle entonces.

Quizá arrepentida por lo que acababa de hacer, la vieja retiróse del ventanuco precipitadamente, pero con tan mala fortuna, quizá torpeza, que el candil se le cayó a la calle.

Su curiosidad no había quedado satisfecha; permaneció detrás de la ventana, para escuchar, y pronto oyó las pisadas del matador, bajo el muro, y el ruido, que ya conocía bien, de sus choquezuelas, o rótulas, al andar.

Por ese ruido tan extraño conoció que el matador era el caballero que pasaba todas las noches, a la misma hora, por debajo de su ventana. La viejecita le había visto, furtivamente, más de una vez y sabía quién era.

—¡Sálvanos, Virgen de los Reyes!—exclamó, y se puso a rezar.

A la mañana siguiente, los alguaciles de la ciudad hallaron el cadáver de la víctima, y el Alcalde Mayor, que era don Martín Fernández Cerón, comenzó rápidamente sus pesquisas para descubrir y encarcelar al asesino.

Se sospechaba de los judíos y de los moriscos, pobladores de aquel barrio. Alguien habló de una hermosa dama que recibía la visita de un personaje principal a altas horas de la noche; pero todos ignoraban quién pudiera ser el galanteador.

Los vecinos próximos al lugar del criminal suceso no sabían absolutamente nada, ni habían oído nada, ni nada podían declarar.

El hecho levantó muchos comentarios en Sevilla y no pocas censuras contra la negligencia de sus autoridades. Hasta que el rumor público llegó a oídos del propio Rey como una oleada de protestas contra sus justicias, nombre que se daba, genéricamente a los encargados de ejecutarla.

furtivamente *furtively*

alguaciles *bailiffs, constables*
Alcalde Mayor *Lord Mayor*
pesquisas investigaciones
pobladores habitantes

galanteador hombre que trata de enamorar a una mujer

oleada *big wave*

II

D on Pedro tuvo que tomar cartas en el asunto y llamó, con premura, al Alcalde Mayor.

—¿Es posible que dentro de Sevilla maten a un hombre y ni tú ni tus alguaciles hayáis averiguado, todavía, quién es el culpable? ¿Ni siquiera habéis encontrado algún indicio que os sirva de rastro para dar con él? ¿Puede ejercerse así la justicia que me ha dado fama?

El Alcalde Mayor se excusaba en vano:

—Señor, hemos hecho todas las averiguaciones imaginables; pero he de confesar que, hasta ahora, han resultado inútiles; en el lugar del suceso tan sólo hemos hallado un candil pegado al muro de la casa donde vive una pobre mujer muy viejecilla, a quien, sin duda, pertenece. Pero esto, ¿qué puede probarnos?

—¿Has tomado declaración a esa anciana?

—Sí, Alteza; y ha reconocido el candil como suyo, pero asegura no saber nada más.

—Préndela de nuevo y tráela a mi presencia. Yo te aseguro que delante de mí tendrá que declarar.

El Alcalde Mayor salió del Real Alcázar temeroso y corrido, porque sabía muy bien que si el Rey se interesaba por el asunto y

tomar cartas en el asunto *to look into the matter*
premura *urgency, haste*

rastro *track, trail*
dar con *find*

corrido *ashamed, abashed*

si éste no se esclarecía pronto, su cabeza había de pagar por la del misterioso matador, y le faltaron minutos para dar cumplimiento a la orden recibida.

Algunas horas más tarde don Martín regresó al Alcázar, en uno de cuyos salones moriscos tuvo lugar la escena siguiente:

—Señor, ésta es la vieja—dijo don Martín.

La débil mujer se estremecía de miedo. ¿Cuándo se había visto ella delante del Rey, en un palacio que le pareció de leyenda? Ningún contraste más elocuente que el de aquella vieja arrugada, retorcida como un haz de sarmientos, pequeñita, casi miserable, y del corpulento monarca, de gesto duro, de mirada fría, en lo más florido de su juventud, rodeado de un lujo oriental.

Preguntó el Alcalde Mayor:

—¿Conoces este candil?

—Sí . . . ya he dicho que es mío—balbució la anciana.

—¿Y no has reconocido a la persona que mató al caballero?

—No la vi . . .

—Está bien—continuó el Alcalde—. Quieres que te obliguemos a confesar y vas a hacerlo muy pronto.

Los sayones empuñaron los vergajos, y ya se disponían a descargarlos fieramente sobre la insignificante viejecilla, cuando dijo el monarca:

—Si sabes quién es el matador, te ordeno que declares su nombre. Mi justicia es igual para todos y nada tienes que temer de ella.

Pero la anciana, pálida y temblorosa, no se atrevía a fijar los ojos en don Pedro, que, sin duda, le parecía algún semidiós.

Y solamente pudo balbucir unas palabras ininteligibles.

—Empezad . . . —ordenó don Martín a los sayones.

III

—Todavía no—dijo don Pedro—. Mujer, por última vez te mando que delates al asesino, sea quien fuere, y si no lo haces te mandaré a ti a la horca.

—¡Responde!—gritó, fuera de sí, el Alcalde—. Vamos . . . ¿Quién ha sido?

Pero la vieja callaba. Don Pedro insistió nuevamente, volvió don Martín a sus amenazas, avanzaron los sayones hacia la víctima y, tan acosada se vio ésta que, al fin, sacando fuerzas de su debilidad respondió temerosa pero con aplomo:

—El Rey.

El espanto paralizó los brazos de los verdugos y selló la boca de don Martín. ¿Qué iba a suceder, santo cielo? Mejor era que se abriese la boca.

Pero don Pedro, con voz templada y firme, rompió aquel silencio de muerte para declarar ante el general asombro:

—Has dicho la verdad y la justicia te ampara.

Sacó luego una bolsilla con cien monedas de oro y se la entregó a la mujer, añadiendo:

—Toma; el Rey don Pedro sabe premiar a quien le sirve bien.

La viejecilla creyó que estaba soñando, mientras cogía la bolsa . . .

Prosiguió el monarca:

—En cuanto al homicida, será ajusticiado . . . Ya lo oyes, don Martín . . .

El Alcalde empezó a temblar; un escalofrío recorría todo su cuerpo, desde las uñas de los pies hasta las puntas de los cabellos venerables.

Nuevamente la voz de don Pedro, grave, reposada, le sacó de su angustiosa perplejidad. Añadió el soberano:

—Mas como nadie puede dar muerte al rey de Castilla, mando que se degüelle su efigie, que se le corte la cabeza y que ésta se ponga en la misma esquina de la calle donde fue muerto el caballero, para que sirva de escarmiento a todas las gentes.

Y así se hizo. Durante muchos años, una cabeza de don Pedro el Cruel estuvo colgada en aquella esquina de la calle de la cabeza del Rey don Pedro.

verdugos *executioners*
selló *sealed*

ampara *protects, shelters*

homicida asesino
ajusticiado ejecutado
escalofrío *chill, shiver*

se degüelle *be disgorged*

escarmiento *warning, lesson*

PARA APLICAR

Comprensión I

A Contesta las siguientes preguntas.

1 ¿En qué ciudad se encuentra la calle de la cabeza del Rey don Pedro?
2 Don Pedro I de Castilla, ¿era don Pedro el Cruel o don Pedro el Justiciero?
3 El antiquísimo naranjo que se conserva todavía, ¿fue plantado por don Pedro o por la viejecita?
4 ¿Quién habitaba sola en la casita pobre de la callejuela?
5 ¿Qué exclamó la voz agónica?
6 ¿Estaba vivo o muerto el hombre bañado en sangre?
7 ¿Por qué no quedó satisfecha la curiosidad de la vieja al iluminar el rostro del asesino?
8 ¿Dónde permaneció para escuchar?
9 ¿Cuándo hallaron el cadáver de la víctima los alguaciles?
10 ¿Qué sabían los vecinos próximos al lugar del suceso criminal?

B Para personalizar la lectura

1 ¿Has sido testigo alguna vez de un accidente o un crimen? Habla más sobre el tema.

2 ¿Has tenido que dar una deposición *(testimony under oath)*? Explica. ¿Quién tomó la deposición?

3 ¿Has tenido que dar testimonio en un juicio? ¿Bajo qué circunstancias? ¿Estabas nervioso?

4 ¿Opinas que hay injusticias en nuestra sociedad? ¿Cuáles son? Explica tu opinión.

Comprensión II

A Contesta las siguientes preguntas.

1 ¿Por qué tuvo que intervenir el propio Rey don Pedro?

2 ¿Dónde habían hallado los alguaciles el candil?

3 ¿Por qué salió el Alcalde Mayor muy temeroso a buscar a la vieja?

4 ¿Regresó don Martín con la vieja o solo?

5 ¿Reconoció la vieja el candil?

6 ¿Confesó el Alcalde Mayor que conocía a la persona que mató al caballero?

7 ¿La conocía?

B Escoge la respuesta apropiada.

1 El rey quería
  a. jugar cartas con el Alcalde Mayor.
  b. saber si habían encontrado algún rastro que les ayudara.
  c. matar a los alguaciles.

2 Lo único que habían hallado fue
  a. una viejecilla pegada al lado de la casa donde vivía.
  b. la necesidad de tener todas las averiguaciones posibles.
  c. un candil debajo de una ventana.

3 El rey
  a. asustó al Alcalde Mayor.

b. fue a prender a la anciana.
  c. reconoció el candil como suyo.

4 Al entrar en el alcázar la anciana
  a. temblaba de miedo.
  b. hizo estremecerse al corpulento monarca.
  c. le dio una mirada fría al joven rey.

Comprensión III

A Contesta las siguientes preguntas.

1 ¿Qué castigo prometió don Pedro a la mujer si no declaraba el nombre del asesino?

2 ¿Por qué tenía más miedo la viejecilla de declarar el nombre del asesino que de sufrir castigo por no declararlo?

3 ¿Qué dijo don Pedro ante la terrible acusación?

4 ¿Por qué sabemos si se trata o no de un suceso cierto?

5 ¿Cuántas cabezas de don Pedro el Cruel hubo en Sevilla durante muchos años según se entiende por la leyenda?

B Escribe las oraciones siguientes en el orden en que ocurrieron en la selección.

1 Los sayones se dispusieron a castigar a la pobre viejecilla.

2 El rey le mandó que dijera quién era el asesino.

3 La señora no se atrevía a mirar al rey.

4 Cuando todos comenzaron a gritarle, amenazándola de muerte, ella encontró fuerzas para nombrar al rey.

5 Por decir la verdad recibió cien monedas de oro como premio.

6 El rey sorprendió a todos diciendo que el culpable sería castigado.

7 Mandó que se cortara la cabeza de su efigie para que sirviera de escarmiento a todos.

PARA PRACTICAR

Completa las siguientes oraciones con una palabra de la lista.

temporada	amenazas	asunto
prosiguió	ejerce	me atrevo
restaurar	arrepentida	arrugada
soñando	se dirigió	regresará

1   Yo no _____ a acusarle del crimen.
2   Pasaron una _____ en Sevilla.
3   La ladrona se da cuenta de lo serio de sus acciones, y está _____.
4   Yo estoy _____ con conocer Sevilla.
5   Más tarde _____ con la pesquisa.
6   Ellas no se interesan por este _____ personal.
7   El palacio está en malas condiciones, pero lo van a _____.
8   Siempre nos asusta con sus _____.
9   Es ingeniero pero no _____ su profesión.
10 Arrojaron su ropa en la silla y ya está completamente _____.
11 La policía _____ mañana a las ocho.
12 La vieja _____ hacia el palacio.

Por si acaso . . .

1   Busca algunos detalles de la vida de don Pedro I de Castilla. Luego, haz uno de los siguientes ejercicios:
   a.   Prepara un breve párrafo discutiendo lo que quiere decir el rey don Pedro cuando en el cuento habla de «la justicia que me ha dado fama».
   b.   Escribe una composición titulada «El reino tempestuoso de don Pedro el Cruel».
   c.   Prepara un informe (oral o escrito) comentando por qué don Pedro I de Castilla merece los dos apodos: el Justiciero y el Cruel.
2   Escribe un diálogo de la última escena, comenzando con el rey ordenando que declare quién es el asesino. Preséntalo a la clase con la ayuda de unos compañeros.
3   ¿En qué consiste el interés del desenlace? ¿Cómo creías que iba a terminar?

La camisa de Margarita

Ricardo Palma

PARA PRESENTAR LA LECTURA

Ricardo Palma (1833–1919) es el creador de un género literario llamado «la tradición». Trabajando de bibliotecario, Palma se inspiró en crónicas viejas, documentos legales, dibujos y mapas que encontró en la Biblioteca Nacional del Perú para desarrollar una especie de anécdota histórica. Al fondo histórico, Palma aña-dió leyendas románticas, narradas con nostalgia y con humor, en las cuales nos revela no sólo la historia peruana sino la cultura y la gracia de la época incaica, colonial, y republicana.

Como se hace en todas las leyendas, Palma dio rienda suelta a su imaginación para incluir algo de verdad y algo de ficción. A la vez se preocupó mucho del estilo para asegurar una obra de perfección.

«La camisa de Margarita» es una de las tradiciones más popula-res de la época colonial. Los peruanos suelen decir cuando sube el precio de un artículo: —¡Esto es más caro que la camisa de Margarita Pareja!

PARA APRENDER EL VOCABULARIO

Palabras clave I

1 **al fiado** dado a crédito, sin pagar en seguida
Compramos el coche al fiado.

2 **cautivan (cautivar)** aprisionan, atraen
Esos músicos cautivan a su público.

3 **cayó (caer) en gracia** le gustó
Al joven no le cayó en gracia que su pa-dre hablara con la profesora.

4 **echó (echar) flores** dijo cosas bonitas a alguien

El candidato, buscando votos, le echó flores al grupo.

5 **logro** lo que uno obtiene como resultado de sus esfuerzos, ganancia

La señorita Morales trabajó noche y día para el logro de una buena posición.

6 **lucía (lucir)** brillaba, mostraba físicamente

El novio lucía una sonrisa incomparable después de la ceremonia.

7 **mimada (mimar)** tratada con demasiado cariño, consentida

Este niñito ha sido tan mimado por su tío que ya no quiere volver a su propia casa.

Práctica

Completa con una palabra de la lista.

mimados	el logro	al fiado
lucía	echó flores	cautivan
cayó en gracia		

1 La joven rechazó al galán que le _____.
2 Esa carta de su hijo no le _____ al padre.
3 _____ de una buena educación no es fácil.
4 Sus ojos _____ a todos los que los miran.
5 El ganador del premio _____ una expresión de alegría.
6 Generalmente los nietos son _____ por los abuelos.
7 No tengo mucha plata. ¿Me permite comprarlo _____?

Palabras clave II

1 **botica** donde se preparan y se venden medicinas, farmacia

Se puede comprar aspirina en la botica.

2 **chisme** murmuración, cuento (*gossip*)

El chisme hace enemigos de los que lo repiten.

3 **envenenarse** tomar veneno, tomar algo que puede matarle o hacerle daño

Hay peligro de envenenarse tomando medicinas no recetadas por el médico.

4 **regalará (regalar)** dará de regalo

Prometió regalarle un librito a la niña.

5 **suegro** padre de uno de los esposos respecto del otro (*father-in-law*) (**suegros** = *in-laws*)

A veces los recién casados tienen que vivir en casa de los suegros.

Práctica

Completa con una palabra de la lista.

suegro	regalarles	el chisme
la botica	envenenarse	

1 El señor Torres tenía miedo de _____; por eso nunca comía lo que él mismo no había preparado.
2 El favorito de todos mis parientes es mi _____.
3 Le gustó oír _____, pero no lo va a repetir.
4 El farmacéutico prepara las medicinas en _____.
5 Queremos _____ muebles o plata a los novios.

Palabras clave III

1 **alfiler** clavillo de metal con punta por un extremo y cabeza por el otro
   Al hacer vestidos, el alfiler sirve para pegar la tela antes de coserla.
2 **arguyó (argüir)** puso argumentos contra algo
   Yo no quería pelear, pero él arguyó hasta la medianoche.
3 **arrodillándose (arrodillarse)** poniéndose de rodillas
   Arrodillándose en la tierra, el campesino examinó las nuevas plantitas.
4 **juramento** lo que uno promete hacer (*oath*)
   El juez hizo juramento/de obedecer las leyes.
5 **testarudo** que persiste con exceso en su opinión, obstinado
   Esta gente es más testaruda que una mula.

Práctica

Completa con una palabra de la lista.

el juramento   arrodillándose   testarudo
el alfiler   arguyó

1 Tienes que ser más razonable; no seas tan _____.
2 El hombre testarudo _____ toda la noche.
3 Ella se lastimó el dedo con _____ dejado en el vestido.
4 El viejo estaba _____ con mucha dificultad delante del altar.
5 Siendo ella misma una persona honrada, la princesa tomó en serio _____ del caballero.

Lima: patio colonial

La camisa de Margarita

Ricardo Palma

I

Probable es que algunos de mis lectores hayan oído decir a las viejas de Lima, cuando quieren ponderar lo subido de precio de un artículo: —¡Qué! Si esto es más caro que la camisa de Margarita Pareja.

Margarita Pareja era (por los años 1765) la hija más mimada de don Raimundo Pareja, caballero de Santiago y colector general del Callao.

La muchacha era una de esas limeñitas que, por su belleza, cautivan al mismo diablo y lo hacen persignarse. Lucía un par de ojos negros que eran como dos torpedos cargados de dinamita y que hacían explosión sobre el alma de los galanes limeños.

Llegó por entonces de España un arrogante mancebo llamado don Luis de Alcázar. Tenía éste en Lima un tío aragonés, solterón y acaudalado.

Mientras le llegaba la ocasión de heredar al tío, vivía nuestro don Luis tan pelado como una rata. Hasta sus trapicheos eran al fiado y para pagar cuando mejorase de fortuna.

En la procesión de Santa Rosa conoció Alcázar a la linda Margarita. La muchacha le llenó el ojo y le flechó el corazón. Le echó flores, y aunque ella no le contestó ni sí ni no, dio a entender con sonrisitas y demás armas del arsenal femenino que el galán era plato muy de su gusto. La verdad es que se enamoraron hasta la raíz del pelo.

Como los amantes olvidan que existe la aritmética, creyó don Luis que para el logro de sus amores no sería obstáculo su presente pobreza, y fue al padre de Margarita, y le pidió la mano de su hija.

A don Raimundo no le cayó en gracia la petición, y cortésmente despidió al postulante, diciéndole que Margarita era aún muy niña para tomar marido; pues a pesar de sus diez y ocho mayos, todavía jugaba a las muñecas.

ponderar lo subido de precio *exagerar el valor de algo*

caballero de Santiago *knight of the order of St. James, patron saint of Spain*
el Callao *puerto de Lima*
persignarse *hacer la señal de la cruz*
mancebo *joven*
aragonés *de Aragón, provincia del norte de España*
acaudalado *rico*

tan pelado como una rata *pobre (poor as a church mouse)*
trapicheos *insignificant or illicit transactions*
le flechó el corazón *drove an arrow through his heart, stole his heart*

postulante *el que pide algo*
muñecas *dolls*

verdadera madre del ternero razón verdadera
pobretón una persona pobre e insignificante
altivo con cualidad de altivez
el Cid héroe nacional de España, Rodrigo Díaz de Vivar
trinó de rabia gritó enojado
Desairar Insultar
Muchos . . . pecho *Many would be tickled*
emparentar con llegar a ser pariente de
gallardo bien parecido
¿adónde . . . colectorcillo? *what does that petty tax collector think he's doing to me?*
gimoteó lloró
se le sublevaban se excitaban
acontecía sucedía
curanderas personas que hacen de médico sin serlo
encerrarla en el cajón *put her in a coffin*
se . . . posta se nos muere
desabrimiento disgusto
varee la plata tenga dinero
borrascoso *stormy*
rogaba *begged*
más . . . parra *the more obstinate the Aragonés became*
desahuciado sin esperanza
terciando en la cuestión interrumpiendo
ochavo moneda de poco valor

P ero no era ésta la verdadera madre del ternero. La negativa nacía de que don Raimundo no quería ser suegro de un pobretón; y así hubo de decirlo en confianza a sus amigos, uno de los que fue con el chisme a don Honorato, el tío aragonés. Éste, que era más altivo que el Cid, trinó de rabia y dijo:

—¡Cómo se entiende! ¡Desairar a mi sobrino! Muchos se darían con un canto en el pecho por emparentar con el muchacho, que no hay más gallardo en todo Lima. Pero, ¿adónde ha de ir conmigo ese colectorcillo?

Margarita gimoteó, y se arrancó el pelo, y si no amenazó con envenenarse, fue porque todavía no se habían inventado los fósforos.

Margarita perdía colores y carnes, se desmejoraba a vista de ojos, hablaba de meterse de monja.

—¡O de Luis o de Dios!—gritaba cada vez que los nervios se le sublevaban, lo que acontecía una hora sí y la otra también.

Alarmóse el caballero santiagués, llamó a físicos y curanderas, y todos declararon que la única medicina salvadora no se vendía en la botica. O casarla con el varón de su gusto, o encerrarla en el cajón. Tal fue el ultimátum del médico.

Don Raimundo (¡al fin, padre!) se encaminó como loco a casa de don Honorato y le dijo:

—Vengo a que consienta usted en que mañana mismo se case su sobrino con Margarita; porque, si no, la muchacha se nos va por la posta.

—No puede ser—contestó con desabrimiento el tío—. Mi sobrino es un pobretón, y lo que usted debe buscar para su hija es un hombre que varee la plata.

El diálogo fue borrascoso. Mientras más rogaba don Raimundo, más se subía el aragonés a la parra, y ya aquél iba a retirarse desahuciado cuando don Luis, terciando en la cuestión, dijo:

—Pero, tío, no es de cristianos que matemos a quien no tiene la culpa.

—¿Tú te das por satisfecho?

—De todo corazón, tío y señor.

—Pues bien, muchacho, consiento en darte gusto; pero con una condición, y es ésta: don Raimundo me ha de jurar que no regalará un ochavo a su hija ni le dejará un real en la herencia.

A quí se entabló un nuevo y más agitado litigio.

—Pero, hombre—arguyó don Raimundo—, mi hija tiene veinte mil duros de dote.

—Renunciamos a la dote. La niña vendrá a casa de su marido nada más que con lo encapillado.

—Concédame usted entonces obsequiarle los muebles y el ajuar de novia.

—Ni un alfiler. Si no acomoda, dejarlo y que se muera la chica.

—Sea usted razonable, don Honorato. Mi hija necesita llevar siquiera una camisa para reemplazar la puesta.

—Bien. Para que no me acuse de obstinado, consiento en que le regale la camisa de novia, y san se acabó.

Al día siguiente don Raimundo y don Honorato se dirigieron muy de mañana a San Francisco, arrodillándose para oír misa, y, según lo pactado, en el momento en que el sacerdote elevaba la Hostia divina, dijo el padre de Margarita: —Juro no dar a mi hija más que la camisa de novia. Así Dios me condene si perjurare.

Y don Raimundo Pareja cumplió su juramento; porque ni en la vida ni en muerte dio después a su hija cosa que valiera un maravedí.

Los encajes de Flandes que adornaban la camisa de la novia costaron dos mil setecientos duros. El cordoncillo que ajustaba al cuello era una cadeneta de brillantes, valorizada en treinta mil morlacos.

Los recién casados hicieron creer al tío aragonés que la camisa a lo más valdría una onza, porque don Honorato era tan testarudo que, a saber lo cierto, habría forzado al sobrino a divorciarse.

Convengamos en que fue muy merecida la fama que alcanzó la camisa nupcial de Margarita Pareja.

se entabló comenzó
litigio pelea
de dote *for her dowry*

lo encapillado la ropa que lleva
el ajuar de novia *trousseau*
acomoda acepta

san se acabó eso es todo

perjurare *I perjure myself*

maravedí moneda de poco valor
encaje *lace*
Flandes hoy Holanda y Bélgica
cadeneta de brillantes *small chain of diamonds*
morlacos moneda de cinco pesetas españolas
a lo más valdría una onza *at the most was worth very little*

PARA APLICAR

Comprensión I

A Contesta las siguientes preguntas.

1 ¿Qué suelen decir las viejas de Lima al hablar de algo de mucho valor?

2 ¿En qué época vivió Margarita?
3 ¿Cómo se sabe que el padre la quería mucho?
4 ¿Cómo eran los ojos de Margarita?
5 ¿Por qué vivía don Luis con su tío?

6   ¿Pagaba sus deudas a tiempo?
7   ¿Cuándo conoció a Margarita?
8   ¿Cómo le impresionó Margarita?
9   ¿Cómo respondió Margarita a las flores que él le echó a ella?
10 ¿Qué quiere decir Ricardo Palma con «los amantes olvidan que existe la aritmética»?
11 ¿Qué dijo don Raimundo cuando don Luis le pidió la mano de su hija?

B   Escoge la respuesta apropiada.

1   ¿Qué quiere decir «Esto es más caro que la camisa de Margarita Pareja»?
   a.   Las viejas de Lima son muy altas.
   b.   Un artículo tiene un valor muy exagerado.
   c.   Los precios en Lima son altos.
2   ¿Quién era Margarita Pareja?
   a.   la hija más mimada del colector general
   b.   el diablo en forma humana
   c.   una limeña que se persignaba al ver al diablo
3   Describe a don Luis Alcázar.
   a.   Era un galán limeño que hacía explosiones de dinamita.
   b.   Era solterón y acaudalado.
   c.   Era un español joven y altivo.
4   ¿Por qué vivía con su tío?
   a.   Esperaba heredar la fortuna de ese pariente.
   b.   Quería ahorrar dinero.
   c.   Podía pagar la renta al fiado.
5   ¿Qué sucedió cuando Margarita y don Luis se conocieron?
   a.   El Alcázar se rindió.
   b.   Se llenó el arsenal de armas.
   c.   El galán le cayó en gracia a la limeña.
6   Después de darse cuenta de que estaban enamorados, ¿qué hizo don Luis?
   a.   Creyó que Margarita era demasiado grande para jugar a las muñecas.

   b.   Estudió la aritmética para lograr sus amores.
   c.   Le dijo a don Raimundo Pareja que quería a su hija en matrimonio.

Comprensión II

Contesta las siguientes preguntas.

1   ¿Cuál era la verdadera razón por la cual el padre no permitió que don Luis se casara con su hija?
2   ¿Qué indiscreción cometió don Raimundo?
3   ¿Cómo era el tío de don Luis?
4   ¿Cómo se puso el tío cuando supo el chisme pronunciado al amigo en confianza?
5   ¿Cómo se portó Margarita al tratar de persuadir a su padre?
6   Viendo a Margarita enferma y débil, ¿qué hizo el padre?
7   ¿Cuál fue el diagnóstico de los médicos?
8   Olvidándose de su orgullo y portándose como padre, ¿qué hizo don Raimundo?
9   ¿Qué razón le dio don Honorato para no consentir en la boda?
10 ¿Cómo fue resuelta la pelea entre los dos caballeros?
11 Al ceder a la petición, ¿qué condición impuso el tío?

Comprensión III

A   Contesta las siguientes preguntas.

1   ¿Cuánto valía la dote de la hija?
2   Cita los regalos a los que el tío renunció.
3   ¿En qué consintió para que no lo acusaran de obstinado?
4   ¿Cuándo y dónde prometió don Raimundo que nunca daría nada a su hija?
5   ¿Cumplió con su palabra?
6   ¿Cómo era la camisa regalada a Margarita por su padre?

7 ¿Qué secreto tuvieron que ocultarle al tío?
8 ¿Qué habría hecho don Honorato si hubiera sabido el valor de la camisa?
9 ¿En qué podemos convenir?

B Completa las oraciones según la selección.

1 Se entabló otro litigio más _____.
2 Margarita tenía dote de _____.
3 La niña vendría a casa de su marido con _____.
4 El padre quería obsequiarle los _____ y el _____.
5 El padre insistía que Margarita necesitaba llevar por lo menos _____.
6 En la iglesia de San Francisco, arrodillado delante del altar, el padre dijo: —Así Dios _____.
7 Los _____ de Flandes que adornaban la camisa costaron _____.
8 El _____ era una cadeneta _____.
9 _____ hicieron creer al tío que la camisa valía poco.
10 Don Honorato era tan _____ que, al saber la verdad, habría forzado al _____.

Lima

PARA PRACTICAR

A Da un sinónimo de las siguientes expresiones.

1	farmacia	6	joven
2	suceder	7	ponerse de rodillas
3	obsequiar	8	obstinado
4	estar de acuerdo	9	insultar
5	gustar	10	palabra de honor

B Reemplaza las palabras en letra bastardilla con una de las palabras o expresiones de la lista.

al fiado	se envenenó	mi suegro
se desmejoraba	echó flores	el logro de
solterón	un pobretón	cautivó
		chismes

1 El mancebo le *dijo cosas bonitas.*
2 Margarita *se empeoraba* cada día.
3 Mi marido no ha llegado, pero *su padre* está.
4 El cazador *aprisionó* al pájaro en una jaula.
5 No te preocupes. Llévatelo *pagando más tarde.*
6 *Se mató* con un ácido fuerte.

7 No quieren oír *murmuraciones* de sus amigos.
8 Por tener la responsabilidad de cuidar a sus padres, él se quedó *sin casarse.*
9 Para *conseguir* su educación, estudió y trabajó.
10 Él es *tan pelado como una rata.*

Por si acaso . . .

1 ¿Qué acciones de los personajes de la selección nos parecen hoy anticuadas y extrañas?
2 Imagínate que el tío sospechó que el padre de Margarita les estuviera regalando dinero, ropa, etc. Escribe una escena entre los dos personajes en la cual el padre se defiende, y convence al tío de que no tiene razón. Estas palabras te pueden ayudar en tu dramatización. Puedes usar los verbos en cualquiera de sus formas conjugadas.

juramento	enfrentarse con
divorciarse	acaudalado
perjurarse	pobretón
camisa de novia	equivocado

PARA PRESENTAR LA LECTURA

Los que visitan la catedral de Santo Domingo de la Calzada como turistas así como los fieles que asisten regularmente a las misas no pueden menos de notar algo muy curioso. Construido encima de uno de los altares ornados hay un gallinero. A un lado, tallado en la piedra se encuentra la figura de un gallo y al otro lado, la de una gallina. Enjauladas tras una reja protectora hay gallinas vivas que a veces añaden su cacareo a las voces del coro. ¿Por qué en Santo Domingo de la Calzada canta la gallina después de asada? La leyenda de un milagro nos lo explica.

La catedral de Santiago de Compostela

La leyenda de Santo Domingo de la Calzada

hospedería casa donde se pueden alojar peregrinos y pobres
peregrinos viajeros por tierras santas *(pilgrims)*
se encaprichó se interesó por él como capricho
desaire falta de atención a una persona
morral saco, bolsa
ahorcado persona muerta al ser colgada por el cuello
cadalso horca, tablado construido para ejecutar a los condenados a la horca
corregidor oficial de justicia

trinchante tenedor grande que sujeta lo que se va a cortar
prodigio milagro

claveros los que tienen custodia de las llaves

cacareo el canto de las gallinas
litúrgico relativo a la forma determinada por la iglesia para la celebración de los oficios divinos

Cuenta la leyenda que llegaron a la hospedería de Santo Domingo tres peregrinos: un matrimonio acompañado de un hijo adolescente. Una criada que atendía a los huéspedes se encaprichó con el muchacho y, cuando él la rechazó, se vengó del desaire metiendo en su morral una valiosa copa de plata y denunciándolo luego como autor del robo. Siguiendo la ley que regía en aquella época, el muchacho fue condenado a muerte por ladrón y luego ahorcado. Los padres, sin poder hacer nada por él, siguieron tristemente su peregrinaje, cumplieron con su visita a la tumba del apóstol en Santiago de Compostela y, ya de regreso, pasaron por el cadalso donde vieron a su hijo colgado, pero vivo y alegre de volverles a encontrar.

Convencidos de que se hallaban ante un milagro de Santo Domingo, los viejos corrieron a la casa del corregidor para darle cuenta de lo que habían contemplado y pedirle perdón para su hijo, que tan milagrosamente había sobrevivido. Pero el corregidor, que estaba sentado a la mesa dispuesto a comerse un gallo y una gallina recién asados, se rió de las pretensiones de los padres, proclamando que la supervivencia del ahorcado era tan imposible como proclamar que estuvieran vivos el gallo y la gallina que iba a comerse. Apenas lo hubo dicho, el gallo y la gallina se volvieron a cubrir de plumas y escaparon cacareando del trinchante que les amenazaba.

En recuerdo de aquel prodigio, los ciudadanos de Santo Domingo de la Calzada mantienen desde entonces un gallo y una gallina vivos en uno de los altares de la catedral, convertido en jaula. Cada año, uno de los claveros de la fiesta del santo repone con dos nuevos ejemplares los del año anterior y es más que curioso escuchar el cacareo de las aves, que dejan oír su voz cuando se celebra en la catedral algún acto litúrgico.

Con el tiempo, se convirtió en costumbre inveterada que los peregrinos, al pasar por Santo Domingo de la Calzada, colocasen en la cinta de su sombrero una pluma procedente de aquella jaula.

Por y para

Se emplea la preposición *para* en los siguientes casos:
Para indicar movimiento hacia un destino que puede ser lugar, persona, evento o tiempo fijo.

> Salen para México.
> Este regalo es para mi novia.
> Estos regalos son para Navidad.
> Llegaremos allí para el dos de mayo.

Para indicar la razón, el propósito de una acción (expresada en el infinitivo), el servicio que ofrece una persona o el uso de una cosa.

> Como poco para no engordar.
> Estudiamos mucho para obtener buenas notas.
> Tienen buenos maestros para enseñarles.
> Esto es para escribir.

Para indicar una comparación de desigualdad o una comparación inesperada.

> Hace mucho calor para octubre.
> Habla muy correctamente para extranjero.

Se emplea la preposición *por* en los siguientes casos:
Para indicar movimiento libre por el espacio.

> Él entró por la puerta. *(through)*
> Anduvieron por la orilla del río. *(along)*
> Caminó por el correo. *(by, in front of)*
> Corrieron por la calle. *(along, down)*

Para indicar el cambio de una cosa por otra.

> Pagué veinte pesos por el diccionario.

Para indicar un período de tiempo—la duración de una acción.

> Estuvo aquí por dos meses. *(for, during)*

Para indicar algo hecho en favor de otra persona.

> Escribo esta carta por mi hermano. *(as a favor to)*
> Habló elocuentemente por la familia. *(in behalf of)*
> ¡Una caridad, por Dios, señor! *(for the sake of)*

Para indicar lo que uno consigue u obtiene con los verbos *ir, mandar, venir,* etc.

> Voy por el médico. *(to get)*
> Viene por agua.

Para indicar razón o motivo de una acción.

> Pelean por la honra.
> No fui a la fiesta por falta de ropa.

Para indicar manera o medio.

> Él sacó el diente por la fuerza.
> El paquete llegó por correo.

Para indicar el agente de la voz pasiva.

> El cuento fue escrito por López y Fuentes.
> Los regalos fueron traídos por los Reyes.

Para indicar unidades de medidas o número.

> Los compro por docenas.
> Hay una rebaja de diez por ciento.

Para indicar el bienestar.

> Mis amigas preguntaron por ti, mamá.

Para indicar lo que queda por hacer en el futuro.

> Quedan varias cartas por escribir.

¿Qué es esto? Los niños aprenden haciendo muchas preguntas. Se requiere mucha paciencia con muchas repeticiones. No te olvides que así aprendiste tú.

un lápiz
niño: ¿Qué es esto?
tú: Es un lápiz. Es para escribir.

1   llave
2   coche
3   libro
4   la guía telefónica
5   peine
6   tijeras
7   lámpara
8   pelota
9   jabón
10 toalla

Y tú, ¿qué dices? Sigue el juego con un compañero, nombrando artículos que tienes al alcance.

¿Qué hay para mañana? José Luis se enfermó y perdió un día de clases. Siendo muy cumplidor, no tarda en informarse de lo que tiene que hacer. Llama a distintos compañeros que le informan de los deberes. Mira la siguiente lista de deberes.

Quino / clase de inglés
José Luis: Hola, Quino. Habla José Luis. ¿Qué tenemos que hacer para mañana para la clase de inglés?

Quino: Para inglés tenemos que leer el acto II de Macbeth.

1   Marta / historia
2   Ricardo / álgebra
3   Saúl / español
4   Mónica / química
5   Lina / el Consejo Estudiantil
6   Javier / la reunión de los periodistas
7   Tomás / la banda

Posibles deberes

a   aprender las fórmulas de pág. 129 y citar las posibles reacciones existentes
b   presentar el informe de la reunión con el Sr. Director relativo a agregar más sitios en el estacionamiento
c   saber de memoria la «Marcha de la Victoria»
d   preparar una comparación de la economía del Sur en el año 1859 con la del Norte
e   leer el acto II de *Macbeth*
f   presentar el artículo sobre la fotografía creativa
g   hacer los ejercicios de los mandatos negativos y afirmativos
h   un test sobre las ecuaciones lineales

Y tú, ¿ qué dices? Describe brevemente cómo va a pasar la noche José Luis. ¿En qué grado más o menos debe estar? ¿Qué clase de alumno es? ¿Llevas un horario académico tan pesado como el de José Luis? Describe tu horario y los deberes que tienes cada noche.

Regalos super-especiales. ¿Qué vas a comprar para los miembros de tu familia y tus amigos? Haz tu lista de compras y la última fecha para enviárselos con suficiente tiempo.

el libro Tesoros de Egipto *del Museo Metropolitano / mi padre / 20 de noviembre*
Voy a comprar el libro Tesoros de Egipto *para mi padre.*
Tengo que conseguirlo del Museo Metropolitano para el 20 de noviembre.

1 una bufanda de seda de Harrods / tía Mariana / 1º de noviembre
2 una bata de lana de Neiman Marcus / mi madre / 5 de diciembre
3 un suéter de una tienda local / mi hermana que vive en Chicago / 15 de diciembre
4 una colcha de plumas de Marshall Field's / nuestra hermana recién casada / 26 de noviembre
5 entradas para el concierto de Elton John / mi hermano / el 10 de diciembre

Y tú, ¿qué dices? Continúa la lista de personas, ideas y fechas para completar tu lista de compras. ¿Dónde se encuentran las tiendas mencionadas aquí?

Algo especial para todos. Pilar y Nela acaban de terminar las compras de Navidad. En casa se preparan a envolver los regalos, pero antes se los muestran la una a la otra.

¿Este suéter? (mi hermano Raúl)
Pilar: *¿Este suéter? ¿Para quién es?*
Nela: *Es para mi hermano Raúl. Espero que le guste.*

1 ¿Este collar de perlas? (mamá)
2 ¿Estas medias negras? (mi amiga Florencia)
3 ¿Esta caja de bombones? (nuestro profesor de química)
4 ¿Estas cintas cassette? (nuestros primos Laurencia y Celestino)

5 ¿Este libro de sellos internacionales? (nuestro tío Salvador)
6 ¿Este llavero de plata? (mi compañero de laboratorio de física)
7 ¿Estos pendientes de oro? (nuestra tía Alicia)
8 ¿Este regalo ya envuelto? (ti / Es una sorpresa. / Dámelo.)

Y tú, ¿qué dices? ¿Cuánto pagaste por los regalos citados? Di el precio aproximado de cada regalo.

Pagué cincuenta y cinco dólares por *el suéter* para *mi hermano.*

La excursión del Club de Viajeros Internacionales. En la última reunión antes de partir para Europa, el conductor del tour distribuye los itinerarios a los viajeros, y les explica algunos de los últimos detalles.

sábado / 10/4 / Los Ángeles—Nueva York (Chicago)
Conductor del Tour: Miren Uds. El sábado, 10 de abril, partimos de Los Ángeles para Nueva York, pasando por Chicago.

1 lunes / 12/4 / Nueva York—París (Londres)
2 miércoles / 14/4 / París—Barcelona (Carcassonne)
3 viernes / 16/4 / Barcelona—Madrid (Zaragoza)
4 lunes / 19/4 / Madrid—Sevilla (Córdoba)
5 jueves / 22/4 / Sevilla—Málaga (Granada)
6 sábado / 24/4 / Málaga—Nueva York (Islas Azores)
7 domingo / 25/4 / Nueva York—Los Ángeles (San Luis)

Y tú, ¿qué planes tienes? Supongamos que estás en
(1) San Luis, Missouri, y que quieres ir en coche a otra ciudad. Nombra una ciudad por la cual vas a pasar para llegar al destino deseado.

San Luis—Chicago
San Luis—San Francisco
San Luis—Washington, D.C.
San Luis—Nueva Orleáns

(2) En el Estado en que vives, cita unas ciudades que quieres visitar y nombra otras por las cuales tienes que pasar en el camino a ellas.

En «El Rastro» de Madrid cualquier domingo.

Los domingos hay un mercado al aire libre en casi todas las ciudades de España. Desde luego, el de Madrid, llamado «El Rastro», es el más grande de España y miles de personas acuden allí. Se vende toda clase de artículos y por poco dinero uno puede encontrar gangas *(bargains)*. Vamos a ver lo que encontró Rodolfo.

> *¿Este abanico? / 200 pesetas (dinero de España)*
> Rodolfo: *¿Cuánto cuesta este abanico?*
> Vendedor: *Lléveselo por 200 pesetas.*

1 ¿Esa bota de piel? / 1.200
2 ¿Aquel plato de cerámica pintada? / 1.850
3 ¿Este cuadro pintado a mano? / 3.500
4 ¿Un paquete de postales? / 50
5 ¿Estos pendientes de cristal? / 300
6 ¿Una ración de churros *(fried crullers)*? / 75
7 ¿Esta cinta cassette? / 550
8 ¿Este libro sobre Madrid? / 250
9 ¿Un cántaro *(pitcher)*? / 425
10 ¿Esa peineta alta? / 550

Y tú, ¿cuánto pagaste por cada compra?

Relata a un compañero lo que pagaste por cada artículo.

Pagué 200 pesetas por el abanico.

Un robo del banco.

Una banda de ladrones ha llegado a nuestra ciudad. Después del robo de un banco céntrico, la policía interroga a un señor que observó muchas de las acciones de los ladrones.

Contesta todas las preguntas con *por.*

> Policía: *¿Cuándo ocurrió el robo? (la mañana)*
> Testigo: *Por la mañana. (también: Ocurrió por la mañana.)*

1 ¿Los tomó por ladrones? (gente normal)
2 ¿Cómo entraron? (la puerta de abajo)
3 ¿Cómo subieron al segundo piso? (la escalera interior)
4 ¿Cuánto tiempo estuvieron dentro? (diez minutos máximo)
5 ¿Cómo pasaron el dinero afuera? (la ventana allá arriba)
6 ¿Fueron ayudados? (sí—un niño muy pequeño)
7 ¿Cómo pasó él sin sonar la alarma automática? (encima de los rayos)
8 ¿Cómo logró hacer eso? (ser tan pequeñito)
9 ¿Trataron de disimular sus acciones? (no—falta de tiempo)
10 ¿Por qué entraron en la caja fuerte? (el dinero)

Y tú, ¿qué dices?

Lee el interrogatorio otra vez e identifica los distintos usos de *por.*

Una decisión difícil.

Siendo obedientes, los indios querían cooperar con las órdenes de los soldados, pero no querían desobedecer al jefe de su pueblo. Fue una decisión difícil.

Completa las ideas con *por* y *para.*

1 Los indios salieron del pueblo y caminaron _____ la quebrada.
2 Caminaron rápidamente _____ guardar la urna.
3 Tomaron el camino estrecho _____ (hacia) el lago.
4 Caminaron _____ el camino más corto.
5 Caminaron _____ muchas horas.
6 No querían pasar _____ el centro del pueblo.

7 Al llegar a un pueblo pequeño, compraron pan y leche ———— sus niños.

8 Pagaron ———— sus compras con monedas de cobre.

9 Tenían que estar de vuelta ———— el lunes.

10 Algunos niños fueron llevados ———— sus padres.

Los tiempos compuestos

Indicativo

Los tiempos compuestos se forman con el tiempo apropiado del auxiliar *haber* y el participio pasado. El participio pasado de los verbos de la primera conjugación termina en *-ado*; el de los verbos de las segunda y tercera conjugaciones termina en *-ido*.

infinitivo	participio pasado	infinitivo	participio pasado
hablar	hablado	vender	vendido
mirar	mirado	vivir	vivido
comer	comido	salir	salido

El presente perfecto se forma con el presente del verbo *haber* y el participio pasado. Se emplea para expresar una acción terminada en el pasado reciente.

hablar

he hablado	hemos hablado
has hablado	habéis hablado
ha hablado	han hablado

He consultado con él esta mañana.
No sé si se han ido.

Los siguientes verbos tienen participio pasado irregular:

infinitivo	participio pasado	infinitivo	participio pasado
abrir	abierto	morir	muerto
cubrir	cubierto	poner	puesto
decir	dicho	romper	roto
escribir	escrito	resolver	resuelto
freír	frito	ver	visto
hacer	hecho	volver	vuelto

Participios con acento

Si la penúltima sílaba del verbo termina con *a, e* u *o,* el participio lleva un acento para evitar la formación de un diptongo no deseado.

leer	le + ido = leído
traer	tra + ido = traído
oír	o + ido = oído

Otros verbos parecidos son: *creer, atraer, caer, reír, sonreír.*

El pluscuamperfecto se forma con el imperfecto del verbo *haber* y el participio pasado. Se emplea para expresar una acción pasada terminada anteriormente a otra acción pasada.

comer

había comido	habíamos comido
habías comido	habíais comido
había comido	habían comido

Ya había comido cuando mi amigo me invitó a cenar.

Solicitando un pasaporte. La señora Téllez va a un congreso internacional en Buenos Aires. Su marido le hace preguntas relativas a su viaje.

solicitar el pasaporte / conseguirlo

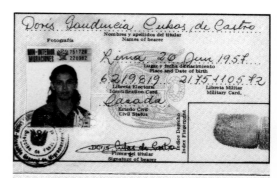

Sr. Téllez: ¿Has solicitado el pasaporte?
Sra. Téllez: *Lo he solicitado, pero no lo he conseguido.*

1 recoger los documentos / devolverlos todavía
2 llenar la solicitud / enviarla
3 completar los papeles / pedir una foto
4 escribir un cheque / pagar la cuota
5 hacer el juramento de lealtad / firmar el documento
6 pedir una visa especial / recibir el pasaporte
7 llamar al buró / hablar con el empleado
8 tratar de volver a correos / no tener suficiente tiempo

9 escribir solicitando reservaciones en el hotel / obtener respuesta

10 abrir toda la correspondencia de hoy / ver nada

11 hacer arreglos en el despacho para un suplente (substituto) / resolver todos los detalles

12 ponerse de acuerdo con la secretaria / no decirle nada de los últimos detalles

Y tú, ¿qué dices? Cambia los personajes a *nosotros* y *Uds.* y sigue practicando.

Una visita al jardín zoológico. A muchos les gusta ir al jardín zoológico, especialmente a los niños. Es una buena diversión, especialmente durante los días bonitos de otoño. Di lo que han hecho muchos visitantes hoy en el zoológico.

Yo / Juan: visitar la jaula de los monos
Yo he visitado la jaula de los monos, pero Juan no la ha visitado.

1 Carlos / nosotros: oír el rugir *(roaring)* de los leones

2 Nosotros / ellos: ver los elefantes

3 Tú / tu hermano: subir al camello

4 Nosotros / Pablo: dar cacahuates *(peanuts)* a los chimpancés

5 Yo / los otros chicos: volver a la casa de los pájaros

6 La cebra / dos tigres: romper las cadenas

7 Mi tío / yo: sacar fotos de los pandas

8 Papá / tú: abrir un paquete de película a colores

9 Yo / los fotógrafos profesionales: romper la cámara

10 Yo / Lucía: leer el horario de las presentaciones

11 Adrián / nuestros sobrinos: decir su nombre al payaso

12 Elena / yo: comer palomitas de maíz *(popcorn)* calientes

¿Qué causó los accidentes? Uno va a creer que los de mi familia son propensos a tener accidentes. Parece que mis padres corren continuamente al hospital o a la clínica porque nosotros siempre sufrimos accidentes. Toma en cuenta lo que pasó el mes pasado.

Rebeca, mi hermana mayor, (caerse) y (fracturar) la muñeca.
Pedro (dejar) los patines al pie de la escalera.

Rebeca, mi hermana mayor, se cayó y fracturó la muñeca porque Pedro había dejado los patines al pie de la escalera.

1 Yo (chocar) con la puerta y (quedarme) con el ojo negro.
Alguien (dejar) abierta la puerta del armario.

2 Al arreglar la cocina, mamá (quemarse) la mano derecha.
Alguien no (desconectar) la cafetera al vaciarla.

3 Cuando andaba descalza por la cocina, (cortarme) el pie.
Un cuchillo (caer) al piso. Nadie lo (levantar).

4 Los dedos (ser) cogidos al golpear la puerta.
Nadie (fijarse) que el peque estaba en el coche.

5 Todos (enfermarse) anoche.
Milo (dejar) su proyecto para biología en el refrigerador.

6 Papá (hacerle) la teoría Heimlich *(first aid for choking)*.
Mamá (tragar) una espina de pescado *(fishbone)*.

7 Yo (resfriarse) y (tener) que guardar cama.
(Salir) de casa sin abrigo ni suéter.

8 Nuestra abuelita (resbalarse) en el hielo.
Ella (impacientarse) y no (querer) esperar la ayuda de nadie.

¿Por qué? Di por qué ocurrieron estas escenas en el aeropuerto cuando Marta y Rogelio se preparaban para partir para Sudamérica.

Rogelio, ¿por qué decidiste ir a Sudamérica?
(ganar un premio)
Porque había ganado un premio.

1 Rogelio, ¿por qué decidiste ir a Sudamérica?
   1) no tener vacaciones durante tres años
   2) ganar un premio de vuelos y reservas y alojamiento de hotel para dos personas
   3) no visitar Machu-Picchu
   4) leer sobre las civilizaciones antiguas de Colombia, Perú y Bolivia
2 Marta, ¿por qué no llegaron Uds. al aeropuerto a tiempo?

1) pararse el reloj
2) desvelarse anoche en una fiesta de despedida
3) el agente no informarnos del cambio de la hora de partida del vuelo
4) no terminar de arreglar las maletas

Y tú, ¿qué dices?
1) Sigue practicando estas ideas con un compañero de clase, cambiando los sujetos a *nosotros, tú, ellos.*
2) Prepara con el compañero una escena de llegada o despedida en el aeropuerto parecida a ésta. Pueden limitarse a cinco oraciones cada uno.

El presente perfecto del subjuntivo

El presente perfecto del subjuntivo se forma con el presente del subjuntivo del verbo *haber* y el participio pasado. Se emplea en una cláusula que requiere el subjuntivo cuando la acción de la cláusula está en el pasado.

descubrir	
haya descubierto	hayamos descubierto
hayas descubierto	hayáis descubierto
haya descubierto	hayan descubierto

Dudo que ellos hayan llegado.
Es posible que él lo haya hecho.

Alborotos cotidianos *(daily disturbances).* Cada mañana hay mucho ruido, desorden y confusiones en la administración de cierto colegio secundario. Miremos la escena por unos momentos.

   Alumno: ¿Recibió la directora mi solicitud? *(Dudo)*
   Secretaria: Dudo que la haya recibido.

1 ¿Trajo mis llaves el conserje *(custodian)*? (No, no creo)
2 ¿Encontraron nuestros libros de español? (Es posible)
3 ¿Vio el consejero la lista de sobresalientes? (Es improbable)
4 ¿Pidió la bibliotecaria los libros de arte? (Es probable)

5   ¿Escribió la jefa los cheques para el equipo de básquetbol? (Es dudoso)
6   ¿Resolvieron el conflicto del horario? (No estoy segura)
7   ¿Dijeron los resultados de la elección de ayer? (No es posible)
8   ¿Devolvió el proyector el departamento de gobierno? (Dudo)
9   ¿Abrieron la cafetería para la reunión? (No estoy segura)
10 ¿Hicieron los anuncios esta mañana? (Es posible)

Y tú, ¿qué dices? Te gustaría trabajar allí? ¿Cómo se puede mejorar la situación?

¿De veras es posible? A veces uno oye relatos que son tan sorprendentes que uno no los puede creer fácilmente. En esos casos es normal hacer algún comentario que expresa la sorpresa, duda o declaración de certeza. Combina los elementos de las distintas columnas para formar ideas lógicas y conformes con las leyendas leídas.

Es posible que la vieja haya hecho mucho ruido.

Es posible	la vieja	escaparse del peligro
Es probable	Margarita	ver una escena trágica y horrorosa
No es posible	el rey don Pedro	hacer mucho ruido
Es dudoso	el corregidor	creer la historia tan rara
Es cierto	las gallinas	luchar con su enemigo
Es una lástima	Ima	decir exactamente lo que pasó
Es imposible	los padres peregrinos	asustarse de verse en tal situación

Y tú, ¿qué dices? Continúa con estas ideas, aumentándolas con otros detalles de las selecciones.

Es posible que la vieja haya hecho mucho ruido cuando dejó caer el candil desde su ventana a la calle.

MODISMOS Y EXPRESIONES

cuanto antes *as soon as possible*
Se suplica que escriba su contestación a mi carta cuanto antes.
en un dos por tres *in a jiffy*
Podemos hacer el trabajo en un dos por tres.
tomarle el pelo a uno *to pull one's leg*
¿Por qué no hablas en serio? Siempre me estás tomando el pelo.
volver en sí *to come to (after fainting)*
Cuando volvió en sí, se dio cuenta de que estaba paralizado del pecho abajo.

¡OJO!

asistir:	El significado más común de esta palabra es «estar presente». Siempre le sigue la preposición *a*. Ejemplo: El artista está enfermo y no puede asistir a la exposición.
atender:	Esta palabra quiere decir «tener en cuenta una cosa». Sólo significa *attend* en el sentido de «cuidar». Ejemplo: Parece que nadie atiende a los detalles importantes.

CUADRO 6

SENTIMIENTOS Y PASIONES

Adonde el corazón se inclina, el pie camina.

PARA PREPARAR LA ESCENA

Muchas obras literarias incluyen el sentimiento y la pasión. Tales obras producen un efecto emocionante y, a veces, inolvidable en el lector.

Los españoles, o sus descendientes, muestran sus emociones fácilmente y sin vergüenza. Por lo general, no dejan de mostrar cómo les afectan sentimientos tales como el amor familiar, la alegría, la tristeza, el temor; o pasiones tales como el amor romántico, el odio, el deseo de vengarse, la ira, los celos o el valor.

Para comprender mejor el carácter español, es preciso ver cómo éstos y otros sentimientos y pasiones afectan a la gente hispana—la raza que ha producido guerreros valientes, poetas tiernos y artistas vibrantes.

El abanico

Vicente Riva Palacio

PARA PRESENTAR LA LECTURA

Vicente Riva Palacio, mexicano (1832–1896), fue periodista, político, general, novelista y, sobre todo, historiador. Pasó mucho tiempo en los archivos estudiando la historia y por eso, conocía muy bien la época colonial. Entrelazados en sus tradiciones y leyendas de aquel entonces hay una ironía ligera y cierto sentido de humor característicos de sus obras.

El abanico es parte integrante de la dama tradicional española. Lo usaba no sólo para abanicarse y como adorno, sino para puntuar su conversación y para coquetear. Sencillamente, la española hablaba con su abanico. Había un verdadero lenguaje del abanico.

Entre las costumbres traídas al Nuevo Mundo por los colonizadores españoles está el uso del abanico, la cual es una costumbre que todavía existe. En el cuento que sigue, Riva Palacio nos habla del papel importante que desempeñó un abanico en la selección de una esposa.

PARA APRENDER EL VOCABULARIO

Palabras clave I

1 **abanico** instrumento manual para mover el aire

La niña usaba el abanico para refrescarse en el verano.

2 **aborrecer** odiar, detestar

Llegará a aborrecer el invierno aquí porque hace mucho frío.

3 **capaz** que puede hacer una cosa, que tiene un talento, instrucción o fuerza para hacer algo
Mario no es capaz de hablar delante del público.

4 **daba (dar) con** encontraba
El señor Morales buscaba a su compañero pero no daba con él.

5 **relámpago** rayo de luz producido por la electricidad durante una tempestad
Mucha gente tiene miedo de los relámpagos.

6 **suponer** creer, anticipar *(to suppose)*
Suponer algo no es la misma cosa que saberlo.

7 **tienes (tener) ganas** tienes deseos
El viejo enfermo no tiene ganas de comer.

Práctica

Completa con una palabra de la lista.

suponer   tengo ganas   daba con
capaz   aborrecer   un relámpago
abanicos

1 La noticia de las bodas corrió por la ciudad como _____.
2 ¿Qué haría ella si llegara a _____ que todo iba a cambiar?
3 Es fácil _____ a una persona egoísta.
4 Claudia es _____ de dirigir el departamento de inglés.
5 No voy al baile. No _____ de salir esta noche.
6 En aquella época los salones estaban llenos de damas con _____.
7 El niño buscaba y buscaba pero nunca _____ un gatito tan encantador como aquél.

Palabras clave II

1 **embajada** casa en que reside el embajador

Los terroristas pusieron una bomba en la embajada.

2 **exige (exigir)** obliga
El profesor exige que estudiemos mucho.

3 **mundanal** mundano, relativo o perteneciente al mundo
Él se retiró del ruido mundanal.

4 **soberbia** arrogante, excesivamente orgullosa
Me enojó con su actitud soberbia.

5 **vacilaría (vacilar)** dudaría, estaría indeciso
De tanto vacilar se quedó sin hacer nada.

Práctica

Completa con una palabra de la lista.

exige   soberbio   la embajada
mundanal   vacilaría

1 _____ de los Estados Unidos está en aquella avenida.
2 De acuerdo. Juan es guapo, pero es frío y _____.
3 El patrón _____ que yo llegue a tiempo.
4 María nunca _____; por eso la escogieron para tomar la decisión.
5 Debido a su experiencia _____, mi amiga siempre podía acompañar sus discursos con anécdotas.

Palabras clave III

1 **apuestos** guapos, bien parecidos
Varios apuestos caballeros asistían a la tertulia del Alcalde Mayor.

2 **bandeja** plato grande que sirve para diversos usos
La bandeja llena de refrescos está sobre la mesa.

Velázquez, *Dama con abanico (Lady with a Fan)*.
Wallace Collection, London

3 **desplegó (desplegar—ie)** desdobló lo
 que estaba doblado, abrió
 El niño desplegó el abanico y sin saberlo,
 lo rompió.
4 **estorbando (estorbar)** poniendo obstáculo
 Había muchos automóviles que estaban
 estorbando el paso hacia la casa.
5 **rasgó (rasgar)** desgarró, rompió una
 cosa de tela o papel
 El chico rasgó sus pantalones.
6 **sudando (sudar)** arrojando líquido por
 los poros de la piel, a causa del calor, el
 miedo o la excitación
 El ladrón estaba sudando de terror.
7 **tropezó (tropezar—ie)** chocó con, por
 poco cayó *(tripped, stumbled)*
 Bajando la escalera, el niño tropezó.

Práctica

Completa con una palabra de la lista.

una bandeja	*estorbando*	*tropezó*
rasgó	*sudando*	*desplegó*
apuestos		

1 No vamos a estacionar el auto aquí
 _____ el paso a los demás.
2 La señora _____ el abanico cuando
 cerraron las ventanas.
3 Durante estos días calurosos todos estamos _____ constantemente.
4 El anciano _____ en la nieve; por
 suerte no le pasó nada serio.
5 La niña _____ los papeles porque
 estaba enojada.
6 El criado servía los platos de _____.
7 El salón estaba lleno de _____ caballeros y damas.

El abanico

Vicente Riva Palacio

I

El Marqués estaba resuelto a casarse, y había comunicado aquella noticia a sus amigos. La noticia corrió con la velocidad del relámpago por toda la alta sociedad como toque de alarma a todas las madres que tenían hijas casaderas, y a todas las chicas que estaban en condiciones y con deseos de contraer matrimonio, que no eran pocas.

Porque, eso sí, el Marqués era un gran partido, como se decía entre la gente de mundo. Tenía treinta y nueve años, un gran título, mucho dinero, era muy guapo y estaba cansado de correr el mundo, haciendo siempre el primer papel entre los hombres de su edad dentro y fuera del país.

Pero se había cansado de aquella vida de disipación. Algunos hilos de plata comenzaban a aparecer en su negra barba y entre su sedosa cabellera; y como era hombre de buena inteligencia y no de escasa lectura, determinó sentar sus reales definitivamente, buscando una mujer como él la soñaba para darle su nombre y partir con ella las penas o las alegrías del hogar en los muchos años que estaba determinado a vivir todavía sobre la tierra.

Con la noticia de aquella resolución no le faltaron seducciones ni de maternal cariño ni de románticas o alegres bellezas; pero él no daba todavía con su ideal, y pasaban los días, y las semanas y los meses, sin haber hecho la elección.

—Pero, hombre—le decían sus amigos—, ¿hasta cuándo no vas a decidirte?

—Es que no encuentro todavía la mujer que busco.

—Será porque tienes pocas ganas de casarte que muchachas sobran. ¿No es muy guapa la Condesita de Mina de Oro?

—Se ocupa demasiado de sus joyas y de sus trajes; cuidará más de un collar de perlas que de su marido, y será capaz de olvidar a su hijo por un traje de la casa de Worth.

—¿Y la Baronesa del Iris?

---

casaderas *eligible for marriage*

un gran partido *a good "catch"*

haciendo siempre el primer papel *always playing the leading role*
disipación *wasteful spending*
sedosa cabellera *silky hair*
sentar sus reales *to settle down*
partir *to share*

marchitaba *was wilting*

—Muy guapa y muy buena; es una figura escultórica, pero lo sabe demasiado; el matrimonio sería para ella el peligro de perder su belleza, y llegaría a aborrecer a su marido si llegaba a suponer que su nuevo estado marchitaba su hermosura.

II

—¿Y la Duquesa de Luz Clara?

—Soberbia belleza; pero sólo piensa en divertirse; me dejaría moribundo en la casa por no perder una función del Real, y no vacilaría en abandonar a su hijo enfermo toda una noche por asistir al baile de una embajada.

por no perder una función del Real *in order not to miss a performance at the Opera House*

—¿Y la Marquesa de Cumbre-Nevada, no es guapísima y un modelo de virtud?

—Ciertamente; pero es más religiosa de lo que un marido necesita: ningún cuidado, ninguna pena, ninguna enfermedad de la familia le impediría pasarse toda la mañana en la iglesia, y no vacilaría entre un sermón de cuaresma y la alcobita de su hijo.

sermón de cuaresma *Lenten sermon*

—Vamos; tú quieres una mujer imposible.

—No, nada de imposible; ya veréis cómo la encuentro, aunque no sea una completa belleza; porque la hermosura para el matrimonio no es más que el aperitivo para el almuerzo; la busca sólo el que no lleva apetito, que quien tiene hambre no necesita aperitivos, y el que quiere casarse no exige el atractivo de la completa hermosura.

*   *   *

Tenía el Marqués como un axioma, fruto de sus lecturas y de su mundanal experiencia, que a los hombres, y quien dice a los hombres también dice a las mujeres, no debe medírseles para formar juicio acerca de ellos por las grandes acciones, sino por las acciones insignificantes y familiares; porque los grandes hechos, como tienen siempre muchos testigos presentes o de referencia, son resultado más del cálculo que de las propias inspiraciones, y no traducen con fidelidad las dotes del corazón o del cerebro; al paso que las acciones insignificantes hijas son del espontáneo movimiento de la inteligencia y de los sentimientos, y forman ese botón que, como dice el refrán antiguo, basta para servir de muestra.

medírseles *measure them*

no traducen . . . del cerebro *don't faithfully convey what is in the heart or mind*
al paso que mientras que
hijas son *are the result*
ese botón . . . de muestra *that small bit of proof that . . . suffices as an example*

III

Una noche se daba un gran baile en la Embajada de Inglaterra. Los salones estaban literalmente cuajados de hermosas damas y apuestos caballeros, todos flor y nata de las clases más aristocráticas de la sociedad. El Marqués estaba en el comedor, adonde había llevado a la joven Condesita de Valle de Oro, una muchacha de veinte años, inteligente, simpática y distinguida, pero que no llamaba, ni con mucho, la atención por su belleza, ni era una de esas hermosuras cuyo nombre viene a la memoria cada vez que se emprende conversación acerca de mujeres encantadoras.

La joven Condesa era huérfana de madre, y vivía sola con su padre, noble caballero, estimado por todos cuantos le conocían.

La Condesita, después de tomar una taza de té, conversaba con algunas amigas antes de volver a los salones.

—Pero, ¿cómo no estuviste anoche en el Real? Cantaron admirablemente el *Tannhauser*—le decía una de ellas.

—Pues mira: me quedé vestida, porque tenía deseos, muchos deseos, de oír el *Tannhauser*; es una ópera que me encanta.

—¿Y qué pasó?

—Pues que ya tenía el abrigo puesto, cuando la doncella me avisó que Leonor estaba muy grave. Entré a verla, y ya no me atreví a separarme de su lado.

—Y esa Leonor—dijo el Marqués terciando en la conversación—, ¿es alguna señora de la familia de Ud.?

—Casi, Marqués; es el aya que tuvo mi mamá; y como nunca se ha separado de nosotros y me ha querido tanto, yo la veo como de mi familia.

—¡Qué abanico tan precioso traes!—dijo a la Condesita una de las jóvenes que hablaba con ella.

—No me digas, que estoy encantada con él y lo cuido como a las niñas de mis ojos; es un regalo que me hizo mi padre el día de mi santo, y son un primor la pintura y las varillas y todo él; me lo compró en París.

—A ver, a ver—dijeron todas, y se agruparon en derredor de la Condesita, que, con una especie de infantil satisfacción, desplegó a sus ojos el abanico, que realmente era una maravilla del arte.

En este momento, uno de los criados que penosamente cruzaba entre las señoras llevando en las manos una enorme bandeja con helados, tropezó, vaciló y, sin poderse valer, vino a chocar contra el abanico, abierto en aquellos momentos, haciéndolo pedazos. Crujieron las varillas, rasgóse en pedazos la tela y poco faltó para que los fragmentos hirieran la mano de la Condesita.

cuajados llenos
flor y nata lo mejor

ni con mucho *by any means*

Tannhauser ópera de Wagner

doncella criada

terciando *forming the third party*
aya *governess*

las niñas de mis ojos algo especial
primor belleza, perfección
varillas *ribs of a fan*
en derredor alrededor de

Crujieron Se rompieron

—¡Qué bruto!—dijo una señora mayor.

—¡Qué animal tan grande!—exclamó un caballero.

—¡Parece que no tiene ojos!—dijo una chiquilla.

podía apenas balbucir una disculpa *could scarcely stammer out an apology*
No se apure No se preocupe

Y el pobre criado, rojo de vergüenza y sudando de pena, podía apenas balbucir una disculpa inteligible.

—No se apure Ud., no se mortifique—dijo la Condesita con la mayor tranquilidad—; no tiene Ud. la culpa; nosotras, que estamos aquí estorbando el paso.

Y reuniendo con la mano izquierda los restos del abanico, tomó con la derecha el brazo del Marqués, diciéndole con la mayor naturalidad:

comprometido *promised*

—Están tocando un vals, y yo lo tengo comprometido con Ud; ¿me lleva Ud. al salón de baile?

—Sí, Condesa; pero no bailaré con Ud. este vals.

—¿Por qué?

—Porque en este momento voy a buscar a su padre para decirle que mañana iré a pedirle a Ud. por esposa, y dentro de ocho días, tiempo suficiente para que Uds. se informen, iré a saber la resolución.

puñalada de pícaro *a roguish joke*
estocada de caballero *a gentleman's word*

—Pero, Marqués—dijo la Condesita trémula—, ¿es esto puñalada de pícaro?

—No, señora; será cuando más, una estocada de caballero.

*   *   *

bodas ceremonia del matrimonio
moldura *showcase*
desposados recién casados

Tres meses después se celebraban aquellas bodas; y en una rica moldura bajo cristal, se ostentaba en uno de los salones del palacio de los nuevos desposados el abanico roto.

PARA APLICAR

Comprensión I

A Termina las oraciones según la selección.

1 El personaje principal es . . .
2 Él estaba resuelto a . . .
3 La noticia corrió . . .
4 Muchas señoritas querían . . .
5 El Marqués era un . . .
6 El Marqués tenía . . .
7 Quería casarse porque estaba cansado de . . .
8 Quería compartir con su esposa . . .
9 Pasaban los días, las semanas y los meses sin . . .
10 No se casó porque no . . .
11 La Condesita de Mina de Oro es guapa pero . . .
12 Para la Baronesa de Iris el matrimonio . . .

"Three Musicians" *por Pablo Picasso* (Philadelphia Museum of Art)

"The Gourmet" *por Pablo Picasso*
(National Gallery of Art, Washington, D.C., Chester Dale Collection)

"Apparition of a Face and Fruit Dish on a Beach" *por Salvador Dalí*
(Wadsworth-Atheneum, Hartford, Connecticut)

"Still Life with Siphon" *por Juan Gris* (Wuppertal City Art Museum)

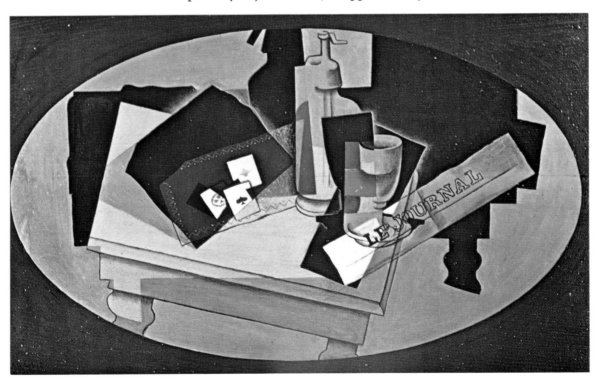

La Risa por Rufino Tamayo (Private Collection)

"The Bullfight" por Francisco de Goya (The Metropolitan Museum of Art, Wolfe Fund, 1922)

"Starfish" *por Roberto Montenegro* (Private Collection)

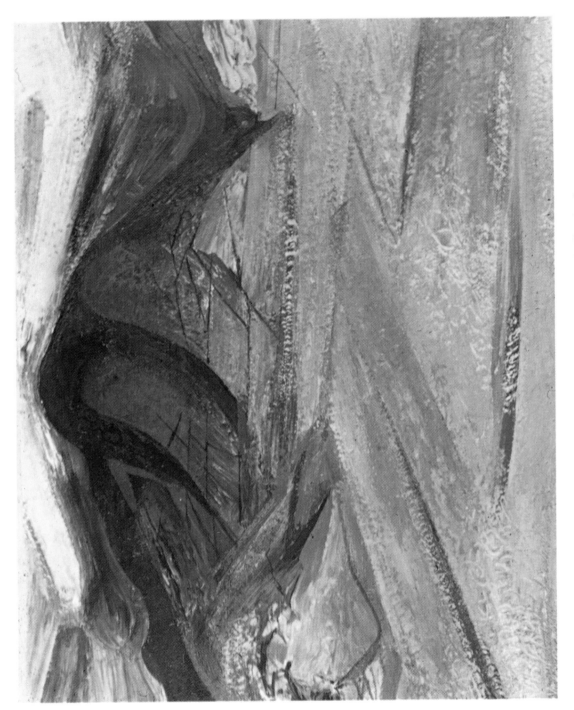

Paisaje por David Alfaro Siqueiros (Private Collection)

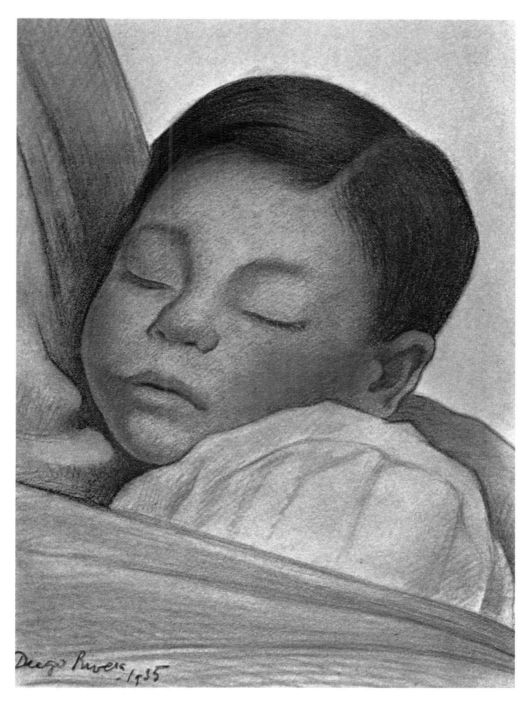

"Sleeping Baby" *por Diego Rivera* (Private Collection)

"A City on a Rock" por Francisco de Goya (The Metropolitan Museum of Art, Bequest of Mrs. H. O. Havemeyer, 1929, The H. O. Havemeyer Collection)

"Cardinal Don Fernando Niño de Guevara" *por El Greco* [*Domenicos Theotocopoulos*] (The Metropolitan Museum of Art, Bequest of Mrs. H. O. Havemeyer, 1929, The H. O. Havemeyer Collection)

"View of Toledo" *por El Greco* [*Domenicos Theotocopoulos*] (The Metropolitan Museum of Art, Bequest of Mrs. H. O. Havemeyer, 1929, The H. O. Havemeyer Collection)

Albarracín por Ignacio Zuloaga (The Hispanic Society of America)

"Sevilla, Opening Salute at a Bullfight" *por Joaquín Sorolla y Bastida*
(The Hispanic Society of America)

"Portrait of a Little Girl" *por Diego Rodríguez de Silva y Velázquez*
(The Hispanic Society of America)

"The Battle with the Moors at Jerez" *por Francisco de Zurbarán*
(The Metropolitan Museum of Art, Kretschmar Fund, 1920)

B   Contesta las siguientes preguntas.

1   ¿Quién es el personaje principal de este cuento?
2   ¿Qué había resuelto?
3   ¿Cómo recibió esta noticia la alta sociedad?
4   ¿Por qué era el Marqués un gran partido?
5   Describe al Marqués.
6   ¿Por qué no había hecho la elección el Marqués?
7   ¿Quiénes eran las señoritas elegibles?
8   ¿Cómo era la Condesita de Mina de Oro?
9   ¿Cómo era la Baronesa del Iris?

Comprensión II

Contesta las siguientes preguntas.

1   ¿Cómo era la Duquesa de Luz Clara?
2   ¿Cómo era la Marquesa de Cumbre-Nevada?

3   ¿Cómo era la mujer ideal que buscaba el Marqués?
4   ¿Qué dijo el Marqués de la hermosura para el matrimonio?
5   Según el axioma del Marqués, ¿cómo se debe medir a la gente?
6   ¿Dónde hubo un gran baile una noche?
7   ¿Cómo estaban los salones?
8   ¿Cómo era la joven Condesita de Valle de Oro?

Comprensión III

A   Contesta las siguientes preguntas.

1   ¿Quién era Leonor?
2   ¿Qué quiere decir «terciando en la conversación»?
3   ¿Cómo era el abanico que llevaba la Condesita?
4   ¿Quién se lo había regalado?
5   ¿Qué hizo la Condesita para mejor mostrar el abanico?

Pablo Picasso, *Amantes (The Lovers)*.
National Gallery of Art, Washington.
Chester Dale Collection

6   ¿Quién cruzó entre las señoras?
7   ¿Qué pasó?
8   ¿Qué le pasó al abanico?
9   ¿Cómo reaccionaron las personas que presenciaron el accidente?
10 ¿Cómo reaccionó la Condesita?
11 ¿Qué tocaba la orquesta en aquel momento?
12 ¿Por qué no lo bailó el Marqués?
13 ¿Dónde encontramos el abanico al final?

B   Escoge la respuesta apropiada.

1   ¿Por qué no había ido la Condesita a la ópera la noche anterior?
   a.   Se había quedado sin vestido.
   b.   No quería separarse del aya.
   c.   No tenía ganas de oír *Tannhauser*.
2   ¿Qué supo el Marqués de la conversación entre la Condesita y sus amigas?
   a.   La Condesa de Valle de Oro era fiel y cariñosa.
   b.   Terciar en la conversación es grave.
   c.   La Condesa de Valle de Oro se parece a la Duquesa de Luz Clara.
3   ¿Cómo se portó la Condesa de Valle de Oro cuando un criado hizo pedazos el abanico?
   a.   Le gritó: —¿Por qué no usa los ojos?
   b.   Con serenidad dijo: —No se preocupe.

   c.   Comenzó a sudar y balbucir.
4   ¿Por qué no bailó el Marqués con ella?
   a.   Tenía otro compromiso.
   b.   No sabía bailar el vals.
   c.   Fue a anunciar al padre de ella que al día siguiente iría a pedir su mano.
5   ¿Qué creía la Condesita?
   a.   Que él se burlaba de ella.
   b.   Que él era un caballero.
   c.   Que él arreglaría el abanico.

C   Para personalizar la lectura

1   ¿Te gusta bailar? ¿Qué bailes prefieres?
2   ¿Has asistido una vez a un baile formal? ¿Cómo te vestiste? ¿Cómo se vistió tu compañero(a)?
3   ¿Qué recuerdos tienes de aquella ocasión?
4   ¿Qué clase de música prefieres?
5   Nombra algunos de los grupos musicales que te interesan.
6   ¿Has oído algunas óperas? ¿Cuáles? ¿Hay alguna que te encante? ¿Te gusta la música clásica?
7   ¿Cuáles son las cualidades que buscas en un esposo o en una esposa?
8   ¿Cómo las vas a medir?
9   ¿Todavía es costumbre pedirle al padre la mano de la novia?

PARA PRACTICAR

Da un sinónimo de las palabras en letra bastardilla.

1   No lo debes *odiar* tanto.
2   Muchos caballeros *guapos* asistieron a la fiesta.

3   Los *recién casados* vinieron a visitarnos.
4   Es mejor no *estar indeciso*.
5   Asistimos *al casamiento* del Marqués.
6   Fue una experiencia *mundana*.

Por si acaso . . .

1 Prepara una lista de las cualidades que buscas en un esposo o en una esposa. ¿Cómo las puedes medir?
2 Busca información para una discusión sobre las costumbres del noviazgo en los Estados Unidos y en los países de habla española. Sugerencias: la dueña, la serenata, pelando la pava.

3 Tradicionalmente había ciertas expresiones y sentimientos que se podían comunicar con el abanico, es decir, la posición del abanico comunicaba ciertas ideas tales como: pienso en ti, quiero hablarte, te quiero mucho, dame un beso, tengo vergüenza, alguien viene, etc. Prepara una lista de expresiones que se pueden comunicar haciendo gestos pero sin hablar.

Conversación

Comunicándose sin hablar

Catalina: Había una vez en que una chica española no podía salir con su novio sin que alguien la acompañara.

Manuel: ¡Qué barbaridad!

Catalina: Sí, la dueña estaba siempre cerca asegurándose que la conducta de los novios fuera apropiada y decorosa.

Manuel: ¡Qué horror! Me alegro de que cambien las cosas.

Catalina: Los novios nunca podían cambiar sentimientos íntimos sin que la dueña los oyera.

Manuel: ¡Habráse visto! Hoy día las chicas no aguantarían tal cosa.

Catalina: Las chicas son muy ingeniosas. Fíjate. Si la novia llevaba un abanico podía comunicarse con su novio colocando el abanico de tal manera que transmitiera ciertos sentimientos personales.

Manuel: No te entiendo.

Catalina: Bueno, si la chica, por ejemplo, quería confesarle su amor al novio sin pronunciar las palabras, podía cerrar el abanico y colocarlo a través del corazón. Eso significaba «Te quiero mucho».

Manuel: ¡Verdaderamente ingenioso!

Catalina: Hay muchas ideas o expresiones que se pueden comunicar haciendo gestos pero sin hablar.

Manuel: ¡Ah, sí! Los emperadores romanos podían salvar la vida o sentenciar a muerte a los gladiadores usando el pulgar como señal de aprobación o desaprobación.

Actividades

1 Demuestra los gestos usados por los hispanos que representan estas ideas:
   a. Tengo hambre.
   b. Vamos a beber algo.
   c. Adiós.
   d. ¡Piensa!
   e. ¡Ven!
2 Mientras unos alumnos hacen gestos conocidos, otros van explicando la idea comunicada por el gesto.
3 ¿Qué costumbres consideras anticuadas? (Nota: Actualmente en España los jóvenes denominan «carrozas» a los mayores con costumbres anticuadas.) ¿Entre las personas que conoces hay «carrozas»? ¿Quiénes son?

4 Hoy día los jóvenes se comunican mucho por medio del teléfono. Contesta.
   a. ¿Cuántas líneas de teléfono hay en tu casa?
   b. ¿Tienes un teléfono personal?
   c. ¿Cuánto tiempo pasas al teléfono diariamente?
   d. ¿Hay restricciones impuestas por tus padres? ¿Cuáles son?
   e. ¿Usas el teléfono para hacer la tarea? ¿Para chismear?
   f. ¿Para hablar con tu novio(a)? ¿Quién inicia la mayoría de las llamadas telefónicas? ¿Tú o tus amigos?
   g. ¿Cuánto tiempo duran las conversaciones?
   h. ¿Presenta problemas en tu casa tu uso del teléfono?)

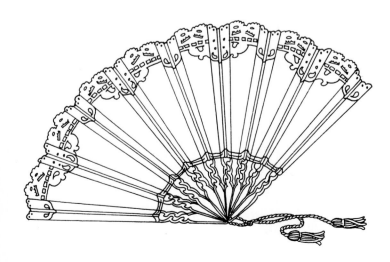

La pared

Vicente Blasco Ibáñez (1867–1928)

PARA PRESENTAR LA LECTURA

El poeta norteamericano Robert Frost en su poema «Mending Wall» dice: «Hay algo que no quiere una pared, que quiere derribarla». Una pared o tapia entre dos casas debe de ser un símbolo de respeto mutuo. Cuando no representa tal respeto llega a ser un testimonio vivo de odio, mezclado con temor, como el infame muro de Berlín. Si un símbolo deja de representar lo decente, debe de ser cambiado o destruido.

En «La pared», Vicente Blasco Ibáñez, famoso escritor español de este siglo, nos muestra lo inútil que es vivir consumido por el odio y por deseos de venganza. Sólo cuando los principales personajes fueron impulsados por la compasión humana y decidieron salvar una vida en vez de matar, fue restaurada la amistad de antaño y se destruyó el símbolo de su separación.

PARA APRENDER EL VOCABULARIO

Palabras clave I

1 **agudo** delgado, sutil, penetrante *(pointed, sharp)*
Sus agudas palabras ofendieron al grupo.

2 **anochecer** llegar la noche, la oscuridad
Las gallinas se duermen al anochecer.

3 **descuidos** faltas de cuidado o atención, omisiones
Aproveché su descuido para avanzar.

4 **escopetazo** tiro que sale de la escopeta *(shotgun)*; herida hecha con este tiro
La liebre murió de un escopetazo.

5 **mocetones** muchachos jóvenes y robustos
Su hijo era un mocetón mimado.

Berlin

6 **odios** sentimientos que uno siente cuando detesta algo o a alguien
El anciano le guardaba un odio profundo a su vecino.

7 **predicaban (predicar)** pronunciaban un sermón, decían en público
El deber del cura es predicar el amor de Dios.

8 **redondo** de figura circular
Colón creía que el mundo era redondo.

9 **rencor** resentimiento, amargura
Por medio de sus malas acciones mostró su rencor.

10 **tendió (tender—ie)** extendió en el suelo
Van a tender el tapiz en la sala.

11 **venganza** revancha *(revenge)*
La venganza causa muchos actos crueles.

Práctica

Completa con una palabra de la lista.

agudo	*el descuido*	*predicaban*
el odio	*redondo*	*el anochecer*
tendió	*el rencor*	*el escopetazo*
la venganza	*mocetón*	

1 Vamos bien. Llegaremos allí antes de _____.
2 El cura y el alcalde _____ la paz.
3 Pídale a ese _____ que le ayude a llevar el equipaje.
4 Su acento _____ nos irritó.
5 _____ no adelanta las buenas relaciones humanas.
6 Hoy día todos saben que el mundo es _____.
7 Él ayudó al herido y lo _____ en el suelo.
8 Estos instrumentos ya no sirven a causa de _____.
9 _____ es siempre mala.
10 _____ es semejante al odio.
11 _____ le causó la muerte.

Palabras clave II

1 **aislarse** separarse de otros
   A María le gusta aislarse de los demás cuando tiene que trabajar.
2 **asombro** sorpresa
   Su padre no mostró el menor asombro al oír el chisme.
3 **ásperas** de superficie desigual *(rough)*
   El mecánico tiene que usar una loción especial para no tener las manos ásperas.
4 **gemía (gemir)** expresaba el dolor con sonidos de sufrimiento
   Las víctimas del incendio gemían toda la noche.
5 **leña** trozos de madera que se queman en la chimenea
   Antes de hacer el fuego en la chimenea, hay que buscar leña.
6 **roto** quebrado, fracturado
   Carmen tiene el brazo roto y no puede escribir.
7 **transcurrió (transcurrir)** pasó el tiempo
   Transcurrió un día tras otro sin que llegara la noticia.

Práctica

Completa con una palabra de la lista.

rota	*ásperas*	*transcurrió*
leña	*el asombro*	*aislarse*
gemía		

1 Generalmente cuando un caballo tiene una pierna _____, lo matan.
2 _____ un año hasta que terminaron la construcción.
3 Por su cara pálida se nota _____ del ganador.
4 Se dice que la madera seca hace muy buena _____.
5 La enfermera tenía las manos _____ de haberlas lavado tantas veces.
6 El niño enfermo _____ toda la noche. Tenía mucha fiebre y dolor.
7 Es difícil tener amigos si uno insiste en _____ todo el tiempo.

La pared
Vicente Blasco Ibáñez

I

sendas *paths*
vecindario *neighborhood*

vejete viejo

alborotado agitación
risueño agradable
campanario *bell tower*

lindaban *were joined*
tapia pared
riego *irrigation*

acecho *lying in wait*
cejas *eyebrows*

acequia canal
cañares *cane fields*
ribazos *mounds, hillocks*

pellejo *skin*
extremándose *going to even further extremes*

Siempre que los nietos del tío Rabosa se encontraban con los hijos de la viuda de Casporra en las sendas de la huerta o en las calles de Campanar, todo el vecindario comentaba el suceso. ¡Se habían mirado! ¡Se insultaban con el gesto! Aquello acabaría mal, y el día menos pensado el pueblo sufriría un nuevo disgusto.

El alcalde con los vecinos más notables predicaban paz a los mocetones de las dos familias enemigas, y allá iba el cura, un vejete de Dios, de una casa a otra, recomendando el olvido de las ofensas.

Treinta años que los odios de los Rabosas y Casporras traían alborotado a Campanar. Casi en las puertas de Valencia, en el risueño pueblecito que desde la orilla del río miraba a la ciudad con los redondos ventanales de su agudo campanario, repetían aquellos bárbaros, con un rencor africano, la historia de luchas y violencias de las grandes familias italianas en la Edad Media. Habían sido grandes amigos en otro tiempo; sus casas, aunque situadas en distinta calle, lindaban por los corrales, separadas únicamente por una tapia baja. Una noche, por cuestiones de riego, un Casporra tendió en la huerta de un escopetazo a un hijo del tío Rabosa, y el hijo menor de éste, para que no se dijera que en la familia no quedaban hombres, consiguió, después de un mes de acecho, colocarle una bala entre las cejas al matador. Desde entonces las dos familias vivieron para exterminarse, pensando más en aprovechar los descuidos del vecino que en el cultivo de las tierras. Escopetazos en medio de la calle; tiros que al anochecer relampagueaban desde el fondo de una acequia o tras los cañares o ribazos cuando el odiado enemigo regresaba del campo; alguna vez un Rabosa o un Casporra camino del cementerio con una onza de plomo dentro del pellejo, y la sed de venganza sin extinguirse, antes bien, extremándose con las nuevas generaciones, pues parecía que en las dos casas los chiquitines salían ya del vientre de sus madres tendiendo las manos a la escopeta para matar a los vecinos.

Después de treinta años de lucha, en casa de los Casporras sólo quedaban una viuda con tres hijos mocetones que parecían torres de músculos. En la otra estaba el tío Rabosa, con sus ochenta años, inmóvil en un sillón de esparto, con las piernas muertas por la parálisis, como un arrugado ídolo de la venganza, ante el cual juraban sus nietos defender el prestigio de la familia.

Pero los tiempos eran otros. Ya no era posible ir a tiros como sus padres en plena plaza a la salida de la misa mayor. La Guardia Civil no les perdía de vista; los vecinos les vigilaban, y bastaba que uno de ellos se detuviera algunos minutos en una senda o en una esquina, para verse al momento rodeado de gente que le aconsejaba la paz. Cansados de esta vigilancia que degeneraba en persecución y se interponía entre ellos como infranqueable obstáculo, Casporras y Rabosas acabaron por no buscarse, y hasta se huían cuando la casualidad les ponía frente a frente.

vientre *insides*

esparto *hemp*

infranqueable *insurmountable*

II

T al fue su deseo de aislarse y no verse, que les pareció baja la pared que separaba sus corrales. Las gallinas de unos y otros, escalando los montones de leña, fraternizaban en lo alto de las bardas; las mujeres de las dos casas cambiaban desde las ventanas gestos de desprecio. Aquello no podía resistirse: era como vivir en familia; la viuda de Casporra hizo que sus hijos levantaran la pared una vara. Los vecinos se apresuraron a manifestar su desprecio con piedra y argamasa, y añadieron algunos palmos más a la pared. Y así, en esta muda y repetida manifestación de odio la pared fue subiendo y subiendo. Ya no se veían las ventanas; poco después no se veían los tejados; las pobres aves del corral estremecíanse en la lúgubre sombra de aquel paredón que les ocultaba parte del cielo, y sus cacareos sonaban tristes y apagados a través de aquel muro, monumento de odio, que parecía amasado con los huesos y la sangre de las víctimas.

Así transcurrió el tiempo para las dos familias, sin agredirse como en otra época, pero sin aproximarse: inmóviles y cristalizadas en su odio.

Una tarde sonaron a rebato las campanas del pueblo. Ardía la casa del tío Rabosa. Los nietos estaban en la huerta; la mujer de uno de éstos en el lavadero, y por las rendijas de puertas y ventanas salía un humo denso de paja quemada. Dentro, en aquel infierno que rugía buscando expansión, estaba el abuelo, el pobre tío Rabosa,

bardas *hedges*

vara *unit of measurement, approximately one yard*
desprecio *odio, falta de estimación*
argamasa *cemento*
tejados *clay-tile roofs*
estremecíanse *temblaban*

amasado *cemented*

agredirse *attacking one another*

sonaron a rebato *tolled to assemble the people*
rendijas *cracks*
paja quemada *burning straw*
rugía *was roaring*

se mesaba los cabellos *was tearing her hair*
arremolinábase *were milling around*
bocanada *huge puff*
esparció *diseminó*
agüelo *abuelo (dialect)*

cambiando un guiño de inteligencia *giving a signal to one another*
brasero *brazier*
como a un santo en sus andas *like a saint being carried on its platform*

hombres de corazón *good-hearted men (men of good will)*
buceando en el humo *plunging into the smoke*
llamas *flames*

madero *beam, plank*

pelo chamuscado *singed hair*
fruncir los labios *pucker up his lips*
escamas *calluses*
¡Fill meu! *¡Hijo mío! (My son!)*

boca desdentada y profunda *deep, toothless mouth*

inmóvil en su sillón. La nieta se mesaba los cabellos, acusándose como autora de todo por su descuido; la gente arremolinábase en la calle, asustada por la fuerza del incendio. Algunos, más valientes, abrieron la puerta, pero fue para retroceder ante la bocanada de denso humo cargada de chispas que se esparció por la calle.

—¡El agüelo! ¡El pobre agüelo!—gritaba la de los Rabosas volviendo en vano la mirada en busca de un salvador.

Los asustados vecinos experimentaron el mismo asombro que si hubieran visto el campanario marchando hacia ellos. Tres mocetones entraban corriendo en la casa incendiada. Eran los Casporras. Se habían mirado cambiando un guiño de inteligencia, y sin más palabras se arrojaron como salamandras en el enorme brasero. La multitud les aplaudió al verles reaparecer llevando en alto como a un santo en sus andas al tío Rabosa en su sillón de esparto. Abandonaron al viejo sin mirarle siquiera, y otra vez adentro.

—¡No, no!—gritaba la gente.

Pero ellos sonreían siguiendo adelante. Iban a salvar algo de los intereses de sus enemigos. Si los nietos del tío Rabosa estuvieran allí, ni se habrían movido ellos de casa. Pero sólo se trataba de un pobre viejo, al que debían proteger como hombres de corazón. Y la gente les veía tan pronto en la calle como dentro de la casa, buceando en el humo, sacudiéndose las chispas como inquietos demonios, arrojando muebles y sacos para volver a meterse entre las llamas.

Lanzó un grito la multitud al ver a los dos hermanos mayores sacando al menor en brazos. Un madero, al caer, le había roto una pierna.

—¡Pronto, una silla!

La gente, en su precipitación, arrancó al viejo Rabosa de su sillón de esparto para sentar al herido.

El muchacho, con el pelo chamuscado y la cara ahumada, sonreía, ocultando los agudos dolores que le hacían fruncir los labios. Sintió que unas manos trémulas, ásperas, con las escamas de la vejez, oprimían las suyas.

—¡Fill meu! ¡Fill meu!—gemía la voz del tío Rabosa, quien se arrastraba hacia él.

Y antes que el pobre muchacho pudiera evitarlo, el paralítico buscó con su boca desdentada y profunda las manos que tenía agarradas y las besó un sinnúmero de veces, bañándolas con lágrimas.

*   *   *

Ardió toda la casa. Y cuando los albañiles fueron llamados para construir otra, los nietos del tío Rabosa no les dejaron comenzar por la limpia del terreno, cubierto de negros escombros. Antes tenían que hacer un trabajo más urgente: derribar la pared maldita. Y empuñado el pico, ellos dieron los primeros golpes.

albañiles *stone masons*

escombros *rubble*
derribar *tear down*
maldita *cursed*

PARA APLICAR

Comprensión I

Contesta las siguientes preguntas.

1 ¿Dónde tiene lugar este cuento?
2 ¿Cómo se llaman las dos familias enemigas de Campanar?
3 ¿Qué suceso comentaba el vecindario?
4 ¿Qué temía el pueblo?
5 ¿Quiénes predicaban la paz?
6 ¿Adónde iba el cura? ¿Qué hacía para evitar otra desgracia?
7 ¿Por cuántos años traían alborotado a Campanar?
8 Describe la colocación de las dos casas.
9 ¿Qué las separaba?
10 ¿Por qué mató un Casporra a un hijo del tío Rabosa?
11 Describe al tío Rabosa.
12 ¿Qué hacían para evitar enfrentarse el uno con el otro?
13 ¿Cómo son los tiempos ahora?

Comprensión II

A Contesta las siguientes preguntas.

1 ¿Por qué levantaron más la pared?
2 ¿Qué oyeron una tarde?
3 ¿Qué hacía la gente enfrente de la casa incendiada?
4 ¿Qué hacía la nieta?
5 ¿Cómo fue salvado el tío?
6 Después de llevarlo afuera de la casa, ¿qué hicieron?
7 ¿Qué le pasó a uno de los Casporras?
8 ¿Cómo le llamó el tío Rabosa?
9 ¿Qué hicieron los nietos del tío Rabosa antes de reconstruir la casa?

B Escribe las siguientes oraciones, poniéndolas en el orden en que se encuentran en la selección.

1 Debido a la tapia baja, las gallinas fraternizaban.
2 Una tarde comenzó a quemarse la casa del tío.
3 Las luchas duraron treinta años.
4 La viuda mandó hacer más alta la pared.
5 Aunque algunos querían hacerlo, nadie entró a salvar al pobre viejo.
6 Fue imposible cambiar escopetazos en la calle porque todo el mundo les vigilaba.
7 Mientras más aumentó el odio, más subió la tapia.
8 El tío paralizado parecía un arrugado ídolo cuyo buen nombre sus nietos juraban proteger.
9 Las mujeres cambiaban gestos de desprecio sobre la pared.

10   Terminaron por evitar un encuentro.

C   Escoge la respuesta apropiada.

1   ¿Qué sorprendió a los asustados vecinos?
   a.   El campanario marchaba hacia ellos.
   b.   El tío Rabosa volvió en su silla.
   c.   Los tres Casporras entraron en la casa.

2   ¿Cómo reaccionó la gente que los observaba?
   a.   Se miraron cambiando un guiño de inteligencia.
   b.   Les estimuló a volver a entrar.
   c.   Aplaudió al verlos salir con el tío.

3   ¿Por qué entraron de nuevo?
   a.   Querían salvar sus muebles y otras posesiones.
   b.   Los nietos del tío estaban allí.
   c.   Les gustaba bucear en el humo.

4   ¿Por qué gritó la multitud?
   a.   Debía proteger a los hombres de buen corazón.
   b.   El Casporra más joven sufrió un accidente.
   c.   La gente sintió compasión por el herido.

5   ¿Cómo mostraron un cambio de actitud?
   a.   Arrancaron al tío de su silla.
   b.   El tío gemía, diciendo que quería ver a su hijo.
   c.   Antes de volver a construir la casa, derribaron el símbolo de odio.

D   Para personalizar la lectura

1   ¿Te enojas fácilmente? ¿Cuáles son las cosas que te enojan?
2   ¿Cómo resuelves tu ira? ¿Hay alguien con quien puedes discutir los problemas? ¿Quién es?
3   ¿Prefieres aislarte en tales circunstancias?
4   ¿Qué harías si notaras que se quemaba la casa de un vecino?
5   ¿Cuáles son las cosas que tratarías de salvar de una casa incendiada?
6   ¿Dónde queda el servicio de bomberos en tu pueblo?
7   ¿Qué aparato tienen para extinguir incendios?
8   ¿Dónde están colocados los extintores en la escuela? ¿Y las alarmas?
9   ¿Qué número de teléfono llamarías para avisar que hay un incendio?

PARA PRACTICAR

A   Completa las siguientes oraciones con una palabra apropiada.

1   El señor murió y dejó a la ———— con cuatro niños.
2   Tenemos que ———— la buena noticia por todo el pueblo.
3   Ellos quieren ———— y no hablar con nadie.
4   Es mejor ———— el amor y no el rencor.
5   La máquina no funciona; está ————.
6   La pelota es ————.

B   Da un sinónimo de las siguientes palabras y emplea cada sinónimo en una oración original.

1   pronunciar un sermón
2   retirarse
3   revancha
4   resentimiento
5   circular
6   echar abajo
7   quebrado
8   diseminar

Por si acaso . . .

1 Haz una lista de las varias pasiones evidentes en la historia. Cita ejemplos.

2 Cita ejemplos de otras disputas ficticias o verdaderas que terminaron con la extinción entera o parcial de las familias.

3 Hoy día en nuestra sociedad no aprobamos la idea de vengarnos por ningún motivo, pero en otros tiempos se consideraba un derecho natural conseguir una satisfacción por una cuestión de honor. ¿Por qué dejaron de buscar su venganza los hijos de los ofendidos? ¿Qué hacían cuando se encontraban? Nota el simbolismo en este cuento. ¿Qué simboliza la pared? ¿El fuego? ¿El hecho de los Casporras? ¿El derribo de la pared?

4 Prepara una escena para el noticiero de televisión y entrevista a un nieto del tío y a un hijo de la viuda después del incendio.

Conversación

Cuando un amigo se va

Pedro: Oye, guapa, ¿por qué tienes la cara tan triste?

Carmen: ¿No oíste? Dolores Gutiérrez se traslada a España.

Pedro: ¡Cuánto me alegro! Y, ¿por eso te entristeces?

Carmen: ¡No seas tonto! Es que no regresa. Se va a quedar allí con sus padres. Su papá tiene una nueva colocación, así que es una mudanza permanente.

Pedro: ¡Estupendo!

Carmen: Para ella, sí; para mí, no. Dolores y yo hemos sido buenas amigas desde hace quince años.

Pedro: Ya comprendo. Cuando un amigo se va . . .

Carmen: Sí, queda un espacio vacío.

Pedro: Esas palabras ya las he oído antes.

Carmen: ¿Cómo?

Pedro: El poema de Alberto Cortez. ¿No te acuerdas?

Cuando un amigo se va

Cuando un amigo se va,
queda un espacio vacío
que no lo puede llenar
la llegada de otro amigo.

Cuando un amigo se va,
queda un tizón encendido
que no se puede apagar
ni con las aguas de un río.

Cuando un amigo se va,
una estrella se ha perdido,
la que ilumina el lugar
donde hay un niño dormido.

Cuando un amigo se va,
se detienen los caminos
y se empieza a avinagrar
el duende dulce del vino.

Cuando un amigo se va
galopando su destino,
empieza el alma a vibrar
porque se llena de frío.

Cuando un amigo se va,
queda un terreno baldío
que quiere el tiempo llenar
con las piedras del hastío.

Cuando un amigo se va,
se queda un árbol caído
que ya no vuelve a brotar
porque el viento lo ha vencido.

Cuando un amigo se va,
queda un espacio vacío
que no lo puede llenar
la llegada de otro amigo.

tizón brand, *firebrand*

avinagrar ponerse agrio *(to sour)*
duende espíritu travieso *(spirit)*

baldío sin cultivo *(untilled)*

hastío disgusto, repugnancia

brotar salir flores, hojas, renovarse las plantas *(to bud)*

Actividades

1 En la sociedad actual y móvil es necesario que muchas personas cambien de residencia varias veces durante su vida. ¿Has tenido que cambiarte de un colegio a otro? ¿De una parte de la ciudad a otra? ¿De una ciudad a otra? ¿De un estado a otro? ¿De un país a otro? ¿Cómo reaccionaste al saber la noticia de la mudanza? ¿Cómo reaccionaron tus amigos y/o tus parientes? ¿Fue difícil adaptarse a la nueva residencia? ¿Al colegio? ¿Fue fácil hacer amigos en la nueva situación?

2 ¿Has perdido amigos cuyas familias se han mudado? ¿Cómo te sientes cuando un amigo se va? ¿Has ayudado o aceptado a nuevos alumnos en tus clases o colegio? ¿Te gustaría ser alumno(a) de intercambio en otro país? ¿Adónde te gustaría ir? ¿Haces amistades con los alumnos de intercambio que vienen a tu colegio?

PARA GOZAR

PARA PRESENTAR LA LECTURA

La Semana Santa en España es la semana antes de la Pascua Florida. Se celebra en todas partes de España, pero es la ciudad de Sevilla la que atrae a miles de personas para observar las ceremonias religiosas.

El Viernes Santo los miembros de hermandades religiosas desfilan solemnemente por las calles llevando en alto las andas con sus estatuas adornadas. Se visten de túnica morada sin bordados y llevan capuchas para cubrir la cara. Desfilan descalzos expiando sus pecados. Son los penitentes . . . los arrepentidos.

La selección que sigue se llama «El arrepentido». No se trata en esta ocasión de la Semana Santa. Tomeu el Viejo no se pone túnica ni capucha; tampoco desfila. Pero quiere mostrar antes de morir que también es buen creyente.

La selección fue escrita por Ana María Matute, autora contemporánea de cuentos memorables.

andas plataformas en las cuales se llevan las estatuas representativas durante la Semana Santa
morada de color de violeta oscuro
capucha especie de capilla prendida al cuello de algunos hábitos religiosos (*hood*).
descalzos con los pies desnudos
expiando reparando una culpa por medio de algún sacrificio (*atoning*)
pecados transgresiones

El arrepentido
Ana María Matute

El café era estrecho y oscuro. La fachada principal daba a la carretera y la posterior a la playa. La puerta que se abría a la playa estaba cubierta por una cortina de cañuelas, bamboleada por la brisa. A cada impulso sonaba un diminuto crujido, como de un pequeño entrechocar de huesos.

Tomeu el Viejo estaba sentado en el quicio de la puerta. Entre las manos acariciaba lentamente una petaca de cuero negro, muy gastada. Miraba hacia más allá de la arena, hacia la bahía. Se oía el ruido del motor de una barcaza y el coletazo de las olas contra las rocas. Una lancha vieja, cubierta por una lona, se mecía blandamente, amarrada a la playa.

—Así que es eso—dijo Tomeu, pensativo. Sus palabras eran lentas y parecían caer delante de él, como piedras. Levantó los ojos y miró a Ruti.

Ruti era un hombre joven, delgado y con gafas. Tenía ojos azules, inocentes, tras los cristales.

—Así es—contestó. Y miró al suelo.

Tomeu escarbó en el fondo de la petaca, con sus dedos anchos y oscuros. Aplastó una brizna de tabaco entre las yemas de los dedos y de nuevo habló, mirando hacia el mar:

—¿Cuánto tiempo me das?

Ruti carraspeó:

—No sé . . . a ciencia cierta, no puede decirse así. Vamos: quiero decir, no es infalible.

—Vamos, Ruti. Ya me conoces: dilo.

Ruti se puso encarnado. Parecía que le temblaban los labios.

—Un mes . . . , acaso dos . . .

—Está bien, Ruti. Te lo agradezco, ¿sabes? . . . Sí; te lo agradezco mucho. Es mejor así.

Ruti guardó silencio.

—Ruti—dijo Tomeu—. Quiero decirte algo: ya sé que eres escrupuloso, pero quiero decirte algo, Ruti. Yo tengo más dinero del que la gente se figura: ya ves, un pobre hombre, un antiguo pescador,

daba a enfrentaba *(faced on, overlooked)*
cortina de cañuelas *(protective beaded curtain)*
bamboleada movida a un lado y otro *(swayed)*
entrechocar chocar dos cosas una contra otra
quicio parte de la puerta
petaca estuche para llevar tabaco o cigarros
barcaza lanchón para transportar carga de los barcos a la tierra y viceversa
coletazo golpe dado con la cola *(whipping)*
se mecía se movía de un lugar a otro sin mudar de lugar *(rocked)*
amarrada sujetada, atada y asegurada por medio de cuerdas o cadenas
escarbó rasguñó *(scratched around)*
brizna un poco *(a pinch of tobacco)*
yemas puntas de los dedos al lado opuesto a las uñas *(fingertips)*
carraspeó habló con voz ronca *(rasped)*
encarnado colorado, color de carne

cafetucho un café de aspecto despectivo

ensoñadoramente de una manera que parecía un ensueño

mechones porciones de pelo separadas de un conjunto

zumbido ruido o sonido producido por los insectos

parpadeó abrió y cerró rápido los ojos (*blinked*)
dio un sorbito tomó una cantidad pequeña del coñac

dueño de un cafetucho de camino . . . Pero yo tengo dinero, Ruti. Tengo mucho dinero.

Ruti pareció incómodo. El color rosado de sus mejillas se intensificó:

—Pero, tío . . . , yo . . . ¡no sé por qué me dice esto!

—Tú eres mi único pariente, Ruti—repitió el viejo, mirando ensoñadoramente al mar—. Te he querido mucho.

Ruti pareció conmovido.

—Bien lo sé—dijo—. Bien me lo ha demostrado siempre.

—Volviendo a lo de antes: tengo mucho dinero, Ruti. ¿Sabes? No siempre las cosas son como parecen.

Ruti sonrió. (*Acaso quiere hablarme de sus historias de contrabando. ¿Creerá acaso que no lo sé? ¿Se figura, acaso, que no lo sabe todo el mundo? ¡Tomeu el Viejo! ¡Bastante conocido, en ciertos ambientes! ¿Cómo hubiera podido costearme la carrera de no ser así?*) Ruti sonrió con melancolía. Le puso una mano en el hombro:

—Por favor, tío . . . No hablemos de esto. No, por favor . . . además, ya he dicho: puedo equivocarme. Sí: es fácil equivocarse. Nunca se sabe . . .

Tomeu se levantó bruscamente. La cálida brisa le agitaba los mechones grises:

—Entra, Ruti. Vamos a tomar una copa juntos.

Apartó con la mano las cañuelas de la cortinilla y Ruti pasó delante de él. El café estaba vacío a aquella hora. Dos moscas se perseguían, con gran zumbido. Tomeu pasó detrás del mostrador y llenó dos copas de coñac. Le ofreció una:

—Bebe, hijo.

Nunca antes le llamó hijo. Ruti parpadeó y dio un sorbito.

—Estoy arrepentido—dijo el viejo, de pronto.

Ruti le miró fijamente.

—Sí—repitió—, estoy arrepentido.

—No le entiendo, tío.

—Quiero decir: mi dinero, no es un dinero limpio. No, no lo es.

Bebió su copa de un sorbo, y se limpió los labios con el revés de la mano.

—Nada me ha dado más alegría: haberte hecho lo que eres, un buen médico.

—Nunca lo olvidaré—dijo Ruti, con voz temblorosa. Miraba al suelo otra vez, indeciso.

—No bajes los ojos, Ruti. No me gusta que desvíen la mirada cuando yo hablo. Sí, Ruti: estoy contento por eso. ¿Y sabes por qué?

Ruti guardó silencio.

—Porque gracias a ello tú me has avisado de la muerte. Tú has podido reconocerme, oír mis quejas, mis dolores, mis temores

. . . Y decirme, por fin: *acaso un mes, o dos.* Sí, Ruti: estoy contento, muy contento.

—Por favor, tío. Se lo ruego. No hable así . . . , todo esto es doloroso. Olvidémoslo.

—No, no hay por qué olvidarlo. Tú me has avisado y estoy tranquilo. Sí, Ruti: tú no sabes cuánto bien me has hecho.

Ruti apretó la copa entre los dedos y luego la apuró, también de un trago.

apuró acabó con la bebida

—Tú me conoces bien, Ruti. Tú me conoces muy bien.

Ruti sonrió pálidamente.

El día pasó como otro cualquiera. A eso de las ocho, cuando volvían los obreros del cemento, el café se llenó. El viejo Tomeu se portó como todos los días, como si no quisiera amargar las vacaciones de Ruti, con su flamante título recién estrenado. Ruti parecía titubeante, triste. Más de una vez vio que le miraba en silencio.

amargar comunicar sabor o gusto desagradable a una cosa, arruinar
flamante resplandeciente y nuevo
titubeante vacilando

El día siguiente transcurrió, también, sin novedad. No se volvió a hablar del asunto entre ellos dos. Tomeu más bien parecía alegre. Ruti, en cambio, serio y preocupado.

Pasaron dos días más. Un gran calor se extendía sobre la isla. Ruti daba paseos en barca, bordeando la costa. Su mirada azul, pensativa, vagaba por el ancho cielo. El calor pegajoso le humedecía la camisa, adhiriéndosela al cuerpo. Regresaba pálido, callado. Miraba a Tomeu y respondía brevemente a sus preguntas.

Al tercer día, por la mañana, Tomeu entró en el cuarto de su sobrino y ahijado. El muchacho estaba despierto.

ahijado cualquier persona respecto de sus padrinos (*godchild*)

—Ruti—dijo suavemente.

Ruti echó mano de sus gafas, apresuradamente. Su mano temblaba:

—¿Qué hay, tío?

Tomeu sonrió.

—Nada—dijo—. Salgo, ¿sabes? Quizá tarde algo. No te impacientes.

Ruti palideció:

—Está bien—dijo. Y se echó hacia atrás, sobre la almohada.

—Las gafas, Ruti—dijo Tomeu—. No las rompas.

Ruti se las quitó despacio y se quedó mirando al techo. Por la pequeña ventana entraban el aire caliente y el ruido de las olas.

Era ya mediodía cuando bajó al café. La puerta que daba a la carretera estaba cerrada. Por lo visto su tío no tenía intención de atender a la clientela.

Ruti se sirvió café. Luego, salió atrás a la playa. La barca amarrada se balanceaba lentamente.

A eso de las dos vinieron a avisarle. Tomeu se había pegado un tiro, en el camino de la Tura. Debió de hacerlo cuando salió, a primera hora de la mañana.

abatido desanimado
miope que necesita aproximarse mucho a las cosas para verlas por exceso de refracción de la luz en el ojo

Ruti se mostró muy abatido. Estaba pálido y parecía más miope que nunca.

—¿Sabe usted de alguna razón que llevara a su tío a hacer esto?

—No, no puedo comprenderlo . . . , no puedo imaginarlo. Parecía feliz.

Al día siguiente, Ruti recibió una carta. Al ver la letra con su nombre en el sobre, palideció y lo rasgó, con mano temblorosa. Aquella carta debió de echarla su tío al correo antes de suicidarse, al salir de su habitación.

Ruti leyó:

«Querido Ruti: Sé muy bien que no estoy enfermo, porque no sentía ninguno de los dolores que te dije. Después de tu reconocimiento consulté a un médico y quedé completamente convencido. No sé cuánto tiempo habría vivido aún con mi salud envidiable, porque estas cosas, como tú dices bien, no se saben nunca del todo. Tú sabías que si me creía condenado, no esperaría la muerte en la cama, y haría lo que he hecho, a pesar de todo; y que, por fin, me heredarías. Pero te estoy muy agradecido, Ruti, porque yo sabía que mi dinero era sucio, y estaba ya cansado. Cansado y, tal vez, eso que se llama arrepentido. Para que Dios no me lo tenga en cuenta— tú sabes, Ruti, que soy buen creyente a pesar de tantas cosas—, dejo mi dinero a los niños del Asilo.»

Actividades

A Contesta las siguientes preguntas.

1 ¿Qué significa el título del cuento?
2 ¿Puedes identificar algunos ejemplos de simbolismo o ironía en el cuento? ¿Cuáles son?
3 ¿Qué sorpresa contiene el desenlace?
4 Haz un comentario de reacción a las siguientes oraciones:
  a. Ruti tenía ojos azules, inocentes y un corazón negro, frío.
  b. Tomeu quería mostrar que era buen creyente y se suicidó.

B Usando los siguientes datos, prepara una conversación imaginaria entre el administrador del Asilo que heredó el dinero de Tomeu y su secretario.

a. Ruti mintió a su padrino quien le había cuidado y educado.
b. Ruti contaba con la herencia de su padrino.
c. El dinero de Tomeu era sucio, es decir, había sido ganado de una manera ilegal.
d. Pensando en su dinero mal ganado y la mentira que le había dicho su ahijado, Tomeu no quería vivir.
e. El padrino le dio a su ahijado la oportunidad de retractarse de la mentira que le había contado.
f. Ruti luchó con su conciencia pero no hizo nada para rectificar la mentira del diagnóstico.
g. El viejo cambió su último testamento, dejando todo al Asilo, y luego se suicidó.

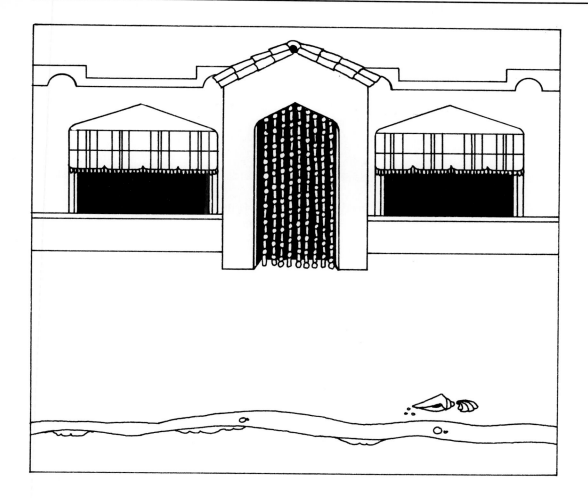

PARA PRESENTAR LA LECTURA

Pablo Neruda (seudónimo de Neftalí Ricardo Reyes) nació en Chile en 1904. Escribió y publicó gran cantidad de libros y poemas. A los veinte años escribió *Veinte poemas de amor y una canción desesperada* que le hace famoso por la originalidad (el tono displicente) con que trata el tema del amor. Su obra poética le gana uno de los más altos puestos en la lírica hispanoamericana. Ganó el premio Nóbel de literatura en 1971 y murió en 1973.

En «Hemos perdido aún», Neruda nos presenta una evocación de un momento de amor, trayendo al presente los momentos nostálgicos del pasado cuando «él» estaba con «ella».

Hemos perdido aún

Pablo Neruda

crepúsculo anochecer

Hemos perdido aún este crepúsculo.
Nadie nos vio esta tarde con las manos unidas
mientras la noche azul caía sobre el mundo.

He visto desde mi ventana
la fiesta del poniente en los cerros lejanos.

poniente oeste (donde se pone el sol)

A veces como una moneda
se encendía un pedazo de sol entre mis manos.

Yo te recordaba con el alma apretada
de esa tristeza que tú me conoces.

¿Entonces dónde estabas?
¿Entre qué gentes?
¿Diciendo qué palabras?
¿Por qué se me vendrá todo el amor de golpe
cuando me siento triste, y te siento lejana?

Cayó el libro que siempre se toma en el crepúsculo,
y como un perro herido rodó a mis pies mi capa.

Siempre, siempre te alejas en las tardes
hacia donde el crepúsculo corre borrando estatuas.

El futuro y el condicional

Se forma el futuro agregando las formas de *haber* al infinitivo. En tiempos remotos se decía: *hablar hé, comer hémos, escribir hás.* Con el desarrollo y la perfección de formas escritas, se eliminó la *h* y se juntaron los dos elementos: *hablaré, comeremos, escribirás.* Todos los verbos usan los mismos términos finales.

El futuro

mirar	comer	vivir
miraré	comeré	viviré
mirarás	comerás	vivirás
mirará	comerá	vivirá
miraremos	comeremos	viviremos
miraréis	comeréis	viviréis
mirarán	comerán	vivirán

El condicional

Se forma el condicional agregando los términos del imperfecto de los verbos de la 2a y 3a conjugaciones, o sea, los que terminan con *-er* e *-ir* y cuyos términos son *ía, ías, ía, íamos, íais, ían.*

mirar	comer	vivir
miraría	comería	viviría
mirarías	comerías	vivirías
miraría	comería	viviría
miraríamos	comeríamos	viviríamos
miraríais	comeríais	viviríais
mirarían	comerían	vivirían

Los siguientes verbos tienen una raíz irregular en el futuro y en el condicional.

infinitivo	raíz	futuro	condicional
caber	cabr-	cabré	cabría
decir	dir-	diré	diría
haber	habr-	habré	habría
hacer	har-	haré	haría
poder	podr-	podré	podría
poner	pondr-	pondré	pondría
querer	querr-	querré	querría
saber	sabr-	sabré	sabría
salir	saldr-	saldré	saldría
tener	tendr-	tendré	tendría
valer	valdr-	valdré	valdría
venir	vendr-	vendré	vendría

Se emplea el futuro para expresar una acción futura basada en un hecho pasado entendido o expresado anteriormente.

> Comerán aquí mañana.
> Veremos a los López la semana que viene.

El condicional se emplea para expresar una condición basada en algo expresado o entendido.

> Dijo que llamaría anoche.
> Escribió que nos pagaría pronto.
> Me gustaría tener un coche, pero no tengo el dinero.

¿Qué harán mañana? Todos se divirtieron la semana pasada durante los tres días libres sin tener que asistir a clases. Di lo que hicieron y si van a hacer lo mismo otra vez.

Yo (ir) a esquiar en Nuevo México.
Yo fui a esquiar en Nuevo México e iré allí otra vez.
Yo fui a esquiar en Nuevo México, pero no iré allí otra vez.

1 Nosotros (cenar) en un famoso restaurante francés.
2 Miguel (patinar) en el hielo en un centro comercial.
3 Tú (ir) a la cancha de esquí.
4 Las gemelas (rezar) en la capilla.
5 Yo (buscar) otros discos para mi colección.
6 Las chicas (correr) en las pistas fáciles.
7 Todos (alquilar) el equipo necesario para esquiar.

8 Mi novio (sacar) fotos en el telesquí.
9 Nuestro equipo de hockey (ganar) el partido internacional.
10 Los atletas (reunirse) en el Palacio de Hielo.

11 Tú (batir) el récord en el «slalom».
12 El comité (servir) un banquete en el salón olímpico.

Lo que dijo Colón. Cristóbal Colón estaba convencido de que el mundo era redondo, y tenía la convicción de poder realizar su gran sueño. Además de tener confianza en sí mismo, era audaz y valiente. Éstas son las ideas que él expresó a su reina y amigos. Expresa los verbos en el futuro.

1 Yo (convencer) a la reina para que me respalde en esta misión
(encontrar) una nueva ruta al Oriente
(llevar) el cristianismo a otras gentes
(traer) gloria y honor a España
(ser) famoso durante el resto de mi vida y más tarde en la historia

2 Los barcos (partir) de Palos en agosto, 1492
(llevar) hombres valientes y con deseos de cambiar su vida
(navegar) en aguas desconocidas y peligrosas
(regresar) con grandes riquezas de la China

3 Nosotros (ir) a Palos a construir barcos fuertes y bien equipados
(llegar) a las Islas Canarias por agua dulce y más provisiones
(quedarse) en las Canarias para hacer reparaciones
(estar) aislados del mundo cristiano durante varias semanas

4 La reina Isabel (dar) su aprobación a la empresa
(ofrecer) su dinero para la expedición
(nombrarme) Almirante del Océano
(ser) la mujer más famosa del mundo

5 Los marineros (trabajar) día y noche durante el cruce
(ver) nuevas tierras
(vivir) bien al regresar a España
(ser) hombres respetados y honrados

Y tú, ¿qué dices? (1) Expresa lo que dijo Colón en el pasado. Introduce cada idea con *Colón dijo que + el condicional*. Haz los cambios necesarios para la concordancia con los pronombres, los complementos y los posesivos. Por ejemplo:

Colón dijo que *convencería* a la reina para que le respaldara en esta (esa) misión.

(2) Seguramente has pensado en tu futuro y has comenzado a hacer planes concretos. Considera ideas tales como: los estudios universitarios, dónde quieres vivir, el matrimonio y familia, y, quizás, la posibilidad de ser famoso(a). Escribe algunas ideas y preséntalas en clase.

Sebastiano del Piombo, *Christopher Columbus.*
The Metropolitan Museum of Art.
Gift of J. Pierpont Morgan

¿Qué se debe hacer en tales casos? Hay acciones y reacciones lógicas y normales en distintas situaciones. Expresa lo que tú harías.

un aguacero / llevar un impermeable / abrir el paraguas
En un aguacero llevaría un impermeable y abriría el paraguas.

1   un incendio / llamar a los bomberos / salir rápidamente
2   un robo / tratar de mantener la calma / llamar a la policía
3   un avión / abrocharse el cinturón de seguridad / no fumar
4   la biblioteca / no hablar / escribir mis deberes
5   una boda / felicitar a los novios / visitar amigos
6   una fiesta de cumpleaños / abrir los regalos con entusiasmo / dar las gracias a todos
7   la playa / vestirse de traje de baño / tomar el sol
8   mi restaurante favorito / pedir una hamburguesa y un refresco / comer a gusto
9   la carretera / conducir con cuidado / no pasar de la velocidad máxima
10   un accidente automovilístico / tratar de mantener la calma / ayudar a los accidentados
11   una disputa callejera / evitar un conflicto / alejarme del sitio
12   la cancha de esquí / subir en el teleférico / correr las pistas negras y rojas
13   la noche de Halloween / «morirme del susto» al ver a los pequeños fantasmas / darles dulces

Cambia el sujeto a *tú, nosotros y ellos*, y sigue practicando.

Y tú, ¿qué dices? Escoge cuatro o cinco de las situaciones de arriba o expresa otras situaciones y di cómo reaccionarías. ¿Es fácil acordarse de hacer lo correcto o lo lógico en todas ocasiones?

El futuro y el condicional de probabilidad

Se puede expresar una probabilidad o una conjetura relacionada con el presente por medio del futuro.

Ahora estarán en casa.	Probablemente están en casa.
¿Quién será ella?	¿Quién puede ser ella?

Si la probabilidad o la conjetura está relacionada con el pasado, se usa el condicional.

> Ayer estarían en casa.   Ayer probablemente estuvieron en casa.
> ¿Quién sería ella?   Me pregunto quién era ella.

¿Quién será? En la clase de la Historia del Siglo Veinte el profesor repartió una lista de personas famosas y de lugares que todos deben saber. Unos jóvenes se reúnen para estudiar. No pueden contestar con confianza y muestran su incertidumbre con preguntas tales como: ¿Quién será . . . ? *(I wonder who . . . is?)* y ¿Dónde estará . . . ? *(I wonder where . . . is?)* Sus respuestas también reflejan su falta de certeza: Será . . . o Estará en . . . *(She/he probably is . . . , o It probably is in . . .).*

Ayuda a estos estudiantes. Queremos que saquen una buena nota en su trabajo.

> *Toni:*   *¿Andrew Wyeth?*
> *Lupe:*   *Un golfista de Escocia*
> *Tú:*
>
> *Toni:*   *¿Quién será Andrew Wyeth?*
> *Lupe:*   *Será un golfista de Escocia.*
> *Tú:*   *No. Es un pintor contemporáneo de los Estados Unidos.*

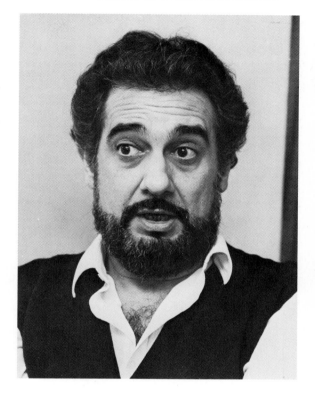

Plácido Domingo

1   ¿Margaret Thatcher? una actriz de cine y teatro

2   ¿Minnesota Fats? un político controvertido de Duluth

3   ¿Van Halen? un jugador de baloncesto de California

4   ¿Michael Jackson? un crítico del *Washington Post*

5   ¿Mikhail Baryshnikov? un ecologista de Suecia

6   ¿Jihan Sadat? una especialista en la nutrición de niños

7   ¿Neil Armstrong? un alpinista y fotógrafo de Londres

8   ¿Elton John? un compositor de música religiosa

9   ¿Itzhak Perlman? un científico nuclear

10   ¿Plácido Domingo? un jugador de béisbol de Venezuela

Y tú, ¿qué dices? Sigue practicando el ejercicio y prepara más ideas con tus compañeros de clase.

Continúa con lugares famosos.

> *¿Brasil?*
> A   *¿Dónde estará Brasil?*
> B   *No estoy seguro(a). Estará en África.*
>   *Tú: No. Está en Sudamérica.*

1   ¿el Cañón Grande?
2   ¿la Torre Eiffel?

3 ¿el Vaticano?

4 ¿las pirámides de Teotihuacán?

5 ¿el Río Amazonas?

6 ¿el Escorial?

7 ¿la playa Waikiki?

8 ¿las cataratas de Iguazú?

9 ¿el Monte Fujiyama?

10 ¿el Museo del Prado?

El futuro perfecto y el condicional perfecto

El futuro perfecto se forma con el futuro del verbo *haber* y el participio pasado. Se emplea para expresar una acción futura terminada anteriormente a otra acción futura.

salir	
habré salido	habremos salido
habrás salido	habréis salido
habrá salido	habrán salido

Ellos habrán salido antes de que lleguemos.

Yo habré empezado cuando tú vengas.

El condicional perfecto se forma con el condicional del verbo *haber* y el participio pasado. Se emplea para expresar lo que habría ocurrido si no fuera por otra cosa que lo interrumpió o lo prohibió.

escribir	
habría escrito	habríamos escrito
habrías escrito	habríais escrito
habría escrito	habrían escrito

Él habría hecho el viaje pero no pudo porque no tenía suficiente dinero.

¡Llega a tiempo! La puntualidad es importante y, seguramente, refleja la buena educación y respeto para otros. La tía Lucha se cansa de esperar a su sobrino que es muy informal. Ella le dice que puede acompañarlos a ser parte de sus actividades, pero él debe llegar a la hora citada porque no le van a esperar.

(Se puede introducir las ideas con *llega, ven* o *llama*.)

a las 2:00 / nosotros—comer
Llega a las dos o habremos comido.

1 a las 11:20 / tu tío y yo—ir a oír misa

2 a las 12:50 / yo—salir en el coche

3 a las 4:20 / los primos—comenzar a mirar el vídeo

4 antes de las 6:00 / las primas—invitar a otro chico

5 a las 2:45 / yo—envolver los regalos

6 antes del mediodía / Ruperto—dar el libro a otro
7 a las 3:30 / nosotros—hacer y consumir los refrescos
8 antes de las 10:00 / tu primo—acostarse
9 antes de las 10:30 / tu tío—dormirse
10 antes de comprar zapatos / tú—perder una oferta fantástica

Y tú, ¿qué hacías ayer? Di lo que probablemente habrías hecho ayer a estas horas: a las dos / a las 4:30 / a las 6:15 / a las 9:00 / a medianoche.

Ayer a las dos / almorzar en casa
Ayer a las dos ya habría almorzado en casa

1 a las 4:30 / ya (salir) del gimnasio
2 a las 6:15 / ya (conversar) con mi padre
3 a las 9:00 / ya (lavar) los platos
4 a medianoche / ya (acostarme)

Saber y conocer

Hay diferencias sutiles entre los verbos *saber y conocer. Saber* quiere decir tener conocimiento de hechos o realidades por pensar o por ser informado. Seguido de un infinitivo, quiere decir tener la habilidad para una cosa.

> Yo sé que Maria va a salir.
> Sabemos que el mundo es redondo.
> Mi hermana sabe cantar.
> ¿Saben Uds. hablar español?

Conocer significa familiaridad con una persona, un lugar o una cosa adquirida por experiencia personal.

> Conozco a tu tío sólo de vista.
> El maestro conoce muy bien Madrid.

Oyente cautivo

Javier le muestra a su primo Andrés fotos sacadas durante su reciente viaje a España. Éste muestra poco interés y pretende saber o conocer todo. En tono aburrido contesta con «Ya lo sé» o «Yo lo (la, etc.) conozco bien».

Javier: Hicimos el vuelo en este hermoso superjet de Iberia.
Andrés: Ya lo sé.

Javier: En esta foto ves a mis padres en la aduana buscando el equipaje. Éstos, allí detrás del poste.

Andrés: Yo los _____ bien.
Javier: Éste es el centro de Madrid que es enorme pues tiene 4 millones de habitantes, y es una ciudad nueva comparada con otras capitales europeas.
Andrés: Ya lo _____.
Javier: ¡Tú has estado en Madrid! Nadie me lo había dicho.
Andrés: Yo _____ Madrid bien.
Javier: Mira. En ésta capté bien el Palacio Real, pero el rey actual no vive allí. Él vive en las afueras de Madrid.

Andrés: Ya lo _____.

Javier: Me fascinó el Palacio que es más grande que el de Buckingham. ¿Lo visitaste?

Andrés: Lo _____ bien.

Javier: Después paseamos por la Puerta del Sol, el centro geográfico de España. Allí hay muchas tiendas, restau . . .

Andrés: Yo la _____ bien.

Javier: Actualmente están haciendo muchas reformas allí. Cuando las terminen va a ser . . .

Andrés: Ya lo _____.

Javier: Anduvimos por el barrio viejo en el cual se conserva la arquitectura de los tiempos de . . .

Andrés: Yo _____ ese barrio muy bien.

Javier: Los españoles tienen costumbres sumamente interesantes como . . .

Andrés: Yo las _____ bien.

Javier: Por ejemplo, cenan muy tarde. A veces no se levantan de la mesa hasta la medianoche.

Andrés: Ya lo _____.

Javier: Mira allí a ese grupo de jóvenes. Pasan poco tiempo en casa porque siempre están reuniéndose con amigos en las calles o *pubs* y . . .

Andrés: Ya lo _____. Y, ¿por qué no hacemos lo mismo? Guarda tus fotos y vamos.

Sabiendo y conociendo. En el siguiente párrafo hay que llenar los espacios con la forma apropiada de *saber* o *conocer* según el sentido.

Hace unas semanas yo (pretérito) a Bernardo Gómez. Es un joven de diecisiete años que es de Venezuela y está de visita en mi pueblecito. Yo no (imperfecto) que era tu primo. ¡Qué sorpresa! Empezamos a hablar de Venezuela, y francamente yo (presente) muy poco de este país. Claro (presente) que está en Sudamérica pero no la (presente). Me gustaría (infinitivo) la y (infinitivo) más de su historia. Bernardo dijo que me va a presentar a unos amigos suyos, también de Venezuela, para que (presente de subjuntivo) a más personas de habla española y para (infinitivo) hablar mejor el idioma. Todos (presente) que la práctica hace al maestro. ¡Ojalá!

Estar con el participio pasado

En español se usa la tercera persona singular o plural de *estar* con el participio pasado de otro verbo para indicar una condición que resulta de un acto previo. El participio pasado concuerda en número y género con el sujeto. Esta construcción no expresa la acción sino el resultado de la acción.

El bedel ayuda. En España los profesores universitarios gozan de un respeto y privilegios desconocidos en los Estados Unidos. Lo único que hacen dentro del aula es dictar clase. Si los profesores necesitan ayuda física con la puerta, etc., llaman al bedel, personaje importante que mantiene el orden y ayuda a los profesores tanto como a los alumnos. A veces protesta por las notas bajas de unos alumnos e intercede en favor de ellos.

Hoy el profesor Castro llama al bedel cuando necesita ayuda con el aparato audio-visual.

Expresa la acción terminada con *estar* y el participio pasado.

Profesor
 Castro: *Borre la pizarra.*
 El bedel: *Ya está borrada, profesor.*

1 Baje la pantalla.
2 Abra la caja del proyector.
3 Enchufe el cable.
4 Enhebre *(thread)* la película.
5 Conecte el altavoz.
6 Cierre las ventanas.
7 Apague las luces.
8 Prenda el aparato.
9 Pare el motor.
10 Encienda las luces.

MODISMOS Y EXPRESIONES

a pesar de *in spite of*
A pesar del mal tiempo, pensamos ir a la playa durante las vacaciones.
dar a *to face, to overlook*
La casa daba a un pequeño jardín de flores con fuentes y estatuas.
a eso de *about*
Mis padres regresaron a eso de las doce y se enojaron al ver que me había acostado sin apagar las luces.
¡qué barbaridad! *how awful!*
¿Dices que tú hiciste todas las decoraciones y no te han invitado a la fiesta del sábado? ¡Qué barbaridad!
¡qué rollo! *how boring! What a drag! (slang)*
¿No puedes ir al cine a menos que tu hermano te acompañe? ¡Qué rollo!
¡qué follón! *how complicated! (slang)*
Ana no va al baile sin Roberto; él no va sin Carmen, y ella no va a menos que vaya yo. ¡Qué follón!

¡OJO!

éxito:	Esta palabra se refiere al fin de un negocio o asunto. Corresponde a la palabra *success* en inglés. Ejemplo: El autor obtuvo gran éxito con el primer libro que escribió.
suceso:	Suceso quiere decir «cosa que sucede», evento. Ejemplo: Francamente, es un suceso inesperado. Nunca contaba con que la Chona iba a casarse.

TIERRA Y LIBERTAD
Nuevos reyes, nuevas leyes

PARA PREPARAR LA ESCENA

La historia de la «revolución» en las naciones de habla hispana encierra muchas lecciones en sus sangrientas páginas. Ella nos enseña que un pueblo oprimido no vacila en cambiar el bienestar por todas las calamidades de la «guerra», con tal de ser dueño de su destino. El claro ejemplo de los revolucionarios ha infundido incontrastable ánimo en el pueblo hispano.

Algunas veces la lucha y sus ideales originales se extravían por culpa de líderes corruptos que pierden de vista el bien del pueblo entero. Entonces sigue un período de oscuridad, cuando los revolucionarios sinceros tienen que analizar sus objetivos originales, recobrar la calma y poner manos a la obra nuevamente. Los cuentos que siguen muestran cuántos sacrificios ha hecho la gente en busca de su ideal.

Una esperanza
Amado Nervo

PARA PRESENTAR LA LECTURA

Este cuento trata de un joven que está en la cárcel esperando la muerte por haber participado en actos contra el gobierno de México durante la revolución. La familia por su reputación consigue la ayuda de los hombres encargados de la ejecución. Prometen ayudarle a salvar su vida. Hasta un sacerdote hace cosas que no debiera para salvar al joven.

Mientras está esperando la muerte piensa en lo que significa morir por la patria . . . cambiar su vida real y concreta por una noción abstracta de patria y de partido. Es una cuestión filosófica sumamente interesante.

Amado Nervo es conocido en el mundo literario principalmente por su poesía, y un tema corriente en sus versos es la cuestión de la existencia de Dios y el significado de la muerte. Este cuento muestra claramente lo que quería decir el autor cuando escribió en una de sus poesías: «Oh, muerte, tú eres madre de la filosofía».

La ironía es un elemento fuerte en este cuento. Trata de notar cómo usa el autor esta técnica estilística para aumentar el conflicto trágico.

PARA APRENDER EL VOCABULARIO

Palabras clave I

1 **abrumado (abrumar)** *overwhelmed with a burden*
   Tomeu el Viejo estaba tan abrumado que se suicidó.
2 **afiliarse** asociarse
   Los pobres querían afiliarse a la revolución.
3 **desvanecerse** evaporarse, desaparecer
   Cuando el jefe oiga esto, van a desvanecerse sus sueños de victoria.
4 **ensueños** sueños, ilusiones
   Con el vestido blanco lucía como un ensueño.
5 **sollozaba (sollozar)** lloraba con contracciones espasmódicas
   Cuando pensaba que iba a morir su padre, Miguel sollozaba tristemente.
6 **sublevaba (sublevar)** alzaba en rebelión
   Logró sublevar al pueblo contra el gobierno.
7 **turbación** confusión, desorden
   Cada revolución es una turbación para todos.

Práctica

Completa con una palabra de la lista.

abrumado   una turbación   desvanecerse
sollozaba   afiliarse   un ensueño
sublevaba

1 Cuando recordaba a su novia, el prisionero la veía como en _____.
2 La vida moderna es _____ continua.
3 Él quiere _____ a un buen club, pero en este pueblo es muy difícil encontrar uno.

4 _____ sin parar pensando en su triste destino.
5 El líder revolucionario _____ al pueblo contra el gobierno.
6 Los recuerdos de su juventud tuvieron que _____ para darle una paz completa.
7 Ese hombre parece _____ por el trabajo.

Palabras clave II

1 **aguardar** esperar
   Teresa tiene que aguardar otro día para realizar sus planes.
2 **alba** luz del día antes de salir el sol, aurora
   Lo van a fusilar a las primeras luces del alba.
3 **apenas** casi no, luego que *(scarcely, as soon as)*
   Apenas llegó, se fue otra vez.
4 **cuchicheo** murmullo, acción de hablar en voz baja *(whisper, whispering)*
   El cuchicheo no es cortés porque no lo pueden entender todos.
5 **sobornar** corromper con regalos *(to bribe)*
   Es fácil sobornar a alguien deshonesto.

Práctica

Completa con una palabra de la lista.

apenas   sobornar   el cuchicheo
el alba   aguardar

1 _____ llegó el cura cuando el joven empezó a sollozar.
2 _____ del público durante el concierto molestó a los artistas.

3 Tendrá que _____ pacientemente otra oportunidad.
4 Siempre hay alguien que trata de _____ a los que tienen el poder.
5 Cuando llegó _____, los amantes ya se habían ido.

Palabras clave III

1 **ajusticiados** criminales a quienes se ha aplicado la pena de muerte
El ajusticiado había sido condenado injustamente.
2 **desigual** no igual
Es difícil caminar mucho tiempo en un terreno desigual.
3 **endulzar** hacer dulce, hacer soportable
La presencia de su amigo sirvió para endulzar su sufrimiento.
4 **erguida (erguir—i)** levantada, puesta derecha
La mujer orgullosa anda con la cabeza erguida.
5 **friolenta** muy sensible al frío, que da frío
Esta niña es muy friolenta; por eso juega todo el día cerca de la chimenea.
6 **infamias** deshonras
Robarles a los pobres es una infamia.
7 **leve** ligero, escaso *(light, faint)*
Una leve ilusión entró en el pensamiento de Juana y empezaba a darle esperanzas.
8 **sien** parte lateral de la frente *(temple)*
La sien está cerca de la oreja.

9 **yacía (yacer)** estaba echado *(was lying down, laid in the grave)*
Aquí yace el grupo de soldados muertos por la patria.

Práctica

Completa con una palabra de la lista.

erguida	una infamia	friolenta
leve	yace	endulzar
desigual	la sien	el ajusticiado

1 A veces ni aun el amor puede _____ los sufrimientos.
2 Jorge siempre tiene frío. Es una persona _____.
3 La _____ esperanza había crecido a una verdad: ¡Iba a vivir!
4 El muchacho se cuadró delante del pelotón con la cabeza _____.
5 La descarga de los rifles era _____; se oyó cada tiro.
6 _____ no estaba muerto a pesar del balazo recibido en la cabeza.
7 La víctima recibió un golpe fuerte en _____.
8 Fue _____ lo que hizo, y todos lo van a reconocer.
9 En este sitio _____ el soldado desconocido.

Una esperanza

Amado Nervo

I

En un ángulo de la pieza, Luis, el joven militar, abrumado por todo el peso de su mala fortuna, pensaba.

Pensaba en los viejos días de su niñez, en la amplia y tranquila casa de sus padres, uno de esos caserones de provincia, sólidos, vastos, con jardín y huerta, con ventanas que se abrían sobre la solitaria calle de una ciudad de segundo orden (no lejos por cierto de aquella donde iba a morir).

Recordaba su adolescencia, sus primeros ensueños, vagos como luz de estrellas, sus amores con la muchacha de falda corta.

Luego desarrollábase ante sus ojos el claro paisaje de su juventud. Recordaba sus camaradas alegres y sus relaciones, ya serias, con la rubia, vuelta mujer y que ahora, porque él volviese con bien, rezaba ¡ay! en vano, en vano . . .

Y, por último, llegaba a la época más reciente de su vida. Llegaba al período de entusiasmo patriótico que le hizo afiliarse al partido liberal. Se encuentra amenazado de muerte por la reacción, a la cual ayudaba en esta vez un poder extranjero. Tornaba a ver el momento en que un maldito azar de la guerra le había llevado a aquel espantoso trance.

Cogido con las armas en la mano fue hecho prisionero y ofrecido con otros compañeros a trueque de las vidas de algunos oficiales reaccionarios. Había visto desvanecerse su última esperanza, porque la proposición llegó tarde, cuando los liberales habían fusilado ya a los prisioneros conservadores.

Iba, pues, a morir. Esta idea que había salido por un instante de la zona de su pensamiento, gracias a la excursión amable por los sonrientes recuerdos de su niñez y de la juventud, volvía de pronto, con todo su horror, estremeciéndole de pies a cabeza.

pieza sala

vuelta mujer *a young woman now*

azar casualidad
trance momento grave

a trueque de *in exchange for*

se imponía *asserted itself*
en rededor *alrededor*
rejilla *lattice*

Iba a morir . . . ¡a morir! No podía creerlo, y, sin embargo la verdad tremenda se imponía. Bastaba mirar en rededor. Aquel altar improvisado, aquel Cristo viejo sobre cuyo cuerpo caía la luz amarillenta de las velas, y ahí cerca, visibles a través de la rejilla de la puerta, los centinelas . . . Iba a morir, así, fuerte, joven, rico, amado . . . ¿Y todo por qué? Por una abstracta noción de Patria y de partido . . . ¿Y qué cosa era la Patria? Algo muy impreciso, muy vago para él en aquellos momentos de turbación. En cambio la vida, la vida que iba a perder era algo real, realísimo, concreto, definido . . . ¡era su vida!

¡La Patria! ¡Morir por la Patria! . . . pensaba. Pero es que ésta, en su augusta y divina inconciencia, no sabrá siquiera que he muerto por ella . . .

¡Y qué importa si tú lo sabes! . . . le replicaba allá dentro una voz misteriosa. La Patria lo sabrá por tu propio conocimiento, por tu pensamiento propio, que es un pedazo de su pensamiento y de su conciencia colectiva. Eso basta . . .

No, no bastaba eso . . . y, sobre todo, no quería morir. Su vida era muy suya y no se resignaba a que se la quitaran. Un formidable instinto de conservación se sublevaba en todo su ser y ascendía incontenible, torturador y lleno de protestas.

A veces, la fatiga de las prolongadas vigilias anteriores, la intensidad de aquella fermentación de pensamiento, el exceso mismo de la pena, le abrumaban y dormitaba un poco. El despertar brusco y la inmediata y clarísima noción de su fin eran un tormento horrible. El soldado, con las manos sobre el rostro, sollozaba con un sollozo que, llegando al oído de los centinelas, hacíales asomar por la rejilla sus caras, en las que se leía la indiferencia del indio.

dormitaba *dozed, napped*

hacíales asomar *made them show (their faces)*

II

S e oyó en la puerta un breve cuchicheo y en seguida ésta se abrió dulcemente para dar entrada a un hombre. Era un sacerdote.

El joven militar, apenas lo vio, se puso en pie y extendió hacia él los brazos como para detenerlo, exclamando:

—¡Es inútil, no quiero confesarme!—Y sin aguardar a que la sombra aquella respondiera, continuó:

—No, no me confieso; es inútil que venga Ud. a molestarse. ¿Sabe Ud. lo que quiero? Quiero la vida, que no me quiten la vida: es mía, muy mía y no tienen derecho de arrebatármela . . .

no tienen derecho de arrebatármela *they have no right to snatch it away from me*

—Si son cristianos, ¿por qué me matan? En vez de enviarle a Ud. a que me abra las puertas de la vida eterna, que empiecen por no cerrarme las de ésta . . . No quiero morir, ¿entiende Ud.? Me rebelo a morir. Soy joven, estoy sano, soy rico, tengo padres y una novia que me adora. La vida es bella, muy bella para mí . . . Morir en el campo de batalla, en medio del combate, al lado de los compañeros que luchan . . . ¡bueno, bueno! pero morir, oscura y tristemente en el rincón de una sucia plazuela, a las primeras luces del alba, sin que nadie sepa siquiera que ha muerto uno como los hombres . . . padre, padre, ¡eso es horrible!—Y el infeliz se echó en el suelo, sollozando.

sucia plazuela *small, dirty square*

—Hijo mío—dijo el sacerdote cuando comprendió que podía ser oído—: Yo no vengo a traerle a Ud. los consuelos de la religión. En esta vez soy emisario de los hombres y no de Dios. Si Ud. me hubiese oído con calma desde el principio, hubiera Ud. evitado esa pena que le hace sollozar de tal manera. Yo vengo a traerle justamente la vida, ¿entiende Ud.?, esa vida que Ud. pedía hace un instante con tales extremos de angustia . . . ¡la vida que es para Ud. tan preciosa! Óigame con atención, procurando dominar sus nervios y sus emociones, porque no tenemos tiempo que perder. He entrado con el pretexto de confesar a Ud. y es preciso que todos crean que Ud. se confiese. Arrodíllese, pues, y escúcheme. Tiene Ud. amigos poderosos que se interesan por su suerte. Su familia ha hecho hasta lo imposible por salvarlo. No pudiendo obtenerse del jefe de las armas la gracia a Ud., se ha logrado con graves dificultades y riesgos sobornar al jefe del pelotón encargado de fusilarle. Los fusiles estarán cargados sólo con pólvora y taco; al oír el disparo Ud. caerá como los otros y permanecerá inmóvil. La oscuridad de la hora le ayudará a representar esta comedia. Manos piadosas, las de los Hermanos de la Misericordia, ya de acuerdo, lo recogerán a Ud. del sitio en cuanto el pelotón se aleje. Lo ocultarán hasta llegada la noche, durante la cual sus amigos facilitarán su huida. Las tropas liberales avanzan sobre la ciudad, a la que pondrán sin duda cerco dentro de breves horas. Se unirá Ud. a ellas si gusta. Ya lo sabe Ud. todo. Ahora rece en voz alta, mientras pronuncio la fórmula de la absolución. Procure dominar su júbilo durante el tiempo que falta para la ejecución, a fin de que nadie sospeche la verdad.

pólvora y taco *powder and wadding*

piadosas *kind*

se aleje *se vaya*

III

P adre—murmuró el oficial, a quien la invasión de una alegría loca permitía apenas el uso de la palabra—¡que Dios lo bendiga!

Y luego, una duda terrible: —Pero . . . ¿todo es verdad?— añadió temblando—¿No se trata de un engaño piadoso, destinado a endulzar mis últimas horas? ¡Oh, eso sería horrible, padre!

—Hijo mío: un engaño de tal naturaleza constituiría la mayor de las infamias, y yo soy incapaz de cometerla . . .

—Es cierto, padre: perdóneme, no sé lo que digo, ¡estoy loco de contento!

—Calma, hijo, mucha calma y hasta mañana; yo estaré con Ud. en el momento solemne.

Apuntaba Empezaba

Apuntaba apenas el alba, una alba friolenta de febrero, cuando los presos . . . cinco por todos . . . que debían ser ejecutados, fueron sacados de la prisión. Fueron conducidos, en compañía del sacerdote, que rezaba con ellos, a una plazuela donde era costumbre llevar a cabo las ejecuciones.

Nuestro Luis marchaba entre todos con paso firme, con erguida frente. Pero llevaba llena el alma de una emoción desconocida y de un deseo infinito de que acabase pronto aquella horrible farsa.

escoltaba acompañaba

Al llegar a la plazuela, los cinco hombres fueron colocados en fila a cierta distancia. La tropa que los escoltaba se dividió en cinco grupos de a siete hombres según previa distribución hecha en el cuartel.

que vendara a los reos *that he blindfold those who were going to be executed*

teñir dar color a

El coronel, que asistía a la ejecución, indicó al sacerdote que vendara a los reos y se alejase a cierta distancia. Así lo hizo el padre, y el jefe del pelotón dio las primeras órdenes con voz seca.

La leve sangre de la aurora empezaba a teñir las nubecillas del Oriente y estremecían el silencio de la madrugada los primeros toques de una campanita cercana que llamaba a misa.

De pronto, una espada en el aire y una detonación formidable y desigual llenó de ecos la plazuela, y los cinco cayeron trágicamente.

El jefe del pelotón hizo en seguida desfilar a sus hombres con la cara vuelta hacia los ajusticiados. Con breves órdenes organizó el regreso al cuartel, mientras que los Hermanos de la Misericordia comenzaban a recoger los cadáveres.

granuja vagabundo

En aquel momento, un granuja de los muchos que asistían a la ejecución, gritó, señalando a Luis, que yacía al pie del muro: —¡Ése está vivo! ¡Ése está vivo! Ha movido una pierna . . .

El jefe del pelotón se detuvo, vaciló un instante, quiso decir algo al granuja, pero sus ojos se encontraron con la mirada interrogativa y fría del coronel, y desnudando la gran pistola de Colt que llevaba ceñida, avanzó hacia Luis que preso del terror más espantoso, casi no respiraba, apoyó el cañón en su sien izquierda e hizo fuego.

desnudando *stripping, baring*
ceñida *girded, tied to the waist*

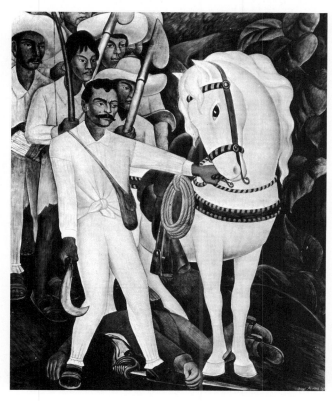

Diego Rivera, *Agrarian Leader Zapata.*
Diego Rivera Collection, The Museum of Modern Art.
Commissioned by Mrs. John D. Rockefeller
for the Rivera exhibition

PARA APLICAR

Comprensión I

A Termina las oraciones según la selección.

1 Luis estaba pensando en . . .
2 Pasó su niñez en un caserón . . .
3 De su adolescencia recordaba . . .
4 El paisaje de su juventud se desarrollaba, y él recordaba . . .
5 El entusiasmo patriótico le hizo . . .
6 Va a morir como traidor porque . . .
7 Fue capturado con . . .
8 Fue ofrecido con otros compañeros a cambio de . . .
9 Su última esperanza se desvaneció porque . . .
10 No quería morir porque era . . .
11 Para él la patria era . . .
12 En cambio, la vida era . . .
13 Algo en su conciencia le dijo que la patria . . .
14 Debido a su tormento el joven lloraba y . . .
15 Al asomarse los centinelas por la rejilla él veía . . .

B Contesta las siguientes preguntas.

1 ¿Dónde estaba Luis al principio del cuento?
2 ¿Por qué se encontraba allí?
3 ¿Iba Luis a morir por su patria?

4 ¿Qué clase de patriota era Luis?

5 ¿Quería Luis morir por su patria?

Comprensión II

Contesta las siguientes preguntas.

1 ¿Quién era el personaje que visitó a Luis en la cárcel?

2 ¿De quién era emisario?

3 ¿Qué mensaje le trajo a Luis?

4 ¿Quiénes iban a recoger los cuerpos después de la ejecución?

5 ¿Dónde iba a tener lugar la ejecución?

Comprensión III

A Contesta las siguientes preguntas.

1 Cuando se oyó la detonación, ¿por qué no murió Luis?

2 ¿Qué dijo el granuja?

3 ¿Cómo lo sabía él?

4 Describe el papel del coronel en la ejecución.

5 ¿Por qué murió Luis al fin?

B Escoge la expresión de la segunda lista (2) que completa la idea empezada en la primera lista (1).

	1		2
1	Luis	a.	terminara pronto ese horror.
2	Temía que	b.	y cayeron tristemente los jóvenes.
3	El cura		
4	Los presos fueron sacados de la prisión	c.	bendijo al sacerdote.
5	En su alma guardaba un deseo infinito de que	d.	cuando apenas amanecía.
		e.	el jefe del pelotón tuvo que matar a Luis.
6	El coronel indicó al cura que	f.	vendara los ojos de los ajusticiados.
7	A las primeras luces del alba	g.	fuera un engaño piadoso.
8	Se oyó una detonación formidable y desigual	h.	las campanas anunciaban la primera misa.
9	Un granuja, señalando a Luis,	i.	era incapaz de tal infamia.
10	Puesto que el coronel lo miraba,	j.	gritó que uno vivía.

PARA PRACTICAR

A Completa las siguientes oraciones con una palabra apropiada.

1 El pobre condenado tuvo que _____ el momento de la muerte en la cárcel.

2 Era un _____ del joven ver libre a su país.

3 Le tiraron en la _____.

4 Era una mañana _____ que merecía un abrigo.

5 ¡Qué _____ matar a un joven inocente!

6 La revolución causa mucha _____ en la vida diaria de los ciudadanos.

7 El joven orgulloso siempre iba con la cabeza _____.

8 No se puede _____ la amargura del joven condenado.

9 Es un hombre trabajador y serio; no es ningún _____.

10 Allí _____ el cadáver del asesinado.

B Da un sinónimo de las palabras en letra bastardilla.

1 Es un *vagabundo*.
2 Van a *alzarse en rebelión* contra el régimen.
3 Pudimos oír el *murmullo* de los espectadores.
4 No se puede *hacer más dulce* tal situación.
5 Sería difícil *corromper* a la jefa.
6 Quería *asociarse* con los revolucionarios.
7 Apareció ante el juez con la cabeza *levantada*.
8 Tendrán que *esperar* a que venga el capitán.

C Contesta las siguientes preguntas según la indicación.

1 ¿Con quiénes se afilió la joven? *los liberales*

España: 1936

2 ¿Por qué no hizo nada de valor? *un granuja*
3 ¿Por qué lo visitó el cura? *endulzar su pena*
4 ¿Por qué hay tanta turbación? *sublevar los revolucionarios*
5 ¿Qué trataron de hacerle al oficial? *sobornar*
6 ¿Llegó sano y salvo? *apenas*
7 ¿Qué escucha el guardián? *el cuchicheo del reo*
8 ¿Qué fue el acto que cometió? *una infamia*

Por si acaso . . .

1 ¿Cuáles son los aspectos trágicos de la muerte de Luis?
2 Imagina que a ti, como a Luis, te espera la muerte. ¿En qué pensarías?
3 ¿Cómo emplea el autor la ironía para aumentar el conflicto trágico?

Mejor que perros

José Mancisidor (1895–1956)

PARA PRESENTAR LA LECTURA

Cuando tenía más o menos veinte años, José Mancisidor se unió a las fuerzas revolucionarias de México luchando contra el dictador Victoriano Huerta. Éste se había apoderado de las riendas del gobierno y había ordenado la supresión de los revolucionarios. Había numerosos encuentros entre las tropas federales (huertistas) y los rebeldes. Quizás una experiencia sufrida mientras servía en el ejército de los rebeldes haya dado origen a este cuento.

Mancisidor es un autor que se interesa por los cambios sociales y las razones políticas y económicas que los influyen. Tiene gran simpatía por la clase social de la cual es producto. Es un escritor sensible, interesado, preocupado sobre todo con la confraternidad. En este cuento describe la compasión, el interés común que sienten dos adversarios.

PARA APRENDER EL VOCABULARIO

Palabras clave I

1 **ahogaba (ahogarse)** se sofocaba en agua, humo, pensamiento (*drowned, submerged*)
Se ahogaba el joven en sus pensamientos profundos.

2 **a través de** por, entre
Caminamos muchas horas a través de los campos.

3 **aullido** voz triste y prolongada del lobo y del perro
Se oyó en la noche el aullido de un lobo solitario.

4 **barranco** precipicio
El caballo se cayó en el barranco y no pudimos salvarlo.

5 **encima de** sobre *(on top of, above)*
El helicóptero pasó por encima de nuestras cabezas; casi nos mató.

6 **honda** profunda
Cuando Marta quería expresar su honda sinceridad, le miraba a los ojos a la persona con quien hablaba.

7 **hundir** meter en lo hondo *(to sink)*
Para esconder su dinero, la abuelita lo tenía que hundir en la maleta.

8 **resbalar** moverse sin fricción sobre algo *(to slide)*
Hay peligro de resbalar sobre las piedras mojadas.

9 **roncaba (roncar)** hacía ruido al respirar mientras dormía
Susana roncaba al dormir, pero no lo quería creer.

10 **sacudió (sacudir)** movió violentamente
La explosión sacudió el edificio y rompió muchas ventanas.

11 **serranía** terreno compuesto de montañas y sierras
Los caballos eran indispensables en la enorme serranía.

Práctica

Completa con una palabra de la lista.

sacudió	a través de	la serranía
encima de	el barranco	roncaba
honda	ahogaba	resbalar
aullido	hundir	

1 En el fondo de _____ se veían piedras caídas.

2 Viajamos _____ las montañas para llegar al campamento.

3 El triste _____ de los perros no me dejó dormir.

4 La mirada que me echó me dio una _____ impresión.

5 Salimos con precaución para no _____ en la nieve.

6 Su hermano _____ tan fuerte que nadie en la casa podía dormir.

7 Un movimiento rápido de viento helado _____ mi cuerpo.

8 Todas vinieron a salvar a la niñita que se _____ en el río.

9 El avión pasaba _____ la serranía.

10 Se separó de los otros y trató de _____ sus pensamientos en el sueño.

11 El soldado decidió pasar la noche en el pico más alto de _____ .

Palabras clave II

1 **apreté (apretar—ie)** oprimí *(I squeezed)*
Apreté la mano del joven rebelde.

2 **burlamos (burlarse)** despreciamos *(scoffed, made fun of)*
Nos burlamos de su manera de pensar.

3 **párpados** piel que cubre los ojos para dormir y para protegerlos
Ángela cerró los párpados para meditar y se quedó dormida.

4 **tripas** intestinos *(guts)*
El animal recibió una bala en las tripas.

Práctica

Completa con una palabra de la lista.

apreté	las tripas
burlamos	los párpados

1 Cuando yo entré, vi a todos los alumnos con _____ cerrados, meditando en silencio.

2 Le sonaban _____ de hambre.

3 Nos _____ del granuja que vimos en la calle.

4 Para no caerme, _____ la mano del amigo que me acompañaba.

Mejor que perros

José Mancisidor

I

La noche se nos había venido encima de golpe. El Coronel ordenó hacer alto y pernoctar sobre el elevado picacho de la intrincada serranía. Por valles y colinas y en el fondo del cercano barranco, disparos aislados acosaban a los dispersos. A mi lado, los prisioneros arrebujados en sus tilmas, dejaban al descubierto los ojos negros y expresivos que se extraviaban en insondables lejanías.

Una racha de viento helado sacudió mi cuerpo y un lúgubre aullido hizo crujir entre mis dientes la hoja del cigarro.

El Coronel, mirándome con fijeza, me preguntó:

—¿Cuántos muchachos le faltan?

Llamé al oficial subalterno, le di órdenes de pasar lista y quedé nuevamente de pie, sobre la cúspide pronunciada de la sierra, como un punto luminoso en la impenetrable oscuridad de la noche.

El Coronel volvió a llamarme. Me hizo tomar un trago de alcohol y me ordenó:

—Mañana, a primera hora, fusile a los prisioneros . . .

Luego, sordo al cansancio de la jornada, me recomendó:

—Examínelos primero. Vea qué descubre sobre los planes del enemigo.

Al poco rato, el Coronel roncaba de cara al cielo, en el que la luna pálida trataba de descubrirnos.

* * *

Los prisioneros seguían allí, sin cerrar los ojos, sumidos en un hermetismo profundo que se ahogaba en el dramático silencio de la noche.

Encima de nuestras cabezas pasaba el cantar del viento y tenue, muy tenue, el susurrar de los montes que murmuraban algo que yo no podía comprender.

---

hacer alto parar
pernoctar pasar la noche
picacho pico
acosaban *harassed*
arrebujados *bundled*
tilmas *cloaks*
se extraviaban *wandered*
insondables *unfathomable*
racha *gust*
crujir *creak*

subalterno inferior
cúspide *summit*

sordo *oblivious*
jornada *journey*

sumidos en un hermetismo encerrados en sí mismos
tenue *delicately*
susurrar *whispering*

Se avivaron los rescoldos de la lumbre y los ojos de los prisioneros brillaron en un relámpago fugaz. Me senté junto a ellos y brindándoles hoja y tabaco, les hablé, con el tono fingido de un amigo, de cosas intrascendentes.

Mi voz, a través del murmullo de los montes, era un murmullo también. Brotaba suave, trémula por la fatiga y parecía dotada de honda sinceridad.

Los prisioneros me miraban sin verme. Fijaban su vista hacia donde yo estaba para resbalarla sobre mi cabeza y hundirla allá en las moles espesas de la abrupta serranía. De sus ojos, como aristas aceradas, brotaba una luz viva y penetrante.

—¿Por qué pelean?—aventuré sin obtener respuesta.

El silencio se hizo más grave aún, casi enojoso.

Me enderecé de un salto, llegué hasta el Coronel y apoderándome de la botella que antes me brindara, la pasé a los prisioneros, invitándoles a beber. Dos de ellos se negaron a hacerlo, pero el otro, temblándole el brazo, se apresuró a aceptar. Después se limpió la boca con el dorso de la mano y me dirigió un gesto amargo que quiso ser una sonrisa.

*   *   *

II

Volví a sentarme junto a los hombres como esfinges, y obedeciendo a un impulso inexplicable, les hablé de mí. De mi niñez, de mi juventud que se deslizaba en la lucha armada y de un sueño que en mis años infantiles había sido como mi compañero inseparable. A veces tenía la impresión de locura, de hablar conmigo mismo y de estar frente a mi propia sombra, descompuesto en múltiples sombras bajo la vaga luz de la luna que huía entre montañas de nubes. Y olvidado de mis oyentes continuaba hablando, más para mí que para ellos, de aquello que de niño tanto había amado.

De repente una voz melodiosa vibró a mi lado y callé sorprendido de escuchar otra que no fuera la mía.

El más joven de los prisioneros, aquel que había aceptado la botella con mano temblorosa, ocultando los ojos tras los párpados cerrados, meditaba:

—Es curiosa la vida . . . Como tú, yo también tuve sueños de niño. Y como tú . . . ¡qué coincidencia! . . . soñé en las mismas cosas de que has hablado. ¿Por qué será así la vida?

Tornó a soplar una racha helada que se hizo más lastimera y más impresionante.

El joven prisionero quedó pensativo para después continuar:

---

avivaron *enlivened*
rescoldos *embers*
fugaz *fleeting*
brindándoles *ofreciéndoles*

Brotaba *Salía*
dotada *endowed*

moles espesas *bulky masses*
aristas *edges*
aceradas *of steel*

enderecé *straightened out*
apoderándome *seizing*

dorso *back*

esfinges *sphinxes*

Acosado Perseguido
mendrugos *crusts of bread*
gemido *moan*

—Me sentí como tú, peor que perro . . . Acosado por todas partes. Comiendo mendrugos y bebiendo el agua negra de los caminos.

Calló y luego, quebrándose su voz en un gemido:

—Ahora seré algo peor—dijo—. Seré un perro muerto con las tripas al sol y a las aguas, devorado por los coyotes.

tiritar *to shiver*
filo *edge*

—¡Calla!—ordené con voz cuyo eco parecía tiritar sobre el filo de la noche.

Guardé silencio y me tendí junto a los prisioneros que pensaban tal vez en la oscuridad de otra noche más larga, eterna, de la que nunca habrían de volver.

$$* \qquad * \qquad *$$

Poco a poco me fui aproximando a ellos y al oído del que había hablado repetí:

—¿Por qué peleas tú?

—No te lo podría explicar . . . Pero es algo que sube a mi corazón y me ahoga a toda hora. Un intenso deseo de vivir entre hombres cuya vida no sea peor que la vida de los perros.

cobija manta

Saqué mi mano de la cobija que la envolvía y buscando la suya la apreté con emoción profunda. Y luego, acercando mi boca hasta rozar su oreja, le dije velando la voz:

rozar *to touch slightly*

—¿Quieres que busquemos nuestro sueño juntos?

adivinaron *guessed*

Los otros prisioneros adivinaron nuestro diálogo. Nos miraron con interrogaciones en la mirada, y enterados de nuestros planes, se apresuraron a seguirnos.

dando traspiés *stumbling*

Nos arrastramos trabajosamente. Cerca, el centinela parecía cristalizado por el frío de la hora, sobre la oscura montaña. Burlamos su vigilancia y nos hundimos en el misterio de la noche. La luna se había ocultado ya y mis nuevos compañeros y yo, dando traspiés, corríamos por montes y valles en busca de un mundo en que los hombres, como en nuestros sueños de niños, vivieran una vida mejor que la vida de los perros . . .

PARA APLICAR

Comprensión I

A Contesta las siguientes preguntas.

1 ¿Qué ordenó el Coronel?

2 ¿Qué molestaba a los dispersos?
3 ¿Qué sacudió el cuerpo del joven protagonista?
4 ¿Qué le preguntó el Coronel?
5 ¿Quién tuvo que pasar lista?

6 ¿Quién le dio un trago?

7 ¿Qué ordenó el Coronel?

8 ¿Por qué debía José examinar a los prisioneros?

9 Al poco rato, ¿qué hizo el Coronel?

10 ¿Dónde se sentó José y qué les ofreció a los prisioneros?

11 ¿Qué fingió ser?

12 ¿Qué pregunta les hizo José?

13 ¿Qué contestaron los prisioneros?

14 ¿De qué se apoderó José?

15 ¿A quiénes se la ofreció?

16 ¿Aceptaron ellos?

B Para personalizar la lectura

1 ¿Has acampado alguna vez al aire libre? ¿Dónde? ¿Bajo qué circunstancias? ¿Qué tiempo hacía?

2 ¿Has asistido durante la niñez a un campamento donde las actividades eran reguladas por alguna organización? ¿Dónde estaba el campamento? ¿En las montañas? ¿Quiénes lo administraban?

3 ¿Prefieres las montañas o la playa? ¿Por qué? Da algunos detalles del ambiente en cada lugar.

4 ¿Te has sentado por la noche alrededor de una hoguera que se enciende en un campamento? ¿Qué discutiste? ¿Cantaste? ¿Narraste experiencias personales de tu niñez? ¿Escuchaste cuentos de fantasmas?

5 ¿Recuerdas algunos sueños que tenías de niño? ¿Cuáles son? ¿Se han realizado ya?

6 ¿Cuál es el primer recuerdo que tienes? ¿Cuántos años tenías entonces?

7 De niño, ¿con quiénes jugabas? ¿Cuáles eran tus juegos favoritos?

España: nacionalistas vascos

Comprensión II

A   Contesta las siguientes preguntas.

1   ¿De qué les habló José a los prisioneros?
2   ¿De quién era la voz que oyó José?
3   ¿Por qué se sorprendió José?
4   ¿Qué tenía también el joven?
5   ¿Cómo había sido el joven?
6   ¿Cómo pensó que sería?
7   ¿Qué ordenó José?
8   ¿A quién repitió su pregunta?
9   ¿Qué contestó el joven?
10   ¿Qué le sugirió José al joven?
11   ¿Quiénes escaparon?
12   ¿Qué buscaban?

B   Escoge la respuesta apropiada.

1   Después de sentarse de nuevo, ¿de qué habló José?
   a.   de los hombres esfinges
   b.   de un sueño de su compañero inseparable
   c.   de lo que le gustaba cuando era niño

2   ¿Qué le dijo el joven prisionero?
   a.   que él había tenido los mismos sueños también
   b.   que le dolían los ojos aun tras los párpados cerrados
   c.   que su perro fue acosado por todas partes

3   ¿En qué pensarían los prisioneros?
   a.   en el pan que comerían mañana
   b.   en su muerte
   c.   en por qué José se tendió junto a ellos

4   ¿Qué razón le dio a José para pelear?
   a.   Quería una vida mejor que la de los perros.
   b.   Tenía que cuidar su corazón.
   c.   Temía ahogarse a toda hora.

5   ¿De qué se dieron cuenta?
   a.   El centinela había muerto debido al frío.
   b.   Compartían la misma ilusión.
   c.   Habían adivinado los pensamientos de sus nuevos compañeros.

PARA PRACTICAR

A   Completa las siguientes oraciones con una palabra apropiada.

1   Los _____ protegen los ojos.
2   Pudimos oír el _____ triste del perro salvaje.
3   _____ sobre la nieve y se rompió la pierna.
4   El viento fuerte _____ las casuchas.
5   Corrieron _____ los campos en busca de los revolucionarios.
6   Se durmió y empezó a _____.
7   Era difícil cruzar la _____.

B   Contesta las siguientes preguntas.

1   ¿Qué hacía mientras dormía?
2   ¿Cómo se cayó sobre la nieve?
3   Ya que no le dije nada, ¿cómo lo sabía él?
4   ¿Qué causó la corriente feroz del agua?
5   ¿Qué sacudió los edificios?

Por si acaso . . .

1   Los protagonistas de este cuento «tenían un sueño». ¿Cuál era? Nombra algunos

personajes (de la historia o de la literatura, del pasado o contemporáneos) que buscaban un ideal parecido.

2 Analiza el título del cuento. ¿Por qué ha escogido el autor este título? Haz una lista de otros títulos posibles.

3 Un mundo de filosofía existe en la pregunta «¿Por qué será así la vida?» Prepara algún comentario.

PARA GOZAR

PARA PRESENTAR LA LECTURA

Para obtener dinero para un México empobrecido, el Presidente Porfirio Díaz había ofrecido la tierra y los recursos naturales de México a inversionistas extranjeros. Aquella equivocación abrió camino a los años revolucionarios que siguieron.

Durante la revolución se destacaron muchos pero nadie más pintoresco que el general-bandido Pancho Villa (1877–1923). Cuando Venustiano Carranza trató de controlar el gobierno de México en 1914, Pancho Villa lo opuso violentamente. Al principio, en vista del éxito de Villa en el campo de batalla, el gobierno de los Estados Unidos le dio apoyo a Villa. Más tarde, sin embargo, al ser derrotado Villa por uno de los generales de Carranza, el gobierno norteamericano suspendió el apoyo a Villa y decidió colaborar con el gobierno de Carranza. Sintiéndose traicionado, Villa se vengó de los norteamericanos en México, parando ferrocarriles y fusilando a los pasajeros. En 1916, la caballería de Villa atacó el pueblo de Columbus, Nuevo México, matando a dieciséis personas.

Woodrow Wilson, presidente de los Estados Unidos en aquel entonces, envió tropas a México bajo el mando del general John (Black Jack) Pershing en pos de Villa. Los mexicanos, incluyendo el Presidente Carranza, se ofendieron por aquella invasión, y en 1917 los «gringos» tuvieron que retirarse sin poder capturar a Villa.

Un corrido es un romance que glorifica un hecho famoso. A veces el corrido contiene la fecha, el lugar, un saludo o una despedida como si fuera una carta. El que sigue revela el espíritu revolucionario y relata la épica persecución de Villa por parte de Pershing.

La persecución de Villa

(Corrido de la Revolución)

Patria México, febrero 23
Dejó Carranza pasar americanos,
dos mil soldados, doscientos aeroplanos
buscando a Villa, queriéndolo matar.

afanoso con entusiasmo,
trabajoso

Despúes Carranza les dijo, afanoso,
—Si son valientes y lo quieren combatir,
concedido. Yo les doy el permiso,
para que así se enseñen a morir.
Comenzaron a echar expediciones.
Los aeroplanos comenzaron a volar,
por distintas y varias direcciones,
buscando a Villa, queriéndolo matar.
Los soldados que vinieron desde Texas
a Pancho Villa no podían encontrar.

fastidiados cansados, molestos

Muy fastidiados de ocho horas de camino
los pobrecitos se querían regresar.
Los de a caballo ya no se podían sentar,

pos pues

y los de a pie pos no podían caminar.
Entonces Villa les pasa en su aeroplano
y desde arriba les grita:

Gud bay *Good-bye*

—¡Gud bay!

henchidos inflados

Cuando supieron que Villa ya era muerto,
todos gritaban henchidos de furor:
—'Hora, sí, queridos compañeros,
¡Vamos a Texas, cubiertos con honor!
Mas no sabían que Villa estaba vivo,
y que con él nunca iban a poder.
Si querían hacerle una visita, hasta la
sierra lo podían ir a ver.
Comenzaron a lanzar sus aeroplanos.
Entonces Villa un buen plan les estudió:
Se vistió de soldado americano,
y a sus tropas también las transformó.

Mas cuando vieron los gringos las banderas
con muchas barras que Villa les pintó,
se bajaron con todo y aeroplanos,
y Pancho Villa prisioneros los tomó.
Toda la gente de Chihuahua y Ciudad Juárez
muy asombrada y asustada se quedó,
sólo de ver tanto gringo y carrancista
que Pancho Villa sin orejas los dejó.
—¿Qué pensarán los bolillos tan patones
que con cañones nos iban a asustar?
¡Ja, ja-a-a! Si ellos tienen aviones
de a montones, ¡aquí tenemos lo mero principal!
Todos los gringos pensaban en su alteza
que combatir era un baile de jarguís,
y con su cara llena de vergüenza
se regresaron en bolón pa' su país.
—¿Qué pensarían (ay) los americanos,
que combatir era un baile de jarguís?
Con su cara llena de vergüenza
se regresaron todos a su país.

gringos norteamericanos
(despectivo)

sin orejas los dejó los
avergonzó
los bolillos los blancos
tan patones de pies grandes
lo mero principal todo lo
necesario
alteza superioridad
baile de jarguís baile popular
bolón grupo grande

Pancho Villa y sus seguidores

Actividades

A Prepara un verso de cuatro líneas que se pueda cantar al compás de la música de «La cucaracha».

B Busca detalles biográficos en una enciclopedia sobre la vida de los siguientes mexicanos. Luego, escribe cinco frases en español sobre cada uno.

1 Porfirio Díaz
2 Pancho Villa
3 Venustiano Carranza
4 Emiliano Zapata

La cucaracha

Una cosa me da risa
Pancho Villa sin camisa
Ya se van los carrancistas
Porque vienen los villistas.
Para sarapes, Saltillo
Chihuahua para soldados
Para mujeres, Jalisco
Para amar toditos lados.

  Coro: La cucaracha, la cucaracha
     Ya no puede caminar
Dos veces: Porque no tiene, porque le falta
     marihuana que fumar

La cucaracha, la cucaracha
ya no puede caminar
porque no tiene
porque le falta
dinero para gastar.

Una cucaracha pinta
le dijo a una colorada
—Vámonos para mi tierra
a pasar la temporada.

Pancho Villa

ESTRUCTURA

El imperfecto del subjuntivo

El imperfecto del subjuntivo tiene su raíz en la tercera persona plural del pretérito, del cual se omite -ron. A la raíz se le agregan las terminaciones apropiadas. Hay dos formas del imperfecto del subjuntivo. En muchos casos pueden intercambiarse, pero la forma con -ra es la que se usa con más frecuencia.

Fue necesario que *leyera* la carta.
Fue necesario que *leyese* la carta.

Verbos regulares

infinitivo	raíz	subjuntivo
amar	amaron	amara, amaras, amara, amáramos, amarais, amaran
comer	comieron	comiera, comierais, comiera, comiéramos, comierais, comieran
recibir	recibieron	recibiera, recibieras, recibiera, recibiéramos, recibierais, recibieran

Verbos irregulares

infinitivo	raíz	subjuntivo
andar	anduvieron	anduviera, anduvieras, anduviera, anduviéramos, anduvierais, anduvieran
caber	cupieron	cupiera, cupieras, cupiera, cupiéramos, cupierais, cupieran
caer	cayeron	cayera, cayeras, cayera, cayéramos, cayerais, cayeran
dar	dieron	diera, dieras, diera, diéramos, dierais, dieran
decir	dijeron	dijera, dijeras, dijera, dijéramos, dijerais, dijeran

estar	estuvieron	estuviera, estuvieras, estuviera, estuviéramos, estuvierais, estuvieran
haber	hubieron	hubiera, hubieras, hubiera, hubiéramos, hubierais, hubieran
hacer	hicieron	hiciera, hicieras, hiciera, hiciéramos, hicierais, hicieran
huir	huyeron	huyera, huyeras, huyera, huyéramos, huyerais, huyeran
ir	fueron	fuera, fueras, fuera, fuéramos, fuerais, fueran
leer	leyeron	leyera, leyeras, leyera, leyéramos, leyerais, leyeran
oír	oyeron	oyera, oyeras, oyera, oyéramos, oyerais, oyeran
poder	pudieron	pudiera, pudieras, pudiera, pudiéramos, pudierais, pudieran
poner	pusieron	pusiera, pusieras, pusiera, pusiéramos, pusierais, pusieran
producir	produjeron	produjera, produjeras, produjera, produjéramos, produjerais, produjeran
salir	salieron	saliera, salieras, saliera, saliéramos, salierais, salieran
ser	fueron	fuera, fueras, fuera, fuéramos, fuerais, fueran
tener	tuvieron	tuviera, tuvieras, tuviera, tuviéramos, tuvierais, tuvieran
traer	trajeron	trajera, trajeras, trajera, trajéramos, trajerais, trajeran
venir	vinieron	viniera, vinieras, viniera, viniéramos, vinierais, vinieran

Verbos de cambio radical

infinitivo	raíz	subjuntivo
sentir	sintieron	sintiera, sintieras, sintiera, sintiéramos, sintierais, sintieran
dormir	durmieron	durmiera, durmieras, durmiera, durmiéramos, durmierais, durmieran
pedir	pidieron	pidiera, pidieras, pidiera, pidiéramos, pidierais, pidieran

Usos del imperfecto del subjuntivo

Cláusulas nominales

El imperfecto del subjuntivo se usa en las cláusulas nominales bajo las mismas condiciones que gobiernan el uso del presente del subjuntivo. (Cuadro 3, pp. 107–115) Si el verbo de la cláusula principal se expresa en el pretérito, el imperfecto, el pluscuamperfecto o el condicional, el imperfecto del subjuntivo se emplea en la cláusula subordinada.

> Fue necesario
> Era necesario
> Quería
> Durante años había querido
> Preferiría
>
> } que salieran.

Desesperación y esperanzas. El joven Luis se desesperó cuando se dio cuenta del peligro en que se encontraba. Quería otra oportunidad para rehacer su vida y su manera de pensar. Consideremos algunos aspectos de su situación.

Luis quería que otros (cambiarlo por otro prisionero enemigo).
Luis quería que otros lo cambiaran por otro prisionero enemigo.

1 Luis quería que otros (explicarle qué era la patria; devolverle la esperanza y la felicidad; dejarlo salir de la prisión).
2 El joven temía que sus carceleros (matarlo para vengarse de la muerte de los conservadores; quitarle la vida; no comprender que era demasiado joven para morir).
3 El sacerdote le dijo que (tranquilizarse; escucharle; arrodillarse; fingir que se confesaba).
4 Los padres de Luis pidieron al cura que (ayudarles a rescatar a su hijo; sobornar al jefe del pelotón; explicarle a Luis los planes para salvarlo; fingir escuchar su confesión).
5 Fue necesario que Luis (confiarse totalmente en el plan; salir a la plaza resueltamente; rezar con los otros presos; caerse al suelo al oír el disparo; permanecer inmóvil).

Mejor que perros. En esta selección los protagonistas se dieron cuenta de que tenían algo en común que querían conservar. Por eso, era importante que buscaran otra vida.

Combina las dos oraciones, haciendo todos los cambios necesarios.

Hacía mucho frío. A nadie le gustó.
A nadie le gustó que hiciera mucho frío.

1 Tuvimos que pernoctar sobre el elevado picacho. Fue desagradable.
2 No nos dieron nada de comer. Fue una lástima.
3 El subalterno contó cuántos presos había allí. El coronel le ordenó.
4 Me senté junto a ellos. Fue necesario.
5 Yo les ofrecí tabaco. Fue importante.
6 Ellos me hicieron caso. Fue difícil.
7 Hablé con ellos en tono serio. Fue necesario.
8 Poco a poco comenzaron a hablar conmigo. Me sorprendió.
9 Ellos creían que era peligroso confiar en mí. Era probable.

10 En poco tiempo nos dimos cuenta de que compartíamos los mismos deseos. Era inevitable.

11 Huimos de allí silenciosamente. Fue urgente.

12 Salimos todos en busca de una vida mejor que la de los perros. Fue necesario.

Recuerdos de la niñez. Mis hermanos, mis primos y yo tenemos buenos recuerdos de nuestra niñez, gracias a nuestros padres que nos proveían todas las necesidades, su tiempo y cariño tan generosamente. Tengo tantos recuerdos y los guardo como tesoros, sobre todo una fiesta cuando tú, mi querido hermano, cumpliste ocho años. ¿Te acuerdas?

Te divertiste cuando cumpliste ocho años.
Me acuerdo que _____ con nuestros amiguitos.
Fue importante que _____ en esa fiesta.

Me acuerdo que te divertías con nuestros amiguitos.
Fue importante que te divirtieras en esa fiesta.

1 En esa fiesta *nos vestimos* como piratas.
Las fotos muestran que _____ como piratas.
A nuestras tías no les gustó que _____ como piratas.

2 Yo *me reí* de los caballos.
Mis hermanos salieron mientras _____ de los caballos.
A Papá le gustaba que yo _____ de los caballos.

3 Yo no *mentí* acerca de los regalos.
Mamá afirmó que yo no _____ acerca de los regalos.
Algunos otros no creían que yo _____ acerca de los regalos.

4 ¡Qué sorpresa cuando *pediste* chocolate!
Siempre _____ vainilla.
Marta dudó que _____ chocolate.

5 *Preferimos* jugar lejos de la casa.
Me acuerdo que _____ jugar lejos de la casa.
Chucho negó que _____ jugar lejos de la casa.

6 *Sonreímos* para el fotógrafo.
Él sacó la foto cuando _____.
Él nos dijo que _____.

7 ¿Romper la piñata? Yo lo *sugerí*.
Sí, lo _____ muchas veces.
Nadie me pidió que yo lo _____.

8 Por poco *me morí* de risa al ver al payaso.
Al ver tal escena, siempre _____ de risa.
En realidad, fue imposible que _____ de risa.

9 Esa noche *dormimos* bien.
Siendo niños activos, siempre _____ bien.
Fue normal que _____ bien.

10 *Seguimos* viviendo en esa mansión durante mucho tiempo.
Es cierto que _____ viviendo allí.
Yo quería que _____ viviendo allí.

Cláusulas adverbiales

En oraciones en las que la cláusula adverbial se subordina a un verbo en el pretérito, el imperfecto, el pluscuamperfecto o el condicional, la cláusula adverbial se expresa en el imperfecto del subjuntivo.

Sofía se durmió	
Sofía se dormía	antes (de) que todos se fueran.
Sofía se había dormido	
Sofía se dormiría	

Nótese que en cuadro 3, p. 111, ya hemos aprendido que las cláusulas adverbiales de tiempo exigen el indicativo cuando la acción se expresa en el pasado.

Ella me lo dijo cuando la vi.
Ellos me saludaron en cuanto llegué.
Esperé hasta que todos volvieron.

La única excepción es la conjunción *antes de que,* la cual siempre exige el subjuntivo.

Saldré antes de que vuelvan.
Salí antes de que volvieran.

Otras conjunciones adverbiales comunes que exigen el subjuntivo son las que expresan:

Propósito	para que, a fin de que, de manera que
Resultado	para que, de (tal) modo que, que, sin que
Suposición	en caso de que, suponiendo que
Condición	con tal que, siempre que, a condición que
Excepción	a menos que, excepto que
Concesión	a pesar de que, aunque, así que
Tiempo	antes de que, después que, hasta que, cuando

Un solo sujeto en la oración

Cuando hay un solo sujeto en la oración, se emplea el infinitivo en vez de una cláusula.

	Abrí la puerta para entrar.
pero	Abrí la puerta para que entraran.

Tanto trabajo cuando hace frío. Se ve que la familia Ramírez sabe qué hacer cuando hace frío. Todos comienzan a hacer preparativos para pasar esos días sin sufrir demasiado. Vamos a ver lo que hicieron el año pasado.

Mis padres consiguieron bastantes provisiones.
(para que) Tuvimos lo suficiente para comer.
Mis padres consiguieron bastantes provisiones para que tuviéramos lo suficiente para comer.

1 Yo cerré las llaves del agua. (en caso de que) Las tuberías *(pipes)* se congelaron.
2 Papá puso las cadenas en las llantas. (antes de que) Hacía mucho frío.
3 Antes de salir, nos pusimos un suéter y una gorra. (para que) No nos resfriamos.
4 Sacamos más ropa pesada de los roperos. (en caso de que) Duró el frío más tiempo que lo ordinario.
5 Hice un fuego en la chimenea. (para que) Nos reunimos y nos calentamos allí.
6 Tú pusiste las cobijas eléctricas en las camas. (para que) Dormimos cómodamente.
7 Me quedé adentro. (en caso de que) Comenzó a nevar.
8 Todos ofrecimos ayudarle a mamá en la cocina. (con tal que) Nos sirvió tamales y champurrado.
9 Prometí sacar las cenizas *(ashes).* (sin que) Me pagaron.
10 Papá y los chicos salieron a limpiar las aceras. (a pesar de que) Nadie anduvo por delante.
11 Papá no llamó a los vecinos. (a menos que) Había una emergencia.
12 El perro se quedaba muy quieto. (para que) No lo echamos afuera.

13 Después de estar encerrados más de una semana, queríamos regresar a clase. (tan pronto como) Se mejoró el tiempo.

Y tú, ¿qué dices? ¿Qué haría tu familia en caso de que hiciera mucho frío? Cambia los verbos en las cláusulas principales al condicional y sigue combinando las dos ideas con las conjunciones indicadas.

Mis padres conseguirían bastantes provisiones para que tuviéramos bastante para comer.

Conflictos entre los estudios y el trabajo. ¿Deben los estudiantes trabajar? Es una situación controvertida. Hay argumentos positivos y negativos. Consideremos algunos aspectos del problema.

Trabajaré a menos que mis padres me (dar) un coche.
Trabajaré a menos que mis padres me den un coche.
Dije que trabajaría a menos que mis padres me dieran un coche.

1 Hoy iré en el bus para que mamá no (tener) que llevarme.
2 Saldré luego que los otros chicos (llegar).
3 Me quedaré una hora más en caso de que el gerente me (necesitar).
4 No depositaré el dinero en el banco a menos que alguien me (acompañar).
5 Trabajaré el domingo con tal que me (dejar) entrar a la una.
6 No cambiaré esta colocación a menos que otros me (pagar) mejor sueldo.
7 El sábado esperaré hasta que el gerente me (pagar).
8 Pagaré a los otros empleados cuando el contador me (mandar) los cheques.
9 No podré escribir el reportaje sin que alguien me (ver).
10 Estudiaré para el examen cuando alguien me (decir) cuándo es.

Cláusulas relativas

Si la cláusula relativa modifica un sustantivo o pronombre indefinido o negativo, el verbo de la cláusula relativa se expresa en el subjuntivo.

Busqué un rebozo
Buscaba un rebozo } que fuera bonito.
Buscaría un rebozo

Si la cláusula relativa se subordina a un verbo en el pretérito, el imperfecto o el condicional, el verbo se expresa en el imperfecto del subjuntivo. Se nota el contraste con una acción completa.

Compré un rebozo
Encontré un rebozo } que le gustó.

¿Qué buscaban? Distintas personas o grupos buscaban cualidades especiales en ciertas personas o cosas, pero no sabían si podrían encontrarlas. Ellos expresan su incertidumbre con el verbo en el subjuntivo.

Mis primos hablaron con un agente de bienes raíces. Querían una casa que (tener cuatro habitaciones; estar cerca de buenas escuelas; no costar más de $100.000).

Querían una casa que tuviera cuatro habitaciones.
Querían una casa que estuviera cerca de buenas escuelas.
Querían una casa que no costara más de $100.000.

1   Los Sres. Sáenz hablaron con un vendedor de coches. Buscaban un coche que (rendir bien en la carretera; tener cómodos asientos para seis personas; no requerir un exceso de mantenimiento; venir con frenos de aire).

2   El jefe de nuestra empresa habló con el director de la agencia de empleos. Dijo: —Ayer le indiqué que necesitábamos una persona que (saber usar los ordenadores; tener experiencia con la contabilidad; estar dispuesta de hacer un cambio a otra ciudad; hablar español y un poco de francés).

3   En la biblioteca pregunté por algún libro recién publicado que (tratar de los conflictos en el Medio Oriente; identificar y explicar las religiones de esa región; tener mapas y fotos de los distintos países; poder[se] llevar[se] a casa).

Y tú, ¿qué dices?
(1) Antes de salir los peregrinos de Europa, ellos tenían esperanzas de encontrar un país ideal. Prepara una serie de descripciones de lo que esperaban encontrar o establecer en América.
(2) ¿Cómo sería la utopía de tus sueños? Prepara una lista que exprese lo que buscarías.

Con adjetivos o adverbios

Se emplea el subjuntivo con la construcción *por* + *adjetivo (o adverbio)* + *que*. Tiene el significado de *however*.

> Por pobre que sea, no aceptará el dinero.
> Por pobre que fuera, no aceptaría el dinero.

¡Qué afortunado! Parece que algunos nacen con más suerte que otros con respeto a su apariencia física, el talento, la inteligencia, el carácter y la familia. Siguen a continuación unas descripciones de un chico muy afortunado, pero a la vez, modesto y simpático.

Es muy guapo, pero no es egoísta.
Por guapo que sea, no es egoísta.

1   Es popular con las chicas, pero los chicos no le tienen celos.
2   Es muy bajo, pero juega bien al baloncesto.
3   Es muy fuerte, pero nadie le tiene miedo.
4   Se enoja mucho, pero siempre se controla bien.
5   Tiene mucho dinero, pero no lo ostenta *(show it off)*.
6   Su coche deportivo corre rápido, pero otros le pasan en la carretera.
7   Estudia mucho, pero a veces contesta mal algunas preguntas.
8   Sabe mucho de ese tema, pero no saca buenas notas en los tests.
9   Mi regalo de cumpleaños cuesta poco, pero le gusta más que los otros.

Y tú, ¿qué dices? (1) Después de practicar el ejercicio varias veces, cambia los verbos al pasado.
Por guapo que fuera, no era egoísta.
(2) Describe en tal manera a algunos(as) amigos(as) tuyos(as).

Sueños de campanas de boda. A continuación sigue una conversación entre dos chicas. Ninguna de ellas tiene novio o edad para casarse, pero una habla de cómo será su boda con muchas ilusiones. Como nada es concreto, expresa sus sueños en el subjuntivo con combinaciones de *-quiera*.

> A: Mi marido será guapo, rico y considerado.
> B: ¿Sabes cómo lo encontrarás?
> A: No sé, pero como quiera que lo encuentre, será guapo, rico y considerado.

1   A: Nos casaremos durante sus vacaciones.
    B: ¿Sabes cuándo tendrá sus vacaciones?
    A: No sé, pero _____ que las _____, _____ _____ entonces.
2   A: Nada nos detendrá.
    B: ¿Sabes cómo informará a tus padres?
    A: No sé, pero _____ que él los _____, nada _____ _____.
3   A: Mi vestido será bonito.
    B: ¿Sabes quién te lo comprará?
    A: No sé, pero _____ que me lo _____, _____ bonito.
4   A: Pondremos muchas flores en la iglesia.
    B: ¿Sabes en cuál iglesia se casarán?
    A: No sé, pero en _____ iglesia que nos _____, _____ muchas flores.
5   A: La ceremonia tendrá que ser en el rito de mi preferencia.

B: ¿Sabes quién los casará?

A: No sé, pero _____ que nos

_____, _____ en el rito de mi preferencia.

6   A: El sitio de nuestra luna de miel será un secreto.

B: ¿Sabes adónde irán para la luna de miel?

A: No sé, pero _____ que

_____, _____ un secreto.

B: Pues, chica, sigue soñando. Te deseo mucha felicidad con quienquiera que te cases.

Y tú, ¿qué dices? Después de practicar esta conversación varias veces y de familiarizarse con las formas de -*quiera* + el subjuntivo, cambia todo al pasado.

Sueños no realizados

A: *Creía que mi marido sería guapo, rico y compasivo.*

B: *¿Sabías cómo lo encontrarías?*

A: *No sabía, pero como quiera que lo encontrara, creía que sería guapo, rico y compasivo.*

Los sufijos

Se puede variar el significado de muchas palabras agregando un sufijo al final o a la raíz de una palabra. Entre los sufijos más comunes tenemos los diminutivos y los aumentativos.

Los sufijos diminutivos pueden expresar:

1   La idea de disminuir el tamaño físico de una persona o cosa: *niño —niñito, mesa—mesita.*

2   El cariño: *No me regañes, mamacita.*

3   La humildad (a veces obviamente exagerada): *Bienvenidos a esta casita.*

4   El desprecio: *Ese hombrecillo se cree importante.*

5   La vergüenza (por causar molestias): *Per-*

dón otra vez pero, ¿hay otro recadito para mí?

6   Disminuir la duración de tiempo: *Ven a tomar un cafecito conmigo.* (La taza o tacita es pequeña, lo que implica poco tiempo para tomarla.)

7   Una actitud favorable: *Adiosito.* (Quiero verte otra vez pronto.)

8   Acentuar o poner énfasis: *Ven ahorita* o *¡Qué grandecito estás!*

Los sufijos obedecen las normas de concordancia de número y género.

En algunos casos, los diminutivos cambian el significado de una palabra: *cama—camilla (stretcher); palo—palillo (toothpick).*

Los sufijos diminutivos más comunes

-ito	a. Se agrega a la raíz si el énfasis no cae en la última sílaba: *mesita, poquito, abuelita.* b. Se agrega directamente a palabras que terminan con *l* o *j*: *papelito, relojito.*

-cito	Se agrega a palabras que terminan con *r, n* o *e*: *doctorcito, ratoncito, madrecita.*

-ecito	Se agrega a palabras de una sílaba, y a palabras de dos sílabas con diptongo en la primera sílaba: *florecita, pueblecito.*

-illo	Puede reemplazar la sílaba final de muchas palabras. Da sentido de poca importancia; a veces es despectivo: *platillo, calzoncillo.*

-ecillo	Se agrega a palabras monosilábicas que terminan en consonante o *y*: *panecillo, bueyecillo.*

-ececito	Excepción que se agrega a la raíz de *pie: pi* **+** *ececito* o *piececito.*

Los sufijos aumentativos

Deben emplearse con mucha precaución porque pueden denotar ideas despectivas o insultos fuertes e incluso peligrosos—para la persona que los emplea. El alumno debe familiarizarse con los más comunes, pero a la larga, debe evitar su uso.

Los aumentativos pueden expresar

1 La idea de hacer más grande: *Este sillón es de papá.*

2 La idea de un golpe o el resultado exagerado o una acción prolongada: *Su disco es un exitazo. Dame un telefonazo.*

3 Una actitud despectiva: *Ese poetastro no nos impresiona. ¡Fuera de aquí, vejete!* *(old man)*

Los sufijos aumentativos más comunes

-ón, -ona	Aumentativo, a veces despectivo, que se agrega a la raíz de muchas palabras: *calleja (alley)—callejón, hombre—hombrón.*

-chón, -chona	Aumentativo que da énfasis a alguna cualidad y que se agrega a palabras con término vocal: *rico—ricachón.*

-ote	Despectivo que se agrega a palabras con término vocal: *libro—librote, feo—feote*

-ete	Despectivo que da el sentido de artificial, de tamaño pequeño o de poco valor y que se agrega a la raíz de muchas palabras: *color—colorete*.

-azo	Aumentativo que se agrega a palabras terminadas en vocal: *cola—colazo*

-acho	Aumentativo que inspira miedo, desconcierto o desprecio y que se agrega a la raíz de palabras que terminan con vocal: *pueblo—poblacho, pico—picacho*.

-ucho	Despectivo que refleja poco respeto o disgusto y que se agrega a la raíz de muchos sustantivos: *tienda—tenducha, animal—animalucho*.

-astro	Refleja la actitud de segundo orden y se agrega a la raíz o a la palabra entera: *padre—padrastro, poeta—poetastro*.

Atención: En muchas ocasiones el uso de los sufijos va acompañado por un cambio de expresión de la cara o entonación vocal o por otros gestos. Por eso, se recomienda no usarlos a menos que se entienda bien todos los posibles significados.

En la tierra de Lilliput (con el perdón del estimado Sr. Jonathan Swift). Después del accidente y la pérdida de su barco, Gulliver cayó fatigado en tierra y se durmió profundamente. Cuando se despertó, no podía moverse.

Sigue con la historia, expresando las palabras subrayadas en la forma diminutiva, comenzando con *-ito*. Se sugiere leer la selección varias veces, cambiando sólo una palabra en cada oración. Con cada lectura, escoge otra palabra a cambiar.

1 En esa tierra <u>nueva</u> para él, Gulliver vio que las <u>manos</u> de sus habitantes <u>pequeños</u> le amarraban.

2 Él se quedó inmóvil, pero tenía la sensación de que una horda de <u>hormigas</u> caminaba sobre su cuerpo entero.

3 ¡Cuál no fue su sorpresa al ver en la punta de su nariz una <u>figura</u> agitando furiosamente las <u>manos</u>!

4 Más tarde se desató el pelo de un lado de la cabeza del extranjero y él pudo ver el <u>pueblo</u> con sus <u>casas</u> bien <u>arregladas</u>.

5   Los niños pasaban <u>camino</u> de la escuela con sus <u>libros</u>, y al pasar por el cuerpo del «gigante» recién llegado, deseaban la compañía de sus <u>hermanos</u> u otro <u>amigo</u>.

6   Los muchachos le miraban con asombro en los <u>ojos</u>, y Gulliver se dio cuenta entonces de que todos eran sus enemigos—hasta los <u>perros</u> y los <u>gatos</u>.

(Agrega a la lista anterior *-cito* y *-ecito*.)

7   Un niño preguntó—¿Qué es, <u>papá</u>?

8   El padre no sabía cómo contestar a su <u>hijo</u>, que tenía miedo y corrió hacia su <u>abuelo</u>.

(Agrega a la lista *-illo* y *-cillo*.)

9   El pobre de Gulliver había pasado mucho tiempo sin comer nada, pero en ese momento los del pueblo le llevaron muchos <u>jarros</u> de vino, <u>panes</u> con <u>manteca</u> y muchas <u>tazas</u> de sopa, todo lo que Gulliver ingirió con gusto.

10   En <u>seguida</u> se durmió, porque en el café habían puesto un <u>poco</u> de algún <u>polvo</u> que le indujo el sueño.

11   Horas más tarde se encontró sobre un aparato que lo conducía a un templo donde el <u>emperador</u> sobre un <u>caballo</u> blanco pronunció un <u>discurso</u> largo y animado.

12   Por fin llegó el día en que Gulliver se despidió de los <u>ciudadanos</u> que le habían tratado bien, y con un —Adiós— o —Hasta <u>luego</u>— el hombre enorme (o el intruso) regresó a su país.

En la tierra de los gigantes. En otro viaje, Gulliver llegó a Brobdingnag, ocupado por gigantes de dimensiones enormes y apropiadas para los que allí residían.
Cambia las palabras subrayadas a la forma aumentativa o despectiva, comenzando con *-ón, -ona.* Los artículos subrayados requieren atención a la concordancia.

1   Gulliver, observando un <u>hombre</u> caminando tras sus compatriotas, se escondió en un <u>monte</u> de paja, cuya altura llegó a 20 pies.

(Agrega *-ote, -ota* a la lista.)

2   Llegó a una <u>escalera</u> altísima cuyos escalones medían 6 pies de altura, haciendo imposible que él los subiera.

(Agrega *-ete* a la lista.)

3   Corrió por <u>la calleja</u> a esconderse de un hombre <u>alto</u> que venía seguido de siete trabajadores <u>gordos</u> con <u>instrumentos</u> del campo.

4   ¡Qué <u>susto</u>! ¡Qué <u>problema</u>! Por poco evitó la muerte bajo el <u>zapato</u> del jefe que después lo levantó para verlo mejor.

(Agrega *-ucho*.)

5   Gulliver protestó con <u>gritos</u> y lágrimas, pero el hombre grande lo metió en su <u>bolsa</u>.

6   Llegaron a una <u>casa</u> y el <u>bueno</u> del pueblo sacó un <u>libro</u>, el que <u>consultó</u> un buen rato y luego consultó con sus <u>amigos</u>.

7   Satisfecho de que Gulliver no quería hacerles daño, se sentó en una silla y pidió la comida que se sirvió en un <u>plato</u> de 20 pies de largo con <u>tazas</u> de café y <u>quesos</u>.

8   Gulliver, que sufría de un hambre atroz, no pudo comer con <u>la cuchara</u> que la mujer le ofreció, pero su hija, la <u>soltera</u>, buscó un dedal que Gulliver pudo levantar a la boca y así comió bien.

(Agrega *-azo* a la lista.)

9   Más tarde tuvo un <u>encuentro</u> con <u>una rata</u> que trató a Gulliver como un <u>juguete</u>, aunque Gulliver logró matarla más tarde con un <u>golpe</u> en la <u>cabeza</u>.

Y tú, ¿qué dices? Prepara un relato de una visita o un encuentro verdadero o imaginario en un sitio como *Disneyland* o un lugar parecido. Exagera el tamaño, la importancia o el desprecio de algunos de los sitios o de las personas o personajes con algunas de tus impresiones.

MODISMOS Y EXPRESIONES

pasar lista *to call roll*
El sargento pasó lista y los soldados respondieron en voz alta con «a la orden».
quedar de pie *to remain standing*
El autor quedó de pie durante toda la entrevista.
negarse a *to refuse to*
Se negó a sentarse aunque le habían ofrecido una silla muy cómoda.
¡ya lo creo! ¡sí como no! I should say so! You bet! Of course!
¿Quieres acompañarme al cine? ¡Ya lo creo! ¡Sí como no!

¡OJO!

americano: Esta palabra que quiere decir «de América» es adjetivo y sustantivo. En español, la palabra «americano» se refiere a cualquier habitante del hemisferio occidental. Un ciudadano de los Estados Unidos es un norteamericano o un estadounidense. En lenguaje familiar, a los norteamericanos también se les conoce como «yanquis» o «gringos». A veces, estos dos vocablos llevan una connotación despectiva.

Ejemplo: Ellos son americanos del sur y nosotros somos americanos del norte.

CUADRO 8

EL ÚLTIMO VIAJE

Quien teme la muerte no goza la vida.

PARA PREPARAR LA ESCENA

La muerte ha sido siempre rodeada de misterio acompañada de dudas y temores. Sólo pensar en la muerte evoca varias reacciones: la gente primitiva no puede explicarla; los viejos y los enfermos a veces le dan la bienvenida; los niños, si alguna vez piensan en ella, la consideran como un sueño prolongado; los jóvenes creen que es algo que les ocurre a los demás. Algunos la examinan desde el punto de vista de la religión o de la filosofía que tienen del más allá. Muchos la temen; otros se burlan de ella. Pero la muerte es inevitable, y todos tendremos que prepararnos para el día que llegue.

La lechuza

Alberto Gerchunoff

PARA PRESENTAR LA LECTURA

Un gato negro que cruza delante de uno, un espejo hecho pedazos, un paraguas abierto dentro de la casa—¡presagios de desastre! Tales creencias y conceptos han sido populares desde tiempo inmemorial. Nacen de la ignorancia, del miedo y de la incomprensibilidad. Y a pesar de haber pruebas en su contra, son nociones muy comunes.

Las supersticiones del mundo se incluyen en muchas formas literarias. En la selección que sigue, una lechuza, frecuentemente nocturna en sus hábitos, es el presagio de la muerte.

El argentino Alberto Gerchunoff emplea las tradiciones hebreas y la vida de la colonia judía de la Argentina como tema de muchos cuentos suyos. A veces trágicos y misteriosos, estos cuentos nos revelan la gran fuerza dramática del autor. Además, Gerchunoff ha captado en prosa la tristeza y la desesperación del pueblo judío que ha sufrido tantas pérdidas y tanta persecución a través de los años.

PARA APRENDER EL VOCABULARIO

Palabras clave I

1 **charcos** aguas estancadas en un hoyo en el suelo *(puddles)*
La rana cantaba en el charco.

2 **jinete** el que monta a caballo
Durante la carrera, el jinete se cayó del caballo.

3 **lechuza** ave nocturna *(owl)*
La lechuza duerme con los ojos abiertos.

4 **reflejos** luces reflejadas, reflexiones de luz
Los reflejos del sol penetraban por la ventana.

5 **vísperas** días o noches antes de ciertas fechas *(eves)*
La víspera de Pascua comieron poco.

6 **vivaces** brillantes, vívidos
Ella tenía una sonrisa vivaz.

Práctica

Completa con una palabra de la lista.

el reflejo	*el charco*	*la víspera*
vivaz	*el jinete*	*la lechuza*

1 _____ montó a caballo y salió galopando.
2 Fueron al templo _____ de Pascua.
3 Se dice que _____ es muy sabia.
4 De repente, _____ le deslumbró.
5 Brillaba una luz _____ en sus ojos.
6 Por las tardes, los pájaros se juntaban cerca de _____.

Palabras clave II

1 **acontecimiento** suceso, evento
Este acontecimiento fue inesperado.

2 **astro** estrella, planeta, sol
Aquel astro parece más brillante que la luna.

3 **comprometió (comprometerse)** se obligó, prometió casarse, dio palabra
Antonio se comprometió con la novia de su niñez.

4 **maquinalmente** automáticamente
Raquel apagó maquinalmente su cigarrillo.

5 **piedad** respeto profundo hacia las cosas sagradas; lástima
El buen sacerdote demostró una piedad sincera.

Práctica

Completa con una palabra de la lista.

ese acontecimiento   *comprometió*
piedad   *maquinalmente*
un astro

1 Júpiter es ———— muy brillante del firmamento.
2 Juanita no se ———— con Miguel porque quería más a José.
3 La niña repetía ———— todo lo que oía.
4 ———— sucedió cuando menos lo esperaba.
5 Margarita sentía ———— por los ancianos y los niños.

Palabras clave III

1 **aullaron (aullar)** gritaron con voces lamentosas; se dice de los lobos y los perros (*howled*)
Los perros aullaron cuando oyeron la sirena.

2 **fantasma** aparición, espíritu visible
Dicen que en el cementerio hay fantasmas que salen de noche.

3 **oprimida** tensa, dominada, que siente presión (*squeezed*)
Se sentía oprimida por el terror.

4 **rostro** cara
Se dice que la tristeza causa cambios permanentes en el rostro.

5 **vago** sutil, indeterminado
La dueña del restaurante tenía la vaga impresión de que sus empleados le robaban.

Práctica

Completa con una palabra de la lista.

oprimido   *el fantasma*   *el rostro*
aullaron   *vago*

1 Me cogió un dolor ————.
2 Roberto gritó cuando vio a ————.
3 Los perros ———— al oír los ruidos extraños.
4 La hija trató de distraer a su padre ———— por sus temores.
5 Después de la muerte de su perro, Eva anduvo varios días con ———— bañado en lágrimas.

La lechuza

Alberto Gerchunoff

I

J acobo pasó en su caballo ante la casa de Reiner saludando en español. La vieja contestó en judío, y la muchacha le preguntó si había visto a Moisés, que había partido en la mañana en busca del tordillo.

—¿Moisés?—preguntó el muchacho—. ¿Se fue en el caballo blanco?

—En el blanco.

—¿Salió por el camino de Las Moscas?

—No—respondió Perla—, tomó el camino de San Miguel.

—¿De San Miguel? No lo he visto.

La vieja se lamentó, con voz que revelaba su inquietud:

—Ya se hace tarde y mi hijo partió tan sólo con unos mates; no llevó revólver . . .

—No hay cuidado, señora; se pueden recorrer todos los alrededores sin encontrar a nadie.

—Dios te oiga—añadió doña Eva—, dicen que cerca de los campos de Ornstein hay bandidos.

El diálogo terminó con una palabra tranquilizadora de Jacobo; espoleó al caballo, obligándolo a dar un salto, para lucir su habilidad de jinete en presencia de Perla.

El sol declinaba y la tarde de otoño se adormecía bajo el cielo rojo. El tono amarillo de las huertas, el verde pálido del potrero quebrado por el arroyo oscuro daban al paisaje una melancolía dulce, como en los poemas hebraicos en que las pastoras retornan con el rebaño sonámbulo bajo el cielo de Canaán.

Se sumergían en oscuridad las casas de la colonia y en los tejidos de alambre brillaban en reflejos vivaces los últimos rayos del sol.

—Es tarde, hija mía, y Moisés no llega . . .

tordillo gray horse

mates hojas de una planta que se usan para hacer té

espoleó *spurred*

potrero *pasture*

pastoras . . . sonámbulo *shepherdesses return with their drowsy flock*
Se sumergían *Were submerged*
tejidos de alambre *wire fences*

—No hay temor, madre, no es la primera vez. ¿Te acuerdas el año pasado, en vísperas de Pascua, cuando fue con el carro al bosque de San Gregorio? Vino con la leña al día siguiente.

—Sí, recuerdo; pero llevaba revólver, y además, cerca de San Gregorio hay una colonia . . .

Un silencio penoso siguió a la conversación. En los charcos cantaban las ranas y de los árboles próximos venían ruidos confusos.

Una lechuza voló sobre el corral, graznó lúgubremente y se posó en un poste.

graznó lúgubremente y se posó *hooted mournfully and lit*

II

—¡Qué feo es aquel pájaro!—dijo la muchacha.

Graznó otra vez la lechuza, y miró a las mujeres, en cuyo espíritu sus ojos hicieron la misma triste impresión.

—Dicen que es de mal agüero.

—Dicen así, pero no lo creo. ¿Qué saben los campesinos?

—¿No decimos nosotros, los judíos, que el cuervo anuncia la muerte?

—¡Ah, es otra cosa!

La lechuza voló hasta el techo, donde lanzó un graznido y tornó al poste, sin dejar de mirar a las mujeres.

En el extremo del camino lleno de sombra resonaron las pisadas de un caballo. La chica miró, haciendo visera de las manos. Desengañó a la madre.

pisadas *steps (hoofbeats)*
visera *shield*

—No es blanco.

De las casas el viento traía el eco de un canto, uno de esos cantos monótonos y tristes que lamentan la pérdida de Jerusalén y exhortan a las hijas de Sion, «magnífica y única», a llorar en la noche para despertar con sus lágrimas la piedad del Señor. Maquinalmente, Perla repitió en voz baja:

Llorad y gemid, hijas de Sion . . .

Después, con voz más fuerte, cantó la copla de los judíos de España, que le había enseñado en la escuela el maestro don David Ben-Azán:

Hemos perdido a Sion,
hemos perdido a Toledo,
no queda consolación,

Como la madre había continuado inquietándose, la muchacha, para distraerla, continuó la conversación anterior.

—¿Tú crees en los sueños? Hace unos días, doña Raquel contó algo que nos dio miedo.

La vieja contó a su vez una historia espantosa.

Una prima suya, hermosa como un astro, se comprometió con un vecino de la aldea. Era carretero muy pobre, muy honrado y muy temeroso de Dios. Pero la moza no lo quería, por ser contrahecho. En la noche del compromiso, la mujer del rabino . . . una santa mujer . . . vio un cuervo.

El novio vendió un caballo y con el dinero compró un misal, que regaló a la novia. Dos días antes del casamiento se anuló el compromiso y la moza se casó al año siguiente con un hombre muy rico del lugar.

El recuerdo del suceso causó honda impresión en el ánimo de doña Eva. Su cara se alargó en la sombra y, en voz baja, contó el milagroso acontecimiento. Se casó la muchacha, y uno a uno fueron muriendo sus hijos. ¿Y el primer novio? El buen hombre había muerto. Entonces el rabino de la ciudad, consultado por la familia, intervino. Examinó los textos sagrados y halló en las viejas tradiciones un caso parecido.

carretero *wagon driver*
contrahecho deforme
rabino *rabbi*

misal *prayer book*

III

A consejó a la mujer que devolviera al difunto su lujoso misal. Así recobraría la tranquilidad y la dicha.

—Llévalo—le dijo—bajo el brazo derecho, mañana, a la noche, y devuélveselo.

Nada respondió la afligida. Al otro día, al salir la luna, misal bajo el brazo, salió. Una lluvia lenta le golpeaba el rostro, y sus pies, débiles por el miedo, apenas podían avanzar sobre la dura nieve. En los suburbios ya, muerta de fatiga, se guareció junto a una pared; pensaba en los hijos muertos y en el primer novio, cuyo recuerdo había desaparecido de su memoria durante tanto tiempo. Lentamente hojeaba el misal, de iniciales frondosas y rosas, de estilo arcaico, que le gustaba contemplar en las fiestas de la sinagoga, mientras recitaba en coro las oraciones.

De pronto sus ojos se oscurecieron, y al recobrarse vio en su presencia al carretero, con su cara resignada y su cuerpo deforme.

—Es tuyo este misal y te lo devuelvo—le dijo.

El fantasma, que tenía tierra en los ojos, extendió una mano de hueso y recibió el libro.

Entonces la mujer, recordando el consejo del rabino, añadió:

—Que la paz sea contigo, y ruega por mí; yo pediré a Dios por tu salvación.

Perla suspiró. La noche cerraba, tranquila y transparente. A lo lejos, las luciérnagas se agitaban como chispas diminutas y llevaban al espíritu de la anciana y de la chica un vago terror de fantasmas.

recobraría *would recover*

se guareció *she took refuge*

hojeaba *she leafed through*
frondosas *ornate*

luciérnagas *fireflies*

palenque *stockade*
de imán *magnetic*

gaucho vaquero (cowboy) tradicional argentino

jadeante *panting*

alarido *howl*

Y allí sobre el palenque, la lechuza continuaba mirándolas con sus ojos de imán, lucientes y fijos.

Obsesionada por un pensamiento oculto, la niña continuó:

—Pero si el gaucho dice tales cosas del pájaro, bien pudiera ser . . .

Doña Eva miró el palenque y luego hacia el fondo negro del camino y con voz temblorosa, casi imperceptible, murmuró:

—Bien pudiera ser, hija mía . . .

Un frío agudo la estremeció, y Perla, con la garganta oprimida por la misma angustia, se acercó a la viejecita. En esto se oyó el eco de un galope. Las dos se agacharon para oír mejor, tratando de ver en la densa oscuridad. Su respiración era jadeante, y los minutos se deslizaban sobre sus corazones con lentitud opresiva. Aullaron los perros de la vecindad. El galope se oía cada vez más precipitado y claro, y un instante después vieron el caballo blanco que venía en enfurecida carrera. Se pararon madre e hija, llenas de espanto, y de sus bocas salió un grito enorme, como un alarido. El caballo, sudoroso, se detuvo en el portón, sin el jinete, con la silla ensangrentada . . .

David Alfaro Siqueiros, *Llanto (The Sob)*. Collection. The Museum of Modern Art, New York

PARA APLICAR

Comprensión I

A Contesta las siguientes preguntas.

1 ¿Quién pasó por casa de Reiner montado a caballo?
2 ¿En qué idioma saludó?
3 Y la vieja, ¿en qué idioma le contestó?
4 ¿Qué le preguntaron a Jacobo?
5 ¿Dónde andaba Moisés?
6 ¿Qué camino había tomado él?
7 ¿Por qué temían que le pasara algo?
8 ¿Por qué espoleó Jacobo al caballo?
9 Describe el paisaje del potrero.
10 ¿Por qué se preocupaba la vieja?
11 ¿Qué diferencia había entre este viaje de Jacobo y el que hizo al bosque de San Gregorio?
12 Habla del silencio que siguió a la conversación.

B Para personalizar la lectura

1 ¿Crees tú en los símbolos de mal agüero? ¿Cómo reaccionas si:
  a. rompes un espejo?
  b. ves un paraguas abierto dentro de la casa?
  c. un gato negro cruza delante de ti?
  d. ves a alguien caminando debajo de una escalera de mano?
2 ¿Sueñas cuando duermes? ¿En qué colores? ¿Recuerdas los detalles de un sueño al despertarte?
3 ¿Crees en los sueños? ¿Tratas de interpretar tus sueños?
4 ¿Te gusta oír cuentos de fantasmas?
5 ¿Te gustan las películas de fantasmas en el cine o en la televisión? ¿Puedes nombrar una que te interesó o te impresionó mucho? Explica.

Comprensión II

A Contesta las siguientes preguntas.

1 ¿Qué dijo la muchacha cuando vio la lechuza?
2 ¿Qué hizo la lechuza?
3 Di algo del diálogo que surgió al llegar la lechuza.
4 ¿Qué se oyó venir del extremo del camino?
5 ¿Era blanco el caballo que venía de la sombra?
6 ¿Qué traía el viento de las casas?
7 ¿Cómo quiso distraer la muchacha a la madre?
8 ¿Quién contó una historia espantosa?
9 Describe la pareja que se comprometió, según la historia.
10 ¿Qué vio la esposa del rabino la noche del compromiso?

B Las cinco oraciones que siguen son falsas. Corrígelas para que correspondan con la selección.

1 Llegó un cuervo que hizo un ruido desagradable.
2 Algunos judíos creían que todos los pájaros traían mala suerte.
3 Doña Eva recitó en voz alta el canto de lamentos por la pérdida de Jerusalén.
4 Perla había aprendido el canto de su madre.
5 Perla trató de calmar a su madre con un cuento espantoso.

Comprensión III

A Contesta las siguientes preguntas.

1 Relata lo que el rabino aconsejó.

2 ¿Qué papel tiene el misal en esta historia?
3 ¿A quién le dio la afligida mujer el misal?
4 ¿Por qué comenzaron Perla y la anciana a pensar en fantasmas?
5 ¿Cómo se encontraron Perla y la anciana cuando oyeron el eco de un galope?
6 Describe esta última escena.
7 ¿Por qué gritaron la madre y la hija?

B   Escoge la respuesta apropiada.

1 ¿Qué hizo el novio contrahecho?
   a. Fue a misa con su novia.
   b. Le obsequió un misal a la novia.
   c. Se casó con un hombre muy rico.
2 ¿Cómo le afectó a doña Eva acordarse del suceso?
   a. Su cara se alarmó.
   b. Su cara se puso triste.
   c. Sucedió un acontecimiento milagroso.
3 ¿Por qué consultaron al rabino?
   a. porque el pobre novio había muerto
   b. para que hallara los textos sagrados
   c. para que les aconsejara
4 ¿Cómo hizo la mujer aparecer al novio muerto?
   a. Hizo desaparecer el recuerdo de su memoria.
   b. Hizo iniciales frondosas y rosas en el misal.
   c. Recitaba oraciones.
5 Al recobrarse, ¿qué vio la mujer?
   a. al fantasma del carretero
   b. al rabino que daba consejos
   c. las fiestas de la sinagoga

PARA PRACTICAR

A   Da un antónimo de las palabras en letra bastardilla.

1 Moisés había *vuelto* en la mañana.
2 Es *temprano*, hija mía.
3 Un *ruido* penoso siguió a la conversación.
4 ¡Qué *bonita* es aquella ave!
5 La lechuza voló hacia el *suelo*.
6 Con voz *débil*, cantó la copla.
7 Llevó el misal bajo el brazo *izquierdo*.
8 Al otro día, al *ponerse* la luna, él se fue.
9 De pronto, sus ojos se *esclarecieron*.
10 Se *alejó* de la viejecita.

B   Completa las siguientes oraciones con una palabra apropiada.

1 ¡Cuidado! No pongas el pie en el _____.
2 Tiene un significado _____; no es nada claro.
3 Hay muchos _____ en el cielo.
4 Cuando salió tenía el _____ pálido.
5 Los supersticiosos creen en _____.
6 Algunos perros no hacen nada más que _____.
7 Su personalidad es muy _____, y llena de vida.
8 La _____ es un ave nocturna.
9 Él lo hizo _____, sin ningún esfuerzo.
10 Hay un _____ de las estrellas en el agua.

Por si acaso . . .

1 Describe el ambiente de la selección.
2 En otras culturas, incluyendo la tuya, ¿qué animales tienen la reputación de «mal agüero»?
3 ¿Qué relación tiene el relato de la vieja con los acontecimientos de la selección?

En el fondo del caño hay un negrito

José Luis González

PARA PRESENTAR LA LECTURA

El puertorriqueño José Luis González es un autor moderno que escribe mucho sobre el tema del desempleado. En el cuento que sigue nos habla de un desafortunado que llega del campo a la ciudad en busca de trabajo. Las dificultades materiales de la vida lo hacen establecerse con su familia en el arrabal, o barrio construido sobre las márgenes de un caño. Y allí mantiene la lucha contra el ambiente que le rodea.

Un caño es un canal o brazo de mar. Sobre las tierras pantanosas del caño cerca de la ciudad de San Juan, Puerto Rico, creció el arrabal, nido de pobreza, con un amontonamiento de familias, casuchas de aspecto pobre y condiciones insalubres. Entre los arrabales más conocidos están El Fanguito y La Perla.

El ineducado, muchas veces, habla un idioma expresivo, lleno de expresiones familiares. Al leer este cuento, fíjate en el dialecto de los campesinos.

PARA APRENDER EL VOCABULARIO

Palabras clave I

1 **caño** canal angosto, brazo de mar
El caño era muy sucio.

2 **chupándose (chuparse)** produciendo succión con los labios (*sucking*)
La niña andaba chupándose los dedos.

3 **flojamente** perezosamente
Teresa leía flojamente su libro hasta que
se durmió.
4 **hacía (hacer) gracia** divertía
Le hacía gracia a Mariana que Tony le
tuviera miedo.
5 **maldad** malicia, saña
Todo lo que hacía el niño era sin maldad.
6 **mudanza** cambio de domicilio
El trabajo de la mudanza le cansó.
7 **susto** impresión de miedo (*a scare, sudden terror*)
Su manera de mirarla le dio un susto.

Práctica

Completa con una palabra de la lista.

el caño	*flojamente*	*la mudanza*
maldad	*chupándose*	*hacía gracia*
susto		

1 _____ pasa cerca de las chozas en el barrio pobre.
2 _____ le costó más de lo que valían los muebles.
3 Le _____ bailar toda la noche.
4 Cansada, se levantó _____.
5 Por no tener comida, el niño estaba _____ el dedo.

Mario Urteaga, *Un entierro (Burial of an Illustrious Man)*. Collection. The Museum of Modern Art, New York. Inter-American Fund

6 El dueño enojado les gritó a sus empleados con _____.

7 Sintió un gran _____ al ver el fantasma.

Palabras clave II

1 **arrabal** barrio pobre
Mucha gente pobre vive en el arrabal
cerca del río.

2 **llanto** efusión de lágrimas con lamentos
(*weeping, flood of tears*)
La pescadora oyó el llanto del niño, lo
que le destrozó el alma.

3 **remó (remar)** hizo adelantar una em-
barcación con el movimiento de los remos
(*rowed a boat, paddled*)
El pescador remó su bote hasta la otra
orilla.

4 **reprimir** contener, refrenar
El niño no pudo reprimir el deseo de jugar en el charco.

5 **soga** cuerda (*rope*)
El caballo estaba atado al poste con una
soga larga.

Práctica

Completa con una palabra de la lista.

el arrabal	*remó*	*reprimir*
la soga	*el llanto*	

1 _____ interminable del viudo me ponía triste.

2 La abogada no pudo _____ una sonrisa cuando oyó la buena noticia.

3 La gente de _____ cerca del río es
muy pobre.

4 Tiró _____ para salvar al hombre en
el agua.

5 El pescador _____ una hora sin parar para llegar antes que los otros.

Palabras clave III

1 **atardecer** llegar el fin de la tarde, última
parte de la tarde
El obrero regresó al arrabal al atardecer.

2 **fango** barro, tierra mezclada con agua
Cerca del caño hay mucho fango.

3 **muelle** pared al lado del río o mar para
facilitar la carga y descarga de los barcos
(*wharf, loading platform*)
Él encontró trabajo en el muelle cargando
mercancías.

4 **súbito** inmediato, violento, impetuoso
Susana sintió un deseo súbito de ver a su
compañera.

Práctica

Completa con una palabra de la lista.

el fango	*el atardecer*
muelle	*súbito*

1 Los pasajeros desembarcaron en aquel
_____.

2 El niño volvió a la casa a _____.

3 Le vino un sentimiento _____ de tristeza y aislamiento.

4 A los niños les gusta jugar con
_____.

En el fondo del caño hay un negrito

José Luis González

I

La primera vez que el negrito Melodía vio al otro negrito en el fondo del caño fue temprano en la mañana del tercer o cuarto día después de la mudanza, cuando llegó gateando hasta la única puerta de la nueva vivienda y se asomó para mirar hacia la quieta superficie del agua allá abajo.

Entonces el padre, que acababa de despertar sobre el montón de sacos vacíos extendidos en el piso junto a la mujer semidesnuda que aún dormía, le gritó:

—Mire . . . ¡eche p'adentro! ¡Diantre'e muchacho desinquieto!

Y Melodía, que no había aprendido a entender las palabras pero sí a obedecer los gritos, gateó otra vez hacia adentro y se quedó silencioso en un rincón, chupándose un dedito porque tenía hambre.

El hombre se incorporó sobre los codos. Miró a la mujer que dormía a su lado y la sacudió flojamente por un brazo. La mujer despertó sobresaltada, mirando al hombre con ojos de susto. El hombre se rió. Todas las mañanas era igual: la mujer despertaba con aquella cara de susto que a él le provocaba una gracia sin maldad. Le hacía gracia verla salir así del sueño todas las mañanas.

El hombre se sentó sobre los sacos vacíos.

—Bueno—se dirigió entonces a ella—. Cuela el café.

La mujer tardó un poco en contestar:

—No queda.

—¿Ah?

—No queda. Se acabó ayer.

Él casi empezó a decir «¿Y por qué no compraste más?» pero se interrumpió cuando vio que la mujer empezaba a poner aquella otra cara, la cara que a él no le hacía gracia y que ella sólo ponía cuando él le hacía preguntas como ésa. A él no le gustaba verle aquella cara a la mujer.

294

—¿Conque se acabó ayer?

—Ajá.

La mujer se puso de pie y empezó a meterse el vestido por la cabeza. El hombre, todavía sentado sobre los sacos vacíos, derrotó su mirada y la fijó un rato en los agujeros de su camiseta.

Melodía, cansado ya de la insipidez del dedo, se decidió a llorar. El hombre lo miró y preguntó a la mujer:

—¿Tampoco hay na'pal nene?

—Sí . . . Conseguí unas hojitah'e guanábana. Le guá'cer un guarapillo 'horita.

—¿Cuántos díah va que no toma leche?

—¿Leche?—la mujer puso un poco de asombro inconsciente en la voz—. Desde antier.

II

E l hombre se puso de pie y se metió los pantalones. Después se acercó a la puerta y miró hacia afuera. Le dijo a la mujer:

—La marea 'ta alta. Hoy hay que dir en bote.

Luego miró hacia arriba, hacia el puente y la carretera. Automóviles, guaguas y camiones pasaban en un desfile interminable. El hombre sonrió, viendo como desde casi todos los vehículos alguien miraba con extrañeza hacia la casucha enclavada en medio de aquel brazo de mar: el caño sobre cuyas márgenes pantanosas había ido creciendo hacía años el arrabal. Ese alguien por lo general empezaba a mirar la casucha cuando el automóvil o la guagua o el camión llegaba a la mitad del puente y después seguía mirando, volteando gradualmente la cabeza hasta que el automóvil, la guagua o el camión tomaba la curva allá delante. El hombre sonrió. Y después murmuró: «¡Caramba!»

A poco se metió en el bote y remó hasta la orilla. De la popa del bote a la puerta de la casa había una soga larga que permitía a quien quedara en la casa atraer nuevamente el bote hasta la puerta. De la casa a la orilla había también un puentecito de madera, que se cubría con la marea alta.

Ya en la orilla, el hombre caminó hacia la carretera. Se sintió mejor cuando el ruido de los automóviles ahogó el llanto del negrito en la casucha.

*   *   *

La segunda vez que el negrito Melodía vio al otro negrito en el fondo del caño fue poco después del mediodía, cuando volvió a gatear hasta la puerta y se asomó y miró hacia abajo. Esta vez el

---

Conque *so*

Ajá *interjection denoting agreement*

agujeros de su camiseta *holes in his undershirt*
insipidez *tastelessness*

¿Tampoco hay na'pal nene? ¿Tampoco hay nada para el nene?
unas hojitah'e guanábana unas hojitas de guanábana (*a few custard-apple leaves*)

Le guá'cer un guarapillo 'horita Le voy a hacer un guarapillo ahora. (*I'm going to fix a little tea for him right now.*)
asombro inconsciente *unconscious surprise*
Desde antier Desde anteayer (*Since the day before yesterday*)
La marea 'ta alta. Hoy hay que dir en bote. La marea está alta. Hoy hay que ir en bote.
guagua autobús
extrañeza asombro
enclavada encerrada
pantanosas *marshy*

negrito en el fondo del caño le regaló una sonrisa a Melodía. Melodía había sonreído primero y tomó la sonrisa del otro negrito como una respuesta a la suya. Entonces hizo así con la manita, y desde el fondo del caño el otro negrito también hizo así con su manita. Melodía no pudo reprimir la risa, y le pareció que también desde allá abajo llegaba el sonido de otra risa. La madre lo llamó entonces porque el segundo guarapillo de hojas de guanábana ya estaba listo.

III

D os mujeres, de las afortunadas que vivían en tierra firme, sobre el fango endurecido de las márgenes del caño, comentaban:

—Hay que velo. Si me lo 'bieran contao, 'biera dicho qu'era embuste.

—La necesida', doña. A mí misma, quién me 'biera dicho que yo diba llegar aquí. Yo que tenía hasta mi tierrita . . .

—Pueh nojotroh fuimoh de los primeroh. Casi no 'bía gente y uno cogía la parte máh sequecita, ¿ve? Pero los que llegan ahora fújese, tienen que tirarse al agua, como quien dice. Pero, bueno, y . . . esa gente, ¿de onde diantre haberán salío?

—A mí me dijeron que por aí por la Isla Verde 'tán orbanizando y han sacao un montón de negroh arrimaoh. A lo mejor son d'esoh.

Hay que velo. Hay que verlo.
Si me lo 'bieran contao, . . . embuste. Si me lo hubieran contado, hubiera dicho que era embuste. *(lie)*
quién me 'biera dicho . . . aquí quién me hubiera dicho que yo iba a llegar aquí
Pueh nojotroh fuimoh de los primeroh. Pues nosotros fuimos de los primeros
Casi no 'bía gente . . . ¿ve? Casi no había gente y uno cogía la parte más sequecita, ¿ve?
fújese fíjese
como quien dice *as one says*
¿de onde diantre haberán salío? ¿de dónde diantre habrán salido?
por aí por allí
'tan orbanizando . . . negroh arrimaoh están urbanizando y han sacado un montón de negros arrimados
A lo mejor posiblemente
son d'esoh son de ésos

—¡Bendito . . . ! ¿Y usté se ha fijao en el negrito qué mono? La mujer vino ayer a ver si yo tenía unas hojitah de algo pa' hacerle un guarapillo, y yo le di unas poquitah de guanábana que me quedaban.

—¡Ay, Virgen, bendito . . . !

Al atardecer, el hombre estaba cansado. Le dolía la espalda. Pero venía palpando las monedas en el fondo del bolsillo, haciéndolas sonar, adivinando con el tacto cuál era un vellón, cuál de diez, cuál una peseta. Bueno . . . hoy había habido suerte. El blanco que pasó por el muelle a recoger su mercancía de Nueva York. Y el obrero que le prestó su carretón toda la tarde porque tuvo que salir corriendo a buscar a la comadrona para su mujer, que estaba echando un pobre más al mundo. Sí, señor. Se va tirando. Mañana será otro día.

Se metió en un colmado y compró café y arroz y habichuelas y unas latitas de leche evaporada. Pensó en Melodía y apresuró el paso. Se había venido a pie desde San Juan para no gastar los cinco centavos de la guagua.

*   *   *

La tercera vez que el negrito Melodía vio al otro negrito en el fondo del caño fue al atardecer, poco antes de que el padre regresara. Esta vez Melodía venía sonriendo antes de asomarse, y le asombró que el otro también se estuviera sonriendo allá abajo. Volvió a hacer así con la manita y el otro volvió a contestar. Entonces Melodía sintió un súbito entusiasmo y un amor indecible hacia el otro negrito. Y se fue a buscarlo.

¿Y usté se ha fijao en el negrito qué mono? ¿Y Ud. se ha fijado en el negrito qué mono? *(Have you noticed how cute their little one is?)*

unas hojitah de algo . . . quedaban unas hojitas de algo para hacerle un guarapillo, y yo le di unas poquitas de guanábana que me quedaban *(a few leaves of something to make him a little tea, and I gave her a few guanabana leaves that I had left)*

palpando *feeling, handling*
vellón *five-cent piece*
comadrona *midwife*
Se va tirando. *One struggles along.*
colmado *general store*
habichuelas y unas latitas *beans and a few small cans*

PARA APLICAR

Comprensión I

A   Contesta las siguientes preguntas.

1   ¿Cuándo fue que Melodía vio al otro negrito por primera vez?
2   ¿Dónde lo vio?
3   ¿Cómo llegó hacia la puerta?
4   ¿Sobre qué dormía el padre?
5   ¿Por qué se chupaba el dedo Melodía?

6   ¿Cómo se incorporó el hombre?
7   ¿Cómo despertó a la mujer?
8   Después de despertarla, ¿qué le pidió el hombre a la mujer?
9   ¿Había café o no ? ¿Por qué?
10   Cuando comenzó a llorar Melodía, ¿qué le preguntó el hombre a la mujer?
11   ¿Qué había conseguido ella para el nene?

B Escoge la respuesta apropiada.

1 ¿Cuándo vio Melodía al otro negrito en el fondo del caño?
   a. cuando llegó el gato
   b. tres o cuatro días después de mudarse allí
   c. cuando salió de la quieta superficie del agua

2 ¿Por qué se alejó del agua?
   a. Se cansó y prefería quedarse en el rincón.
   b. Tenía vergüenza de estar semidesnudo.
   c. Su padre le llamó en tono brusco.

3 ¿Cómo despertó el padre a su mujer?
   a. La sacudió flojamente.
   b. Se incorporó en la cama.
   c. Se chupó un dedo por el susto.

4 ¿Por qué no podían tomar café?
   a. No tenían ganas.
   b. Querían irse.
   c. Se había acabado ayer.

5 ¿Por qué lloraba el niño?
   a. Tenía agujeros en su camiseta.
   b. Tenía hambre.
   c. No le gustaba la cara de la mujer.

Comprensión II

A Contesta las siguientes preguntas.

1 ¿Qué hizo el hombre antes de acercarse a la puerta?
2 ¿Cómo estaba la marea?
3 ¿Qué indicaba eso?
4 ¿Qué pasaba continuamente por el puente?
5 ¿Qué hacían por lo general los que pasaban por el puente?
6 Al meterse el hombre en el bote ¿qué hizo?
7 ¿Para qué servía la soga que tenía el bote?
8 ¿Cuándo fue la segunda vez que Melodía vio al negrito?

9 ¿Qué le regaló el negrito a Melodía?
10 ¿Qué seña le hizo Melodía al negrito?
11 Cuando lo llamó su mamá, ¿qué le había preparado?

B Para personalizar la lectura

1 ¿Cómo obtienes el dinero que necesitas para comprarte algo, ir al cine, salir en una cita, etc.? ¿Te lo dan tus padres o trabajas por períodos incompletos?
2 Si trabajas de vez en cuando, ¿qué haces? ¿Cuántas horas semanales pasas trabajando? ¿Cuánto te pagan?
3 ¿Has ganado dinero cuidando a los niños de amigos o vecinos?
4 En estos días, ¿cuánto se paga por hora por cuidar a los niños?
5 ¿Cuántos años tenían los niños que cuidabas?
6 ¿Te dieron instrucciones los padres de los niños que ibas a cuidar? ¿Cuáles eran tus responsabilidades? ¿Las restricciones?
7 ¿Ha ocurrido alguna vez una emergencia durante la ausencia de los padres cuando cuidabas a los niños? ¿Qué hiciste?

Comprensión III

A Contesta las siguientes preguntas.

1 Relata lo que puedas de la conversación de las dos mujeres que vivían en tierra firme.
2 ¿Cómo se sentía el hombre al atardecer?
3 ¿Qué traía en el bolsillo?
4 Relata tres sucesos sobresalientes del día.
5 ¿Qué compró en el colmado?
6 ¿Por qué se fue a pie desde San Juan?
7 ¿Cuándo vio Melodía al negrito por tercera vez?
8 Cuando el negrito le hizo así con la manita, ¿qué sintió Melodía?
9 ¿Qué hizo después?

B Termina las oraciones poniendo en orden las palabras entre paréntesis.

1 Las dos mujeres afortunadas vivían (firme, tierra, en).

2 Comentaban sobre la necesidad de (al, mudarse, arrabal).

3 Los primeros en llegar ocupaban (más, la, sequita, parte).

4 Están urbanizando cerca de Isla Verde y han expulsado de allí a (negros, muchos, pobres).

5 Una se ha fijado qué (mono, es, niñito, el).

6 El hombre regresaba al arrabal (las, monedas, palpando).

7 Un obrero le había prestado su carretón para (muelle, mercancías, del, recoger).

8 El obrero buscaba a la comadrona porque su mujer (a, otro, dar a luz, iba, niño).

9 El hombre caminaba a su casucha para no gastar (guagua, los, centavos, en, cinco, la).

PARA PRACTICAR

A Contesta las siguientes preguntas según la indicación.

1 ¿Cómo contestó ella? *flojamente*

2 ¿Cuándo salieron para el caño? *al atardecer*

3 ¿Lo hizo a propósito? *sí, con maldad*

4 ¿Qué quieres comer esta noche? *habichuelas*

5 ¿Con qué lo van a atar? *soga*

6 ¿Qué le dio el ruido? *susto*

7 ¿Cómo van a cruzar el río? *remando*

8 ¿Dónde viven los pobres? *en aquel arrabal*

B Da un sinónimo de las palabras en letra bastardilla.

1 Ella recibió la carta con *asombro*.

2 ¿Dónde está la *cuerda*?

3 Siempre lo hace con *malicia*.

4 Esto me *parece divertido*.

5 Ella lo hizo *sin ánimo*.

Por si acaso . . .

1 Imagina los acontecimientos que siguen al final del cuento. ¿Qué hizo Melodía? ¿Qué le pasó? Escribe un párrafo adicional para este cuento.

2 Expresa en un párrafo quién, en tu opinión, sufría más. ¿El que murió? ¿La madre? ¿El padre? Justifica tu opinión.

3 Describe las condiciones sociales que, como se ve en este cuento, pueden hacer daño a los que residen allí.

Conversación

En hora de necesidad

(La señora de Salazar, representando una agencia social, toca a la puerta de la vivienda en el caño donde ocurrió la

tragedia. La madre de Melodía abre la
puerta.)

Sra. de Salazar:	Perdone Ud. la molestia, señora. He leído de la pérdida que han sufrido Uds. y vengo a darle el pésame por el fallecimiento de su hijo.
Madre de Melodía:	¡Ay mi pobre niño! No lo puedo creer. Duérmete con los ángeles, hijito mío.
Sra. de Salazar:	Compadezco del dolor que está pasando, señora, pero el propósito de mi visita es ayudarles.
Madre de Melodía:	Mi hijo 'ta muerto. ¡Ya no se pue'acer nada!
Sra. de Salazar:	Trabajo con la Sociedad Benéfica de San Juan. Es una organización que se dedica al auxilio social. Cuando hay una situación difícil o una tragedia como la que han sufrido Uds., la Sociedad hace una investigación y trata de ayudar lo más posible a mejorar la vida de los desafortunados. ¿Me permite hacerle unas preguntitas personales?
Madre de Melodía:	Gracias, señora, gracias. Pase p'adentro. Siento no tener que ofrecerle.
Sra. de Salazar:	Eso no importa, señora. Somos nosotros los que queremos ayudarles a Uds. Ahora . . .

Actividades

A Prepara unas preguntas que haría la trabajadora social en tales circunstancias. Otros las van a contestar como si fueran la madre de Melodía.

B Prepara otra posible conversación, basándote en estas sugerencias:

1 El que abre la puerta es el padre de Melodía.

2 El que llama a la puerta es un policía investigando el accidente.

3 El que llama a la puerta es un reportero que busca detalles del accidente para el periódico.

4 El que llama a la puerta es un(a) vecino(a) quien también vive en el arrabal y viene a consolar.

PARA GOZAR

PARA PRESENTAR LA LECTURA

Para los niños la muerte es un gran sueño. En el soneto que
sigue, Luis Palés Matos, poeta puertorriqueño, nos presenta la
muerte en forma sutil y delicada. Nos la presenta a través de los
ojos de un niño para que la muerte no parezca espantosa, fea ni
desagradable.

Fuego infantil

Luis Palés Matos

apagados cerrados, sin luz
noches de velada cuando
nos vigilaba o cuidaba
lances episodios
embriagados llenos

La abuela de los ojos apagados
nos narraba en las noches de velada
lances de caballeros embriagados
de romance, de novias y de espada.

hada personaje fantástico
en forma de mujer y con
poderes mágicos

Y cuentos de palacios encantados
por la varilla mágica de un hada . . .
diabólicos, de monstruos espantados,
divinos, de princesa sonrosada.

hueca voz voz sonora,
profunda

Y una noche de rayos y de truenos,
su hueca voz llena de ritmos buenos,
en lenta gradación se iba extinguiendo.

ráfaga soplo de viento

El perro aulló. —¡Tan!—dijo la campana,
una ráfaga entró por la ventana
y la abuelita se quedó durmiendo.

Actividad

Analiza el poema «Fuego infantil», contestando las siguientes preguntas que sirven para el análisis literario de un poema.

1 ¿Quién habla y a quién?
2 ¿En qué ocasión?
3 ¿Cuál es el propósito central del poema?
4 ¿Cuál es el tono del poema?
5 Da un resumen de los sucesos mencionados en el poema.

PARA PRESENTAR LA LECTURA

El poeta español Juan Ramón Jiménez (1881–1958) ganó el Premio Nóbel de Literatura en 1956. Jiménez es un poeta de intimidad. Su poesía, exclusivamente lírica, es sentimental y nostálgica, como se verá en «¿Soy yo quien anda?»

¿Soy yo quien anda?

Juan Ramón Jiménez

¿Soy yo quien anda, esta noche,
por mi cuarto, o el mendigo
que rondaba mi jardín,
al caer la tarde? . . .

        Miro
en torno y hallo que todo
es lo mismo y no es lo mismo . . .
¿La ventana estaba abierta?
¿Yo no me había dormido?
¿El jardín no estaba verde
de luna? . . . . . . El cielo era limpio
y azul . . . Y hay nubes y viento
y el jardín está sombrío . . .
Creo que mi barba era
negra . . . Yo estaba vestido
de gris . . . Y mi barba es blanca
y estoy enlutado . . . ¿Es mío
este andar? ¿Tiene esta voz,
que ahora suena en mí, los ritmos
de la voz que yo tenía?
¿Soy yo, o soy el mendigo
que rondaba mi jardín,
al caer la tarde? . . .
        Miro
en torno . . . Hay nubes y viento . . .
El jardín está sombrío . . .
. . . Y voy y vengo . . . ¿Es que yo
no me había ya dormido?
Mi barba está blanca . . . Y todo
es lo mismo y no es lo mismo . . .

mendigo *beggar*
rondaba caminaba alrededor

en torno alrededor

enlutado *dressed in mourning*

ESTRUCTURA

Mas, pero, sino

Aunque todos ellos significan *but* en inglés, los usos son distintos.

Mas y *pero* pueden intercambiarse, aunque *mas* se emplea preferiblemente en expresiones o estilos literarios.

> Bien mi suerte lo dice;
> mas ¿dónde halló piedad un infeliz?
> *La vida es sueño*
> de Calderón de la Barca

Pero es una conjunción coordinadora que conecta dos ideas o cláusulas.

> Me gusta mucho, pero no voy a comprarlo.

Si la primera cláusula es negativa, la segunda puede tener distintas ideas y diferentes clases de palabras.

> El reflejo en el agua no se ríe, pero a Melodía le gusta.

Sino se usa en contradicciones algo relacionadas.

1 Después de una idea negativa en la introducción se usa *sino* en la contradicción.

> No son amigos, sino enemigos.

2 La contradicción siempre ocurre entre palabras de la misma clasificación lingüística y se usa cuando se comparan dos ideas opuestas pero del mismo tipo; por ejemplo: números con números, colores con colores, etc.

Un sustantivo reemplaza un sustantivo:

> No es tu madre que te llama sino tu padre.

Un adjetivo reemplaza un adjetivo:

> No está alegre, sino triste.

3 Si a un verbo conjugado sigue la conjunción, *sino* se introduce seguido de *que.*

> No dijo que nevaría, sino que haría mucho frío.

Antes de irse, ¿qué dijo Moisés? Perla y la vieja tratan de acordarse de lo que dijo Moisés.

ir a Rosario / Misiones
Dijo que no iría a Rosario, sino a Misiones.

1 regresar esta noche / mañana por la mañana
2 llevar un revólver / una escopeta
3 hablar con Benjamín / con Abraham Arnstein
4 comprar otro caballo / un regalo para Perla
5 tener miedo / la certeza de evitar contratiempos
6 arreglar la fecha de la fiesta / la reunión con el rabino
7 poner flores en la sinagoga / la tumba de su padre
8 quedarse en la ciudad / en el campo
9 cantar música popular / las canciones de Israel
10 espantar a su madre / a los bandidos

Viene La Tuna. Un grupo de cantantes universitarios visitan el colegio de Betty y Soledad, que ha vivido en España y sabe algo de estos grupos estudiantiles llamados La Tuna. Betty le hace muchas preguntas.

> *Betty:*   ¿Quiénes son esos chicos? ¿Son italianos? / españoles
> *Soledad:*   No son italianos, sino españoles.

1 ¿Por qué se visten así? ¿Son toreros? / miembros de La Tuna
2 ¿Por qué han venido aquí? ¿Son espías? / estudiantes universitarios
3 ¿Vienen aquí para trabajar? / para entretenernos con su música típica del pasado y del presente
4 ¿Son actores del cine español? / cantantes de alguna facultad universitaria
5 ¿Qué hacen aquí en la asamblea? ¿Van a bailar? / cantar y tocar sus instrumentos
6 Sé poco de la vida en España. ¿Vive la mayoría en casas individuales como nosotros? / condominios de muchos pisos
7 ¿Juegan al fútbol como los equipos de aquí? / al fútbol soccer
8 ¿Cuál es su plato favorito? ¿La pasta? / paella, carnes y mariscos
9 ¿Cómo van a la escuela? ¿A pie? / en el metro, en tranvía, en moto o en transporte escolar
10 Ni siquiera sé dónde está España. ¿Está al norte de Francia? / al suroeste
11 ¿Cómo se llama su museo de arte? ¿El Louvre? / el Prado
12 La capital se llama Barcelona, ¿no? / Madrid
13 ¿Qué tipo de gobierno tiene? ¿Es una república? / una monarquía constitucional
14 ¿Cómo son los españoles? ¿Callados y morosos? / comunicativos y alegres
15 ¿Es España un país atrasado y retirado del mundo? / moderno y adelantado

16 ¿No te gustaría ir allí en el futuro? / lo más pronto posible

Un cuento espantoso. «La lechuza» tiene elementos y supersticiones que pueden asustar a cualquier persona, y en particular, a dos mujeres solas en los vastos campos de Argentina.

Conecta las dos ideas con *sino, sino que* o *pero*.

Jacobo no pasó a pie / a caballo
Jacobo no pasó a pie sino a caballo.

1 Él saludó a la señora en español / ella le contestó en judío
2 Le dijeron que Moisés no se había ido en el caballo negro / en el blanco
3 Moisés no llevó revólver / no había mucha gente por aquellos alrededores
4 Jacobo no asustó a las mujeres / las tranquilizó con una palabra de consuelo
5 El joven no se quedó quieto / espoleó su caballo
6 No quería impresionar a la vieja / a Perla
7 El hijo no regresó antes del anochecer / no fue la primera vez que regresó tarde

8 No fue un cuervo que voló sobre el corral / una lechuza
9 La lechuza no dejó de mirar a las mujeres / voló más cerca para verlas mejor
10 No dejaron de esperar a Moisés / el caballo regresó sin el jinete
11 No terminó felizmente / trágicamente

Distintas costumbres. Todos sabemos que la muerte nos espera algún día. Existen diferentes actitudes hacia la muerte. Las costumbres de distintas gentes y religiones ofrecen materia interesante de comparación. En muchos casos la superstición juega un papel importante.

Algunos no creen que con la muerte se acaba la vida / comienza otra
Algunos no creen que con la muerte se acaba la vida, sino que comienza otra.

1 Algunos no creen que uno desaparece totalmente al morir / se reencarna en otra forma
2 No son tristes todos los funerales / en algunos hay fiesta con música y comida

3 Hace años en la India no se quemaba sólo al marido difunto / su mujer era quemada con él

4 En el Ecuador no se pasa en silencio respetuoso el día de los muertos / muchos llevan comida y hacen fiesta en el cementerio

5 En el mismo día en México, se ponen altares en las casas donde no solamente reverencian a los familiares muertos / se acuerdan de ellos en forma cariñosa y respetuosa

6 No es costumbre que los hispanos lleven crisantemos a un amigo enfermo / las llevan a un entierro

7 En la selección, la lechuza no es símbolo de sabiduría / es presagio de la muerte

8 Muchos niñitos no comprenden la muerte de un ser querido / creen que se ha dormido

9 En un funeral, no sólo se intenta crear un ambiente que disminuya el dolor / muestre respeto al desaparecido y a su familia

10 Los cementerios modernos no son lugares morbosos / parecen parques donde reinan la paz y la tranquilidad

Los pronombres de complemento

Complementos directos

El sustantivo que recibe la acción de un verbo es el objeto o el complemento directo. El pronombre que reemplaza el sustantivo complemento es el pronombre de complemento directo.

Los pronombres de complemento directo son:

me	nos
te	os
lo, la	los, las

Sin embargo, cuando en la tercera persona singular el complemento directo es una persona masculina, el pronombre puede ser *le* o *lo*.

> Me obedece.
> No nos mira.
> Toma el café. Lo toma.
> Veo a María. La veo.
> Veo a Carlos. Lo (le) veo.
> Siempre comen las habichuelas. Siempre las comen.

En una oración declarativa o interrogativa, el pronombre precede al verbo conjugado.

> ¿La conoces? Sí, la conocí el año pasado.
> ¿Cuándo los comes? Los como en el verano.

¿Por qué están enojados? A veces se justifica la ira cuando parece que todo va en contra de nosotros. Las situaciones que siguen están fuera del control de los individuos metidos en ellas. Se comprenden su furia y su frustración.

Nota el tiempo del verbo subrayado y expresa los demás verbos en la forma indicada.

Emilia está furiosa con su hermanito por lo que hizo
él ayer con su bolso y los contenidos.
¿El bolso? quitar de su ropero
¿El bolso? Lo quitó de su ropero.

1   Emilia está furiosa con su hermanito por lo que hizo él ayer con su bolso y los contenidos.
¿El bolso? quitar de su ropero y abrir
¿Las llaves de su coche? sacar y llevar a su habitación
¿Su cartera? mirar y meter en su bolsillo
¿Sus trabajos? leer, romper y destruir

2   Esta mañana cuando el Sr. Castillo fue al garaje encontró que alguien había hecho mucho daño a su coche.
¿Las llantas? cortar con una navaja y hasta destruir
¿Los vidrios? rayar o romper completamente
¿La gasolina? robar del tanque y derretir en el piso
¿El interior? pintar y destrozar
¿El radio? quitar y robar

3   Esta mañana cuando se abrió el banco, el gerente descrubrió que ladrones habían entrado durante la noche.
¿La alarma? desconectar o apagar
¿La caja fuerte? forzar con un aparato electrónico y abrir
¿El dinero? encontrar y llevar consigo
¿Los cheques? quemar o dejar allí
¿Los guardias? ver después de entrar, disparar, pero gracias a Dios, no matar

Complementos indirectos

Los pronombres de complemento indirecto son:

me	nos
te	os
le (a Ud., a él, a ella)	les (a Uds., a ellos, a ellas)

En una oración declarativa o interrogativa, el pronombre de complemento indirecto precede al verbo conjugado.

> Rosario me habla.
> Él nos enseña la lección.
> ¿No te explicó nada?
> Le dije la verdad.

¿Cómo lo sabían? ¿Siempre hacemos caso a la persona que nos habla? ¿Es posible que a veces escuchemos sin oír? Sea como sea, escuchemos estas conversaciones.

Ellos (estar) cerca de ti cuando (decir) que (volver).
Ellos estaban cerca de ti cuando te dijeron que volverían.
Es cierto. Te dijeron que volverían.

1 Ellos (estar) cerca de ti cuando (decir) que no (salir).
2 Ellos (estar) cerca de mí cuando (decir) que (ir) mañana.
3 Yo (estar) cerca de ellos cuando (prometer) que (pagar) la cuenta.
4 Santos (estar) cerca de nosotros cuando (gritar) que (poder) ir.
5 Yo (vivir) cerca de ellos cuando (escribir) que (visitar) pronto.
6 Tú (andar) cerca de ellos cuando (prometer) que (llegar) pronto.
7 Nosotros (estar) cerca de Lisa cuando (mencionar) que (tener) bastante tiempo mañana.
8 Ud. (vivir) cerca de mí cuando (indicar) que (ser) posible ayudar con el proyecto.
9 Tú (ir) cerca de ellos cuando (prometer) que (hacer) el trabajo.
10 Él (andar) cerca de ella cuando (pedir) que (casarse) en la primavera.

Dos complementos en una oración

Cuando hay dos pronombres en la misma oración, el pronombre de complemento indirecto precede al pronombre de complemento directo. Se notará que los pronombres *le* y *les* se convierten en *se*.

me		
te	lo	
se	la	da
nos	los	
os	las	
se		

Suele emplearse la preposición *a* + complemento indirecto después del verbo para aclarar el pronombre *se*.

> Se lo doy a ella.
> Se la explico a Ud.
> Se lo repito a ellos.

Colocación de los pronombres

Como acabamos de ver, en una oración declarativa o interrogativa los pronombres de complemento preceden al verbo conjugado.

> Me lo dijo ayer.

Los pronombres de complemento pueden añadirse al gerundio o al infinitivo o pueden preceder al verbo auxiliar.

> Está diciéndomelo.
> Me lo está diciendo.
>
> Va a dármela.
> Me la va a dar.

Hay que añadir los pronombres de complemento al mandato afirmativo.

> Dígamelo.
> Devuélvenosla.

Los pronombres de complemento preceden al mandato negativo.

> No me lo diga.
> No nos la devuelvas.

Presten atención. Ha llegado el día para presentar los informes sobre la selección leída en clase. Todos deben estar atentos porque pronto habrá un examen.

Combina los elementos de las tres columnas para formar ideas lógicas y en el orden correcto.

1–1–1
Va a describir el trabajo de los gauchos a Javier.
Va a describirle el trabajo de los gauchos.
Va a describírselo.

1 Va a describir	1 el trabajo de los gauchos	1 a Javier
2 Está explicando	2 la escena extraordinaria	2 a ti
3 Quiere mostrar	3 las experiencias chistosas	3 a mí
4 Están escribiendo de	4 los cuadros tradicionales	4 a ella
5 Está relatando	5 las diferentes costumbres	5 a ellos
	6 lo que pasó en el cuento	6 a nosotros

¡Qué generoso es papá! Papá acaba de ganar la lotería del gordo *(the big pot)*. Después de pagar unas deudas, quería compartir su buena fortuna con el resto de la familia. En el momento de saber que alguien admiraba algo, él se lo compraba. Era como tener la Navidad dos veces al año.

Mamá (ver) un abrigo de visón (mink).
Mamá vio un abrigo de visón y papá se lo compró.

1   Me (gustar) un Doberman pinscher.
2   Tú (admirar) un perfume de Dior.
3   Me (llamar) la atención unos pendientes de perlas.
4   Nos (interesar) unos collares de oro.

5   A los chicos les (gustar) una moto marca Yamaha.
6   Tú (salir) a ver una cámara Pentax.
7   Martín (mencionar) un reloj Rolex.
8   Las tías (hablar) de unos vestidos superelegantes.
9   Mamá no (ganar) los aparatos eléctricos.
10   Nosotros no (tener) entradas para el concierto.
11   Tú (ver) un coche deportivo Porsche.
12   Yo (mencionar) el viaje al Perú.

Y tú, ¿qué dices? Parece ser que en muchas ocasiones damos o recibimos regalos. Haz una lista de los regalos que tú recibiste y que regalaste a otros durante el año pasado.

¿Mi reloj? Mis padres me lo dieron.

Complemento de una preposición

Se notará que los pronombres que sirven de complemento de una preposición son los mismos que se emplean como sujeto, con la excepción de la primera y segunda persona del singular.

mí	nosotros
ti	vosotros
él, ella, Ud.	ellos, ellas, Uds.

No puedes ir sin mí.
Quieren viajar con nosotros.
Es para Uds.

Unas excepciones:

1 La preposición *con* tiene dos formas especiales: *conmigo y contigo*. No concuerdan con la persona a quien se refieren en género y número. Con las otras personas, *con* funciona en forma regular.

> Él va conmigo.   Él va con nosotros.
> Él va contigo.   Él va con vosotros.
> Él va con él o ella.   Él va con ellos o ellas.

2 Las tres preposiciones que reciben la forma del sujeto en vez de *mí* o *ti* son: *entre, excepto y según*.

> Entre tú y yo es muy serio.
> Todos van excepto yo, y tal vez, tú.
> Según tú, hay algún conflicto aquí.

3 Al contestar una pregunta con un complemento de preposición se repite la preposición de la pregunta.

> ¿Con quién sales?   Con él.
> ¿A quién escribes?   A los amigos de Colombia.
> ¿Para quién trabajas? Para mi hermano.

Lo mismo da. No importa en qué forma se expresa, la idea básica no cambia. Convierte el sujeto en complemento de la preposición y viceversa.

> *Me siento aquí con él enfrente.*
> *Él está (o se sienta) enfrente de mí.*

1 Estamos bien con ellos cerca.
2 Tú estás contenta con ellos detrás.
3 Yo estoy triste cuando él está lejos.
4 Ella sufre cuando Uds. están separados.
5 Uds. pagan mucho cuando él está lejos.
6 No comprendemos cuando él nos habla mal.
7 Ellos se ven guapos cuando salen con los padres.
8 Te sientes orgullosa cuando cooperas con todos.

Preguntando se llega a Roma. Hay que ir al grano (*come to the point*). Si tienes dudas, pregunta. En seguida tendrás la respuesta. Varias personas están presentes cuando llega un amigo. Le hacen muchas preguntas.

Combina los elementos de las dos columnas para expresar la pregunta y la respuesta. Nota: No te olvides de repetir la preposición de la pregunta.

1–1
¿Para quién es el regalo? ¿Para mí?

1 ¿Para quién es el regalo?	1 Yo
2 ¿A quién ve el director?	2 Tú
3 ¿Con quién van ellos?	3 Ella
4 ¿De quién se sacó la foto?	4 Nosotros
	5 Uds.

Pronombres con acciones imprevistas

A veces uno sufre las consecuencias de un accidente o de una acción hecha sin intención. La acción involuntaria se expresa con el reflexivo y se agrega el complemento indirecto refiriéndose a la persona.

> Se me olvidó la llave.
> Se me olvidaron las flores.

Fue sin intención. No somos tontos ni torpes, pero a veces nos ocurren ciertas cosas y, desgraciadamente, sufrimos las consecuencias. Tristemente algunos no nos creen cuando decimos —Yo no fui. (*It wasn't my fault.*) Nunca admitimos el haber hecho una tontería.

Se me olvidó la llave. (*The key forgot itself to me.*) Esto es como decir: *Yo* no olvidé la llave. La culpa es de la *llave.*

1 *olvidar:* me / las fechas; nos / la licencia de conducir; le / el recado; te / los refrescos; les / las tarjetas

2 *acabar:* me / el tiempo; nos / la gasolina; te / la paciencia; les / los recursos necesarios; le / el vídeo

3 *ocurrir:* nos / una idea; les / otras soluciones; me / un plan fantástico; te / salir de allí en seguida; le / varias soluciones posibles

4 *romper:* te / la ventana; le / el brazo jugando al fútbol; nos / la cámara; me / los lentes; les / las cintas cassette

Y tú, ¿qué dices? ¿Cuántas veces has gritado en tu propia defensa: —Yo no fui? Prepara una lista de eventos con resultados desfavorables que han ocurrido en tu casa. Exprésalos en un relato corto. ¿Se enojó alguien? ¿Nunca se te cayó un vaso de leche? ¡Qué suerte!

Pluscuamperfecto del subjuntivo

En el cuadro 5 (pág. 201) se introdujo el presente perfecto del subjuntivo, que se emplea cuando la acción de la cláusula dependiente se ha realizado en el pasado. El verbo principal está en el presente, pero la acción ya ha terminado antes. Nota el contraste entre las ideas siguientes.

> Siento que tu primo esté enfermo. (Todavía vive.)
> Siento que tu primo haya muerto. (Ya no vive.)

En el segundo modelo se reconoce lo que ha transcurrido en el pasado, pero la persona que habla expresa su consuelo en el presente cuando habla con el pariente.

En situaciones parecidas cuando el verbo principal está en el pretérito, el imperfecto o el condicional, el verbo dependiente se expresa en el *pluscuamperfecto del subjuntivo,* es decir, en el pasado perfecto del subjuntivo, y se forma con el imperfecto del subjuntivo del verbo *haber* (hubiera, hubieras, etc.) y el participio pasado.

volver	
hubiera vuelto	hubiéramos vuelto
hubieras vuelto	hubiérais vuelto
hubiera vuelto	hubieran vuelto

Dudó que lo hubiéramos visto.
Esperaba que lo hubiéramos visto.
No creería que lo hubiéramos visto.

Rumores peligrosos. Ventura no vino a clase hoy, el dos de enero. Pasó el rumor que él fue arrestado conduciendo el coche después de la fiesta del fin de año. Todo el mundo hablaba del incidente, pero nadie lo creía. Asegúrate bien antes de chismear.

Él fue arrestado.
Nadie cree que él haya sido arrestado.
Nadie creía que él hubiera sido arrestado.

1 La policía lo *llevó* a la cárcel.
No es posible que . . .
No fue posible que . . .

2 Todos en la fiesta *estaban* tomados.
Dudamos que . . .
Dudábamos que . . .

3 Una chica *hizo* cosas extraordinarias.
No es cierto que . . .
No fue cierto que . . .

4 Paco y José Luis *dijeron* palabrotas.
No creemos que . . .
No creímos que . . .

5 Los padres *sirvieron* vino a los invitados.
No creo que . . .
No creí que . . .

6 No *tuvieron* nada que comer.
No es verdad que . . .
No fue verdad que . . .

7 Pusieron algo en el ponche. *(punch)*
No es verdad que . . .
No fue verdad que . . .

8 Los padres *eran* irresponsables.
Mis padres dudan que . . .
Mis padres dudaron que . . .

9 No *recibimos* una invitación a la fiesta.
No es cierto que . . .
No fue cierto que . . .

10 Ventura no *asistió* a la fiesta.
Es posible que no . . .
Fue posible que no . . .

Ventura: —¡Qué va! Se atrasó nuestro avión de Colorado, donde pasamos las vacaciones. ¿Por qué tienen esa cara de sorpresa?

Y tú, ¿qué dices?

1 La responsabilidad y el pasar de rumores o chismes
¿Escuchas los rumores sin averiguar de la veracidad de lo que has oído?
¿Eres culpable de pasar rumores o chismes, o de agregar detalles de tu propia invención o suposición, tal vez sólo para hacer más interesante el relato?
¿Debes o tienes el derecho de repetir todo lo que sabes únicamente porque estás enterado de cierta información? ¿Debes guardar silencio a veces?

2   Problemas actuales que afrontan los jóvenes

El mundo va cambiando y las dificultades que se les presentan a los jóvenes de hoy no se limitan a las mismas de sus padres. En clase prepara una lista de asuntos o situaciones sociales que causan dificultades a la juventud de hoy. Escoge un tema y, con un compañero o en grupos pequeños, expresen sus opiniones con los demás.

¿Es importante conocerse bien y tener valores bien formados?

MODISMOS Y EXPRESIONES

al otro día (*on the following day*)
Cada viernes la señora va al mercado; al otro día prepara una comida sensacional.

acercarse a (*to draw near, to approach*)
La mujer se acercó al conductor y le dio su boleto.

acabarse (*to be finished, to end, to be or run out of*)
Se me acabó el dinero y no puedo comprar más recuerdos.

hacer caso de (*to take notice of, to pay attention to*)
Si no hacen caso del mapa, van a perderse en el camino.

tropezar con (*to stumble over, meet with, strike against*)
En la oscuridad tropezó con la silla y lanzó un grito de dolor.

de costumbre (*usually*)
De costumbre almorzamos a las doce y cenamos a las seis.

¡OJO!

embarazada:	Se dice de la mujer preñada (que va a tener un bebé).
Ejemplo:	La señora de Vázquez está embarazada y, como los Vázquez ya tienen dos hijas, esperan que el bebé sea varón.
	Para comunicar la idea de «embarrassed» en español, hay que usar palabras como *turbado(a)*, *avergonzado(a)*.
Ejemplo:	Avergonzado por haber olvidado el cumpleaños de mi amigo, le invité a cenar en un restaurante muy especial.

CAPRICHOS DEL DESTINO

Fortuna y aceituna, a veces mucha, y a veces ninguna.

PARA PREPARAR LA ESCENA

El cuento, como casi toda ficción narrativa, habla de la naturaleza humana y su experiencia. En pocas palabras, da un comentario, una interpretación, una visión de la vida. Nos interesamos en los personajes, en el desarrollo de la acción, pero es el fin del cuento lo que nos cautiva. ¿Qué fin tiene para nosotros el autor? ¿Se destaca un noble sentimiento? ¿Se subraya una acción admirable?¿Se satiriza una costumbre?¿O hay un desenlace opuesto al anticipado? El destino de cada individuo está frecuentemente en manos de la diosa Fortuna, y nunca se sabe qué viento soplará, qué camino se desviará, qué capricho producirá un trastorno irónico en la vida.

A la deriva

Horacio Quiroga

PARA PRESENTAR LA LECTURA

La selva malsana está llena de riesgos y peligros para todos. Nunca se sabe lo que a uno le espera. Aun la muerte puede ser consecuencia de un momento de descuido.

En este cuento, el uruguayo Horacio Quiroga (1878–1937), el Kipling de la América del Sur, relata el resultado del encuentro entre un hombre y una culebra venenosa.

La selección comienza con la acción ya avanzada. En rápida sucesión el autor nos hace sentir y vivir lo que el protagonista siente y vive. Embarquémonos con Paulino en su canoa, ¡y pongamos nuestra vida «a la deriva»!

PARA APRENDER EL VOCABULARIO

Palabras clave I

1 **adelgazada (adelgazar)** delgada, de menos peso
   En ese vestido largo Rosa parecía adelgazada.

2 **garganta** parte anterior adentro del cuello
   Con un resfrío, uno tiene la garganta inflamada.

3 **hinchazón** engrandecimiento (*swelling*)
   A causa de la hinchazón del pie, no podía ponerse el zapato.

4 **ojeada** mirada rápida, vistazo
   Una ojeada le convenció que habría problemas.

5 **reseca** muy seca, desecada
   Margarita tenía la garganta reseca y pidió agua.

6 **ronco** áspero, que tiene ronquera
(*hoarse*)
Juan tiene la garganta reseca y está ronco.

7 **tragó (tragar)** hizo pasar comida o líquido por el esófago
El muchacho tragó mucha agua para satisfacer la sed.

Práctica

Completa con una palabra de la lista.

adelgazada	*una ojeada*	*tragó*
garganta	*reseca*	*ronco*
una hinchazón		

1 Saltó para atrás y dio _____ a su alrededor.
2 Tiene fiebre y dolor de _____.
3 El golpe le causó _____ grandísima.
4 De un sorbo, _____ todo el líquido.

5 Dio un grito _____ que la mujer apenas oyó.
6 Después de esa dieta, parecía _____.
7 Tenía mucha sed y la boca estaba
_____.

Palabras clave II

1 **aliento** respiración, soplo
La doctora sintió el aliento cálido del
paciente y supo que tenía fiebre.

2 **desbordaba (desbordar)** salía de los
bordes (*overflowed*)
En la primavera, con las lluvias torrenciales, siempre se desbordaba el río.

3 **ligadura** cinta, atadura de una vena o
arteria (*tourniquet*)
Se aplicó una ligadura para detener la
sangre de la herida.

4 **pala** remo para canoa, parte plana del remo
Tomó la pala y se fue en la canoa.

5 **sequedad** estado de seco
Sentía una sequedad insaciable en la garganta.

6 **vientre** cavidad del cuerpo donde están los intestinos
Sentía dolores en el estómago y en el vientre.

Práctica

Completa con una palabra de la lista.

aliento	*una ligadura*	*la sequedad*
desbordaba	*una pala*	*el vientre*

1 Debido a la fiebre su _____ estaba caliente.
2 _____ le dolía mucho al enfermo.
3 Cada momento le aumentaba más _____ de la garganta.
4 Puso _____ sobre la herida.
5 Sin _____ no podía remar.
6 En las inundaciones anuales se _____ el río.

Palabras clave III

1 **enderezó (enderezar)** puso derecho (*straightened*)
Se enderezó en la canoa para poder remar.

2 **escalofrío** temblor, estremecimiento del cuerpo (*shiver, chill*)
La fiebre le causó un escalofrío tremendo.

3 **girando (girar)** moviéndose circularmente
La canoa estaba girando en el remolino del agua.

4 **helado (helar—ie)** solidificado por medio del frío (*frozen*)
El cuerpo estaba helado e inmóvil.

5 **miel** substancia dulce, espesa y viscosa producida por las abejas
Puso la miel en el té para endulzarlo.

6 **pesadamente** de un modo pesado, torpemente
Levantó la cabeza pesadamente.

7 **remolino** movimiento circular de agua o de viento (*whirl, whirlpool, water spout*)
En medio del río había un remolino.

8 **rocío** gotitas de líquido condensado sobre las plantas que aparecen por la mañana y por la noche
El rocío le mojó los pies.

Práctica

Completa con una palabra de la lista.

enderezó	*helado*	*rocío*
escalofrío	*la miel*	*el remolino*
girando	*pesadamente*	

1 El mundo está _____ alrededor del sol.
2 Caminó _____ con el pie hinchado.
3 El enfermo tembló con un fuerte _____.
4 No sintió nada en el cuerpo _____.
5 Las abejas producen _____.
6 Por un momento se _____, y luego volvió a caerse.
7 Esa mañana había poco _____ en la hierba.
8 Él no pudo controlar la canoa en _____ del río.

A la deriva
Horacio Quiroga

I

El hombre pisó algo blanduzco, y en seguida sintió la mordedura en el pie. Saltó adelante, y al volverse, con un juramento vio un yararacusú que, arrollada sobre sí misma, esperaba otro ataque.

El hombre echó una veloz ojeada a su pie, donde dos gotitas de sangre engrosaban dificultosamente, y sacó el machete de la cintura. La víbora vio la amenaza y hundió la cabeza en el centro mismo de su espiral; pero el machete cayó en el lomo, dislocándole las vértebras.

El hombre se bajó hasta la mordedura, quitó las gotitas de sangre y durante un instante contempló. Un dolor agudo nacía de los puntitos violeta y comenzaba a invadir todo el pie. Apresuradamente se ligó el tobillo con su pañuelo y siguió por la picada hacia su rancho.

El dolor en el pie aumentaba, con sensación de tirante abultamiento, y de pronto el hombre sintió dos o tres fulgurantes punzadas que, como relámpagos, habían irradiado desde la herida hasta la mitad de la pantorrilla. Movía la pierna con dificultad; una metálica sequedad de garganta, seguida de sed quemante, le arrancó un nuevo juramento.

Llegó por fin al rancho y se echó de brazos sobre la rueda de un trapiche. Los dos puntitos violeta desaparecían ahora en la monstruosa hinchazón del pie entero. La piel parecía adelgazada y a punto de ceder, de tensa. Quiso llamar a su mujer, y la voz se quebró en un ronco arrastre de garganta reseca. La sed lo devoraba.

—¡Dorotea!—alcanzó a lanzar en su estertor—. ¡Dame caña!

Su mujer corrió con un vaso lleno, que el hombre sorbió en tres tragos. Pero no había sentido gusto alguno.

—¡Te pedí caña, no agua!—rugió de nuevo—. ¡Dame caña!

---

blanduzco *soft*
mordedura mordida *(bite)*
juramento *curse*
yararacusú serpiente venenosa
arrollada *rolled*

víbora serpiente
lomo *back*

tobillo *ankle*
picada *trail*

abultamiento hinchazón
fulgurantes *flashing, sharp*
punzadas *throbs*
pantorrilla *calf of the leg*

se . . . brazos *he leaned his arms*
trapiche *sugar press*
de tensa *it was so taut*

arrastre *rasping*
estertor respiración rápida
caña *rum*
sorbió tragó

rugió gritó

—¡Pero es caña, Paulino!—protestó la mujer, espantada.

—¡No, me diste agua! ¡Quiero caña, te digo!

La mujer corrió otra vez, volviendo con la damajuana. El hombre tragó uno tras otro dos vasos, pero no sintió nada en la garganta.

II

damajuana *jug*

con lustre gangrenoso *with a shiny gangrenous appearance*
morcilla *sausage*
ingle *groin*
caldear *to scorch*
pretendió trató de
fulminante *violent, exploding*
rueda de palo *cane press*

Iguazú tributario del Paraná

transponía *was setting behind*

reventaba *was bursting through*

estaban disgustados no se podían ver

atracar acercarse a la orilla
cuesta arriba *uphill*

Bueno; esto se pone feo . . . —murmuró entonces, mirando su pie, lívido y ya con lustre gangrenoso. Sobre la honda ligadura del pañuelo la carne desbordaba como una monstruosa morcilla.

Los dolores fulgurantes se sucedían en continuos relampagueos y llegaban ahora a la ingle. La atroz sequedad de garganta, que el aliento parecía caldear más, aumentaba a la par. Cuando pretendió incorporarse, un fulminante vómito lo mantuvo medio minuto con la frente apoyada en la rueda de palo.

Pero el hombre no quería morir, y descendiendo hasta la costa subió a su canoa. Sentóse en la popa y comenzó a palear hasta el centro del Paraná. Allí la corriente del río, que en las inmediaciones del Iguazú corre seis millas, lo llevaría antes de cinco horas a Tacurú-Pucú.

El hombre, con sombría energía, pudo efectivamente llegar hasta el medio del río; pero allí sus manos dormidas dejaron caer la pala en la canoa, y tras un nuevo vómito . . . de sangre esta vez . . . dirigió una mirada al sol, que ya transponía el monte.

La pierna entera, hasta medio muslo, era ya un bloque deforme y durísimo que reventaba la ropa. El hombre cortó la ligadura y abrió el pantalón con su cuchillo: el bajo vientre desbordó hinchado, con grandes manchas lívidas y terriblemente dolorosas. El hombre pensó que no podría jamás llegar él solo a Tacurú-Pucú y se decidió pedir a su compadre Alves, aunque hacía mucho tiempo que estaban disgustados.

La corriente del río se precipitaba ahora hasta la costa brasileña, y el hombre pudo fácilmente atracar. Se arrastró por la picada en cuesta arriba; pero a los veinte metros, exhausto, quedó tendido de pecho.

—¡Alves!—gritó con cuanta fuerza pudo; y prestó oído en vano.

—¡Compadre Alves! ¡No me niegues este favor!—clamó de nuevo, alzando la cabeza del suelo. En el silencio de la selva no se oyó rumor. El hombre tuvo aún valor para llegar hasta su canoa, y la corriente, cogiéndola de nuevo, la llevó velozmente a la deriva.

III

El Paraná corre allí en el fondo de una inmensa hoya, cuyas paredes, altas de cien metros, encajonan fúnebremente el río. Desde las orillas, bordeadas de negros bloques de basalto, asciende el bosque, negro también. Adelante, a los costados, atrás, siempre la eterna muralla lúgubre, en cuyo fondo el río arremolinado se precipita en incesantes borbollones de agua fangosa. El paisaje es agresivo y reina en él un silencio de muerte. Al atardecer, sin embargo, su belleza sombría y calma cobra una majestad única.

El sol había caído ya, cuando el hombre, semitendido en el fondo de la canoa, tuvo un violento escalofrío. Y de pronto, con asombro, enderezó pesadamente la cabeza: se sentía mejor. La pierna le dolía apenas, la sed disminuía y su pecho, libre ya, se abría en lenta inspiración.

El veneno comenzaba a irse, no había duda. Se hallaba casi bien, y aunque no tenía fuerzas para mover la mano, contaba con la caída del rocío para reponerse del todo. Calculó que antes de tres horas estaría en Tacurú-Pucú.

El bienestar avanzaba, y con él una somnolencia llena de recuerdos. No sentía ya nada ni en la pierna ni en el vientre. ¿Viviría aún su compadre Gaona en Tacurú-Pucú? Acaso vería también a su ex-patrón Míster Dougald y al recibidor del obraje.

¿Llegaría pronto? El cielo, al poniente, se abría ahora en pantalla de oro, y el río se había coloreado también. Desde la costa paraguaya, ya entenebrecida, el monte dejaba caer sobre el río su frescura crepuscular en penetrantes efluvios de azahar y miel silvestre. Una pareja de guacamayos cruzó muy alto y en silencio hacia el Paraguay.

Allá abajo, sobre el río de oro, la canoa derivaba velozmente, girando a ratos sobre sí misma ante el borbollón de un remolino. El hombre que iba en ella se sentía cada vez mejor, y pensaba entretanto en el tiempo justo que había pasado sin ver a su ex-patrón Dougald. ¿Tres años? Tal vez no; no tanto. ¿Dos años y nueve meses? Acaso. ¿Ocho meses y medio? Eso sí, seguramente.

De pronto sintió que estaba helado hasta el pecho. ¿Qué sería? Y la respiración . . .

Al recibidor de maderas de Míster Dougald, Lorenzo Cubilla, lo había conocido en Puerto Esperanza un Viernes Santo . . . ¿Viernes? Sí, o jueves . . .

El hombre estiró lentamente los dedos de la mano.

—Un jueves . . .

Y cesó de respirar.

PARA APLICAR

Comprensión I

A Contesta las siguientes preguntas.

1 ¿Qué pisó el hombre?
2 ¿Qué sintió en seguida?
3 ¿Dónde lo hirió la víbora?
4 ¿Con qué amenazó a la víbora?
5 ¿La mató el hombre?
6 ¿Qué hizo con el pañuelo?
7 ¿Podía mover la pierna fácilmente?
8 ¿Qué sensaciones inmediatas produjo la mordedura?
9 ¿Cómo estaba el pie?
10 ¿Qué hizo al llegar a su rancho?
11 Después de llegar a su rancho, ¿qué le pidió a Dorotea?
12 ¿Qué efecto tuvo la caña en su garganta?

B Para personalizar la lectura

1 ¿Cuál es la enfermedad más seria que has sufrido? ¿Tuviste fiebre? ¿Cuántos grados? ¿Qué tomaste para reducir la fiebre?
2 ¿Has estado en un hospital como paciente? ¿Qué diagnosticaron los médicos? ¿Te gustaron las enfermeras? ¿Cuánto tiempo tuviste que quedarte en el hospital? ¿Te pusieron vendas? ¿Te operaron? ¿Qué medicina te recetaron?
3 ¿Cómo reacciona tu cuerpo cuando te muerde un insecto (mosquito, araña, abeja)? ¿Tienes alergias?
4 ¿Jamás te has torcido el tobillo? ¿Cómo ocurrió? ¿Fue muy doloroso? ¿Se hinchó mucho? ¿Qué remedios empleaste para reducir la hinchazón?

5 ¿Jamás se te ha roto un hueso? ¿Fue necesario usar muletas? Habla de eso.

Comprensión II

A Contesta las siguientes preguntas.

1 ¿Por qué decidió irse el hombre?
2 ¿Cuál fue su medio de transporte?
3 ¿Adónde iba?
4 ¿Hasta dónde llegó antes de dejar caer la pala?
5 ¿Qué le sucedió en seguida?
6 ¿Cómo estaba la pierna entonces?
7 ¿Por qué cortó el pantalón con el cuchillo?
8 ¿Por qué decidió pedirle ayuda a su compadre Alves?
9 ¿Qué le ayudó a atracar fácilmente?
10 ¿Encontró a su compadre Alves?
11 ¿Pudo el hombre volver a su canoa?

B Escribe estas oraciones en el orden en que aparecen en la selección.

1 Bajó hasta la orilla y se metió en su canoa.
2 La atroz sequedad de garganta aumentaba.
3 Miró el pie, lívido y con lustre gangrenoso.
4 Decidió pedirle ayuda a su compadre.
5 Regresó a la canoa y el agua la llevó a la deriva.
6 Cuando trató de incorporarse, comenzó a vomitar.
7 Los dolores se sucedían en continuos relampagueos.
8 Se arrastró cuesta arriba y gritó con cuanta fuerza pudo.

9 El hombre, cuyas fuerzas le escaseaban, pudo llegar al medio del río.
10 Pudo atracar fácilmente porque la corriente se precipitaba hasta la orilla.
11 Tuvo que cortar la ligadura y abrir el pantalón con el cuchillo.

Comprensíon III

A Contesta las siguientes preguntas.

1 Describe el paisaje de esta región.
2 ¿Cómo se sentía el hombre al ponerse el sol?
3 Relata las diferentes sensaciones que siguieron al violento escalofrío.
4 ¿Pensaba que se había mejorado?
5 Al perder la sensación de la pierna, ¿de quién se acordó?
6 Describe el paisaje al ponerse el sol.
7 ¿Cuándo comenzó a delirar?
8 ¿Qué le sucedió a la canoa?
9 ¿Cómo concluye el cuento?

B Termina las oraciones según la selección.

1 El río que corre allí es el . . .
2 El paisaje es agresivo y reina en él un silencio de . . .
3 Al atardecer el hombre tuvo un . . .
4 De repente, enderezó la cabeza y . . .
5 Él creía que se mejoraba aunque no podía . . .
6 Comenzó a recordar a sus amigos mientras avanzaba la sensación de . . .
7 La canoa derivaba velozmente, girando a ratos sobre . . .
8 De pronto sintió que estaba . . .
9 Estiró lentamente los dedos de la mano y cesó de . . .

PARA PRACTICAR

A Da un antónimo de las palabras en letra bastardilla.

1 Sentía la cara *muy mojada*.
2 Habló con voz *agradable y clara*.
3 La señora parecía *gorda*.
4 Tenía el cuerpo *acalorado*.
5 Se levantó *con gracia*.
6 Le *habló dulcemente* a su mujer.
7 Pisó algo *rígido*.

B Da un sinónimo de las palabras en letra bastardilla.

1 El río pasó por una inmensa *concavidad*.
2 Dio una *mirada* al paisaje.
3 Sintió *un dolor agudo* en la pierna.
4 Tenía el pie *muy grande por la herida*.

C Completa las siguientes oraciones con una palabra apropiada.

1 La herida le hace andar _____.
2 El viento frío le causó un _____ por todo el cuerpo.
3 La mordedura de la víbora causó una _____.
4 La herida le dolió más donde estaba la _____ del pañuelo.
5 No pude remar más porque la _____ se me cayó de las manos.
6 Por la mañana, el barco pequeño estaba cubierto de _____.

7 La chica dio una _____ al chico que pasaba.
8 La herida le causó unas _____ dolorosas.

Por si acaso . . .

1 Escribe un resumen de «A la deriva». Usa las siguientes palabras y expresiones: *mordedura, machete, dolor agudo, sequedad, escalofrío, cesó de respirar.*
2 Se desarrollan muchos cuentos alrededor del tema del ser humano y sus conflictos. Puede ser un conflicto con otra persona, con la naturaleza, con la sociedad o con un dios. ¿Cuál sería el antagonista de Paulino? Prepara un párrafo escrito en el cual desarrolles tu idea.
3 Identifica el desenlace de este cuento. ¿Es un fin anticipado o inesperado? Si Paulino hubiera vivido en otro lugar, ¿estaría aún vivo?
4 Haz una comparación entre la muerte de Paulino y la de Melodía en «En el fondo del caño hay un negrito.»
5 El ambiente de otros lugares también puede ser peligroso. Haz una lista de los peligros que pueden existir en uno de los siguientes lugares:
a. en la selva
b. en una gran ciudad moderna
c. en alta mar

La cita

Raquel Banda Farfán

PARA PRESENTAR LA LECTURA

¡Después de treinta y cinco años de ser solterona, la Chona iba a casarse! Iba a casarse con Anselmo, mocetón fuerte y guapo, de un pueblecito lejano, quien la había conocido durante una visita. Recientemente, por carta, la había invitado a reunirse con él.

El chisme voló por la vecindad, y lo que empezó por ser algo privado, acabó por ser asunto de todos. No obstante, como todos sus vecinos la habían creído una «quedada», no le molestaba a la Chona que supieran esta última noticia.

Pero el Destino, siempre inconstante y caprichoso, estaba en ese mismo momento escribiendo en los anales del tiempo otra página de sorpresa para la Chona provinciana.

PARA APRENDER EL VOCABULARIO

Palabras clave I

1 **abrasaba (abrasar)** quemaba, calentaba
Hacía mucho calor, y el sol abrasaba el aire seco.
2 **aglomeró (aglomerarse)** se juntó mucha gente
Mucha gente se aglomeró en la estación de ferrocarril.
3 **andén** acera a lo largo de la vía de trenes y autobuses
Puede tomar el tren a Mendoza en el andén número seis.
4 **hervir (ie)** llegar a la ebullición *(to boil)*
El agua va a hervir a cien grados en la escala métrica.
5 **maleta** receptáculo que sirve para llevar ropa en un viaje, baúl pequeño

El mozo nos va a subir la maleta a la habitación.

6 **silbar** producir un ruido agudo, un silbato, o al soplar por los labios en un silbido (to whistle)

La gente esperó en la estación hasta que se oyó silbar el tren.

7 **taquillas** ventanillas en donde se venden boletos

La señora Santos compró su boleto de ferrocarril en la taquilla.

Práctica

Completa con una palabra de la lista.

abrasaba	hervir	silbar
aglomeró	la maleta	la taquilla
el andén		

1 Ponga el agua a _____ para hacer el café.
2 Pregunte en _____ cuánto es el boleto a Santiago.
3 Los vendedores corrieron a lo largo de _____.
4 Un grupo de pasajeros se _____ enfrente de la taquilla.
5 Cuando oyó _____ el tren, salió con su maleta.
6 El calor sofocante le _____ el cuerpo entero.
7 _____ pesaba mucho y Ernesto le pidió ayuda al cargador.

Palabras clave II

1 **cabaña** casilla rústica (cabin)
El campesino construyó la cabaña con troncos largos.
2 **empapado (empapar)** humedecido, mojado (soaked, drenched)
Por estar mucho tiempo en la lluvia, su ropa quedó completamente empapada.
3 **resbaladizo** donde se resbala fácilmente (slippery)
Con las lluvias el camino está resbaladizo.
4 **seno** pecho (breast)
Escondió todo su dinero en el seno, debajo del abrigo.

Práctica

Completa con una palabra de la lista.

la cabaña	empapado
resbaladizo	el seno

1 Tenía el vestido _____ de agua y vino.
2 Guardó el pañuelo en _____
3 Caminaba lentamente hacia _____ donde vivía su novio.
4 No tomó el camino directo porque estaba _____ por el aguacero.

La cita

Raquel Banda Farfán

I

«Aprisa, aprisa», se decía la Chona, «Luisita no tarda en regar la noticia por todo el rancho».

Caminaba presurosa bajo el sol quemante que abrasaba el aire seco. El polvo se le iba metiendo en los zapatos, pero no podía detenerse; en el rancho comenzaría a hervir el escándalo.

—Luisita debía estar repitiendo a todo el mundo: «La Chona no sabe las letras y me dio su carta a leer. El hombre ese la mandó llamar . . . »

La Chona se limpió el sudor de la cara; el sol se le había adelantado por el camino y los rayos le daban de frente. La maleta pesaba más a cada paso, pero no podía tirarla en el monte, necesitaba la ropa para lucirla cuando estuviera con Anselmo.

Recordó a su novio tal como había llegado dos meses atrás, para visitar al molinero. Era un mocetón fuerte y guapo. Se habían enamorado, y cuando él partió, tres semanas más tarde, le dijo: «Volveré por ti, Chona, y nos casaremos». No había regresado, pero la carta que mandó valía lo mismo. La Chona recordó la cara que puso Luisita al leer aquellas líneas. «Te estaré esperando en la estación de Mendoza el día 4 en la madrugada».

«Si no me creyeran todos una quedada, tal vez no haría esto», pensó la Chona, «tengo treinta y cinco años; pero Anselmo me quiere y yo lo quiero a él; ya se callarán los chismes cuando vengamos casados, a visitar al molinero».

Pardeando la tarde llegó a la estación. Con una punta del rebozo se enjugó la cara y luego entró a la sala de espera. No tardaría en pasar «el tren de abajo». Sentada en una banca, miraba las cosas que ocurrían en torno: pero el balanceo constante de sus pies y el continuo limpiarse la cara con el rebozo indicaban su nerviosidad. Un hombre gordo y sucio reía a carcajadas y junto a él una viejita harapienta dormitaba. Paseando de un lado a otro de la sala, andaba

regar la noticia esparcir la noticia

presurosa con prisa

sudor *sweat*

molinero *miller*

quedada solterona *(left behind)*

Pardeando Poniéndose oscura
rebozo chal
se enjugó se secó
en torno alrededor
a carcajadas risa ruidosa
harapienta *in rags*
dormitaba *dozed*

sarnoso *mangy*

condumio *food*

se alborotó *became busy*

un perro sarnoso. Se detenía frente a las gentes que comían algo y no reanudaba su marcha hasta perder la esperanza de participar en el condumio. Luego, llegaron unas señoras elegantes y la Chona fijó en ellas su atención. No cesó de observarlas hasta que se oyó silbar el tren de abajo y la sala se alborotó con un ir y venir de cargadores. La gente se aglomeró en las taquillas y los vendedores se precipitaron al andén.

II

el pasaje todos los pasajeros

L a Chona no quería correr el riesgo de quedarse sin lugar; corrió a subirse, y antes de que el pasaje hubiera acabado de bajar, ya ella estaba en un buen asiento.

Cuando el auditor le pidió el boleto, la Chona sacó del seno un pañuelo donde anudaba el dinero: unos cuantos pesos que había juntado vendiendo los huevos de sus gallinas.

—Voy a la estación de Mendoza—dijo.

Llegó en la madrugada. Una lluvia fina la envolvió en su frialdad al bajarse del tren. No había más que dos hombres en la sala de espera.

güero rubio

—¿No han visto a un señor . . . a un muchacho güero por aquí?—les interrogó.

—No hemos visto a nadie—dijo fríamente uno de ellos—; tenemos aquí dos horas y no ha llegado nadie más.

—Bueno, voy a esperar—suspiró ella, y sentóse en la banca de enfrente.

no . . . ojos *had not slept a wink*
cabeceando *nodding*

En toda la noche no había pegado los ojos y comenzaba a darle sueño. Pasó un rato cabeceando, hasta que la sala se llenó con el ruido del día. Entonces perdió la esperanza y salió a preguntar por dónde quedaba el camino a Santa Lucía Tampalatín.

pinar *pine grove*
bamboleándose *tripping*

Seguía lloviendo. La Chona caminaba entre el pinar bamboleándose sobre el suelo resbaladizo y empapado. De vez en cuando deteníase bajo la lluvia, y abrazada de un pino tomaba aliento para seguir adelante.

Habría caminado unas dos horas, cuando la cabaña apareció de pronto en un claro de la sierra.

—¿Vive aquí un señor que se llama Anselmo Hernández?—preguntó al viejo que le abrió la puerta.

—Sí, aquí vive. Es mi hijo.

se cortó tanto *was so embarrassed*

La pobre se cortó tanto, que estuvo a punto de echarse a llorar.

—Dígale que aquí está Chona . . . él me mandó una carta.

El viejo la condujo a la cama de un enfermo. Anselmo estaba grave.

—Recibí una carta—dijo ella.

—Sí, te mandé decir que te esperaba en la estación, estaba bueno y sano, pero me agarró la enfermedá.

La Chona pasó la noche acurrucada en la cocina. En la madrugada la despertó el viejo, que deseaba un poco de café.

—Me voy al pueblo—le dijo—, voy a trai al padrecito.

El padre de Anselmo volvió pronto con el cura.

Después de haber recibido los auxilios, el enfermo pidió que lo casaran con la Chona, y así, en la soledad de la sierra, en una ceremonia triste y oscura, la solterona se convirtió en esposa. La tarde de ese mismo día quedó viuda.

Mientras avanzaba por el pinar, de vuelta a la estación, la Chona lloraba amargamente.

¿Quién la creería en su rancho, cuando dijera que se había casado?

acurrucada *curled up*

voy a trai *voy a traer*

auxilios *last rites*

PARA APLICAR

Comprensión I

A Contesta las siguientes preguntas.

1   ¿Por qué tenía prisa la Chona?
2   ¿Por qué leyó Luisita la carta?
3   ¿Por qué no podía la Chona tirar la maleta en el monte?
4   ¿Quién había escrito la carta? ¿Por qué?
5   ¿Cómo se conocieron?
6   Describe a Anselmo.
7   ¿Qué le prometió Anselmo a la Chona?
8   Y ahora, ¿qué quería Anselmo que hiciera la Chona?
9   ¿Qué opinión tenían todos de ella?
10   Cuando regresaran casados, ¿qué harían todos?
11   ¿Cómo se notó que la Chona estaba nerviosa?
12   ¿Quiénes parecían llamar la atención de la Chona?
13   ¿Por qué se alborotó la sala?
14   ¿Qué hizo la gente?

B Escoge la respuesta apropiada.

1   ¿Por qué tenía tanta prisa la Chona?
   a.   Tenía que regar el rancho.
   b.   Su amiga les diría la noticia a todos.
   c.   Quería oír noticias del rancho.
2   ¿Cuál fue esa noticia importante?
   a.   Debía detenerse en el rancho porque comenzaría a hervir el café.
   b.   La Chona no sabía leer.
   c.   La Chona iba a casarse.
3   ¿Por qué fue difícil caminar?
   a.   La maleta pesaba mucho.
   b.   Tuvo que limpiarse el sudor de la cara.
   c.   No podía tirar la ropa en que se iba a lucir.

4   ¿Qué le prometió Anselmo a la Chona?
   a.   Iba a visitar al molinero.
   b.   Regresaría para casarse con ella.
   c.   Partiría dentro de tres semanas.
5   ¿Cumplió con su promesa?
   a.   No, no había regresado.
   b.   No, no se habían casado.
   c.   Sí, porque le dijo que fuera a Mendoza.
6   ¿Qué deseaba la Chona mostrar a los de su pueblo?
   a.   No debían burlarse de ella.
   b.   Ya tenía treinta y cinco años.
   c.   No le importaba ser soltera.
7   ¿Cómo se veía que estaba nerviosa?
   a.   Llegó tarde a la estación.
   b.   Movía mucho los pies.
   c.   No quería esperar en la sala.
8   ¿Por qué se paraba el perro delante de los pasajeros?
   a.   Le gustaba el señor que reía a carcajadas.
   b.   Esperaba que alguien le diera de comer.
   c.   Quería fijar su atención en la Chona.
9   Antes de oír el ruido anunciando el tren, ¿qué hizo la Chona?
   a.   Se alborotó en la sala.
   b.   Salió a silbarles a los cargadores.
   c.   No cesó de mirar todas las cosas que pasaban a su alrededor.

Comprensión II

A Contesta las siguientes preguntas.

1   Describe la llegada de la Chona a Mendoza.
2   ¿Había ido Anselmo a recibirla?

3 ¿Cuánto tiempo se quedó la Chona esperando?
4 ¿Qué decidió hacer?
5 ¿Fue difícil el viaje a la cabaña? ¿Por
   qué?
6 Describe la llegada de la Chona a la cabaña.
7 ¿Por qué no había ido Anselmo a la estación por ella?
8 ¿Cómo pasó esa noche la Chona?
9 ¿Qué pidió el enfermo después de haber
   recibido los auxilios?
10 ¿Por qué estaba tan triste la Chona?

B Para personalizar la lectura

1 ¿Has viajado por tren (avión)? ¿Adónde
   ibas? ¿Dónde compraste el boleto? ¿Fue
   boleto de ida y vuelta? ¿Viajaste sólo o
   con compañeros?
2 ¿Pasaste tiempo en la sala de espera?
   ¿Cuánto tiempo tuviste que esperar? ¿Qué
   hiciste mientras esperabas la salida? ¿Hiciste observaciones de la gente reunida
   allí? Di algo de eso.
3 ¿Tuviste un buen asiento en el tren
   (avión)? ¿Dónde te acomodaste? ¿Qué se
   podía ver desde allí? ¿Quién se sentó
   cerca de ti?
4 ¿Cuántas paradas hizo el tren (avión)?
   ¿Dónde? ¿Tuviste tiempo para bajar?
   ¿Quién te cobró el boleto? ¿Comiste en el
   tren (avión)? ¿Qué comiste?

PARA PRACTICAR

A Completa las siguientes oraciones con una palabra de la lista.

empapado   *la taquilla*   *la cabaña*
hervido   *enjugó*   *resbaladizo*
el seno   *abrasaba*   *aglomeró*

1 ¡Cuidado! El andén está _____.
2 Compré mi boleto en _____.
3 Dejó de llorar y se _____ las lágrimas.
4 Vio _____ en un cerro del pueblo.
5 El sol le _____ la cara.
6 El suelo quedó _____ por la lluvia.
7 La gente se _____ en la sala de espera.
8 El café _____ tiene un sabor amargo.
9 Guardó su dinero en _____.

B Escoge una palabra de la segunda lista (2) que está relacionada con la palabra en la primera lista (1).

	1		2
1	maleta	a.	cabeceaba
2	mal vestida	b.	secó
3	güero	c.	se amontonó
4	abrasaba	d.	harapienta
5	se aglomeró	e.	chal
6	dormitaba	f.	baúl
7	rebozo	g.	oscurecer
8	madrugada	h.	rubio
9	enjugó	i.	alba
10	pardear	j.	calentaba

Por si acaso . . .

1 ¿Qué evidencias de «tensión» hay en la selección? Cita varios ejemplos. ¿Qué importancia tienen?

2 Describe el ambiente. ¿Es fantástico, romántico o realista? Da ejemplos.

3 Haz una lista de los detalles que muestran que la Chona es de clase humilde.

4 ¿En qué consiste la ironía de la selección? ¿Por qué estaba triste la Chona al final?

Conversación

Entre vecinas

1ª Vecina: ¿No te dije que era embuste? Vi a la Chona vendiendo huevos como de costumbre. ¡Y tú me dijiste que había dejado el rancho e iba a casarse!

Luisita: Fíjate, hija, que con mis propios ojos leí la carta que le había mandado el mocetón. Como la Chona no sabe leer, me la dio a mí. En efecto, ése la mandó llamar.

2ª Vecina: ¿Y cómo firmó la carta?

Luisita: No había despedida sentimental. La firmó sencillamente «Anselmo».

2ª Vecina: ¿Pero no mencionó nada de casarse?

Luisita: En la carta, no, pero la Chona me dijo que ya estaba comprometida.

1ª Vecina: ¡Mentira! Otro sueño suyo. A las solteronas les gusta vivir en un mundo de fantasía.

2ª Vecina: ¿Cuántos años tendrá la Chona? A mí, me parece bastante joven.

1ª Vecina: ¡Joven! ¿La Chona? Tiene más arrugas que un campo arado. Canas y dientes son accidentes pero arrugas y arrastrapies . . . eso sí es la vejez.

2ª Vecina: No seas tan desagradable. La vida no ha sido fácil para la Chona . . . huérfana desde los ocho años.

Luisita: No es tan vieja como la supones. Hace cinco meses cumplió los treinta y cinco.

1ª Vecina:	¡Otra mentira!
Luisita:	¡Es la pura verdad! ¡Y la carta también! Y ayer la Chona me confirmó que sí se habían casado a pesar de estar tan enfermo el novio.
1ª Vecina:	Francamente no lo creo. ¿No te parece un poquito sospechoso que la Chona se convirtiera en esposa y viuda en el mismo día?
2ª Vecina:	El hombre propone; Dios dispone.
Luisita:	¡Eso sí! ¡La pobre Chona!
1ª Vecina:	Bueno, cree lo que quieras. ¡Pero no hay duda que gallinera era, y gallinera es! ¡Y pronto la Chona pasará los treinta y seis!

Actividades

1 Prepara otro diálogo como el anterior pero con otra vecina terciando en la conversación.

2 Escribe la carta que Anselmo le mandó a la Chona. Incluye un encabezamiento, un saludo y una despedida apropriados.

3 Escribe un breve diálogo usando uno de los siguientes temas:

a. La Chona compra su boleto en la ventanilla en la estación de ferrocarril.

b. Las dos señoras elegantes comentan entre sí sobre la Chona.

c. La Chona habla con uno de los pasajeros en la sala de espera.

4 Dramatiza la conversación.

En la oscuridad de la boca,
¿tenta la niñita un diente roto?

PARA GOZAR

PARA PRESENTAR LA LECTURA

El refrán español «Cada uno tiene su alguacil» significa que por grande o elevado que uno esté, siempre hay alguien que puede juzgarle.

Juan había sido un niño difícil hasta que, a los doce años, le pasó algo que le cambió la vida por completo. Se puso callado, serio, parecía casi enfermo. Los padres llamaron a un médico que hizo un diagnóstico sorprendente.

Desde ese momento en adelante, la voz del médico llegó a ser la voz del pueblo, y la voz del pueblo es la voz del cielo. Todos aceptaron la opinión médica, e irónicamente, miraron al joven de diferente manera.

Y a Juan le parecía mejor quedarse callado, gozando de sus éxitos, sin abrir la boca para no meter la pata.

El diente roto

Pedro Emilio Coll

guijarro piedra pequeña

A los doce años, combatiendo Juan Peña con unos granujas, recibió un guijarro sobre un diente; la sangre corrió lavándole el sucio de la cara, y el diente se partió en forma de sierra. Desde ese día principia la edad de oro de Juan Peña.

Con la punta de la lengua, Juan tentaba sin cesar el diente roto; el cuerpo inmóvil, vaga la mirada—sin pensar. Así de alborotador y pendenciero, tornóse en callado y tranquilo.

Los padres de Juan, hartos de escuchar quejas de los vecinos y transeúntes víctimas de las perversidades del chico, y que habían agotado toda clase de reprimendas y castigos, estaban ahora estupefactos y angustiados con la súbita transformación de Juan.

Juan no chistaba y permanecía horas enteras en actitud hierática, como en éxtasis; mientras, allá adentro, en la oscuridad de la boca cerrada, su lengua acariciaba el diente roto—sin pensar.

—El niño no está bien, Pablo—decía la madre al marido—; hay que llamar al médico.

Llegó el doctor grave y panzudo y procedió al diagnóstico: buen pulso, mofletes sanguíneos, excelente apetito, ningún síntoma de enfermedad.

—Señora—terminó por decir el sabio después de un largo examen—, la santidad de mi profesión me impone declarar a usted . . .

—¿Qué, señor doctor de mi alma?—interrumpió la angustiada madre.

—Que su hijo está mejor que una manzana. Lo que sí es indiscutible—continuó con voz misteriosa—, es que estamos en presencia de un caso fenomenal: su hijo de usted, mi estimable señora, sufre de lo que hoy llamamos el mal de pensar; en una palabra, su hijo es un filósofo precoz, un genio tal vez.

En la oscuridad de la boca, Juan acariciaba su diente roto—sin pensar.

Parientes y amigos se hicieron eco de la opinión del doctor, acogida con júbilo, indecible por los padres de Juan. Pronto en el pueblo todo, se citó el caso admirable del «niño prodigio», y su

---

guijarro piedra pequeña

tentaba (tentar—ie) tocaba, palpaba
alborotador y pendenciero rowdy and quarrelsome
hartos cansados de
transeúntes los que pasan
reprimendas reprimands
no chistaba guardaba silencio
hierática de gran solemnidad

panzudo pot-bellied
mofletes sanguíneos healthy cheeks

mal enfermedad, defecto
precoz precocious

acogida con júbilo recibida con alegría

fama se aumentó como una bomba de papel hinchada de humo. Hasta el maestro de escuela, que lo había tenido por la más lerda cabeza del orbe, se sometió a la opinión general, por aquello de que voz del pueblo es voz del cielo. Quien más, quien menos, cada cual traía a colación un ejemplo: Demóstenes comía arena, Shakespeare era un pilluelo desarrapado, Edison, etcétera.

Creció Juan Peña en medio de libros abiertos ante sus ojos, pero que no leía, distraído por la tarea de su lengua ocupada en tocar la pequeña sierra del diente roto—sin pensar.

Y con su cuerpo crecía su reputación de hombre juicioso, sabio y «profundo», y nadie se cansaba de alabar el talento maravilloso de Juan. En plena juventud, las más hermosas mujeres trataban de seducir y conquistar aquel espíritu superior, entregado a hondas meditaciones, para los demás, pero que en la oscuridad de su boca tentaba el diente roto—sin pensar.

Pasaron meses y años, y Juan Peña fue diputado, académico, ministro, y estaba a punto de ser coronado Presidente de la República, cuando la apoplejía lo sorprendió acariciándose su diente roto con la punta de la lengua.

Y doblaron las campanas, y fue decretado un riguroso duelo nacional; un orador lloró en una fúnebre oración a nombre de la patria, y cayeron rosas y lágrimas sobre la tumba del grande hombre que no había tenido tiempo de pensar.

lerda poco inteligente
se sometió se rindió

traía a colación mencionó como prueba
pilluelo desarrapado *ragged scamp*

juicioso sabio
alabar elogiar *(praise, flatter)*

académico miembro de una academia
apoplejía paralización del funcionamiento del cerebro
doblaron *rang*
duelo *mourning*

Actividades

1   En un párrafo identifica el tema de la selección.
2   ¿Cómo ha sufrido una sociedad o una nación por aceptar ciegamente informes y decisiones políticos? ¿Cómo se aplica aquí el refrán «Cada uno tiene su alguacil»?
3   ¿Por qué repite el autor tantas veces «Tentaba el diente—sin pensar»?
4   La sátira y la ironía tienen relación, pero son distintas. Cita un ejemplo de ironía en la selección. Cita otro de sátira.

Cláusulas con *si*

Hay varias construcciones con *si* que requieren el indicativo.

1 En una cláusula dependiente y con significado de *if* o *whether*

> No sé si va a llover.
> No sabía si iba a llover.

En una oración neutra en la cual la cláusula con *si (if)* da la posibilidad de realizar la acción, se expresan los verbos en el indicativo.

> Si ella sale, yo salgo con ella.
> Si ella sale, saldré con ella.
> Si ella salió, no me di cuenta.
> Si ella salía, no lo sabía yo.
> Si ella ha salido, no sé cuándo.

2 En cláusulas hipotéticas o improbables la cláusula subordinada con *si* siempre se expresa con el imperfecto del subjuntivo cuando se relaciona con el presente y así existe la posibilidad (aunque improbable) de que la acción se realice. La cláusula resultante se expresa con el condicional.

> Si ella saliera, yo iría con ella.
> *(If she were to leave, I would go with her.)*

3 En cláusulas contrarias a la verdad, si la acción se relaciona con el pasado y es totalmente contraria a la verdad, se expresa el verbo de la cláusula con *si (if)* en el pluscuamperfecto, y la cláusula resultante en el perfecto del condicional.

> Si ella hubiera salido, yo habría ido también.

Resumen

Cláusula con *si*	Cláusula resultante

a. Posibilidad de realizar la acción

Si + indicativo   Indicativo

> Si él tiene dinero, me pagará.
> *(If he has the money, he will pay me.)*

b. Poca posibilidad de realizar la acción, o improbabilidad

Si + imperfecto del subjuntivo   El condicional

> Si él tuviera el dinero, me pagaría.
> *(If he had / were to have / the money, he would pay me.)*

c. Condiciones contrarias a la verdad

Si + pluscuamperfecto   Perfecto del condicional

> Si él hubiera tenido el dinero, me habría pagado.
> *(If he had had the money, he would have paid me.)*

Sueños divertidos. A veces es divertido escaparse de la realidad del momento y sumergirse en sueños absurdos. Aquí se encuentran bocetos *(outlines)* de unos sueños. Expresa los posibles sueños.

Yo—tener—$30.000 / comprar un Corvette.
Si yo tuviera $30.000, compraría un Corvette.

1 Mis padres—tener tiempo / ir a las Bahamas.
2 Mi hermano—poder / jugar al golf en Escocia.
3 Mis hermanitas—ir a *Disneyland* / divertirse en los juegos *(carnival rides).*
4 Mi tía—visitar París / ver las nuevas modas de Dior.
5 Yo—no perder tanto tiempo / aprender a tocar el piano.
6 La economía—ser mejor / haber menos tensiones y problemas.
7 Tú—saber usar el ordenador / encontrar un buen trabajo.
8 Nosotros—no preocuparse tanto / ser más felices.
9 Yo—soñar menos / ser más realista.
10 Yo—ser más realista / ¿divertirse más?

Y tú, ¿qué dices? Di lo que te gustaría hacer en estas circunstancias:

hacer más ejercicio,
Si yo hiciera más ejercicio, sería más sano.

1 ganar el gordo
2 poder asistir a una buena universidad
3 tener la oportunidad de ir en un cohete al espacio
4 recibir una invitación de Jacques Cousteau a explorar el océano
5 vivir cerca de Aspen, Colorado
6 trabajar en un restaurante italiano
7 ver unos rufianes maltratando a unos niños
8 encontrar la cura para el cáncer o el SIDA *(AIDS)*
9 estar en control del universo
10 ser presidente de nuestro país

Todo sería mejor si . . . Hay tantos problemas, agravios o descontentos. Expresa cómo se podrían eliminar y mejorar estas condiciones.

*Estaría contento si yo **estuviera** en España.*

1 Estaría contento si yo:
estar de vacaciones
vivir en otra parte del país
poder pasar más tiempo con mis amigos
haber recibido otra beca para el año entrante
ganar el concurso
recibir el premio

2 Mis profesores serían felices si:
ganar mejor sueldo
no tener tanto trabajo
sus alumnos aplicarse más
haber suficiente tiempo para conocer mejor a sus alumnos
los padres cooperar más con ellos
la administración ser más comprensiva

3 El gobierno funcionaría más eficazmente:
si los ciudadanos pagar sus impuestos sin hacer problemas
los políticos no engañar al pueblo
no haber tanta corrupción
el pueblo no solicitar tantos favores
haber menos malicia y envidia

4 Habría menos problemas en las ciudades si:
haber menos crimen
el tráfico no ser tan complicado
poderse reducir los niveles de polución
los distintos grupos tratar de entenderse
respetarse los derechos de los demás

Y tú, ¿qué dices? En tu opinión, ¿cómo se podría mejorar tu colegio; la ciudad en que vives; el gobierno estatal; el gobierno nacional; las relaciones entre los países del mundo?

Cambiando la historia. Muchas cosas serían diferentes si algunos eventos históricos no hubieran pasado. Expresa algunas posibles diferencias.

Los romanos construyeron caminos y puentes en muchos países.
Si los romanos no hubieran construido caminos y puentes en muchos países, no habrían sido tan poderosos.

1 Los vikingos llegaron a América.
2 Marco Polo comió espagueti en la China.
3 Los chinos inventaron la pólvora.
4 Newton vio caer una manzana de un árbol.
5 Colón descubrió América.
6 Los peregrinos llegaron a Plymouth Rock.
7 Las tempestades hundieron muchos barcos españoles.
8 Napoleón perdió en la batalla de Waterloo.
9 Alexander Graham Bell inventó el teléfono.
10 Albert Einstein desarrolló la teoría de la relatividad.
11 Se descubrió oro en California en 1848.
12 Braille ayudó a los ciegos a leer con los dedos.
13 Los aliados ganaron la Segunda Guerra Mundial.
14 Los astronautas norteamericanos volaron a la luna.

Y tú, ¿qué dices? ¿Puedes cambiar la historia? Sigue preparando una lista de eventos históricos o, tal vez, de tu colegio.

Como si . . .

Como si **+** el imperfecto del subjuntivo significa *as if . . . were, would* o *might*. Siempre indica lo que no es real, es decir, la irrealidad.

> Hablan como si fueran amigos.

A la deriva y confuso. El hombre no estaba en control de sus acciones y actuó muy raro, como si no supiera lo que hacía.

> *el hombre caminaba por el bosque—no haber peligro*
> *El hombre caminaba por el bosque como si no hubiera peligro.*

1 el hombre gritó—una víbora *amenazarlo*
2 la víbora se arrolló sobre sí misma—*esperar* otro ataque
3 el hombre sintió dolores fulgurantes—el veneno *invadir* todo el pie
4 el ligó el tobillo—*temer* los efectos fatales del veneno
5 tenía sed—*ser* un día sumamente caluroso
6 bebió el ron—*quitarle* la sed
7 comenzó a temblar—*tener* frío
8 de repente se sintió bien—el peligro *desaparecerse*
9 el hombre no sentía ningún dolor—*estar* bien

¡Ojalá . . . !

¡Ojalá . . . ! *(I wish that . . . , I hope that . . .)* se usa con o sin *que* **+** el presente del subjuntivo. Expresa el deseo de la realización de una posible acción.

> ¡Ojalá que no llueva durante el partido!
> ¡Ojalá (que) lleguemos a tiempo!

Esperanzas. Durante la lectura de la selección sobre Melodía, es lógico que el lector tenga estos deseos.

> *El agua no llama la atención del niñito.*
> *¡Ojalá que el agua no llame la atención del niñito!*

1 Melodía no se acerca al borde del porche.
2 El niño acaba de llorar.
3 La vecina le da algo de comer.
4 El padre le hace caso del niño hambriento.
5 El padre sale para los muelles.
6 El hombre va a buscar trabajo.
7 Lo encuentra.
8 Alguien le presta su carretón.
9 El patrón le paga en seguida.
10 De regreso a casa el padre consigue leche en el colmado.

Ojalá también se usa con o sin *que* + el imperfecto del subjuntivo. Usado de esta manera, *ojalá* expresa un deseo y/o la idea de una acción remota y no realizada. El imperfecto del subjuntivo contribuye a la noción de improbabilidad de verse realizada la acción del verbo. Aunque el verbo está en el pasado, la idea puede aliarse con el presente. En inglés se usa cualquier forma del pasado.

Ojalá que estuviera con ellos.	*I wish I were with them.*
Ojalá que tuviera más tiempo.	*I wish I had more time.*
Ojalá que pudiera hacerlo.	*I wish I could do it.*

Así vivían en el fondo del caño. La selección relata al lector directa o indirectamente las condiciones de la vida de los protagonistas en el arrabal. Hablemos de cómo preferiríamos que vivieran.

Melodía tenía hambre.
Ojalá que no tuviera hambre.

1 Los pobres *vivían* en el caño miserable.
2 El niño *gateaba* hacia la única puerta del domicilio.
3 Melodía *salía* del cuarto sin ser atendido.
4 El negrito se *acercaba* al borde de la puerta.
5 El bebito *miraba* la cara de su amiguito en el agua.
6 Melodía *hacía* así con la manita.
7 Él *podía* ver la sonrisa del otro allá.
8 Él *lloraba* cuando no había comido adecuadamente.
9 El pequeño *regresaba* a ver al otro.
10 Anticipé la conclusión. Los padres *iban* a perder al hijito.

Eliminando unos problemas. ¿Es que los han eliminado? Parece que hay unas diferencias de opinión porque indican que no son verdaderas las ideas expresadas.

Nota que las ideas contrarias a la verdad se expresan con *ojalá* + *el pluscuamperfecto del subjuntivo*.

Dejaron de fumar.
Ojalá que hubieran dejado de fumar.

1 Tomaron menos tiempo para arreglarse.
2 Miraron menos el fútbol en la tele.
3 Corrieron los coches con velocidad moderada.
4 Cesaron de emborracharse los fines de semana.
5 Comieron menos grasas y colesterol.
6 No apostaron en las carreras de caballos.
7 No se comunicaron con los delincuentes.
8 No gastaron su dinero en cosas frívolas.
9 Evitaron peleas en los bares y tabernas.
10 No jugaron con mi dinero en los casinos.
11 Se les olvidaron las palabrotas.
12 Unos policías los pescaron.

Cambia el sujeto de *ellos* (o *Uds.*) a *tú*, y sigue practicando estas expresiones.

Comparaciones

Se compara la igualdad entre personas, cosas y otras entidades con adjetivos y adverbios, usando esta fórmula:

tan **+** adjetivo o adverbio **+** *como (as . . . as)*

El adjetivo concuerda en número y género con el sujeto del verbo.

> Tu hermana es tan alta como la mía.
> Tu hermano es tan alto como mi hermana.
> Tus hermanas son tan altas como mi hermano.
> Tus hermanos corren tan rápidamente como el mío.

Se compara la igualdad de cantidades de lo que se puede contar o medir con esta fórmula:
tanto como *(as much as)*

tanto(a)(s) **+** sustantivo **+** *como (as much* o *many as)*

Tanto y sus formas concuerdan con el sustantivo de la comparación.

> Los niños comen tanto como los mayores. *(as much as)*
> En cuanto a la influencia—Lisa tiene tanta como él.
> La niña tiene tanta paciencia como su madre.
> Hay tantos libros aquí como allí. *(as many as)*

La desigualdad se expresa así:

más (o menos) **+** adjetivo / sustantivo / adverbio **+** *que*

Los adjetivos concuerdan con el sustantivo de la comparación.

> Mi padre tiene menos (más) paciencia que mi madre.
> Los mayores ganan más (menos) dinero que los jóvenes.
> Ellos son más (menos) fuertes que los otros.
> Estos niños corren más (menos) rápidamente que los otros.

Formas irregulares

1   De los adjetivos

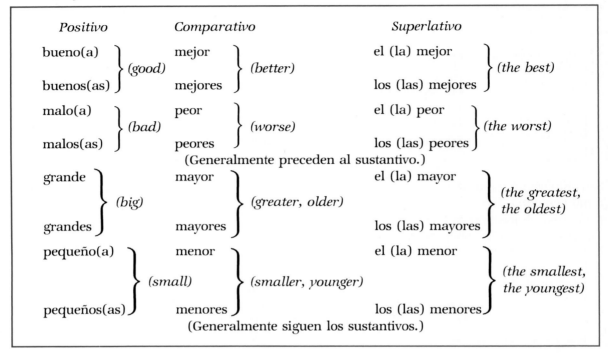

Positivo	Comparativo	Superlativo
bueno(a) ⎫ (good) ⎬ buenos(as) ⎭	mejor ⎫ (better) ⎬ mejores ⎭	el (la) mejor ⎫ (the best) ⎬ los (las) mejores ⎭
malo(a) ⎫ (bad) ⎬ malos(as) ⎭	peor ⎫ (worse) ⎬ peores ⎭	el (la) peor ⎫ (the worst) ⎬ los (las) peores ⎭

(Generalmente preceden al sustantivo.)

grande ⎫ (big) ⎬ grandes ⎭	mayor ⎫ (greater, older) ⎬ mayores ⎭	el (la) mayor ⎫ (the greatest, the oldest) ⎬ los (las) mayores ⎭
pequeño(a) ⎫ (small) ⎬ pequeños(as) ⎭	menor ⎫ (smaller, younger) ⎬ menores ⎭	el (la) menor ⎫ (the smallest, the youngest) ⎬ los (las) menores ⎭

(Generalmente siguen los sustantivos.)

2   De los adverbios

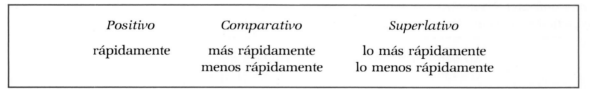

Positivo	Comparativo	Superlativo
rápidamente	más rápidamente	lo más rápidamente
	menos rápidamente	lo menos rápidamente

(Como los adverbios son neutros, el artículo neutro *lo* los modifica.)

El bus corre rápidamente.
El tren corre más rápidamente.
El tren expreso corre lo más rápidamente.

3 Con los números

Se usa *de* en comparaciones afirmativas de números, pero en comparaciones negativas, se usa *que*.

> Le quedan más de mil pesetas.
> Recibió más de tres trofeos.
> No. Él no recibió más que dos trofeos.

Noticias del diario. Después de leer unas noticias, los Sres. Ávila comentan sobre lo leído.

Léelas y contesta las preguntas, haciendo las comparaciones debidas.

1

El maratón capitalino

Ayer en el maratón en la capital, los tres ganadores fueron: José Martínez de 23 años en el primer lugar, Alonzo Gonzalo de 21 años en el segundo y Daniel Moratín de 19 años quedó en tercer lugar. Fue la primera vez que Martínez había entrado en dicho maratón; Gonzalo había corrido durante los últimos tres años; y Moratín ganó el segundo lugar el año pasado. Los tres recibieron trofeos por haber triunfado entre unos 5.000 participantes.

¿Quién corrió lo más rápidamente de los tres?
De los otros mencionados, ¿quién corrió menos rápidamente?
¿Cómo se llama el mayor?
¿Es Alonzo Gonzalo mayor o menor que Daniel Moratín?
¿Quién ha participado más veces, Alonzo Gonzalo o José Martínez?
¿Cuál ha participado menos veces que los otros dos?

¿Quién ha ganado más trofeos que los demás?
¿Cuál de los tres tiene menos experiencia?

2

Competencia internacional

Anoche en el partido de baloncesto el equipo de los Estados Unidos se lució por la rapidez y precisión de sus movimientos. El resultado final fue EEUU 112—Argentina 92. El público argentino quedó maravillado de la altura de tres miembros del equipo de EEUU porque la altura de tres jugadores es extraordinaria: Tom Meyers mide 2,08 metros de altura; Clarence Jones 2,13 y Francis Carlton 2,19 metros. Meyers acertó la canasta 15 veces haciendo un total de 30 puntos; Jones marcó 17 veces, agregando un total de 34 puntos; y Carlton se apuntó 38 puntos en 19 intentos. Resultó un partido de mucha competencia, emocionante y agresivo.

¿Quién es el más alto? ¿el más bajo?
¿Es Jones más alto o más bajo que Meyers?
¿Acertó más Carlton que Meyers? ¿Meyers más que Jones?
¿Quién obtuvo más puntos, Meyers o Jones? ¿Jones o Carlton?
Según los puntos ganados, ¿quién fue el más agresivo? ¿Quién fue el menos agresivo?
¿Quién fue el jugador más valioso anoche?
¿Qué sorprendió a los argentinos?
¿Cuál fue el mejor equipo?

3

Fin de una era

El sábado pasado en una subasta *(auction sale)* en Sotheby's, Madrid, se vendieron unos cuadros y muebles de la vieja y señorial mansión Los Arcos, ubicada en la provincia de Huesca, España. Una pintura de Goya de tamaño regular fue vendida por 131.990.000 ptas. ($985.000); una de dimensiones enormes pintada por Sorolla costó 97.150.000 ptas. ($725.000) y una miniatura por Titiano por 134.000.000 ptas. ($1.000.000). Una mesa tallada del siglo XVII llevó el precio de 3.075.300 ptas. ($22.950); una silla de la época de María Antonieta fue vendida por 4.053.500 ptas. ($30.250); y una cama de los tiempos de Fernando e Isabel llevó un precio de 6.030.000 ptas ($45.000). Los dueños se quedaron contentos con los resultados de la subasta.

¿Qué obra costó más: la de Goya o la de Sorolla?

¿Costó más la pintura de Sorolla que la de Titiano?

¿Cuál era la pintura más pequeña de las tres?

¿Cuál era la más grande?

¿Qué mueble era el más antiguo?

¿Cuál era el más reciente?

¿Cuál de los muebles llevó el precio más alto?

¿Cuál costó menos?

¿Cuál de los muebles tenía más interés histórico?

¿Cuál tenía menos?

Y tú, ¿qué dices? ¿Cuál de los tres artículos te resulta más interesante? ¿Es más interesante el artículo sobre el maratón que el de baloncesto?

Prepara un artículo parecido para el periódico de tu colegio en el cual comparas tres o más asuntos; por ejemplo: las notas de los cuatro grados; unos equipos deportivos de tres colegios; la gran competencia de las bandas, etc. Debes preparar unas preguntas para que te guíen en una discusión más tarde.

Los negativos

Negativos	Afirmativos
no	sí
nadie	alguien
nada	algo
nunca, jamás	siempre
tampoco	también
ninguno(a)(s)	alguno(a)(s)
ni . . . ni	o . . . o
sin	con

Posición de los negativos

1 Con *no,* va inmediatamente delante del verbo.

> Él *no* va hoy.

2 Con un complemento, va delante del complemento del verbo.

> Ella *no* lo tiene.
> Yo *no* te los doy.

3 Con dos negativos, *no* va delante del verbo; el otro lo sigue.

> Ella *no* ve *nada.*
> Ellos *no* ven a *nadie.*

4 Con *ni . . . ni, ni* va delante de las palabras de la comparación.

> *No* comió *ni* pan *ni* carne.
> Dicen que *no* está *ni* caliente *ni* frío.

Si la construcción precede al verbo, el verbo es plural.

> *Ni* Luri *ni* Nelda quieren ir.

5 Con un complemento directo que es persona se requiere la *a* personal.

> *No* conozco *a nadie* en esta ciudad.
> *A nadie* vemos por allí.

6 Con *ninguno* y *alguno* y sus formas hay concordancia con el objeto, persona o entidad. Generalmente se usa *ninguno* sólo en el singular con la excepción de sustantivos cuya forma es siempre plural.

> *No* he comprado *ningún* regalo. ¿Tienes *alguno*?
> Vi *algún* reloj en tu habitación. ¿Para quién es?
> *Ninguna* chica quiere ir al partido.
> Tengo que buscar *algunas* tijeras.
> No hay *ningunas* aquí.

7 Con *nunca* o *jamás, nunca* es más común y preferido y va en cualquiera posición. *Jamás* sigue a la negación.

> *Nunca* come aquí.
> *No* come *nunca* aquí.
> *No* come *jamás* con nosotros.

8 Otros negativos comunes son *sin* y *tampoco*. Son opuestos de *con* y *también*.

> Ellos van *sin* suficiente dinero.
> ¡Qué va! Van *con* bastante.
>
> ¿Fuisteis a Santiago y a Oviedo también?
> No fuimos ni a Santiago ni a Oviedo tampoco.

El torneo internacional. Dos miembros del club campestre hablaban acerca del campeonato que se celebrará pronto. Uno de ellos era negativo y desagradable y convirtió todo en negativo. Di lo que él expresó, cambiando la(s) palabra(s) afirmativa(s) y subrayada(s) al negativo. Cuidado porque esto puede necesitar otros cambios, también.

1 Vi a tu prima en alguna parte ayer.
2 Siempre juega al tenis o los lunes o los miércoles.
3 Dijo que va siempre al club o el martes o el jueves.
4 Parece que tiene algo que ver con el torneo.
5 Alguien le dijo que venía el alcalde.
6 Alguna chica mencionó algo de los premios también.
7 Sabe que se presentan siempre a los participantes antes de la partida.
8 Algún jugador llegó tarde.
9 Algunos espectadores vienen al partido con cámaras y lentes de campo.
10 Muchos se divierten en el salón donde o comen o charlan o dicen bromas también.
11 Siempre me gusta ver una competencia internacional con bastante actividad.
12 Van a entrevistar a alguien.
13 A todos les van a dar algún premio.
14 Tengo ganas de conocer a algún señor de Canadá.

¿Tomar el autobús o no? Hace calor en San Juan cuando Ricardo y Yolanda deciden ir al centro. Ella no quiere acalorarse caminando. Usa la forma apropiada para completar las frases en negativo.

1 ¿_____ oíste el autobús?
2 De veras. _____ oí _____.
3 _____ lo había visto _____.
4 _____ Ricardo _____ Yolanda tenían ganas de caminar.
5 _____ _____ tenían _____ otra manera de ir.
6 ¿Prefieres caminar? _____ dije eso _____.
7 ¿_____ has tenido tal experiencia? Puede ser interesante.
8 _____ _____ lo quiero _____.
9 ¿Una moneda? Yo _____ tengo _____.
10 ¡Qué amigos! _____ de los dos me ofrecieron _____.
11 ¡Qué lástima que hayas salido _____ tu cartera!
12 ¿Qué puedo hacer? ¡_____! ¡Absolutamente _____!
13 ¡Qué follón! ¡_____ _____ le gusta ir a pie en este calor!
14 Pero _____ nos queda _____ otro remedio.
15 _____ volveré a salir _____ contigo.

MODISMOS Y EXPRESIONES

a ratos
de vez en cuando } *from time to time*

A ratos sonaba la campanilla de la iglesia en la plaza.

de nuevo *again*
Hice un viaje a Madrid el año pasado, y pienso hacer otro de nuevo en julio.

Vocabulario útil en el gabinete del dentista

dolerle a uno una muela *to have a toothache*
Tendré que ir al dentista porque me duele mucho una muela.
caries *tooth decay*
Mi madre dice que como demasiados dulces y probablemente tengo caries.
sacarle a uno una muela (un colmillo) *to pull out one's tooth, molar, eyetooth*
rellenarle un diente *to fill one's tooth*
Es posible que el dentista me saque la muela o a lo mejor me lo rellene.
recetarle un antibiótico *to prescribe an antibiotic*
Tal vez el dentista me vaya a recetar un antibiótico.
darle una inyección *to give one an injection*
No importa lo que hace el dentista, pero si va a doler mucho, ojalá que me dé una inyección de novocaína.
una muela del juicio (una muela cordal) *wisdom tooth*
Papá dice que el diente que me duele no puede ser una muela del juicio porque yo no soy muy inteligente. Siempre me toma el pelo.
cepillo de dientes *toothbrush*
pasta dentrífica *toothpaste*
La última vez que fui al dentista me regaló un nuevo cepillo de dientes y me recomendó una pasta dentrífica que me gusta mucho.
dientes postizos *false teeth*
Mi hermana dice que si sigo comiendo dulces, un día voy a tener dientes postizos.

¡OJO!

oficio:	La palabra *oficio* se refiere a la ocupación habitual o profesión de una persona.
Ejemplo:	Su trabajo es manual. Es un oficio muy duro.
oficina:	No se debe confundir esta palabra con la palabra *oficio*. La oficina es el sitio donde se trabaja. Si es un lugar grande donde trabajan muchos empleados es sencillamente la *oficina*. Si es una oficina privada se puede llamar el *despacho*. Si es la oficina de un abogado se llama el *bufete* o *estudio*. Si es la oficina de un doctor se llama el *consultorio* o *consulta*. En España se le llama *gabinete* a un consultorio dental. Y todas estas palabras se traducen «office» en inglés.
Ejemplos:	En la oficina donde trabajo, el ruido de las máquinas es muy penetrante.
	El ruido me ha dañado los oídos y tendré que ir al consultorio del doctor Espinosa para un examen físico.
	Tal vez iré al bufete del abogado Morales para hacer una demanda por daños y perjuicios.
	Prefiero trabajar en mi propio despacho.

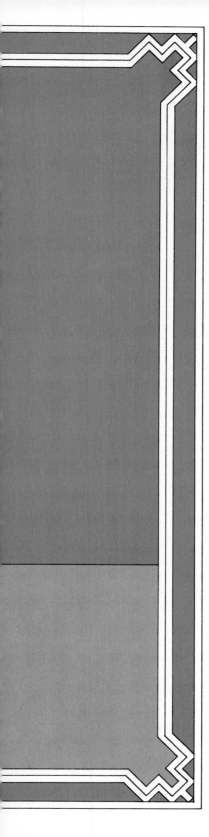

CUADRO 10

LA MUJER

PARA PREPARAR LA ESCENA

Venus dio la belleza y la gracia; Minerva añadió la inteligencia y la sabiduría; Diana combinó la salud y la proeza física . . . los dioses habían creado una obra maestra . . . la mujer . . . y hoy día está liberada.

Hubo un tiempo en que a la mujer se le refería como «el sexo débil», se le negaba el derecho de votar, se le relegaba al hogar para limpiar, para cocinar, para cuidar a los niños en una especie de esclavitud social, pero todo esto ha cambiado.

La mujer de hoy no ha perdido su femineidad ni lo que representa, pero sí ha logrado nivelarse con los hombres en referencia a derechos y privilegios, en campos de trabajo, política, sueldos, oportunidades y la manera de ser considerada en la sociedad.

El mundo entero ha reconocido los talentos y aptitudes dados por los dioses, y la mujer moderna tiene campo libre para seguir adelante con sus ideales y esperanzas.

Hacia la independencia

Soledad Rodríguez

PARA PRESENTAR LA LECTURA

Según un proverbio latino medieval, «Mentir, llorar, coser, son los dones de Dios a la mujer». En aquellos tiempos, ¿quién sabe si las mujeres se contentaban con tal imagen de su valía? Hoy día, seguramente, muchas mujeres no la toleran. Han avanzado en forma significativa hacia la independencia. ¿Qué significa para las mujeres esta nueva independencia? ¿A qué precio la obtienen? Para recoger respuestas a tales preguntas, Soledad Rodríguez, escritora del artículo que sigue, ha entrevistado a varias mujeres modernas y ha llegado a algunas conclusiones.

PARA APRENDER EL VOCABULARIO

Palabras clave I

1 **encauzarse** encaminar, dirigir por el buen camino
Es importante conocerse para poder encauzarse.

2 **etapa** avance en el desarrollo de algo *(stage)*
Había varias etapas en el programa espacial.

3 **logros** éxitos, ganancias, acciones, efectos de llegar al máximo o a la perfección

Los logros más significativos para las mujeres modernas han sido la igualdad social, económica y profesional.

4 **mermelada** conserva de frutas con miel o azúcar
El hombre no vive sólo del pan; a veces hay que ponerle un poco de mermelada.

5 **se postula** se pretende, se demanda, se afirma *(claim)*
Se postula que la reciente independencia de las mujeres ha presentado varios problemas en la vida de la familia.

2 Hoy en día, en relativamente pocas casas se confeccionan _____ que en ella se consumen.

3 En cada _____ de la vida infantil, requieren los niños atenciones especiales.

4 Cita _____ de un matrimonio feliz.

5 Cada individuo tiene que tomar decisiones firmes para _____.

6 En este siglo son muchos _____ que ayudan a la mujer a ser más independiente.

Palabras clave II

1 **búsqueda** acción de buscar
La búsqueda de la independencia es esencial para cualquier persona.

2 **dista** separa mucho una cosa o idea de otra
La situación actual de la mujer dista mucho de la de hace diez años.

3 **guagua** nene, bebé, bebito en brazos
La señora tenía que llevar a la guagua a todas partes.

4 **recalcar** insistir mucho en las palabras en el momento de decirlas *(to emphasize)*
Mi madre aprovechaba cada oportunidad para recalcar que yo tenía que prepararme a ser buena madre y esposa.

Práctica

Completa con una palabra de la lista.

 dista   *la guagua*
 recalcaba   *la búsqueda*

1 No puedo verte hoy porque tu casa _____ mucho de la mía.

2 Van a seguir luchando en _____ de más oportunidades merecidas.

3 La mujer ofendida _____ sus quejas mientras citaba los agravios.

4 Los dos padres deben cooperar en el cuidado de _____.

6 **rasgos** características
Que sean independientes las mujeres, pero que no pierdan los rasgos femeninos.

Práctica

Completa con una palabra de la lista.

 los rasgos   *postulan*
 los logros   *encauzarse*
 etapa   *las mermeladas*

1 Los padres modernos _____ que sus hijas merecen tan buena educación como los hijos.

Hacia la independencia

Soledad Rodríguez

I

En los últimos años las mujeres han logrado muchas conquistas en relación a su independencia: han avanzado en forma significativa hacia la igualdad social, económica y profesional con los hombres.

¿Consideran ellas importantes estos logros? ¿Qué les significa ser independientes? ¿Han tenido que pagar un precio por esta independencia?

Para intentar dar alguna respuesta a estas interrogantes conversamos con varias mujeres cuyas edades fluctuaban entre 25 y 35 años; y a continuación transcribimos algunas de sus opiniones.

¿Crees tú, como mujer, que la independencia es un factor importante para tu desarrollo personal? ¿Por qué?

—Obvio, porque aprendes a desenvolverte mejor en tu medio, a educar mejor, a querer mejor . . .

—Sí, es la forma como logras tu identidad e integridad personal como mujer.

—Es fundamental, es lo que te permite ser tú misma; es lo que te permite desarrollarte en base a tus verdaderas potencialidades.

—Si no eres independiente, tiendes a desarrollar las partes tuyas que les gustan a aquellos de los cuales tú dependes y no necesariamente los aspectos para los cuales tú tienes habilidad.

¿Qué significa para ti ser una mujer independiente?

—Para mí, es primero conocerme para poder encauzarme.

—Lo importante es tomar decisiones propias y hacer lo que a uno le gusta.

—Tener una actividad propia. La tomo porque nadie me obliga. ¡Podría decidir que lo que más me gusta es hacer mermelada!

—Poder satisfacer mis necesidades sin tener que necesitar a los demás, ¡que no es lo mismo que no querer a los otros!

—Es hacer las cosas por ganas y no por deber, el deber ante todo.

El precio de la independencia

Es sabido que hasta hace poco tiempo las sociedades asignaban roles claramente delimitados a cada sexo: el hombre como el proveedor y la mujer como la encargada de la crianza de los niños. Con los avances tecnológicos las costumbres y los rasgos tradicionales comenzaron a perder su validez, apareciendo una nueva libertad: la de «ser uno mismo», con lo cual apareció también la difícil tarea de lograr la *identidad personal.* De allí que se postula que los logros de la independencia femenina han ocasionado una seria confusión de identidad en muchas mujeres, ya que el cambio en los papeles sociales habría producido cambios en el concepto que ellas tienen de sí mismas y de sus relaciones con los hombres.

delimitados determinados

¿Es real esta confusión? ¿Qué dicen de ella algunas mujeres?

—Estamos en una etapa de transición y eso produce confusión, tanto en las mujeres que han logrado su independencia como en las que siguen siendo dependientes.

—Ha ocurrido un cambio de rol en la mujer: de la casa a la oficina. Yo creo que en nuestra sociedad chilena estamos entremedio de las dos.

—Si eres independiente no tienes derecho a equivocarte en la parte doméstica. Te exigen—o me exijo—perfección en ambos planos.

—Mientras juegues los dos roles a la perfección no hay confusión de identidad. Si no es así, a la larga uno se cuestiona ¿quién soy yo?

—Son los hombres los que han creado la confusión en el fondo porque no quieren que las mujeres sean independientes, porque tienen miedo.

II

El peso de la educación

A la mujer se la educa en nuestra sociedad diciéndole desde niña que ella es muy diferente a los hombres; que debe sentarse de tal forma, que tienen que jugar con muñecas y no con autitos . . . que debe ser femenina. Sin embargo, al ingreso de la educación formal y aún más, en la educación superior o universitaria, se le prepara directamente para ser igual que los hombres, para competir con ellos en forma responsable e independiente. Es entonces cuando se siente igual que ellos, desarrollando su inteligencia e iniciativa y compartiendo muchas veces inquietudes políticas y sociales.

Curiosamente es en ese momento también cuando el sistema espera que la niña «se enamore» de un posible marido, y que renuncie gustosamente a todo aquello que pueda haberle fascinado hasta entonces y que rápidamente se sienta realizada cuidando una guagua, un marido y un hogar.

Con todo lo anterior se puede concluir que este sistema educacional dista mucho de ayudar a la mujer a encontrar su identidad personal.

¿Qué dicen las mujeres al respecto?

—A mí, mi educación escolar no me ayudó en nada en la búsqueda de mi identidad, teníamos que ser todas iguales: como se debía ser.

—En el fondo nos educaron para casarnos y tener hijos; pero existe la posibilidad de integrar este rol de la casa con otro fuera de ella, sin desconocer que muchas veces se logra gracias a condiciones externas favorables.

—Estoy de acuerdo en que recibimos educación contradictoria: en una etapa se nos hizo saber que debíamos ser completamente distintas a los hombres; luego se nos dio la posibilidad de demostrar que en algunos planos éramos parecidas; más tarde se nos volvió a recalcar que teníamos un rol determinado: que lo importante en nuestras vidas era la casa, el marido y los hijos. Por último creo que hay otra etapa más, cuando se van los hijos de la casa, ahí tenemos que buscar nuevamente «un trabajo interesante».

—Pienso que a pesar de la educación contradictoria que hemos recibido, una puede ser independiente en cada una de las etapas que vive como mujer.

Algunas conclusiones

El sentirse independiente es sin duda un factor importante para que la mujer se estime a sí misma; y si no logra quererse, difícilmente podrá amar a los demás. Para ello es fundamental que se conozca bien, con sus cualidades y también sus limitaciones.

en la medida que *to the extent of*

La independencia podrá ser mantenida en la medida que se haya establecido un sentido de identidad y una forma de vida consistente con las propias potencialidades. Este proceso de lograr la identidad continúa a lo largo de la vida, en distintas formas, en las etapas de las diferentes edades.

La independencia es una actitud interna, basada en la capacidad de elegir, de allí que la identidad de una persona no consiste en lo que ella «es», sino en lo que por razones conscientes e inconscientes «eligió ser».

Para ser independientes las mujeres primero deben tener las ganas de serlo; luego tienen que trabajar con ellas mismas para conocerse y desarrollarse como personas, pero al parecer también habría que trabajar para educar mejor a los hombres. Si bien ellos le han concedido a las mujeres el voto, la educación y el derecho a trabajar fuera de la casa, el concepto que ellos aún tienen de las mujeres y de sus posibilidades dista mucho de ser psicológicamente maduro.

PARA APLICAR

Comprensión I

A   Contesta las siguientes preguntas.

1   ¿Qué logros han alcanzado las mujeres en los últimos años?

2   ¿Qué preguntas les hizo la autora a las mujeres entrevistadas?

3   Según una de las mujeres, ¿por qué es la independencia un factor importante para su desarrollo personal?

4   ¿Qué significa ser una mujer independiente para tres de las mujeres entrevistadas?

5   Hasta hace poco, ¿qué funciones o roles les asignaba la sociedad a cada sexo?

B   Para personalizar la lectura

1   ¿Tienes tus actividades propias (es decir, actividades que haces sin que alguien te obligue)? ¿Cuáles son?

2   ¿Es importante para ti satisfacer tus deseos sin tener que necesitar a los demás?

3   ¿Qué significa la expresión «ser uno mismo»?

4   ¿Cómo responderías a la pregunta: ¿quién soy yo?

5   ¿Hay hombres en tu casa que han cambiado de «rol»?

Comprensión II

A   Contesta las siguientes preguntas.

1   ¿Cuándo se siente la mujer igual al hombre?

2   Según una de las mujeres entrevistadas, ¿en realidad, para qué las educaron?

3   Según una de las entrevistadas, ¿en qué sentido fue contradictoria la educación que recibió?

4   ¿Por qué es la independencia una actitud interna?

5   Según las conclusiones recogidas por la autora, ¿qué deben hacer las mujeres para ser independientes?

B   Para personalizar la lectura

1   De niño, ¿jugaste con muñecas? ¿con autitos? ¿a la pelota?

2   ¿Has encontrado tu identidad personal?

3   ¿Es posible integrar un «rol» dentro de la casa con otro fuera de ella?

4   ¿Qué concepto tienes del otro sexo?

5   ¿Piensas casarte?

6   ¿Quieres tener hijos?

7   (para mujeres) ¿Quieres seguir trabajando después de casarte?
(para hombres) ¿Quieres que tu esposa siga trabajando después de casarse?

8   (para mujeres) ¿Quieres seguir trabajando después de tener hijos?
(para hombres) ¿Quieres que tu esposa siga trabajando después de tener hijos?

9   En tu opinión, ¿a quién le toca cambiar los pañales sucios de los bebés? ¿a la madre o al padre? ¿y el aseo de la casa? ¿y el lavado de la ropa? ¿y el cuidado del jardín?

Las «nuevas» madres

Christiane Collange

PARA PRESENTAR LA LECTURA

Christiane Collange es una escritora francesa que ha sido periodista y redactora gran parte de su vida. También es madre de
una familia numerosa. Así, ha reconciliado el mundo de las actividades hogareñas con el mundo del trabajo profesional como lo
han hecho tantas «nuevas» madres. En «Las 'nuevas' madres»,
que es una seccion de la obra *Yo, tu madre,* la autora examina el
problema de los hijos que, pasada la adolescencia, todavía viven
bajo el mismo techo que los padres sin compartir el mismo estilo
de vida, haciendo observaciones muy interesantes.

PARA APRENDER EL VOCABULARIO

Palabras clave I

1 **agotamiento (agotar)** consumo total;
cansancio
Van a racionar el agua a causa del agotamiento de las reservas.

2 **delantal** prenda de vestir que protege la
ropa
Mi abuelita siempre usaba un delantal
cuando trabajaba en la cocina.

3 **envejecido (envejecer)** hechos viejos
Los abuelos, ya envejecidos, no quieren
salir como antes.

4 **mutantes** cosas que han cambiado
Las mujeres de hoy están entre los
muchos mutantes.

5 **redacción** acción o trabajo de escribir
(para composiciones o periódicos, etc.)
El profesor nos dio dos trabajos de
redacción.

Práctica

Completa con una palabra de la lista.

el delantal　　*la redacción*
unos mutantes　*envejecidos*
el agotamiento

1　La Sra. Collange trabaja en _____ de revistas y otras publicaciones.
2　_____ de comestibles en África ha dejado a millones sufriendo de hambre.
3　En vez de parecer _____, parecen rejuvenecidos y activos.
4　Los científicos estudian _____ que han sido producidos en poco tiempo.
5　_____ protegió su vestido de las grasas de la sartén.

Palabras clave II

1　**canas** cabello blanco
Hoy las abuelas se pintan el pelo para que no se les vean las canas.
2　**disfrutar** gozar, aprovechar, sentir bien
Es cierto que van a disfrutar de las vacaciones en las Bahamas.
3　**estratos** niveles (aquí: categorías)
Hoy se clasifican las madres en dos estratos: las dedicadas exclusivamente a la familia y las que trabajan fuera del hogar.
4　**malograr** no salir bien, frustrarse, no llegar una persona o cosa al término de su desarrollo
Muchas mujeres temen malograr sus talentos o capacidades.
5　**pesares** penas, tristezas, preocupaciones
Para ella es difícil sobrellevar los pesares ocasionados por la muerte del marido.

Práctica

Completa con una palabra de la lista.

malograr　　*disfrutar*
las canas　　*estrato*
tus pesares

1　A pesar de _____, ella parece muy joven.
2　Ahora la mujer española puede entrar en otro _____ social.
3　Ya que eres maduro, no me vengas con _____.
4　Se me presenta la oportunidad de rehacer mi vida y no la voy a _____.
5　Es normal _____ de muchas actividades al dejar los hijos el hogar.

Palabras clave III

1　**atañe** (**atañer**—tercera persona solamente) toca o pertenece
No me grites. Tu problema no me atañe.
2　**entorno** contorno, alrededor (*surrounding, environment*)
Vive en un entorno positivo y progresista.
3　**replegarse** retirarse en buen orden (*to fall back*)
La madre, en vez de replegarse a una posición sumisa, se puso firme y decidida.
4　**sumarse** juntarse, agregarse
No sé si van a acompañarme o si van a sumarse a sus amigos.
5　**trasquilados** disminuidos
Los jóvenes se quedaron trasquilados al encontrar la resistencia de la madre a plancharles las camisas.

Práctica

Completa con una palabra de la lista.

atañe   sumarse
replegarse   un entorno
trasquilados

1 La madre moderna tiene hoy la oportunidad de no _____ a un papel tradicional.

2 Muchas ya pueden _____ a otras personas con los mismos intereses.

3 No quiero oír más porque no me _____ ese asunto.

4 Vive en _____ de compasión y felicidad.

5 Los chicos se sintieron _____ por la aparente falta de interés por ellos.

Gabriela Mistral: poetisa chilena

Las «nuevas» madres

Christiane Collange

I

Ya no recuerdo a cuál de mis amigas periodistas le sucedió la historia de la «verdadera mamá».

La maestra había dado el siguiente tema de redacción a su hija de 10 años: «Haced el retrato de vuestra mamá en su trabajo.» La pequeña enseña orgullosa la redacción a su madre. Ésta lee: «Por la tarde, mamá trabaja; arregla la cocina. Se pone el delantal, limpia la verdura y nos prepara la sopa . . . A papá le encanta, y a mí también.» Etc.

La madre se sorprende:

—*Te han pedido que expliques cómo soy cuando trabajo, no en casa. Sabes perfectamente que cada día voy a la oficina. Además, te he llevado a visitar el periódico. ¿Entonces por qué no me has descrito escribiendo un artículo a máquina?*

—*Porque la profesora nos había pedido el retrato de una «verdadera mamá».*

Esta niñita tenía entonces 10 años. Vosotros también.

Habéis cambiado mucho desde entonces; y nosotros. Hemos crecido. Más que envejecido, quizá. Resultaba imposible imaginarse que pudiéramos volver a poner en tela de juicio nuestra condición femenina sin modificar al mismo tiempo nuestra condición materna.

poner en tela de juicio
dudar, cuestionar

Desde hace algunos años se habla de mujeres «nuevas», luego de hombres «nuevos», de «nuevo» romanticismo y de la «nueva» derecha. Sería hora de añadir a las «nuevas madres» en la lista de mutantes.

Para restablecer la comunicación entre vuestra generación y la nuestra deberíais empezar por revisar la falsa imagen que tenéis de nosotros. Una imagen que os viene al pelo, pero que a nosotras ya no nos interesa.

Hemos dejado de parecernos a las «verdaderas mamás» de vuestros primeros libros escolares. Ya no significáis— en el supuesto de que fuera así alguna vez—nuestra ÚNICA razón de ser. Nos hemos ocupado mucho, enormemente, de vosotros, pero hemos intentado preservar una gran parcela de nuestra vida, completamente independiente de nuestro papel de madre. Cuanto más crecíais en edad, más fácil nos resultó ocuparnos un poco más de nosotras, un poco menos de vosotros. Al menos, esto era lo que esperábamos. Esta sed de libertad explica nuestro agotamiento frente a vuestras exigencias y a vuestra dependencia. Nos esperan mil cosas apasionantes que hacer, al margen de vosotros.

II

L a famosa división del mundo femenino en dos estratos distintos—por un lado, las madres hogareñas, y por el otro, las madres que trabajan fuera de casa—, ya no desempeña un papel muy importante a la edad que tenéis. Nos hallamos todas unidas por nuestro deseo de libertad, conscientes de tener que vivir aún 20 años, al menos, de la auténtica, la gran Liberación: no sólo la de la mujer, sino la de la madre.

En la vida hay un tiempo para cada cosa. El tiempo que nos queda por vivir, ahora que sois jóvenes, mientras que nosotras no somos aún viejas, queremos disfrutarlo. Con vosotros, pero no únicamente para vosotros.

Volver a trabajar, a estudiar, rehacer una pareja, volver a descubrir las alegrías de la amistad o los placeres de un arte momentáneamente abandonado, reencontrar tiempo libre para recuperar el tiempo perdido: los 40/50 años son para las madres el momento de la segunda oportunidad. La que no hay que malograr: luego será ya demasiado tarde para los proyectos; sólo quedarán los pesares.

La energía y la actividad que despliegan las mujeres en este cabo de sus vidas suele sorprender. Las madres que trabajan pueden por fin marcharse a la oficina y sumergirse en su profesión, sin preocuparse de lo que ocurra en casa durante su ausencia. Todos los que se dedican a las relaciones humanas os lo dirán: el absentismo crece entre los hombres encanecidos; disminuye entre las mujeres, con las primeras canas.

encanecidos con cabello blanco

III

F rancine, responsable de una agencia de publicidad, proclama su liberación:

«A mis 45 años, me siento joven por primera vez en la vida. Tuve a mi primera hija a los 20 años, sin saber muy bien lo que me esperaba. La segunda vino dos años más tarde. Me divorcié a los 30 años de un marido que me pasaba la pensión de alimentos

cuando se acordaba: he currado como una condenada para criar-
las. Ahora que tienen novio y trabajo, me gustaría que dejaran de
jorobarme. Me niego a pedirles permiso para marcharme de fin de
semana, no quiero que pongan cara de ofendidas cuando me llaman
por teléfono y no estoy en casa. No podéis ni imaginaros hasta qué
punto son posesivas. ¡Y sin dar nada a cambio! Cuando llegan las
vacaciones, por ejemplo, me anuncian en el último minuto que no
se marcharán conmigo si tienen la oportunidad de sumarse a un
grupo de amiguetes. Y si yo hago lo mismo, ¡se arma! Ningún
reproche es lo bastante amargo para darme a entender que soy
una madre indigna. Les encantaría que llevara una vida monacal
pero no lo conseguirán. ¡Reclamo mi libertad!»

En lo que atañe a las mujeres en el hogar, asistimos a menudo
a transformaciones fulgurantes. Ciertas madres de familia numerosa,
lejos de replegarse en su personaje de «mamaíta», emprenden, entonces, una verdadera reconversión. Abren tiendas de moda, se
lanzan a la política local, aceptan responsabilidades asociativas,
cambian de arriba abajo su entorno vital, deciden participar en
campeonatos de bridge o aprender italiano.

Tened cuidado, jóvenes, de estas madres que ya no tienen nada
que ver con la mamá enteramente consagrada a vosotros que había
escogido—o aceptado—dejar de trabajar, cuando entrasteis, a empellones en su vida. Sometida a vuestros ritmos y a vuestras necesidades durante toda vuestra infancia, ahora recupera su libertad.
Perdéis a un esclavo, con las ventajas y los inconvenientes que su
liberación representa para el presente y el futuro.

En un primer momento saldréis trasquilados: platillos no co-
cinados a fuego lento y ropa sin lavar. Pero a largo plazo saldréis
ganando. ¡Ya no deberéis arrastrar la pesada carga afectiva de una
«Pobre mamá»!

currado trabajado

jorobarme molestarme,
fastidiarme

monacal relativo a las
monjas

fulgurantes rápidos, incisi-
vos

a empellones empujando
con rudeza

arrastrar *to drag, drag
down, degrade*

PARA APLICAR

Comprensión I

Contesta las siguientes preguntas.

1 ¿Qué tema de redacción había dado la
   maestra a la hija?
2 ¿Cómo había retratado la hija a su mamá
   en la redacción?
3 ¿Por qué no había descrito la hija a su
   mamá en el trabajo?
4 ¿Cómo se puede restablecer la comunicación entre las dos generaciones?
5 ¿Qué han intentado preservar «las nuevas
   madres»?

Comprensión II

Contesta las siguientes preguntas.

1 Según la selección, ¿cuáles son los dos estratos del mundo femenino?
2 ¿Qué años son para las madres el tiempo de la segunda oportunidad?
3 ¿Por qué no deben malograr las madres la segunda oportunidad?
4 ¿Qué es lo que aumenta entre los hombres encanecidos y disminuye entre las mujeres con las primeras canas?

Comprensión III

A Contesta las siguientes preguntas.

1 ¿Cómo ha currado (trabajado) Francine para criar a sus hijas?
2 ¿Qué estado civil tiene Francine actualmente?
3 Ya que sus hijos tienen novio y trabajo, ¿qué le gustaría a Francine?
4 ¿Qué les encantaría a las hijas de Francine, según ella?
5 ¿Qué reconversiones han emprendido ciertas madres?
6 En breve, ¿cuál es el mensaje de Christiane Collange en «Las 'nuevas' madres»? ¿Qué opinas tú de eso?

B Para personalizar la lectura

Contesta las siguientes preguntas con introspección y honestidad.

1 En tu hogar, ¿tienes que ayudar con algunos de los quehaceres? ¿Cuáles?
2 ¿Los haces de buena gana o te quejas cuando te obligan a compartir los trabajos domésticos?
3 Si tu madre trabaja fuera del hogar, ¿te resientes por su ausencia o comprendes que es para beneficiar a la familia?
4 ¿Cómo te sientes cuando tu madre no

Christiane Collange

tiene tiempo o energías para dedicarte las atenciones que consideras necesarias?
5 ¿Cuentas con tu madre para guiar tu desarrollo moral, social y espiritual y darte buenos consejos? ¿Cuentas también con tu padre cuando necesitas un consejo? Explica.
6 ¿Contribuyes a la unidad familiar con acciones respetuosas y actitudes positivas, pensando siempre en el bienestar familiar en vez de ser egoísta?
7 ¿Qué significa para ti la familia?

Por si acaso . . .

1 ¿Qué opinas de las dos selecciones?
2 ¿Estás de acuerdo con las opiniones expresadas? ¿Cuáles cambiarías?
3 En tu familia, ¿existen condiciones contradictorias entre tu madre y los hijos? ¿Qué solución podría remediar los conflictos?
4 ¿Consideras que tu madre es una «pobre mamá» o una «nueva madre»? Explica.
5 Cuando pases la adolescencia, ¿piensas seguir viviendo en casa con tus padres? Cita las ventajas . . . y las desventajas.

PARA GOZAR

PARA PRESENTAR LA LECTURA

Sor Juana Inés de la Cruz (Juana de Asbaje) nació en San Miguel Nepantla, México, en 1648. Era una niña precoz quien compuso versos a los ocho años y siguió desarrollando su talento intelectual hasta su muerte en 1695. En 1669 se hizo monja jerónima para dedicarse por completo a los estudios y a la religión.

En sus obras dramáticas, así como en su poesía, Sor Juana empleó una gran variedad de formas: comedias, autos, sainetes, romances y liras. La llaman «La décima musa». Pero lo que más se lee hoy tras tres siglos de haberse publicado son sus sonetos y redondillas. En las redondillas que siguen, Sor Juana censura a los hombres que en las mujeres acusan lo que causan. Es, en efecto, una de las primeras feministas de América.

Alicia de Larrocha: pianista española

Redondillas

Sor Juana Inés de la Cruz

necios tontos

Hombres necios que acusáis
a la mujer sin razón,
sin ver que sois la ocasión
de lo mismo que culpáis:

si con ansia sin igual
solicitáis su desdén,
¿por qué queréis que obren bien
si las incitáis al mal?

Combatís su resistencia
y luego, con gravedad,
liviandad *fickleness* decís que fue liviandad
diligencia *haste* lo que hizo la diligencia.

denuedo *daring* Parecer quiere el denuedo
de vuestro parecer loco,
el coco *the boogey man* al niño que pone el coco
y luego le tiene miedo.

Queréis con presunción necia
hallar a la que buscáis,
Thais *a corrupt Greek wom-* para pretendida, Thais,
an, courtesan y en la posesión, Lucrecia.
Lucrecia *a chaste Roman*
woman ¿Qué humor puede ser más raro
que el que, falto consejo,
empaña *fogs* él mismo empaña el espejo
y siente que no esté claro?

Con el favor y el desdén
tenéis condición igual,
quejándoos, si os tratan mal,
burlándoos, si os quieren bien.

370

Opinión ninguna gana;
pues la que más se recata,
si no os admite, es ingrata,
y si os admite, es liviana.

Siempre tan necios andáis
que con desigual nivel,
a una culpáis por cruel
y a otra por fácil culpáis.

¿Pues cómo ha de estar templada
la que vuestro amor pretende,
si la que es ingrata ofende,
y la que es fácil enfada?

Mas entre el enfado y pena
que vuestro gusto refiere,
bien haya la que no os quiere,
y quejáos enhorabuena.

Dan vuestras amantes penas
a sus libertades alas,
y después de hacerlas malas
las queréis hallar muy buenas.

¿Cuál mayor culpa ha tenido
en una pasión errada:
la que cae de rogada,
o el que ruega de caído?

¿O cuál es más de culpar,
aunque cualquiera mal haga,
la que peca por la paga,
o el que paga por pecar?

¿Pues para qué os espantáis
de la culpa que tenéis?
Queredlas cual las hacéis,
o hacedlas cual las buscáis.

Dejad de solicitar,
y después, con más razón,
acusaréis la afición
de la que os fuere a rogar.

Bien con muchas armas fundo
que lidia vuestra arrogancia,
pues en promesa e instancia
juntáis diablo, carne y mundo.

recata *refuses to take a stand*
liviana *fickle*

enhorabuena *luckily, safely, opportune*

errada *wrong, guilty*
rogada *flattery's snare*

pecar *to sin*

fundo *maintain, base one's opinion*
lidia *struggle*

Actividades

A Sor Juana Inés de la Cruz es una de las primeras feministas de América. ¿Qué te parece si las redondillas hubieran sido escritas por un hombre chauvinista? ¿De qué habría censurado él a las mujeres?

B Supongamos que las redondillas empiezan con esta estrofa:

Mujeres necias que acusáis
al hombre sin razón

sin ver que sois la ocasión
de lo mismo que culpáis . . .

Indica algunas cosas de que las mujeres acusan a los hombres.

C Notarás que la autora ha empleado la forma de *vosotros* en las redondillas. Identifica cada forma de *vosotros* en el poema y luego indica el infinitivo del verbo y la forma formal (Uds.) correspondiente.

PARA PRESENTAR LA LECTURA

La autora del artículo «Discriminación o simplemente tradición?», María-Nieves Castillo de Hill, es natural de Pamplona, España, y ha residido en los Estados Unidos desde 1971. La Sra. de Hill basa su artículo en su experiencia personal como mujer española y como empleada administrativa de comercio y de una agencia de viajes hasta su matrimonio. Desde 1981, la Sra. de Hill es profesora y ha ejercido sus funciones como profesora de educación bilingüe, y desde 1983 es profesora de español en Crockett High School en Austin, Texas.

María-Nieves Castillo de Hill

¿Discriminación o simplemente tradición?

María-Nieves Castillo de Hill

La posición de la mujer hispana en la sociedad con relación al hombre varía enormemente con respecto al tipo de trabajo o carrera que la mujer desempeña y depende, asimismo, de la zona geográfica donde desarrolla sus funciones.

Se sabe con certeza que las mujeres de avanzada a principios de este siglo tuvieron que luchar denodadamente para establecer su identidad en el campo de trabajo y especialmente en las profesiones hasta entonces tradicionalmente masculinas tales como la medicina, el derecho, etc. Recordemos también que en algunas universidades norteamericanas a principios de siglo y bien entrado el siglo veinte no se permitía el acceso a la universidad a las mujeres que buscaban proseguir ciertas carreras. Las pocas que lo lograban tenían que luchar activamente para establecer su valía y no dejarse humillar por sus colegas masculinos. Esta actitud afortunadamente ha sido combatida con los años no solamente en los Estados Unidos sino también en el mundo hispano.

En la actualidad, ¿cuáles son las oportunidades que tiene la mujer hispana para competir exitosamente en una sociedad tradicionalista donde la mayoría de las decisiones fundamentales las llevan a efecto los hombres? Con el mismo empuje que en el resto del mundo, la mujer hispana actual tiene que vivir dentro de las demandas del mundo moderno y del progreso que la civilización actual requiere de ella como individuo. En el mundo hispano, muchas mujeres trabajan fuera del hogar ya sea por prurito profesional o, como es en la mayoría de los casos, para completar los ingresos familiares. De esta manera obtienen un mayor bienestar económico. Naturalmente, existen otros casos en los cuales la mujer, por diversidad de circunstancias, es la sola proveedora de los ingresos familiares.

asimismo también

mujeres de avanzada *women in the forefront*
denodadamente *boldly*

proseguir *to continue with something already started*

empuje *push*

prurito *eagerness*
ingresos *income*

En cuanto a discriminación salarial en contra de la mujer española, ésta ha existido y existirá en el futuro en muchos sectores de la industria y comercio e incluso en la banca, aunque no muy generalizada en este último sector debido a que los puestos en un banco se obtienen por concurso y aptitud. No es así en el comercio al detalle, algunos sectores de la industria o en el ramo de hostelería donde el hombre, por lo general, percibe un salario aproximadamente un tercio más alto que el que percibe la mujer por exactamente el mismo tipo de trabajo y con exactamente la misma preparación en cuanto a estudios y educación o experiencia.

Es posible que esta discriminación se deba en gran parte a la tradición española de encasillar a la mujer en su papel de esposa y madre, y que el futuro de la mayoría de las mujeres es «casarse, tener hijos y dedicarse exclusivamente al hogar y a la familia». Todo esto es muy loable y hermoso; sin embargo, la realidad del mundo actual, sobre todo en los últimos años, es muy distinta. Gran número de mujeres de todas las edades, condiciones sociales y niveles de educación, se han ido incorporando a la fuerza laboral española o por lo menos lo han intentado. Debido a las condiciones económicas actuales de España y de Europa, frecuentemente se da el caso de no poder encontrar empleo aún con estudios universitarios completos y expedientes académicos brillantes. La mujer española de hoy se encuentra perfectamente capacitada para cumplir el mismo tipo de función que su colega masculino.

Como ya se ha mencionado más arriba, la mujer hispana, y concretamente la española, se ha dedicado tradicionalmente a labores propias de su sexo y condición. Recuérdese que en los documentos nacionales de identidad y pasaportes aún se ve aquello de . . . «Profesión: sus labores» o «Profesión: su casa», sin tener en cuenta que muchas de estas mujeres sin una profesión definida participan activamente desde su hogar, y a veces fuera de él, en trabajos poco remunerados tales como tricotar, costura, planchado, servicio doméstico, o un pequeño negocio de chucherías. De esta manera pueden incrementar los ingresos familiares, muchas veces sin ningún tipo de reconocimiento por parte de la sociedad o incluso de su propia familia, a la cual tiene que atender como si no tuviera otras obligaciones.

Dentro del ambiente de trabajo español, existe discriminación salarial en contra de la mujer en aquellos empleos dedicados a labores menos remuneradas tales como servicios de limpieza, fábricas pequeñas y comercios de comestibles, etc. Singularmente, uno de los sectores en los que no parece existir esta discriminación salarial es aquel de las profesiones libres: medicina, periodismo, farmacia, comunicaciones, etc. En otras palabras, no hay discriminación en aquellas profesiones para las cuales se requieren es-

banca *the banking business*

comercio al detalle *retail*
ramo de hostelería *branch of hotel business*

loable elogiable

expedientes académicos *academic records, transcripts*

tricotar *to knit*
chucherías *knickknacks*

tudios universitarios o técnicos superiores. En todas estas profesiones, las mujeres compiten codo a codo con sus colegas masculinos, disfrutando, en general, de las mismas oportunidades salariales y de promoción y ascenso que ellos.

En cuanto a la ayuda que el marido medio español proporciona a su esposa en los quehaceres domésticos, ésta varía con el individuo y depende de la educación que haya recibido de su propia madre. En este aspecto, muchas madres españolas pecan de mimar demasiado a los varones de la casa discriminando muchas veces a las hijas. Tradicionalmente, en muchas familias españolas se ha considerado indigno que el niño lave un plato, tome la escoba para barrer, haga su propia cama, etc., pero no que obligue a su hermana a hacer estas labores «propias de su sexo». Es decir, que en muchos hogares españoles, las niñas han crecido con la idea de que a los hombres de la familia «hay que servirles». Naturalmente, el varón español criado en este ambiente tiende a perpetuar la «tradición», una vez casado, de que su mujer está para atenderles a él y a los hijos y preocuparse de todos los problemas domésticos aún cuando ella también trabaje fuera del hogar.

En toda justicia, hay que admitir que la actitud mencionada va cambiando progresivamente en el ambiente español sobre todo en aquellas parejas menores de cuarenta y cinco años. En este grupo, se observa una mayor compenetración del marido con su esposa para sobrellevar juntos no sólo la organización y distribución de las diversas tareas domésticas, sino también el cuidado y la educación de los hijos. Existe, por lo general, una mayor compenetración conyugal y se observa un mayor reconocimiento por parte del marido de la valía de su esposa como individuo y compañera de su vida con una preparación y educación similares a la suya propia. En la mayoría de los matrimonios españoles jóvenes, como en todo el mundo occidental, si los dos en la pareja trabajan fuera del hogar, distribuyen equitativamente las labores del mismo. Y en casos en que la mujer se dedica al cuidado de los hijos, el marido moderno español ayuda en las tareas domésticas, valorando de esta forma la labor de su esposa y participando activamente en el cuidado y educación de los hijos.

Es de esperar que en un futuro no muy lejano, así como va desapareciendo la división de tareas domésticas, vayan desapareciendo también las discriminaciones salariales y profesionales en contra de la mujer hispana. Esto dará a la esposa el justo valor que se merece por su labor de administradora del hogar, y será beneficioso no sólo para la mujer hispana, sino para todas las mujeres del mundo que contribuyen con su esfuerzo y trabajo a crear un mundo mejor.

codo elbow

medio *average*

conyugal marital

Pronombres relativos

que	*that, which, who*
lo que	*which* (neutro)
quien, quienes	*who* (m. o f.)
el que, la que	*he / she who / which, the one who / which*
los que, las que	*those who / which, the ones who / which*
el cual, la cual los cuales, las cuales	*which, who*
lo cual	*which* (neutro)
cuyo, cuya cuyos, cuyas	*whose* (adjetivo relativo)

¿Qué es el pronombre relativo? Un pronombre relativo une dos palabras o dos grupos de palabras que tienen algo en común. Pertenece al segundo y se refiere al primero, que se llama antecedente.

El pronombre *que*

El pronombre relativo más común es *que*. Se refiere a personas y a cosas. Se emplea como sujeto o complemento de la cláusula subordinada.

> La mujer que quiere ser independiente se prepara.

La mujer independiente. Siguen descripciones de la mujer, las situaciones en que algunas se encuentran y cómo quieren ser.

Combina las descripciones con *La mujer que . . .*

1 busca su identidad desea ser igual a todos
2 fue educada para ser ama de casa, se siente defraudada en la sociedad de hoy
3 se conoce puede encauzarse
4 recibe una educación adecuada puede enfrentarse con los problemas actuales
5 no es independiente no desarrolla su potencial
6 tiene que pedir todo a la familia o al marido no se siente importante
7 se ha liberado puede tomar decisiones propias
8 ha logrado la independencia no tiene derecho a equivocarse ni en el trabajo ni en el hogar

9 quiere ser independiente reconoce la necesidad de educar mejor a los hombres

10 puede votar y trabajar fuera de casa merece mucho respeto por haberse preparado bien

Y tú, ¿qué dices? ¿Estás de acuerdo con las ideas expresadas aquí? Defiende tus opiniones y agrega más descripciones de la mujer o de la sociedad (la vida, etc.) con respecto a la mujer.

Si una preposición precede al relativo, *que* se refiere sólo a cosas.

> Las ciencias a que me dedico son muy importantes.

Unos chismes y ciertas convicciones. Unos hablan del movimiento feminista sin saber de qué se trata.

Completa el ejercicio con una preposición + *que*. Escoge entre estas sugerencias: *a que, en que, de que, hacia la que.*

1 El refrán _____ hablo viene de los tiempos medievales.

2 Durante los tiempos remotos _____ se desarrolló la sociedad, la mujer necesitaba más protección que ahora.

3 Pero desde hace años la mujer y su conducta, _____ chismean las «carrozas», han tomado otros caminos.

4 Tristemente, su incertidumbre _____ podían liberarse las dejaba sin fuerzas para actuar.

5 ¿Conoces los artículos _____ hablan tanto en España y Latinoamérica?

6 El artículo _____ me refiero fue publicado en Chile.

7 Afortunadamente, las ideas _____ baso mi tesis no son consideradas tan revolucionarias en este momento.

8 La dirección _____ se encauza, llevará a la mujer al logro de su independencia.

9 La sociedad _____ vivimos exige más de cada individuo para encontrar el éxito y la felicidad.

10 Al movimiento feminista _____ pertenecen mujeres de muchas naciones le falta mucho por hacer.

El pronombre *quien*

Quien y *quienes* se refieren sólo a personas y deben concordar en número con su antecedente. Se emplean como complemento indirecto o de preposiciones. Se puede distinguir entre dos antecedentes que contribuyen información adicional (información parentética) a la idea básica y que se puede separar con una coma.

> La autora de quien habla es chilena.
> No sé quién escribió el otro artículo.
> No entrevistó a Christiane, quien llegó tarde.
> La madre de Lauro, quien leyó el libro, llegó.

Expresa con una preposición + *quien(es)*.

1. La autora _____ _____ habló es francesa.
2. Los franceses _____ _____ salgo son de Nice.
3. El señor _____ _____ trabajo comparte las mismas ideas que su mujer.
4. Hablé con los señores _____ _____ hablaste tú, que no nos comprenden.
5. Muchas «carrozas», _____ _____ se ríen los jóvenes, critican a sus hijas en el movimiento.
6. Conocí a unas chicas, _____ _____ caminé un rato, que quieren ser independientes.
7. ¿Son aquéllas las señoras _____ _____ mandaste los libros?
8. Las mujeres _____ _____ entrevisté se sienten humilladas cuando tienen que pedir dinero a sus maridos.
9. La señora _____ _____ trabaja el abogado es considerada justa, leal y jovial.
10. No dirán: —Allá van las mujeres _____ _____ les quitaron sus derechos.
11. La igualdad está al alcance _____ _____ trabajan por ella.

Los pronombres *el que, el cual*

Se usan los relativos *el que, los que, la que, las que* o *el cual, los cuales, la cual, las cuales* con las preposiciones de dos sílabas o más: *acerca de, contra, detrás de, delante de, desde,* y con *por, para y sin,* no importa dónde esté el antecedente.

> La injusticia, contra la cual protestan tantos, no ha desaparecido totalmente.
> La adolescencia, por la cual pasamos todos, es una etapa difícil.

Por qué somos felices. El tener amigos es importante. Considera lo que pasó cuando Montserrat pasó las vacaciones navideñas con nosotros.

Combina las ideas con la forma apropiada de *el que, el cual* y sus formas. Nota que en algunas ideas hay una preposición que se debe incluir en la combinación.

Siempre recibo cartas de Montserrat, hermana de un amigo nuestro. Ella vive en las Islas Canarias.
Siempre recibo cartas de Montserrat, hermana de un amigo nuestro, la cual vive en las Islas Canarias.

1. El chico, alumno de intercambio, vive con mis padres. Ellos lo quieren como a otro miembro de la familia.
2. Hace dos semanas llegó la última carta. Montse anunció por medio de ella sus planes de pasar la Navidad aquí.
3. Hay muchas habitaciones en la casa de mis padres. Cerca de la casa hay un lago.
4. Montse llegó en avión. Del avión descendió con mucho equipaje.
5. Ella caminó hacia la aduana. Detrás de la aduana se encuentra la puerta de salida.

6 Nos dio gusto verla en el aeropuerto. Dentro del aeropuerto, todos le dimos un abrazo y la tradicional bienvenida.

7 Papá fue por el coche. Detrás del coche estaba estacionado un bus.

8 Llamó a la puerta. Al otro lado de la puerta vio al chófer.

9 Abrió el coche. Adentro del coche colocó las maletas y lo que obviamente eran regalos.

10 Papá se metió en el coche. Alrededor del coche se veía la nieve cayendo lentamente.

11 Íbamos despacio en la carretera. A lo largo de la carretera vimos coches parados.

12 Llegados a casa, comenzaron las canciones, la risa, los refrescos y la alegría. Sin la alegría la vida sería monótona.

El pronombre *cuyo*

El pronombre *cuyo* significa *whose*. Concuerda con la entidad o cosa poseída, no con el que lo posee.

> La mujer, cuyo trabajo consistía en cuidar la casa, podía dedicarse al desarrollo de otros intereses.

Las «nuevas» madres. Ha habido muchos cambios en la vida de las mujeres en los últimos años.

Combina las ideas, empleando *cuyo* en la forma apropiada.

Matilde se siente olvidada. Su madre no está en casa.
Matilde, cuya madre no está en casa, se siente olvidada.

1 La mujer ya puede dedicarse a otros intereses. Su trabajo consistía en cuidar la casa.

2 Muchas madres aprovechan varias oportunidades para prepararse para una carrera. Sus hijos ya son mayores.

3 La sociedad estimula a la madre a agregar otra dimensión a su vida. Su concepto del valor de la mujer ha cambiado.

4 El movimiento feminista captó la atención de mucha gente. Los líderes incluían algunos hombres.

5 Las madres de 40 años se sumergen en su trabajo. Sus energías y potencialidades son asombrosas.

6 Los hombres encanecidos se sienten amenazados por la asistencia regular de la mujer en el trabajo. Su absentismo crece a un nivel alarmante.

7 Francine se divorció a los 30 años. Su marido no ayudaba a la familia.

8 La misma señora reclama su libertad. Sus hijas son muy posesivas.

9 Los jóvenes aceptan que han perdido a sus esclavas. Sus madres ya no se encuentran en casa.

10 Ahora las «nuevas» madres pueden seguir siendo verdaderas madres. Su papel es diferente.

Los pronombres *lo que, lo cual*

Lo que y *lo cual* son formas neutras que no se refieren a ninguna persona u objeto, sino a una idea o concepto.

> Se dedicó a sus estudios, lo que (lo cual) nos agradó mucho.

Puede referirse también a una acción, actitud o situación.

> Hace días que mis alumnos no vienen a clase, lo cual me tiene muy deprimido.
> Paula no quiere hablar a nadie, lo que me parece muy mal.
> La economía de este país empeora día a día, lo cual debe preocupar a todos.

Lo que se observa. Es interesante ver cómo han cambiado las costumbres durante los años. Las condiciones exigen nuevas maneras de hacer más agradable la vida. No todos han hecho la transición.

Combina las ideas con *lo que* o *lo cual* y la forma del verbo según el tiempo que indica el verbo de la primera cláusula.

> *El marido ayuda con los quehaceres domésticos. (extrañarme)*
>
> *El marido ayuda con los quehaceres domésticos lo que me extraña.*

1 El marido ayuda con los quehaceres domésticos. (extrañarme / ahorrar dinero / darle más tiempo a su mujer / mejorar las relaciones con ella)

2 El padre leyó cuentos a los niños. (agradecerle mucho / gustarles / apreciar la madre / sorprender a los vecinos)

3 La pareja moderna coopera con la educación y crianza de los hijos. (sorprender a los suegros / estrechar las relaciones en el hogar / recomendar la sociedad actual / hacer más firme la base de la relación)

4 Los hijos no ayudan en casa. (hacer más duro el trabajo de la madre / enojarle a la madre / no ser justo / mostrar su falta de consideración / no deber permitírseles)

Y tú, ¿qué dices? ¿Qué es lo que debe hacer cada individuo para mejorar la vida dentro del hogar? Haz una lista de lo que tú opinas son las obligaciones y contribuciones de todos en casa; en el trabajo; en una organización o club; en la sociedad en general.

Los adverbios

1 Se forman los adverbios agregando *-mente* a la forma femenina singular del adjetivo. Se conserva el acento original del adjetivo en la forma oral y escrita.

> El avión es rápido.
> Uno viaja rápidamente en avión.

A los adjetivos que terminan en consonante o en la vocal *e* se le agrega *-mente.*

> Ella es alegre y trabaja alegremente.
> Aprendió la rutina fácilmente.

En el uso de dos adverbios o más que terminan con *-mente,* se emplea esta forma únicamente con el último.

> Las empleadas son alegres y orgullosas.
> Trabajan alegre y orgullosamente.

2 Otra manera de formar los adverbios o frases adverbiales es *con* **+** *sustantivo.*

> Habló con calma.
> Luchó con valentía.

3 Algunos adverbios tienen su propia forma y, a veces, están relacionados con el adjetivo: *bueno* (adjetivo)—*bien* (adverbio): *malo* (adjetivo)—*mal* (adverbio).

4 A veces se emplea la forma masculina del adjetivo como adverbio.

> **valiente:**   Ella luchó valiente.
> **despacio:**   Los coches iban despacio.
> **caro:**   La lección le costó caro.

Pero a veces el adjetivo-adverbio concuerda con el sujeto.

> Ellos rieron felices. *(They laughed happily.)*

5 Algunas frases adverbiales se forman con preposiciones:

de una manera amable	*in a friendly way*
de modo descuidado	*carelessly*
a ciegas	*blindly*
a ciencia cierta	*certainly, for sure*
de buena gana	*willingly*
de antemano	*beforehand*
del todo	*completely*
para siempre	*forever*
por fortuna	*fortunately*
sin querer	*unintentionally*
con dulzura	*sweetly*
con certeza	*certainly, correctly*

¿Cómo lo hicieron? Describe con un adverbio cómo los sujetos hicieron las acciones mencionadas. Primero expresa solamente un adverbio. Después usa dos o más adverbios.

¿Cómo se expresó el autor? (brillante / claro)
El autor se expresó brillantemente.
El autor se expresó claramente.
El autor se expresó brillante y claramente.

1 ¿Cómo se expresó el autor? (brillante / claro / inteligente / detallado)
2 ¿Cómo hizo el obrero su trabajo? (fácil / hábil / cortés / exacto / pausado)
3 ¿Cómo cantó Plácido Domingo en su rol de Otelo? (natural / espectacular / característico / extraordinario / magnífico)
4 ¿Y el perro? ¿Cómo defendió al dueño? (feroz / fiel / ardiente / valiente / atrevido)

El reparto de los premios. Hace poco tiempo se celebró la competencia de declamación de poesía. Hoy los padres se reúnen para escuchar a los finalistas y ver la distribución de los premios. Ha sido una competencia muy controvertida.

Cambia el adverbio aquí expresado a la forma *con + sustantivo.*

Ella habló claramente.
Ella habló con claridad.

1 Los invitados se saludaron cortésmente.
2 Los peques salieron frecuentemente.
3 Los abuelos hablaron alegremente.
4 Un alumno recitó su poema rápidamente.
5 Los alumnos bien preparados actuaron seguramente.
6 Una niña miró a los declamadores curiosamente.
7 No nos gustó cuando el coro cantó tristemente.
8 Las madres sonrieron orgullosamente a los premiados.
9 Mi abuelo durmió tranquilamente durante todo el programa.
10 El chico que no ganó protestó violentamente a los jueces.

Los números ordinales

1° primero(a) (1er primer)   6° sexto(a)
2° segundo(a)   7° séptimo (a)
3° tercero(a) (3er tercer)   8° octavo(a)
4° cuarto(a)   9° noveno(a)
5° quinto(a)   10° décimo(a)

Los números ordinales expresan el orden en que ocurren determinados eventos o en que se encuentran entidades. Como adjetivo concuerdan en número y género con el sustantivo y van delante de él.

Está en el segundo edificio en la Quinta Avenida.
Estas son las primeras muestras que nos llegan.

Las formas abreviadas *primer* y *tercer* van delante de un sustantivo masculino singular.

Tráeme el primer documento del tercer archivo.

Con los títulos, los números ordinales no requieren el artículo.

Carlos Quinto (Carlos V) era un rey muy poderoso.

Se expresan las fechas con los números cardinales con la excepción de *primero*.

La clase comienza el primero de febrero y termina el diez de mayo.

Generalmente se emplean los números ordinales hasta *décimo*; después se usan los números cardinales que siguen al sustantivo.

Estamos en el capítulo dieciséis.
El Papa Juan Veintitrés era muy popular.

Resultados de las elecciones. El Consejo Estudiantil celebró elecciones para elegir a los líderes del año presente. Todavía están contando los votos. Es posible necesitar otra votación.

Expresa los números indicados.

1   Para presidente, Felipe Munguía está en el *1er* lugar con *1.239* votos.

2   ¡Imposible! ¡Su hermano gemelo está en *1er* lugar con *1.240* votos!

3 Y los demás—Luis Mario está en el *2º* lugar con *1.089*, con Cristián en *3ᵉʳ* lugar con *1.079*.

4 ¿Y Matilde? A ver. Mati está en *4º* lugar con *1.012*.

5 José está en *5º* con *986*.

6 ¿Quieres saber los otros resultados?
   David está en *6º* con *992*.
   Olivia está en *7º* con *972*.
   Pascual está en *8º* con *890*.
   Sabrina está en *9º* con *877*.
   Mateo está en *10º* con *851*.
   Salomón está en el *11º* con *702*.
   ¿Hay mayoría? ¿Será necesario volver a votar? ¿Quiénes serán los candidatos?

Breves notas de la historia. Como buen estudiante de español te conviene saber cuando menos un poco de la historia de España, sus líderes y los momentos importantes que han dejado su influencia sobre esa gran nación que hoy cuenta con aproximadamente 50.000.000 de habitantes.

Lee las siguientes notas, expresando los números en español y completando los verbos entre paréntesis en su propia forma conjugada.

1 Después que (morir) la reina Isabel, la *1ʳᵃ* mujer que (gobernar) con disciplina, logrando éxitos triunfales sobre los moros en 1492 en Granada, su hija Juana (llegar) a ser reina.

2 Juana (casarse) con Felipe I de Austria, heredero al trono del Sacro Imperio Romano Germánico.

3 La reina Juana (sufrir) intrigas en la corte que no (poder) combatir efectivamente, especialmente cuando (fallecer) su marido, lo que (turbar) su razón.

4 Ella (enfermarse) y (ser) necesario internarla en el castillo de la Mota en Castilla donde (pasar) el resto de su vida.

5 Su hijo Carlos V, después de muchas protestas sobre la sucesión, (subir) al trono en 1516 y (continuar) la política de sus abuelos, agregando a España la mayor extensión territorial del mundo.

6 En realidad, él (ser) Carlos I de España, pero (llevar) el título de Carlos V, debido a la herencia austríaca.

7 En 1556, después de haber luchado contra los enemigos de España, de Austria y de la iglesia católica, este gran rey (abdicar), lo cual (permitir) que su hijo Felipe II (ascender) al trono.

8 A pesar de grandes esfuerzos y luchas interminables, nunca (lograr) la paz en ninguna parte aunque (ser) un rey de buenas intenciones y singular devoción a la fe cristiana.

9 Después de 1598, año de la muerte de Felipe II, y bajo los reinados de Felipe III y Felipe IV, España (dejar) de jugar un papel de importancia en la política europea.

10 Durante el siglo XVIII Carlos III (iniciar) una serie de reformas que (contribuir) a establecer la estabilidad administrativa y económica de España.

11 Desafortunadamente, con la muerte de ese gran reformista, su hijo Carlos IV (1788–1808) (apresurarse) a deshacer las obras liberales y progresistas de su padre, dando rienda suelta a la invasión napoleónica, y forzando su abdicación a favor de su hijo Fernando VII.

12 Durante el siglo XIX España (retroceder) económica y administrativamente bajo una sucesión de líderes débiles como Isabel II, Alfonso XII y Alfonso XIII y la pérdida de las colonias en América, lo cual (abatir) la nación.

13 En el siglo XX España no (participar) ni en la *1ʳᵃ* ni en la *2ᵈᵃ* Guerra Mundial, aunque (sufrir) la terrible Guerra Civil (1936–1939) y la consecuente dictadura del General Francisco Franco, que (terminar) en 1975.

14 Ahora, a fines del siglo XX, España (go-
    zar) una relativa tranquilidad y (experi-
    mentar) el resurgimiento de la
    democracia bajo líderes elegidos consti-
tucionalmente que (mantener) la monarquía que encabeza el rey don Juan
Carlos de Borbón.

MODISMOS Y EXPRESIONES

a la larga *in the end, in the long run*
Más tarde el precio del coche subirá; a la larga será mejor comprarlo
ahora.
al por mayor *wholesale*
No quiero pagar tanto. ¿No hay una tienda donde se venda al por mayor?
darle a uno ganas de *to make one feel like*
El olor que salía de la cocina me dio ganas de comer.
no obstante *nevertheless, however, in spite of*
La noticia fue mala no obstante la amabilidad del mensajero.
desempeñar un papel *to play a part*
El actor desempeñó perfectamente el papel del rey.
en tela de juicio *in doubt, under careful consideration*
Como han sufrido tantos, hay muchos que ponen en tela de juicio el valor
del poder nuclear.

¡OJO!

Honesto y **honrado**

La palabra *honesto* significa «decoroso, decente, modesto». Para expresar la
palabra inglesa *honest*, hay que usar la palabra *honrado*. Similarmente, para
indicar el contrario se debe decir «no ser honrado». Aunque existe la palabra
deshonesto, ella significa «indecoroso, indecente, lascivo».

Ejemplos: Era un hombre honesto; siempre se portaba bien.
          Un hombre honrado tiene el respeto de todos.
          Una persona que dice palabras deshonestas no tiene respeto de nadie.

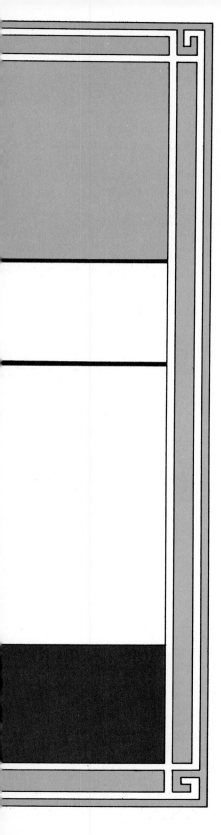

CUADRO 11

LA FANTASÍA Y LA IMAGINACIÓN

Para los gustos se han hecho los colores.

PARA PREPARAR LA ESCENA

El mundo de la fantasía es un jardín en donde se puede jugar con posibilidades y futuros, explorar lo irreal y gozar de una aventura inesperada. Todo el mundo tiene una atracción instintiva hacia la aventura y un afán de disfrutar de las emocionantes experiencias de otros.

La fantasía no respeta la edad, ni el sexo, ni la clase social. Nos capta a todos porque a todos nos gustan los sueños. Vaga en ellos algo provocativo e ilusorio. Nos dan la oportunidad de explorar mundos anchos y ajenos para conocer mejor mundos más reales.

Cada fantasía nace de la imaginación y produce imágenes mentales que cumplen una necesidad psicológica . . . una necesidad abrazando opciones . . . un empleo diferente, una teoría nueva, un cambio de costumbres, amigos o amantes . . . o tal vez solamente una charla íntima en una taberna con un unicornio. El mundo de la fantasía es un paso más allá de la realidad. Es un mundo en el cual se hace lo imposible.

PARA GOZAR

PARA PRESENTAR LA LECTURA

Aunque el tema de sus cuentos sea inspirado en lo real, en las obras de Enrique Anderson Imbert predomina lo irreal.

El autor es argentino y por muchos años ha publicado sus cuentos en el diario *La Nación* de Buenos Aires. La literatura fantástica le fascina a Anderson Imbert, y en «El leve Pedro» (de su colección *El mentir de las estrellas*, 1940) el autor ha dejado volar la imaginación para presentarnos una ocurrencia imposible con toda seriedad.

«Luna» es otro cuento deleitable de este mago de temas imaginativos. La tecnología moderna ha puesto un hombre en la luna. ¿Será posible pronunciar unas palabras mágicas y deslizarse por un rayo de luna?

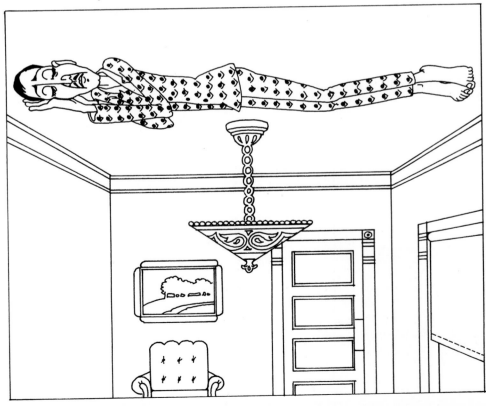

El leve Pedro

Enrique Anderson Imbert

Durante dos meses se asomó a la muerte. El médico murmuraba que la enfermedad de Pedro era nueva, que no había modo de tratarla y que él no sabía qué hacer . . . Por suerte el enfermo, solito, se fue curando. No había perdido su buen humor, su calma provinciana. Demasiado flaco y eso era todo. Pero al levantarse después de varias semanas de convalecencia se sintió sin peso.

—Oye—dijo a su mujer—me siento bien pero ¡no sé!, el cuerpo me parece . . . ausente . . . Tengo el alma como desnuda.

—Debilidad—le respondió su mujer.

—Tal vez.

Siguió mejorándose. Ya paseaba por el caserón, atendía el hambre de las gallinas y de los cerdos, pintó de verde la pajarera y aun se animó a hachar la leña. Pero según pasaban los días las carnes de Pedro perdían densidad. Algo muy raro le iba consumiendo, socavando, vaciando el cuerpo. Se sentía con una ingravidez maravillosa. Era la ingravidez de la chispa, de la burbuja y del globo. Le era muy fácil saltar limpiamente la cerca, trepar las escaleras de cinco en cinco, coger de un brinco la manzana alta.

—Te has mejorado tanto—observaba su mujer—que pareces un chiquillo acróbata.

Una mañana Pedro se asustó. Hasta entonces su agilidad le había preocupado, pero todo ocurría dentro de lo normal. Era extraordinario que, sin quererlo, convirtiera la marcha de los humanos en una triunfal carrera en volandas sobre la quinta. Era extraordinario pero no milagroso. Lo milagroso apareció esa mañana.

Muy temprano fue al potrero. Caminaba con pasos reprimidos porque ya sabía que en cuanto taconeara iría dando botes por el corral. Arremangó la camisa, acomodó un tronco, cogió el hacha y dio el primer golpe. Y entonces, rechazado por el impulso de su propio hachazo, Pedro levantó vuelo. Prendido todavía del hacha, quedó un instante en suspensión, flotando allá, a la altura de los techos; y luego bajó lentamente, bajó como un tenue vilano de cardo.

---

leve *light, lightweight*

provinciana *provincial*

peso *weight*

caserón *big old house*
cerdos *pigs*
pajarera *aviary, large bird cage*

socavando *undermining*
ingravidez *weightlessness*
chispa *spark*
burbuja *bubble*
globo *balloon*
cerca *fence*
trepar *to climb*
brinco *leap, jump*

carrera en volandas *flying race*
quinta *small farm*
milagroso *miraculous*
potrero *pasture*
dando botes *bouncing*
Arremangó la camisa *He rolled up his shirt sleeves*

vilano de cardo *thistledown*

Acudió su mujer cuando Pedro ya había descendido y, con una palidez de muerte, temblaba agarrado a un grueso tronco.

—¡Hebe! ¡Casi me caigo al cielo!

—Tonterías. No puedes caerte al cielo. Nadie se cae al cielo. ¿Qué te ha pasado?

Pedro explicó la cosa a su mujer y ésta, sin sorprenderse, le **regañó:**

—Te sucede por hacerte el acróbata. Ya te lo he advertido. El día menos pensado **te desnucarás** en una de tus piruetas.

—¡No, no!—insistió Pedro—. Ahora es diferente. **Me resbalé.** El cielo es un precipicio, Hebe.

Pedro soltó el tronco que lo anclaba pero **se asió** fuertemente a su mujer. Así abrazados volvieron a la casa.

—¡Hombre!—le dijo Hebe, que sentía el cuerpo de su marido pegado al suyo como el de un animal extrañamente joven y salvaje con ansias de huir al galope—. ¡Hombre, déjate de hacer fuerza, que me arrastras! Das unos pasos tan largos como si quisieras echarte a volar.

—¿Has visto, has visto? Algo horrible me está amenazando, Hebe. Apenas voy a moverme, y ya empieza la ascensión.

Esa tarde Pedro, que estaba sentado cómodamente en el patio leyendo las historietas del periódico, se rió convulsivamente. Y con la propulsión de las carcajadas fue elevándose como un **buzo** que se quitara las **suelas.** La risa se transformó en terror y Hebe acudió otra vez a los gritos de su marido. Alcanzó a cogerlo de los pantalones y lo atrajo a la tierra. Ya no había duda. Hebe le llenó los bolsillos con grandes **tuercas, caños de plomo** y piedras; y estos pesos por el momento le dieron a su cuerpo la solidez necesaria para caminar por la galería y subir por la escalera de su cuarto. Lo difícil fue desvestirlo. Cuando Hebe le quitó los **hierros** y el plomo, Pedro, flotando sobre las **sábanas,** se entrelazó a los **barrotes** de la cama y le advirtió:

—¡Cuidado, Hebe! Vamos a hacerlo despacio porque no quiero dormir en el techo.

—Mañana mismo llamaremos al médico.

—Si consigo estarme quieto no me ocurrirá nada. Solamente cuando me agito me hago aeronauta.

Con mil precauciones pudo acostarse y se sintió seguro.

—¿Tienes ganas de subir?

—No. Estoy bien.

Se dieron las buenas noches y Hebe apagó la luz.

Al otro día cuando Hebe abrió los ojos vio a Pedro durmiendo como un bendito, con la cara pegada al techo. Parecía un globo escapado de las manos de un niño.

---

regañó *scolded*

te desnucarás *you'll break your neck*
Me resbalé *I slipped*

se asió *grabbed*

buzo *diver*
suelas *weighted soles*

tuercas *bolt nuts*
caños de plomo *lead pipes*

hierros *pieces of iron*
sábanas *bed sheets*
barrotes *iron bars*

—¡Pedro, Pedro!—gritó aterrorizada.

Al fin Pedro despertó, dolorido por la presión de varias horas contra el techo. ¡Qué espanto! Trató de saltar al revés, de caer para arriba, de subir para abajo. Pero el techo lo succionaba como succionaba el suelo a Hebe.

succionaba *pulled*

—Tendrás que atarme de una pierna y amarrarme al ropero hasta que llames al doctor y vea qué es lo que pasa.

ropero *wardrobe*

Hebe buscó una cuerda y una escalera, ató un pie a su marido y se puso a tirar con todo el ánimo. El cuerpo pegado al techo se removió como un lento dirigible. Aterrizaba.

En ese momento entró por la puerta un correntón de aire que ladeó el cuerpo leve de Pedro y, como a una pluma, lo sopló por la ventana abierta. Ocurrió en un segundo. Hebe lanzó un grito y la cuerda se le escapó de las manos. Cuando corrió a la ventana ya su marido, desvanecido, subía por el aire inocente de la mañana, subía como un globo de color fugitivo en un día de fiesta, perdido para siempre, en viaje al infinito. Se hizo un punto y luego nada.

correntón *gust*
ladeó *tilted*

desvanecido *fading away, vanishing*

Actividades

A Contesta las siguientes preguntas.

1 ¿Por qué no sabía qué hacer el médico para curar a Pedro?
2 ¿Qué síntomas tenía Pedro?
3 Al mejorarse, ¿qué trabajos domésticos hizo Pedro?
4 ¿Cómo se sentía al levantarse?
5 Según Hebe, ¿qué parecía Pedro con los nuevos efectos de la ingravidez?
6 ¿Qué hacía Pedro cuando levantó vuelo?
7 ¿Qué hizo la mujer de Pedro para evitar que ascendiera?
8 ¿Qué usó para bajarlo del techo?
9 Por fin, ¿adónde lo llevó un correntón de aire?

B ¿Cómo reaccionaste al cuento? Evalúalo usando palabras de la siguiente lista.

1	interesante	9	cómico
2	divertido	10	serio
3	encantador	11	gracioso
4	ridículo	12	original
5	imaginativo	13	burlón
6	fantástico	14	satírico
7	realista	15	irónico
8	absurdo	16	necio

C Consideremos el cuento «El leve Pedro». El desenlace del autor nos revela que el cuerpo de Pedro salió por la ventana abierta y desapareció en el infinito. ¿Puedes terminar el cuento de otra manera? ¿Cuántos desenlaces puedes imaginar para terminar el cuento? Indica algunos.

Luna

Enrique Anderson Imbert

azotea *roof*

Jacobo, el niño tonto, solía subirse a la azotea y espiar la vida de los vecinos.

Esa noche de verano el farmacéutico le dijo a su mujer: —Ahí está otra vez el tonto. No mires. Debe de estar espiándonos. Le voy a dar una lección. Sígueme la conversación, como si nada . . .

como si nada *as if nothing (were happening)*

tarta pastel

no sea que alguien se la robe *or someone may steal it*

persianas apestilladas *blinds closed tightly*

Entonces, alzando la voz, dijo:

—Esta tarta está sabrosísima. Tendrás que guardarla cuando entremos: no sea que alguien se la robe.

—¡Cómo la van a robar! La puerta de calle está cerrada con llave. Las ventanas, con las persianas apestilladas.

—Y . . . alguien podría bajar desde la azotea.

—Imposible. No hay escaleras; las paredes del patio son lisas . . .

tarasá palabra mágica

arrojándose de cabeza *diving head first*

—Bueno: te diré un secreto. En noches como ésta bastaría que una persona dijera tres veces «tarasá» para que, arrojándose de cabeza, se deslizase por la luz y llegase sano y salvo aquí, cogiese la tarta y escalando los rayos de la luna se fuese tan contento. Pero vámonos, que ya es tarde y hay que dormir.

rendija grieta

Se entraron dejando la tarta sobre la mesa y se asomaron por una rendija de la ventana del dormitorio, que daba al patio, para ver qué hacía el tonto. Lo que vieron fue que el tonto, después de repetir tres veces «tarasá», se arrojó de cabeza al patio, se deslizó como por un suave tobogán de oro, cogió la tarta y con la alegría de un salmón remontó aire arriba y desapareció entre las chimeneas de la azotea.

remontó aire arriba se elevó por el aire

Actividades

A Contesta las siguientes preguntas.

1 ¿Qué hacía Jacobo cuando subía a la azotea?

2 ¿Quiénes eran sus vecinos?

3 ¿Por qué empezaron los vecinos a hablar de la tarta?

4 ¿Qué secreto le comunicó el farmacéutico a su mujer?

5 ¿Qué hicieron los vecinos después de entrar en la casa? ¿Para qué?

6 ¿Qué vieron desde allí?

B Algunas personas tienen una imaginación poderosa. Examinemos la tuya por medio de la siguiente actividad. En la lista de abajo hay objetos que tienen uso común. Escoge uno y escribe todos los usos alternativos que produce tu imaginación.

1 una pluma de ave
2 una llanta de segunda mano
3 una pelota de vólibol
4 una maceta (*flower pot*)
5 un puñado de frijoles

C Imagínate que eres residente de una colonia espacial. Discute la forma exterior de la colonia, los entornos terrestres dentro de paredes transparentes, hábitos, costumbres e interacciones humanas en la colonia.

D Haz visibles ciertos personajes ficticios. Responde a las siguientes preguntas.

1 ¿Quién es el personaje imaginado?
2 ¿Cómo es?
3 ¿Cómo se viste?
4 ¿Qué hace el personaje durante el día?
5 ¿Qué come?
6 ¿Cómo se divierte?
7 ¿Trabaja? ¿En qué?

Jorge Luis Borges

PARA PRESENTAR LA LECTURA

En junio de 1986 murió Jorge Luis Borges, el escritor argentino que era candidato perpetuo para el Premio Nóbel de Literatura. Su producción literaria es inmensa, concentrándose en el ensayo, el cuento y la poesía. Borges se destaca en los tres géneros, pero como escritor de «ficciones» y cuentos fantásticos es maestro.

Borges se quedó ciego por completo en 1956 y en una autobiografía habló de la ironía espléndida de Dios que a la vez le había concedido ochocientos mil libros y la oscuridad.

Entre los temas que le interesan a Borges son la magia y el fin del hombre. Los dos se unen en el cuento de «El brujo postergado», basado en *El libro del Conde Lucanor* (una colección de cincuenta cuentos didácticos).

El brujo postergado

Jorge Luis Borges

En Santiago había un deán que tenía codicia de aprender el arte de la magia. Oyó decir que don Illán de Toledo la sabía más que ninguno, y fue a Toledo a buscarlo.

El día que llegó enderezó a la casa de don Illán y lo encontró leyendo en una habitación apartada. Éste lo recibió con bondad y le dijo que postergara el motivo de su visita hasta después de comer. Le señaló un alojamiento muy fresco y le dijo que lo alegraba mucho su venida. Después de comer, el deán le refirió la razón de aquella visita y le rogó que le enseñara la ciencia mágica. Don Illán le dijo que adivinaba que era deán, hombre de buena posición y buen porvenir, y que temía ser olvidado luego por él. El deán le prometió y aseguró que nunca olvidaría aquella merced, y que estaría siempre a sus órdenes. Ya arreglado el asunto, explicó don Illán que las artes mágicas no se podían aprender sino en sitio apartado, y tomándolo por la mano, lo llevó a una pieza contigua, en cuyo piso había una gran argolla de fierro. Antes le dijo a la sirvienta que tuviese perdices para la cena, pero que no las pusiera a asar hasta que la mandaran. Levantaron la argolla entre los dos y descendieron por una escalera de piedra bien labrada, hasta que al deán le pareció que habían bajado tanto que el lecho del Tajo estaba sobre ellos. Al pie de la escalera había una celda y luego una biblioteca y luego una especie de gabinete con instrumentos mágicos. Revisaron los libros y en eso estaban cuando entraron dos hombres con una carta para el deán, escrita por el obispo, su tío, en la que le hacía saber que estaba muy enfermo y que, si quería encontrarlo vivo, no demorase. Al deán lo contrariaron mucho estas nuevas, lo uno por la dolencia de su tío, lo otro por tener que interrumpir los estudios. Optó por escribir una disculpa y la mandó al obispo. A los tres días llegaron unos hombres de luto con otras cartas para el deán, en las que se leía que el obispo había fallecido, que estaban eligiendo sucesor, y que esperaban por la gracia de Dios que lo elegirían a él. Decían también que no se molestara en venir, puesto que parecía mucho mejor que lo eligieran en su ausencia.

el brujo postergado *the sorcerer that was passed over*
deán jefe de una iglesia catedral
tenía codicia deseaba intensamente
enderezó fue directamente
postergara pospusiera

adivinaba *guessed*

merced favor

pieza contigua cuarto de al lado
argolla de fierro *iron ring*
perdices *partridges*

lecho del Tajo *bed of the river Tajo*

obispo *bishop*
demorase *delay, tarry*
contrariaron *upset*

de luto *dressed in mourning*

escuderos *squires*

A los diez días vinieron dos escuderos muy bien vestidos, que se arrojaron a sus pies y besaron sus manos, y lo saludaron obispo. Cuando don Illán vio estas cosas, se dirigió con mucha alegría al nuevo prelado y le dijo que agradecía al Señor que tan buenas nuevas llegaran a su casa. Luego le pidió el decanazgo vacante para uno de sus hijos. El obispo le hizo saber que había reservado el decanazgo para su propio hermano, pero que había determinado favorecerlo y que partiesen juntos para Santiago.

decanazgo oficio de deán

Fueron para Santiago los tres, donde los recibieron con honores. A los seis meses recibió el obispo mandaderos del Papa que le ofrecía el arzobispado de Tolosa, dejando en sus manos el nombramiento de sucesor. Cuando don Illán supo esto, le recordó la antigua promesa y le pidió este título para su hijo. El arzobispo le hizo saber que había reservado el obispado para su propio tío, hermano de su padre, pero que había determinado favorecerlo y que partiesen juntos para Tolosa. Don Illán no tuvo más remedio que asentir.

mandaderos mensajeros
arzobispado oficio de arzobispo

obispado oficio de obispo

Fueron para Tolosa los tres, donde los recibieron con honores y misas. A los dos años, recibió el arzobispo mandaderos del Papa que le ofrecía el capelo de Cardenal dejando en sus manos el nombramiento de sucesor. Cuando don Illán supo esto, le recordó la antigua promesa y le pidió este título para su hijo. El Cardenal le hizo saber que había reservado el arzobispado para su propio tío, hermano de su madre, pero que había determinado favorecerlo y que partiesen juntos para Roma. Don Illán no tuvo más remedio que asentir. Fueron para Roma los tres, donde los recibieron con honores y misas y procesiones. A los cuatro años murió el Papa y nuestro Cardenal fue elegido para el papado por todos los demás. Cuando don Illán supo esto, besó los pies de Su Santidad, le recordó la antigua promesa y le pidió el cardenalato para su hijo.

capelo sombrero de cardenal

papado oficio del Papa (*Pope*)
cardenalato oficio de cardenal

El Papa lo amenazó con la cárcel, diciéndole que bien sabía él que no era más que un brujo y que en Toledo había sido profesor de artes mágicas. El miserable don Illán dijo que iba a volver a España y le pidió algo para comer durante el camino. El Papa no accedió. Entonces don Illán (cuyo rostro se había remozado de un modo extraño), dijo con una voz sin temblor:

remozado rejuvenecido

—Pues tendré que comerme las perdices que para esta noche encargué.

La sirvienta se presentó y don Illán le dijo que las asara. A estas palabras, el Papa se halló en la celda subterránea en Toledo, solamente deán de Santiago, y tan avergonzado de su ingratitud que no atinaba a disculparse. Don Illán dijo que bastaba con esa prueba, le negó su parte de las perdices y lo acompañó hasta la calle, donde le deseó feliz viaje y lo despidió con gran cortesía.

no atinaba no lograba

Actividades

A Contesta las siguientes preguntas.

1 ¿Por qué fue el deán a Toledo?
2 ¿Cómo lo recibió don Illán?
3 ¿Qué le prometió el deán a don Illán?
4 ¿Adónde llevó don Illán al deán para enseñarle las artes mágicas? ¿Cómo llegaron allí?
5 ¿Qué le mandó preparar a la sirvienta para la cena?
6 ¿Qué noticias le trajeron los dos hombres al deán?
7 ¿Qué noticias le trajeron unos hombres de luto al deán?
8 ¿Qué hicieron los dos escuderos cuando llegaron?
9 ¿Cómo le contestaba el deán todos los pedidos que hacía don Illán?
10 ¿Honró el deán la promesa que había hecho a don Illán?
11 Explica cómo es que los dos estuvieron en el lugar subterráneo en Toledo.
12 ¿Fueron reales o imaginarios los sucesos en la celda subterránea?
13 ¿Quién es el verdadero brujo postergado?

B En la sociedad moderna, ¿dónde se introducen los brujos, los curanderos, los magos, los adivinos(as)? ¿Crees tú en ellos o en esta forma de magia? Haz un comentario.

C La fantasía es el experimentar con futuros imaginables y alternos para reclamar un sentido de control sobre el destino. Comenta.

MODISMOS Y EXPRESIONES

estar por *to be in favor of*
Prefiero mirar la televisión pero mis hermanos están por ir al cine.
estar para *to be about (ready) to*
Estábamos para salir cuando sonó el teléfono.
tener que ver con *to have to do with*
Mi hermana no tiene nada que ver con mis amigos.
dar por *to consider as*
Damos por hecho la tarea asignada por la maestra.
dejar de + infinitivo *to stop; to leave off*
Deja de escribir las respuestas y vamos a decirlas en voz alta.
vaya + sustantivo *What a . . . !*
¡Vaya una chica bonita!

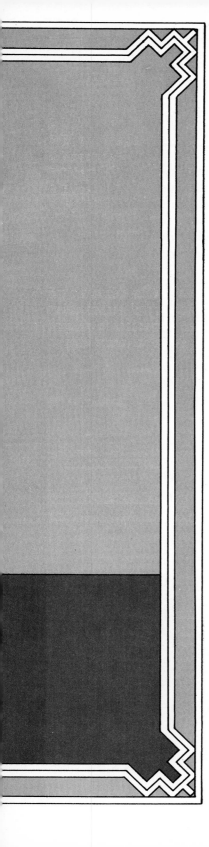

LA INSPIRACIÓN Y LA ESPERANZA

El sol sale para todos.

PARA PREPARAR LA ESCENA

Es característico en los hispanos acabar con un asunto citando un refrán. Los refranes son dichos que pueden tener un carácter educativo, moral o filosófico. Los españoles suelen usarlos con frecuencia porque en pocas palabras se dice mucho.

Entre los innumerables refranes españoles hay muchos que promueven la idea que uno debe tener confianza; se debe creer que lo que uno desea es posible; es necesario mirar hacia el futuro con determinación y esperanza. Por ejemplo:
El que no se arriesga, no pasa la mar.
Quien busca, halla.
Viene fortuna a quien la procura.
Donde una puerta se cierra, otra se abre.
Quien bien siembra, bien coge.

Gocen de los siguientes poemas y selecciones que también tienen una perspectiva positiva y un valor inspirativo. Y recuerden: «El sol sale para todos».

PARA PRESENTAR LA LECTURA

Además de ser un cuentista notable (el autor de «La yaqui hermosa»), Amado Nervo (1870–1919) se distingue como poeta. Influido, sin duda, por su carrera eclesiástica en un seminario, gran parte de su obra contiene poemas religiosos y filosóficos que bordean en lo místico. Un hombre apasionado y de profundo sentir, también expresa en sus obras el tema amoroso.

Nervo se preocupa por el destino del hombre. En «Hoy he nacido» el poeta sugiere cómo debemos ver cada día de la vida. La nota de esperanza se tiempla un poco con la tristeza del recuerdo.

El título «Llénalo de amor», una composición en prosa corta, lo dice todo. Nervo nos inspira con el consejo que «siempre que haya un hueco en la vida, llénalo de amor».

Barcelona: Casa Milá (arquitecto: Antonio Gaudí)

Hoy he nacido

Amado Nervo

Cada día que pase, has de decirte:
«¡Hoy he nacido!
El mundo es nuevo para mí; la luz
esta que miro,
hiere sin duda por la vez primera
mis ojos límpidos;
la lluvia que hoy desfleca sus cristales   **desfleca** *unfolds*
es mi bautismo.

«Vamos, pues, a vivir un vivir puro,
un vivir nítido.   **nítido** claro, con resplan-
Ayer, ya se perdió: ¿fui malo? ¿bueno?   dor
. . . Venga el olvido,
y quede sólo de ese ayer, la esencia,
el oro íntimo
de lo que amé y sufrí mientras marchaba
por el camino.

«Hoy, cada instante, al bien y a la alegría
será propicio,
y la esencial razón de mi existencia,
mi decidido
afán, volcar la dicha sobre el mundo,   **afán** *eagerness*
verter el vino
de la bondad sobre las bocas ávidas
en redor mío.

«Será mi sola paz la de los otros;
su regocijo
mi regocijo, su soñar mi ensueño;
mi cristalino
llanto, el que tiemble en los ajenos párpados;
y mis latidos
los latidos de cuantos corazones
palpiten en los orbes infinitos!»

Cada día que pase, has de decirte:
«¡Hoy he nacido!»

Llénalo de amor
Amado Nervo

hueco espacio vacante

    Siempre que haya un hueco en tu vida, llénalo de amor.
    Adolescente joven, viejo: siempre que haya un hueco en tu vida, llénalo de amor.

baldío libre

    En cuanto sepas que tienes delante de ti un tiempo baldío, ve a buscar el amor.
    No pienses: «Sufriré».
    No pienses: «Me engañarán».
    No pienses: «Dudaré».

diáfanamente abiertamente
regocijadamente alegremente
índole tipo

    Ve, simplemente, diáfanamente, regocijadamente, en busca del amor.
    ¿Qué índole de amor? No importa; todo amor está lleno de excelencia y de nobleza.
    Ama como puedas, ama a quien puedas, ama todo lo que puedas . . . , pero ama siempre.
    No te preocupes de la finalidad de tu amor.
    Él lleva en sí mismo su finalidad.
    No te juzgues incompleto porque no responden a tus ternuras;

plenitud abundancia

el amor lleva en sí su propia plenitud.
    Siempre que haya un hueco en tu vida, llénalo de amor.

PARA PRESENTAR LA LECTURA

Todos los enamorados españoles suelen citar los versos de Gustavo Adolfo Bécquer (1836–1870). Es el poeta romántico por excelencia con sus versos finos y delicados de vocabulario sencillo y natural.

Su obra principal es una colección de rimas cortas que tratan de un solo tema: el amor en su aspecto romántico y melancólico. La poesía de Bécquer refleja los dolores personales y desilusiones románticas que sufrió este poeta en su corta vida. Murió a los treinta y cuatro años, pobre, sin conocer el impacto de sus *Rimas,* publicadas después de su muerte.

Rimas

Gustavo Adolfo Bécquer

VII

Del salón en el ángulo obscuro,
De su dueño tal vez olvidada,
Silenciosa y cubierta de polvo
Veíase el arpa.

¡Cuánta nota dormía en sus cuerdas,
Como el pájaro duerme en las ramas,
Esperando la mano de nieve
Que sabe arrancarlas!

¡Ay! pensé; ¡cuántas veces el genio
Así duerme en el fondo del alma,
Y una voz, como Lázaro, espera
Que le diga: «Levántate y anda»!

arpa instrumento musical *(harp)*
cuerdas *harp strings*

arrancarlas extraer las notas dormidas en las cuerdas del arpa
Lázaro *Lazarus: a biblical character*

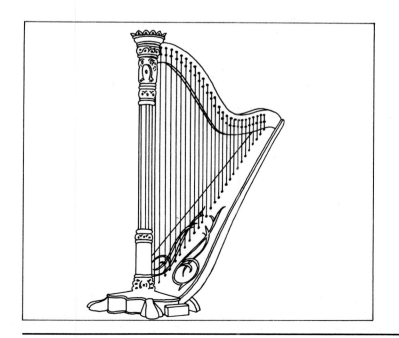

PARA PRESENTAR LA LECTURA

Alberto Cortez, poeta, cantante y cuentista argentino, es uno de los artistas más conocidos de su país en la actualidad. Es el autor de «Rosa Leyes, el indio» y «Cuando un amigo se va». En los siguientes versos, el poeta evoca a su padre en una remembranza de los consejos que éste le dio antes de dejar el hogar.

Camina siempre adelante

Alberto Cortez

Cuando le dije a mi padre
que me iba a echar a volar,
que ya tenía mis alas
y abandonaba el hogar

se puso serio y me dijo:
«A mí me ha pasado igual,
también me fui de la casa
cuando tenía tu edad.

«En cuanto llama la vida
los hijos siempre se van;
te está esperando el camino
y no le gusta esperar.

«Camina siempre adelante
tirando bien de la rienda,
más nunca ofendas a nadie
para que nadie te ofenda.

«Camina siempre adelante
y ve marcando tu senda
cuando mejor trigo siembres
mejor será la molienda.

«No has de confiar en la piedra
con la que puedas topar,
apártala del camino
por los que vienen detrás.

«Cuando te falte un amigo
o un perro con quien hablar,
mira hacia adentro y contigo
has de poder conversar.

la molienda *the grinding
(product)*

topar encontrar

«Camina siempre adelante
pensando que hay una mañana,
no te permitas perderlo
porque está buena la cama.

«Camina siempre adelante
no te derrumbes por nada
y extiende abierta tu mano
para quien quiera estrecharla . . . »

no te derrumbes no te
caigas

Cuando le dije a mi padre
que me iba a echar a volar,
se me nublaron los ojos
y me marché del hogar.

PARA PRESENTAR LA LECTURA

Nacido en Sevilla (1875–1939), Antonio Machado cultivó la poesía postromántica, que es algo similar a la poesía de Bécquer pero posterior a la de éste. La poesía de Antonio Machado es distinta a la de su hermano Manuel (Cuadro 1), quien siguió el estilo modernista. En la obra de Antonio Machado predomina la emoción y un gran dominio del castellano.

Anoche cuando dormía

Antonio Machado

Anoche cuando dormía
soñé, ¡bendita ilusión!,
que una fontana fluía
dentro de mi corazón.
Di: ¿por qué acequia escondida,
agua, vienes hasta mí,
manantial de nueva vida
en donde nunca bebí?

Anoche cuando dormía
soñé, ¡bendita ilusión!,
que una colmena tenía
dentro de mi corazón;
y las doradas abejas
iban fabricando en él,
con las amarguras viejas,
blanca cera y dulce miel.

Anoche cuando dormía
soñé, ¡bendita ilusión!
que un sol ardiente lucía
dentro de mi corazón.

Era ardiente porque daba
calores de rojo hogar,
y era sol porque alumbraba
y porque hacía llorar.

Anoche cuando dormía
soñé, ¡bendita ilusión!,
que era Dios lo que tenía
dentro de mi corazón.

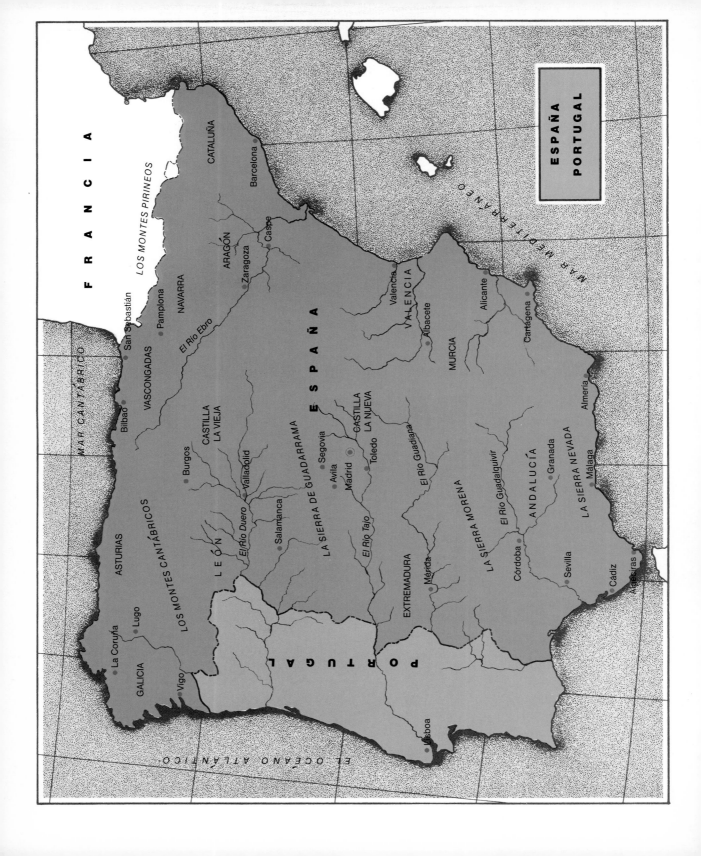

EL MAR CARIBE

Maracaibo • • Caracas
Cartagena • Ciudad Bolívar
VENEZUELA
Medellín •
GUYANA
Bogotá •
GUAYANA
FRANCESA
SURINAM
COLOMBIA
El Río Orinoco

Quito •
ECUADOR
Guayaquil •
Belém •
El Río Amazonas

L O S   A N D E S

El Río Madeiro

PERÚ
Lima •
B R A S I L
El Río São Francisco
Salvador •

La Paz •
Brasilia •
BOLIVIA
Sucre •
El Río Paraguay

O C É A N O   P A C Í F I C O

CHILE
PARAGUAY
El Río Paraná
Rio de Janeiro •
São Paulo •

Asunción •
S. Miguel
de Tucumán •

O C É A N O   A T L Á N T I C O

Córdoba • Santa Fé •
Rosario •
URUGUAY
Valparaíso •
Buenos Aires • Montevideo •
Santiago •
El Río de la Plata
ARGENTINA
Bahía Blanca •

L O S   A N D E S

AMÉRICA DEL SUR

ISLAS MALVINAS

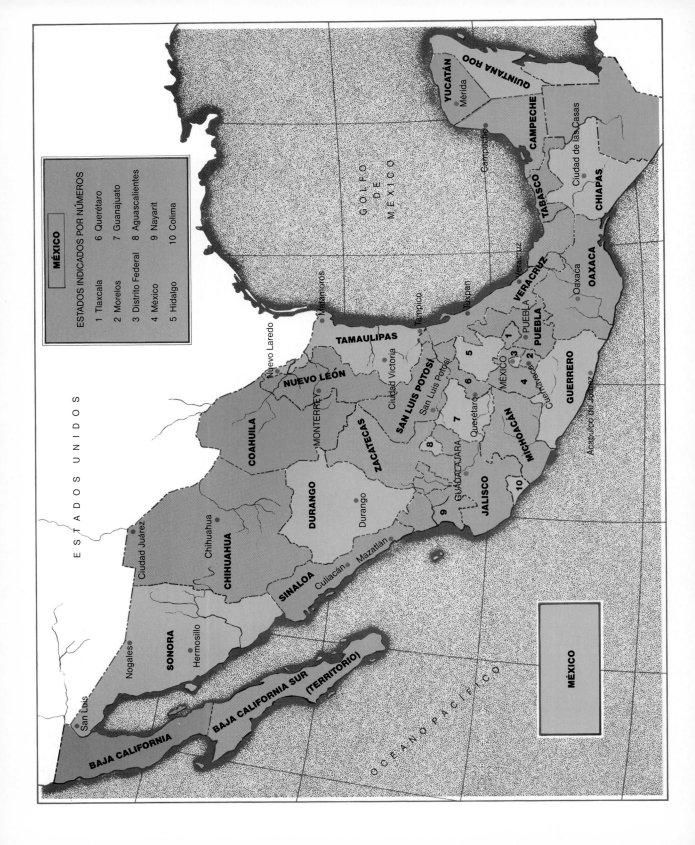

MÉXICO

ESTADOS INDICADOS POR NÚMEROS

1 Tlaxcala   6 Querétaro
2 Morelos   7 Guanajuato
3 Distrito Federal   8 Aguascalientes
4 México   9 Nayarit
5 Hidalgo   10 Colima

ESTADOS UNIDOS

GOLFO DE MÉXICO

OCÉANO PACÍFICO

BAJA CALIFORNIA

BAJA CALIFORNIA SUR (TERRITORIO)

SONORA

Nogales
San Luis
Hermosillo

CHIHUAHUA

Ciudad Juárez
Chihuahua

SINALOA

Culiacán
Mazatlán

DURANGO

Durango

COAHUILA

MONTERREY

NUEVO LEÓN

Nuevo Laredo

TAMAULIPAS

Matamoros

Ciudad Victoria

ZACATECAS

SAN LUIS POTOSÍ

San Luis Potosí

Tampico

Tuxpan

Veracruz

VERACRUZ

GUADALAJARA

JALISCO

MICHOACÁN

Querétaro

MÉXICO

Cuernavaca

GUERRERO

Acapulco de Juárez

PUEBLA

PUEBLA

OAXACA

Oaxaca

TABASCO

CHIAPAS

Ciudad de las Casas

CAMPECHE

Campeche

YUCATÁN

Mérida

QUINTANA ROO

MÉXICO

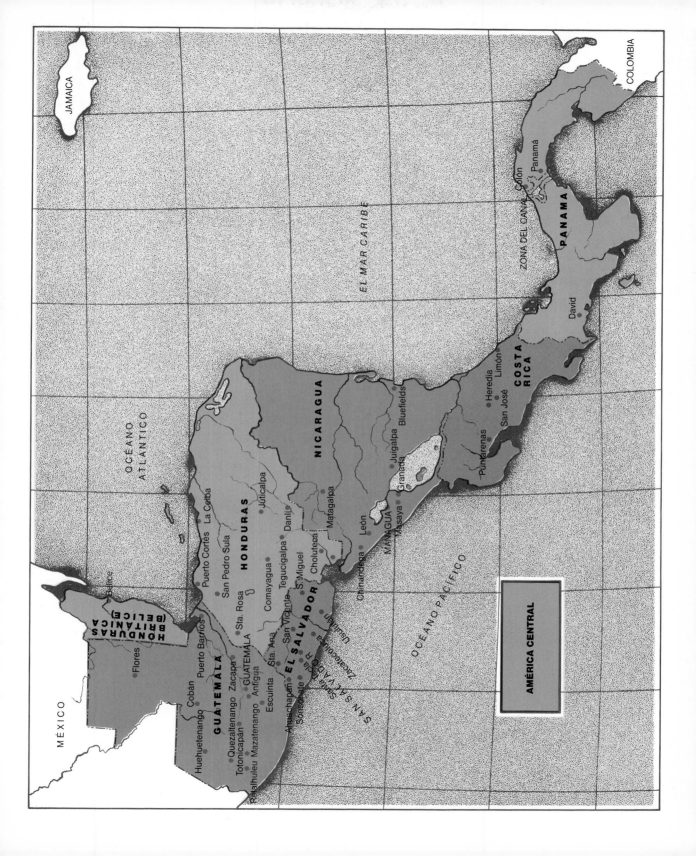

AMÉRICA CENTRAL

MÉXICO

JAMAICA

COLOMBIA

OCÉANO ATLÁNTICO

EL MAR CARIBE

OCÉANO PACÍFICO

HONDURAS BRITÁNICA (BELICE)

Belice

Flores

GUATEMALA

Cobán
Puerto Barrios
Huehuetenango
Zacapa
Quezaltenango
Totonicapán
GUATEMALA
Retalhuleu Mazatenango Antigua
Escuinta
Sta. Ana
Ahuachapán
Sonsonate
SAN SALVADOR
EL SALVADOR
Sta. Lucía
Zacatecoluca
Usulután
S. Miguel
San Vicente

HONDURAS

Puerto Cortés
La Ceiba
San Pedro Sula
Sta. Rosa
Comayagua
Tegucigalpa
Danlí
Juticalpa
Choluteca

NICARAGUA

Matagalpa
León
MANAGUA
Masaya
Granada
Juigalpa
Chinandega
Bluefields

COSTA RICA

Puntarenas
Heredia
San José
Limón

PANAMÁ

ZONA DEL CANAL
Colón
Panamá
David

VERBOS

REGULAR VERBS

	hablar	comer	vivir
Infinitive	**hablar**	**comer**	**vivir**
	to speak	*to eat*	*to live*
Present Participle	hablando	comiendo	viviendo
Past Participle	hablado	comido	vivido

SIMPLE TENSES

Indicative

	hablar	comer	vivir
Present	hablo	como	vivo
	hablas	comes	vives
	habla	come	vive
	hablamos	comemos	vivimos
	habláis	coméis	vivís
	hablan	comen	viven
Imperfect	hablaba	comía	vivía
	hablabas	comías	vivías
	hablaba	comía	vivía
	hablábamos	comíamos	vivíamos
	hablabais	comíais	vivíais
	hablaban	comían	vivían
Preterite	hablé	comí	viví
	hablaste	comiste	viviste
	habló	comió	vivió
	hablamos	comimos	vivimos
	hablasteis	comisteis	vivisteis
	hablaron	comieron	vivieron
Future	hablaré	comeré	viviré
	hablarás	comerás	vivirás
	hablará	comerá	vivirá
	hablaremos	comeremos	viviremos
	hablaréis	comeréis	viviréis
	hablarán	comerán	vivirán
Conditional	hablaría	comería	viviría
	hablarías	comerías	vivirías
	hablaría	comería	viviría
	hablaríamos	comeríamos	viviríamos
	hablaríais	comeríais	viviríais
	hablarían	comerían	vivirían

Subjunctive

	hablar	comer	vivir
Present	hable	coma	viva
	hables	comas	vivas
	hable	coma	viva
	hablemos	comamos	vivamos
	habléis	comáis	viváis
	hablen	coman	vivan

Imperfect	hablara	comiera	viviera
	hablaras	comieras	vivieras
	hablara	comiera	viviera
	habláramos	comiéramos	viviéramos
	hablarais	comierais	vivierais
	hablaran	comieran	vivieran

COMPOUND TENSES

Indicative

Present Perfect	he			
	has			
	ha	hablado	comido	vivido
	hemos			
	habéis			
	han			
Pluperfect	había			
	habías			
	había	hablado	comido	vivido
	habíamos			
	habíais			
	habían			
Future Perfect	habré			
	habrás			
	habrá	hablado	comido	vivido
	habremos			
	habréis			
	habrán			
Conditional Perfect	habría			
	habrías			
	habría	hablado	comido	vivido
	habríamos			
	habríais			
	habrían			

Subjunctive

Present Perfect	haya			
	hayas			
	haya	hablado	comido	vivido
	hayáis			
	hayan			
Pluperfect	hubiera			
	hubieras			
	hubiera	hablado	comido	vivido
	hubiéramos			
	hubierais			
	hubieran			

DIRECT COMMANDS

Informal
(*tú* and *vosotros* forms)

Affirmative	habla (tú)	come (tú)	vive (tú)
	hablad	comed	vivad

	no hables	no comas	no vivas
Negative	no habléis	no comáis	no viváis

Formal

hable Ud.	coma Ud.	viva Ud.
hablen Uds.	coman Uds.	vivan Uds.

STEM-CHANGING VERBS

FIRST CLASS

	-ar *verbs*		-er *verbs*	
	e → ie	o → ue	e → ie	o → ue
Infinitive	**sentar**[1]	**contar**[2]	**perder**[3]	**soler**[4]
	to seat	*to tell*	*to lose*	*to be accustomed*
Present Participle	sentando	contando	perdiendo	soliendo
Past Participle	sentado	contado	perdido	solido

Indicative

Present	siento	cuento	pierdo	suelo
	sientas	cuentas	pierdes	sueles
	sienta	cuenta	pierde	suele
	sentamos	contamos	perdemos	solemos
	sentáis	contáis	perdéis	soléis
	sientan	cuentan	pierden	suelen

Subjunctive

Present	siente	cuente	pierda	suela
	sientes	cuentes	pierdas	suelas
	siente	cuente	pierda	suela
	sentemos	contemos	perdamos	solamos
	sentéis	contéis	perdáis	soláis
	sienten	cuenten	pierdan	suelan

SECOND AND THIRD CLASSES

	second class		third class
	e → ie, i	o → ue, u	e → i, i
Infinitive	**sentir**[5]	**dormir**[6]	**pedir**[7]
	to regret	*to sleep*	*to ask for, to request*
Present Participle	sintiendo	durmiendo	pidiendo
Past Participle	sentido	dormido	pedido

[1] *Cerrar, comenzar, despertar, empezar,* and *pensar* are similar.
[2] *Acordar, asostar, almorzar, apostar, colgar, costar, encontrar, jugar, mostrar, probar, recordar, rogar,* and *volar* are similar.
[3] *Defender* and *entender* are similar.
[4] *Disolver, doler, envolver, llover,* and *volver* are similar.
[5] *Mentir, preferir,* and *sugerir* are similar.
[6] *Morir* is similar; however, the past participle is irregular—*muerto.*
[7] *Conseguir, despedir, elegir, medir, perseguir, reír, repetir, seguir,* and *servir* are similar.

Indicative

Present			
	siento	duermo	pido
	sientes	duermes	pides
	siente	duerme	pide
	sentimos	dormimos	pedimos
	sentís	dormís	pedís
	sienten	duermen	piden

Preterite			
	sentí	dormí	pedí
	sentiste	dormiste	pediste
	sintió	durmió	pidió
	sentimos	dormimos	pedimos
	sentisteis	dormisteis	pedisteis
	sintieron	durmieron	pidieron

Subjunctive

Present			
	sienta	duerma	pida
	sientas	duermas	pidas
	sienta	duerma	pida
	sintamos	durmamos	pidamos
	sintáis	durmáis	pidáis
	sientan	duerman	pidan

Imperfect			
	sintiera	durmiera	pidiera
	sintieras	durmieras	pidieras
	sintiera	durmiera	pidiera
	sintiéramos	durmiéramos	pidiéramos
	sintierais	durmierais	pidierais
	sintieran	durmieran	pidieran

IRREGULAR VERBS

andar   *to walk, to go*
Preterite   anduve, anduviste, anduvo, anduvimos, anduvisteis, anduvieron

caber   *to fit*
Present Indicative   quepo, cabes, cabe, cabemos, cabéis, caben
Preterite   cupe, cupiste, cupo, cupimos, cupisteis, cupieron
Future   cabré, cabrás, cabrá, cabremos, cabréis, cabrán
Conditional   cabría, cabrías, cabría, cabríamos, cabríais, cabrían

caer[8]   *to fall*
Present Indicative   caigo, caes, cae, caemos, caéis, caen

conocer   *to know, to be acquainted with*
Present Indicative   conozco, conoces, conoce, conocemos, conocéis, conocen

dar   *to give*
Present Indicative   doy, das, da damos, dais, dan
Present Subjunctive   dé, des, dé, demos, deis, den
Preterite   di, diste, dio, dimos, disteis, dieron

---

[8] Spelling changes are found in the present participle—*cayendo;* past participle—*caído;* and preterite—*caíste, cayó, caímos, caísteis, cayeron.*

decir *to say, to tell*

Present Participle	diciendo
Past Participle	dicho
Present Indicative	digo, dices, dice, decimos, decís, dicen
Preterite	dije, dijiste, dijo, dijimos, dijisteis, dijeron
Future	diré, dirás, dirá, diremos, diréis, dirán
Conditional	diría, dirías, diría, diríamos, diríais, dirían
Direct Command	di (tú)

estar *to be*

Present Indicative	estoy, estás, está, estamos, estáis, están
Present Subjunctive	esté, estés, esté, estemos, estéis, estén
Preterite	estuve, estuviste, estuvo, estuvimos, estuvisteis, estuvieron

haber *to have*

Present Indicative	he, has, ha, hemos, habéis, han
Present Subjunctive	haya, hayas, haya, hayamos, hayáis, hayan
Preterite	hube, hubiste, hubo, hubimos, hubisteis, hubieron
Future	habré, habrás, habrá, habremos, habréis, habrán
Conditional	habría, habrías, habría, habríamos, habríais, habrían

hacer *to do, to make*

Past Participle	hecho
Present Indicative	hago, haces, hace, hacemos, hacéis, hacen
Preterite	hice, hiciste, hizo, hicimos, hicisteis, hicieron
Future	haré, harás, hará, haremos, haréis, harán
Conditional	haría, harías, haría, haríamos, haríais, harían
Direct Command	haz (tú)

incluir[9] *to include*

Present Indicative	incluyo, incluyes, incluye, incluimos, incluís, incluyen

ir[10] *to go*

Present Indicative	voy, vas, va, vamos, vais, van
Present Subjunctive	vaya, vayas, vaya, vayamos, vayáis, vayan
Imperfect Indicative	iba, ibas, iba, íbamos, ibais, iban
Preterite	fui, fuiste, fue, fuimos, fuisteis, fueron
Direct Command	vé (tú)

oír[11] *to hear*

Present Indicative	oigo, oyes, oye, oímos, oís, oyen

poder *to be able*

Present Participle	pudiendo
Preterite	pude, pudiste, pudo, pudimos, pudisteis, pudieron
Future	podré, podrás, podrá, podremos, podréis, podrán
Conditional	podría, podrías, podría, podríamos, podrías, podrían

poner *to put, to place*

Past Participle	puesto
Present Indicative	pongo, pones, pone, ponemos, ponéis, ponen
Preterite	puse, pusiste, puso, pusimos, pusisteis, pusieron
Future	pondré, pondrás, pondrá, pondremos, pondréis, pondrán
Conditional	pondría, pondrías, pondría, pondríamos, pondríais, pondrían
Direct Command	pon (tú)

[9] Spelling changes are found in the present participle—*incluyendo*; and preterite—*incluyó, incluyeron*. Similar are *atribuir, constituir, contribuir, distribuir, fluir, huir, influir,* and *sustituir.*

[10] A spelling change is found in the present participle—*yendo.*

[11] Spelling changes are found in the present participle—*oyendo*; past participle—*oído*; and preterite—*oíste, oyó, oímos, oísteis, oyeron.*

	producir *to produce*
Present Indicative	produzco, produces, produce, producimos, producís, producen
Preterite	produje, produjiste, produjo, produjimos, produjisteis, produjeron

	querer *to wish, to want*
Preterite	quise, quisiste, quiso, quisimos, quisisteis, quisieron
Future	querré, querrás, querrá, querremos, querréis, querrán
Conditional	querría, querrías, querría, querríamos, querríais, querrían

	saber *to know*
Present Indicative	sé, sabes, sabe, sabemos, sabéis, saben
Present Subjunctive	sepa, sepas, sepa, sepamos, sepáis, sepan
Preterite	supe, supiste, supo, supimos, supisteis, supieron
Future	sabré, sabrás, sabría, sabríamos, sabríais, sabrían
Conditional	sabría, sabrías, sabría, sabríamos, sabríais, sabrían

	salir *to leave, to go out*
Present Indicative	salgo, sales, sale, salimos, salís, salen
Future	saldré, saldrás, saldrá, saldremos, saldréis, saldrán
Conditional	saldría, saldrías, saldría, saldríamos, saldríais, saldrían
Direct Command	sal (tú)

	ser *to be*
Present Indicative	soy, eres, es, somos, sois, son
Present Subjunctive	sea, seas, sea, seamos, seáis, sean
Imperfect Indicative	era, eras, era, éramos, erais, eran
Preterite	fui, fuiste, fue, fuimos, fuisteis, fueron
Direct Command	sé (tú)

	tener *to have*
Present Indicative	tengo, tienes, tiene, tenemos, tenéis, tienen
Preterite	tuve, tuviste, tuvo, tuvimos, tuvisteis, tuvieron
Future	tendré, tendrás, tendrá, tendremos, tendréis, tendrán
Conditional	tendría, tendrías, tendría, tendríamos, tendríais, tendrían
Direct Command	ten (tú)

	traer[12] *to bring*
Present Indicative	traigo, traes, trae, traemos, traéis, traen
Preterite	traje, trajiste, trajo, trajimos, trajisteis, trajeron

	valer *to be worth*
Present Indicative	valgo, vales, vale, valemos, valéis, valen
Future	valdré, valdrás, valdrá, valdremos, valdréis, valdrán
Conditional	valdría, valdrías, valdría, valdríamos, valdríais, valdrían

	venir *to come*
Present Participle	viniendo
Present Indicative	vengo, vienes, viene, venimos, venís, vienen
Preterite	vine, viniste, vino, vinimos, vinisteis, vinieron
Future	vendré, vendrás, vendrá, vendremos, vendréis, vendrán
Conditional	vendría, vendrías, vendría, vendríamos, vendríais, vendrían
Direct Command	ven (tú)

	ver *to see*
Past Participle	visto
Present Indicative	veo, ves, ve, vemos, veis, ven
Imperfect Indicative	veía, veías, veía, veíamos, veíais, veían

[12] Spelling changes are found in the present participle—*trayendo;* and past participle—*traído.*

A

a to, at, by
abajo under, below
abanico *m* fan
abarcar to encompass, to include all in one look; to clasp
abeja *f* bee
abertura *f* opening
abogacía *f* law, legal profession
abogado(a) *m* or *f* lawyer
abordar to approach
aborrecer to hate
abrasar to burn; to be burning up
abrazar to embrace, to hug
abrigar to shelter, to protect
abrigo *m* overcoat
abrochar to clasp, to buckle, to fasten
abrojo *m* prickly thorn
abrumador(a) overwhelming, wearisome
abrumar to annoy, to oppress; to overwhelm
aburrir to bore
  —se to get bored
acabar to finish, to end, to complete
  — con to exterminate, to destroy
  — de to have just
  —se to be finished, to end; to be or run out of
acalorar(se) to heat; to incite, to encourage; to become heated
acampar to encamp
acariciar to caress
acaso perhaps
  por si — just in case
acechar to watch, to spy on
aceite *m* oil
aceituna *f* olive
acelerar to hurry, to accelerate
acequia *f* ditch, canal
acera *f* sidewalk
acercar(se) a to approach, to draw near
acero *m* steel
acobardarse to be frightened
acogedor(a) welcome; inviting
acoger to receive; to welcome
acomodar to accommodate, to arrange; to seat
aconsejar to advise, to counsel
acontecer to happen, to occur
acontecimiento *m* happening, event
acosar to harass; to pester
acostar(se) (ue) to go to bed; to lie down
acreedor(a) *m* or *f* creditor
actual present, at the present time
acuclillar(se) to squat, to crouch
acudir to come to the aid of; to be present frequently, to hang around

acuerdo *m* agreement; resolution
  de — in agreement
acusar to accuse; to acknowledge
adelantar to go forward, to advance, to get ahead of
adelante ahead, farther on
  en — in the future
adelgazar to thin down, to lose weight
ademán *m* gesture
además besides, furthermore, in addition to
adentro inside
adivinar to guess
admonición *f* warning; advice
adolecer to fall sick
  — de to suffer from
adorno *m* decoration, ornament
adquirir (ie) to acquire
aduana *f* customhouse
advertir (ie, i) to notice; to notify, to warn
aéreo(a) aerial
afán *m* eagerness, zeal; hard work
afanarse to busy oneself; to strive
aferrar (ie) to seize, to catch; to cling
afiliarse (a) to join, to affiliate oneself with
afligido(a) worried; grieved, sorrowed
afortunado(a) fortunate, happy
afrentar to affront, to face; to insult
afrontar to confront, to face
afuera outside
agacharse to squat, to stoop
agarrar to seize, to grab
aglomerarse to gather in a mass
agotamiento *m* draining, exhaustion
agotar to exhaust; to use up
  —se to become exhausted
agradable pleasant, agreeable
agregar to add, to attach
aguacero *m* heavy rain
aguafuerte *f* etching, etched plate
aguantar to bear, to endure
aguardar to wait, to wait for
agudo(a) sharp, pointed
agüero *m* omen, forecast
aguja *f* needle; steeple
agujero *m* hole
aguzar to whet; to sharpen
  — la vista to sharpen the sight
ahogar(se) to drown; to suffocate
ahorcar to hang, to kill by hanging
ahorrar to save
ahumado(a) smoky, smoked
ahuyentar to put to flight; to scare away
aislar to isolate; to separate
  —se to live in seclusion
ajeno(a) another's; foreign
  — a free from
ajustar to adjust
ajusticiar to execute, to put to death

alabar to praise
alado(a) winged
alba *f* dawn, daybreak
albañil *m* mason
alborotar to arouse, to disturb
alboroto *m* disturbance, hubbub
alcalde *m* mayor
alcaldesa *f* mayoress; wife of an **alcalde**
alcanzar to reach, to attain
alcázar *m* fortress; royal palace
alcoba *f* bedroom
aldea *f* village, hamlet
alegre happy
alegría *f* joy, happiness
alejarse to go away; to separate; to move to a distance
aleta *f* small wing; fin of a fish
alfarero *m* potter
alfiler *m* pin
algodón *m* cotton
alguacil *m* bailiff, constable
aliento *m* breath
alimento *m* food, nourishment; *pl* foodstuffs
alistarse to enlist
alma *f* soul
alojar to lodge
alpargatas *f* rope-soled shoes or sandals
alquilar to rent
alrededor around
  — de around, about, approximately
  —es *m* environs, outskirts
alteza *f* elevation, sublimity, highness
altibajos *m pl* ups and downs
alumbrar to light, to illuminate
allá there, over there
  el más — the "beyond"
allende beyond
  — de besides; in addition to
ama *f* housekeeper
  — de casa homemaker
amanecer *m* dawn
  al — at sunrise
amante *m* or *f* lover
amargo(a) bitter
amarrar to tie up; to moor
amasar to mix; to knead
ambiente *m* atmosphere, ambiance
ambos(as) both
amenaza *f* threat
amenazar to threaten
ametralladora *f* machine gun
amistad *f* friendship
amistosamente in a friendly way
amolar (ue) to grind
amor *m* love
ampliar to enlarge; to widen
ampolleta *f* small vial; cruet
anciano(a) old

andén *m* railway platform
angosto(a) narrow
ángulo *m* corner
angustia *f* anguish, distress, grief
angustiado(a) distressed, grieved
anhelar to crave, to want badly
anhelo *m* desire, craving, yearning
anheloso(a) anxious, eager, desirous
anochecer to grow dark; *m* nightfall, dusk
ansiar to long for; to yearn for
ansioso(a) anxious, uneasy
antaño of yore, long ago
antepasados *m* ancestors
anteponer to place in front of; to prefer
antes before, formerly
   cuanto — as soon as possible
anticuado(a) old-fashioned; obsolete
antigüedad *f* antique
antiguo(a) old, ancient
antojo *m* whim, caprice, fancy
antojarse to get a whim
anudar to tie, to fasten, to knot
anverso *m* obverse, reverse
añadir to add
apaciguar to appease, to pacify, to calm
apagar to extinguish, to put out; to turn off
aparador *m* showcase
aparecer to appear
aparentar to feign, to pretend
apartado *m* post office box
apartar to set apart
apenas hardly, barely, scarcely
apestillado(a) tightly closed
apiadarse to pity, to take pity on
aplacar to appease, to pacify
aplomo *m* poise
apoderar to authorize
   —se de to seize, to take possession of
apodo *m* nickname
apostar (ue) to bet
   (se) to post (in position); to get set
apoyar to lean; to defend; to aid
aprestarse to prepare; to make ready
apresurarse to rush, to hurry
apretar (ie) to tighten; to squeeze
apretón *m* pressure; squeeze
   — de manos handshake
aprisionar to imprison; to shackle
aprovechar to take advantage of; to make
   good use of
apuesto(a) neat, elegant, refined
apuntar to aid; to point; to point at; to note
apurarse to hurry
apuro *m* tight spot; urgency; worry
ara *f* altar
   en —s de for the sake of
arado *m* plow
arar to plow
arco *m* bow, arc
   — iris rainbow
arder to burn, to blaze
argolla *f* ring, hoop; staple
arista *f* edge
armar to arm
   — caballero to knight

armario *m* closet, wardrobe
armazón *f* framework
arpa *f* harp (musical instrument)
arquear to arch (one's back)
arrabal *m* suburb, district; slum
arraigar to establish; to take root
arrancar to pull out, to start, to extract
arrastrapies *m* foot dragging
arrebatar to carry away, to move, to stir
arreglar to arrange, to fix, to adjust
arremangar to roll up the sleeves
arrepentir (ie, i) to repent, to be repentant
   —se de to repent
arriero *m* mule driver
arriesgar to risk, to hazard
arrimarse to group together
arrodillarse to kneel
arrojar to throw
arrojo *m* boldness, fearlessness
arrollar to roll up; to curl up
arruga *f* wrinkle
arrugar to wrinkle, to crease
artesanías *f* native handcrafts
arzobispado *m* archbishopric, office of
   the archbishop
asar to roast
ascenso *m* promotion
asear to clean up, to tidy up
asediar to besiege; to harass
asedio *m* siege
asegurar to assure, to fasten, to make secure
   —se to be sure, to assure oneself
aseo *m* cleanliness, neatness, tidiness
así thus, so
asiento *m* seat
asimismo also, likewise
asir to grasp, to seize, to hold
   —se to avail oneself, to take hold of
asistir a to attend, to be present at
asombrar to astonish
asombro *m* fright, astonishment
asombroso(a) wonderful, astonishing
aspereza *f* roughness
áspero(a) rough, harsh
astro *m* star
asunto *m* subject, matter; affair
asustar to frighten
   —se to be frightened
atadito *m* small bundle
atadura *f* fastening, knot, tourniquet
atañer (third person only) to belong, ap-
   pertain, concern
atar to tie, to fasten
atardecer *m* late afternoon
atenazado(a) tortured
atender (ie) to wait on; to care for
atinar to hit the mark; to guess; to find out
atracar to moor, to dock
atrasado(a) behind the times; short of
   funds; late, tardy
atravesar (ie) to cross, to pass through
atreverse to dare, to be bold
atrevido(a) bold, daring
atroz atrocious, horrible

aturdir to bewilder, to stun
audacia *f* daring, boldness
audaz audacious
auditorio *m* listener, audience; audito-
   rium
aullar to howl
aullido *m* howl, howling
aumentar to increase, to enlarge
aún still, yet
aunque although, even though
auricular *m* telephone receiver
aurora *f* dawn
austriaco(a) Austrian
auxilio *m* aid, help, assistance
avanzada *f* advance guard
   de — far away, distant
avergonzar to shame, to embarrass
   —se to be ashamed
averiguar to find out
avinagrar to sour
aviso *m* warning, notice
avivar to revive, to enliven
ayuda *f* help
ayuno *m* fast, period of not eating
azahar *m* orange blossom
azotar to whip, to lash
azote *m* lash with a whip; beating
azotea *f* flat roof

B

babero *m* bib, chin cloth
bailador(a) *m* or *f* dancer
bajar to lower; to go downstairs; to get off
bala *f* bullet
balazo *m* shot; bullet wound
balbucir to stammer; to stutter
baldío(a) untilled, uncultivated; idle, un-
   used; empty
banca *f* banking (business)
bandeja *f* tray
baraja *f* cards, deck of cards
baratijas *f* trifles, trinkets, notions
barba *f* beard; chin
barbaridad *f* barbarism; outrage; piece of
   folly
   ¡qué —! What nonsense!
barbudo(a) having a long beard
barranco *m* gorge, ravine
barrer to sweep
barrio *m* neighborhood, section
barro *m* mud
barrote *m* iron bar
bastardilla *f* italics
bastón *m* cane
basura *f* trash, garbage
bata *f* bathrobe
batir to beat, to pound, to strike; to stir
beca *f* scholarship, pension
belicoso(a) warlike
belleza *f* beauty
bello(a) beautiful
bermejo(a) bright reddish
besar to kiss
beso *m* kiss

bestia *f* beast
bestialidad *f* brutality
biblioteca *f* library
bibliotecario(a) *m or f* librarian
bienes *m* wealth, riches, possessions
bienestar *m* well-being, welfare
bienvenida *f* welcome
blanduzco(a) soft
boceto *m* sketch
boda *f* wedding
boina *f* beret
bolígrafo *m* ball-point pen
bolillos *m* the "whites"; rolls
bolsa *f* purse; bag, sack
bolsillo *m* pocket
bolso *m* purse, money bag
bombachas *f pl* loose-fitting trousers (Arg.)
bombero *m* fire fighter
borbollón *m* bubbling
bordar to embroider
borde *m* border, edge; rim
borracho(a) drunk
borrascoso(a) stormy
borrón *m* blot, stain
borroso(a) blurred, smudgy
bosque *m* forest
bota *f* small leather wine bag; boot
botar to bounce; to throw out; to fire
botica *f* drugstore
botín *m* booty, spoils of warfare; leggings, half-boot; stocking
bramar to bellow
bravío(a) ferocious; wild
bravo(a) wild, savage, fierce
brecha *f* opening; break
brindar to offer; to toast
brío *m* spirit
brisa *f* breeze
broma *f* joke, jest
brotar to bring forth, to produce, to bud
brujo(a) *m or f* sorcerer, conjurer, wizard (witch)
brújula *f* magnetic needle; compass
bucear to dive; to delve
buey *m* ox
bufanda *f* scarf, muffler
bufete *m* desk; sideboard; lawyer's office
bujía *f* spark plug
bulto *m* bulk, volume; package
bullicio *m* uprising, riot
buque *m* boat
burla *f* hoax, trick; joke; ridicule
burlar to make fun of; to deceive
buró *m* bureau; central office
buscar to look for, to search
buzón *m* mailbox

C

caballeresco (a) chivalrous
caballero *m* gentleman
caballete *m* bridge (of the nose)
cabaña *f* cabin
cabo *m* corporal

al — de finally, at the end of
llevar a — to carry out (an order)
cabrito *m* kid (goat)
cacahuete *m* peanut
cacareo *m* cackling
cacería *f* hunt, hunting
cacique *m* boss; political leader; Indian chief
cacharro *m* earthen pot, or a piece of it; jalopy
cachivache *m* pot; trash, broken crockery; trinket
cada each, every
cadalso *m* platform; scaffold for capital punishment
cadena *f* chain
cadera *f* hip
caer to fall
— en gracia to like
dejar — to drop
cafetera *f* coffee pot
cahita *m* language of the Yaqui Indians
caída *f* fall
caja *f* box
— de caudales strong box; safe
cajón *m* large box; drawer
calabaza *f* pumpkin, squash, gourd
calabozo *m* dungeon; cell; calaboose, jail
calar to fix bayonets
calefacción *f* heating, heat
calentar(ie) to heat, to warm up
calentura *f* fever
cálido(a) warm
calumniar to slander
calzada *f* highway; broad avenue
calzoncillo *m* underpants
callado(a) silent
callar to silence, to calm
—se to keep silent
calleja *f* alley
callejero(a) pertaining to the street; loitering
callejón *m* alley; narrow street
callejuela *f* side street; alley
cambiar to change, to exchange
cambio *m* change
en — de on the other hand
camilla *f* stretcher, litter, cot, little bed
camino *m* road
camioneta *f* truck, bus, van
camiseta *f* undershirt
campana *f* bell
campaña *f* campaign
campesino(a) *m or f* farmer
campestre rural, rustic, of the country
campo *m* country; field
canas *f* gray hair
canasta *f* basket; basketball hoop
canasto *m* large basket
cancha *f* court; game grounds
candado *m* padlock
candil *m* oil lamp
candilejo *m* small oil lamp
cansancio *m* fatigue, weariness
cansar to tire

—se to become tired
cantante *m or f* singer
cántaro *m* pitcher, large and narrow mouthed
cantina *f* bar
caña *f* cane; rum; reed
— de azúcar sugar cane
cañaveral *m* sugar cane plantation
caño *m* channel, canal; pipe
capa *f* cape
capacitado(a) qualified, prepared
capataz supervisor, boss, foreman
capaz capable, able
capelo *m* cardinal's hat or office
capilla *f* chapel
caprichoso(a) whimsical, fickle, fanciful
captar to captivate, to attract, to win
capullo *m* flower bud
¡caramba! confound it! darn it!
carcajada *f* outburst of laughter
cárcel *f* jail
carcomer to gnaw
cardo *m* thistle
vilano de — burr or down of the thistle
carecer to lack
carencia *f* lack, scarcity, deficiency
cargador *m* porter
cariño *m* love, affection
carnet *m* little book, memorandum book; permit
— de conducir driver's license
carrera *f* profession; race; career
carretón *m* cart
carroza *f* coach, carriage; old-fashioned person
cartera *f* wallet, billfold
cartero(a) *m or f* mail carrier
cartucho *m* cartridge
casamiento *m* marriage
casar to marry
—se con to get married to
casero(a) pertaining to the home; domestic
caserón *m* big house
casino *m* social club
caso *m* case, occurrence, event
hacer — de to take notice of; to pay attention to
casta *f* caste, kind; breed, race
castigar to punish
castigo *m* punishment
castizo(a) pure, correct; pure-blooded
casualidad *f* accident, chance; event
por — by chance
casucha *f* hut; shack
cautivar to attract; to win over; to take possession
caza *f* hunt; game (hunting term)
ir de — to go hunting
cazador(a) *m or f* hunter
cazar to hunt
ceja *f* eyebrow
célebre celebrated; famous
celo *m* zeal; devotion
tener —s to be jealous
celosía *f* jealousy

ceniza *f* ash
centellear to flash; to twinkle
centenar *m* hundred
  a —es by the hundreds
cepillo *m* brush
  — de dientes toothbrush
cerca *f* fence
cerco *m* fence
cerdo *m* hog
  chuleta de — pork chop
cerebro *m* brain; mind
cerezo *m* cherry tree
cerilla *f* match
cerrar (ie) to close, to shut
cerro *m* hill
cerrojo *m* lock
certeza *f* certainty
certidumbre *f* certainty, conviction
cervecita *f* small beer
cesar to stop, to cease
cesta *f* basket
cicatriz *f* scar
ciego(a) blind
  a ciegas blindly
ciencia *f* science
  a — cierta for sure, with certainty
cierto(a) certain
cifra *f* figure; cipher, number, numerical character; code
cinta *f* tape, ribbon
cinturón *m* belt
cirio *m* wax candle
cita *f* appointment, engagement; date
ciudadanía *f* citizenship
ciudadano(a) *m* or *f* citizen
clarear to brighten; to light up
clavar to nail, to fasten
clavero(a) *m* or *f* keeper of the keys
clavo *m* nail
cobrar to recover; to collect; to cash
coco *m* boogyman; spook
cochero *m* driver
codicia *f* covetousness, greediness
codo *m* elbow
  — a — side by side
cofradía *f* confraternity, brotherhood, sisterhood
coger to seize, catch; to take hold of
cohete *m* sky rocket, rocket
cola *f* tail
colar (ue) to drip (coffee)
colcha *f* coverlet, bedspread
colchoneta *f* mattress, pad
colegio *m* school, academy
colgar (ue) to hang
colmado *m* grocery store
colmena *f* beehive
colmillo *m* eyetooth, canine tooth; fang
colmo *m* heap; overflow; crowning; acme
  eso es el — that's the limit, that's the last straw
colocación *f* place, situation; position, employment, job
colocar to place, to put
colono *m* colonist, settler

collar *m* necklace
comarca *f* district, region
comerciante *m* or *f* business person; merchant
comestibles *m* food, groceries
comodidad *f* comfort, convenience
compadecer to pity, to feel sorry for
compadre *m* friend, buddy
compenetración *f* blending; as one
complot *m* plot, conspiracy
comprar to buy, to purchase
comprobar (ue) to prove, to check
comprometer to endanger, to compromise
  —se to promise; to become engaged
concurso *m* contest
condecoración *f* decoration
conducir to conduct, to lead; to drive
conejo *m* rabbit
confianza *f* confidence, trust, assurance, reliance
confiar to confide
conforme alike, corresponding, suitable
  — a consistent with, agreeable to
congelarse to congeal, to freeze
congregar to bring together, to gather
  —se to come together, to congregate
conjunto *m* ensemble; unit, group
conmovedor(a) touching, moving
conocer to know, to experience, to be acquainted with
  — al dedillo to know perfectly
conocimiento *m* knowledge; sense, awareness, consciousness; understanding
consagrarse to devote, to dedicate oneself, to give oneself
conseguir (i, i) to get, to obtain
consejo *m* advice
consentido(a) spoiled, pampered
conserje *m* janitor; keeper of a public building
consigo with him, with her, with them
consiguiente consequential
  por — consequently, therefore
consuelo *m* consolation
consulta *f* consultation; office hours (of a doctor); conference
consultorio *m* consulting institution; clinic
contabilidad *f* bookkeeping, accounting
contar (ue) to count; to tell, to relate
contener to contain
contenido *m* content, contents
contiguo(a) contiguous, close, adjacent
contingente contingent, depending on; *m* contingent, share
continuar to continue, to keep on
contraer to contract; to condense
contrahecho(a) deformed
contrariar to contradict, to oppose, to upset
contratiempo *m* misfortune, disappointment
convenir to agree, to come to an agreement
convocar to call together
copa *f* cup, goblet; treetop

copar to cut off and capture
coquetear to flirt
coraje *m* spirit, courage, valor; anger
cordero *m* lamb
cordoncillo *m* small cord
corona *f* floral wreath; crown
coronado(a) crowned
corredor *m* broker
  — de propiedades; *m* real estate broker
corregidor *m* corrector; Spanish magistrate
correntón *m* gust
correo *m* mail; post office
correría *f* raid; foray, hostile incursion
corrido *m* a tale, running account, ballad that glorifies a famous deed
cortar to cut
  — por lo sano to end a process to avoid complications
corte *m* cut; cutting; *f* court
cortejo *m* cortege
cortés courteous, polite
cosecha *f* crop, harvest
coser to sew
costal *m* bag, sack
costar (ue) to cost
  —le un ojo de la cara to cost one a great deal
costumbre *f* custom, habit
  de — usually
  tener por — to be in the habit of
costura *f* sewing, dressmaking
  alta — high fashion
cotidiano(a) daily, everyday
cotizar to quote (prices on the market); to value
crecer to grow; to raise
creencia *f* belief
creer to believe
  ¡ya lo creo! Of course! I should say so!
crepuscular twilight
crepúsculo *m* twilight
crianza *f* breeding, upbringing
criar to raise, to bring up; to create
criollo(a) *m* or *f* creole, native born in America of European parents
cruce *m* cross
crujir to creak; to rustle; to crunch
cuadrado(a) square
cuadro *m* picture; square
cuajado(a) thickened, coagulated
cualquier(a) any
cuaresma *f* Lent
cuartel *m* barracks
cubierto(a) covered
cubrir to cover
cuchara *f* spoon; ladle
cuchichear to whisper
cuchicheo *m* whisper, whispering
cuchillada *f* slash (with a knife)
cuello *m* neck
cuenta *f* bill, check
  —s *f* beads
cuento *m* story
cuerda *f* string

cueriar to skin (an animal)
cuerno *m* horn
cuervo *m* crow
cuesta arriba uphill
cuidado *m* care, concern, worry
  tener — to be aware; to be careful
culminante highest, zenith, peak
  punto — climax
culpa *f* blame
culpable guilty; *m or f* guilty person
cumplidor(a) *m or f* reliable; true to one's word
cumplimiento *m* completion; fulfillment
cumplir to fulfill; to execute, to obey; to keep (a promise)
cuna *f* cradle
cura *m* priest
curandero(a) *m or f* healer
currado worked
cursar to take a course, to study
cuyo(a) whose, of which, of whom

Ch

chacha *f* maid (Spain)
champurrado *f* mixture of liquors; chocolate made with *atole*
chamuscar to singe
chapa *f* license plate
chapado(a) having red cheeks
  — a la antigua old-fashioned
chapurrear to jabber; to speak indistinctly
charco *m* puddle, pool
charla *f* talk, informal lecture; conversation
chico(a) small
chillido *m* screech, scream
chiquitín (ina) *m or f* small child
chisme *m* gossip
chispa *f* spark
chisporrotear to spark, to sputter
chisporroteo *m* sparking, sputtering sparks
chiste *m* joke, funny story
chistoso(a) funny, humorous
chofer (chófer) driver
choque *m* accident, collision; hit, blow
choquezuela *f* kneecap
choza *f* hut
chuchería piece of junk; knickknack
chuparse to suck
churro *m* a sort of fritter; cruller; a "flop" (movie or show)

D

dado *m* die; *pl* dice
damajuana *f* jug
damnificado(a) damaged; injured
dañar to hurt, to damage, to injure, to spoil
daño *m* damage, hurt
  hacer — to cause harm, damage, or injury
dar to give

— a to face on, to overlook
— en to find, to run into
—le a uno más palique to continue the conversation
—se con to meet, to bump into
—se cuenta de to realize
—se el gusto de to take pleasure in, to have the pleasure of
lo mismo da it's all the same; it makes no difference
¿qué más da? do you mind if?
deber to owe; must, have to; *m* duty, obligation
debido(a) proper
— a due to
debilidad *f* weakness
decanazgo *m* deanship, deaconship; office of the dean
decapitar to behead
dechado *m* model, sample, pattern, standard
decir to say, to tell
dedal *m* thimble
degollar (üe) to behead
deidad *f* deity
dejar to leave, to let, to allow
delantal *m* apron
delante before, ahead, in front
— de in front of
delatar to inform against; to accuse; to denounce
deleite *m* joy, delight
delgado(a) thin, slender
delicia *f* delight
demás other
  lo — the rest
  los — others, the others
demorar to delay, to tarry
denodadamente boldly, daringly
dentro inside, within
denuedo *m* daring, bravery, intrepidity
deposición *f* affirmation; testimony
deprimente depressing
deprimir to depress
derecho *m* right, privilege; law, practice of the law
deriva *f* drift
  a la — adrift
derramar to pour out, to spill, to shed
derredor *m* circumference
  en — de around
derretir(i) to liquify, to melt; to fuse
derribar to tear down
derrotar to rout, to put to flight, to defeat
derrumbar to throw down headlong
  —se to tumble down, to collapse
desabotonar to unbutton, to unfasten
desafiante challenging, defying, daring
desafiar to challenge, to defy, to compete with
desagradable unpleasant, disagreeable
desahuiciar to deprive of hope
  —se to lose all hope
desairar to snub, to disregard

desaire *m* slight, rebuff, disdain, disrespect
desangrar to bleed to excess, to lose a great deal of blood
desarrollar to develop; to unfold
desarrollo *m* development
desatar to untie, to unfasten
desatino *m* blunder, foolish act
desbordar to overflow
descarga *f* discharge (of a gun); unloading
descargar to unload; to free; to discharge, to clear
descender (ie) to descend; to get down, to get off
descepar to pull up by the roots; to eradicate
desconcernante disturbing
desconcertar (ie) to disturb, to upset; to disconcert; to bewilder
desconfianza *f* lack of confidence
desconocido(a) unknown, strange
descubierto(a) open, uncovered; bareheaded
descuido *m* carelessness, negligence
desde from, since
— luego of course
desdecirse to retract; to recant
desdeñoso(a) scornful, disdainful
desdeñosamente disdainfully
desdicha *f* misery, unhappiness
desdoblar to unfold
desear to desire
desecador(a) drying
desempeñar to carry out; to fulfill; to perform a duty
— un papel to play a part or role
desengañar to disillusion; to disappoint
desenlace *m* conclusion, end; solution
desenredarse to extricate oneself from difficulties; to get untangled
desenvolvimiento *m* development, unfolding
desfallecimiento *m* pining, falling away, swoon, fainting fit
desfilar to parade, to file by
desfile *m* filing by; parade
— de modas fashion show
desflecar to splatter, to beat against
desgracia *f* misfortune, mishap, unpleasantness
desgraciadamente unfortunately
desgraciado(a) unfortunate
deshacer(se) to burst; to come undone
desigual unequal
desigualdad *f* inequality
desilución *f* disappointment
desilusionar to disappoint
deslizar to slide
  —se to slide, to slip; to sneak away
desnucarse to break one's neck
desnudar to undress
desnudo(a) naked
despacho *m* office
despectivo(a) depreciatory, contemptuous

despedida *f* leave-taking; farewell; complimentary close (of a letter)

despedirse (i, i) to take one's leave, to say goodbye

despeinado(a) unkept, uncombed

desplegar (ie) to unfold, to spread

desposado(a) *m or f* newly married

despreciable contemptible

despreciar to despise, to scorn, to look down on

desprecio *m* scorn, contempt

destacar(se) to stand out; to emphasize; to be different

destello *m* sparkle, beam, flash

desterrar (ie) to exile, to banish

destinatario(a) *m or f* addressee; consignee

destreza *f* skill

destrozar to destroy; to shatter; to break or cut to pieces

desvanecer(se) to vanish, to disappear, to fade away

desvelar to keep awake; to go without sleep

detener to stop, to hold

—se to stop

determinadamente decidedly

detrás de behind

deuda *f* debt

deudo(a) *m or f* relative

devolver (ue) to return, to give back

día *m* day

hoy (en) —s nowaday

al otro — on the following day

todos los —s every day, daily

diablo *m* devil

diabluras *f* mischief

diafanamente openly, clearly, transparently

diariamente daily

diario(a) daily

dibujar to draw, to sketch

dibujo *m* sketch, drawing

dicha *f* joy, happiness, good fortune

dicho(a) aforementioned, stated

diente *m* tooth

—s postizos false teeth

diestra *f* right hand

difunto(a) deceased, dead; *m or f* deceased person

digno(a) worthy

disculpar to excuse, to pardon

diseminar to spread

disfraz *m* disguise, mask

disfrutar to enjoy; to use

disgustar to displease

disgusto *m* annoyance, quarrel

disimular to feign, to pretend; to hide the truth

disminuir to make smaller; to diminish

disparador *m* trigger

disparar to shoot

disparo *m* shot

dispuesto(a) ready, prepared

disquette ordenador floppy disc (soft, magnetic disc used for computer)

distar to be distant; to be far from

distinto(a) different

distraer to distract; to amuse, to entertain

—se to be absent minded

divertir (ie, i) to divert, to amuse

—se to amuse oneself, to have a good time

doblar to fold, to turn

docente educational; training

doler (ue) to hurt, to ache

—se to feel sorry

dolor *m* pain, sorrow, woe

domesticar to tame

don *m* title for a man, Don, Mr.; ability, talent, gift

donaire *m* charm, cleverness

donar to give, to bestow; to contribute

dondequiera wherever

dorado(a) golden, gilded

dormir (ue, u) to sleep

—se to fall asleep

dorso *m* back

dos two

en un — por tres in a jiffy

dosis *f* dose

dotar to give a dowry, to endow

dote *m* dowry

ducha *f* shower

duchar to shower

—se to take a shower

duda *f* doubt

no cabe — there is no doubt

sin — without a doubt

dudosamente doubtfully

duelo *m* sorrow, grief, mourning; duel

duende *m* elf, goblin, spirit

dueño(a) *m or f* owner

dulce sweet; *m* candy

dulcísimo(a) very sweet

dulzura *f* sweetness

con — sweetly

durmiente sleeping

duro(a) hard, difficult

E

echar to throw, to dismiss, to expel, to drive away

—de menos to miss, to notice the absence or loss of

—flores to flatter

—se to lie down

—se a to begin

edad *f* age

efectivamente really, as a matter of fact

efecto *m* effect, consequence

en — indeed, really

eficazmente effectively

egoísmo *m* selfishness

egoísta selfish, self-centered

ejercer to practice, to exert

ejército *m* army

elegir (i, i) to elect; to select

elevar to raise

elogiar to praise

ello it

embarazada pregnant

embarcar to embark, to board a ship

embargo *m* embargo

sin — however, nevertheless

emborracharse to get drunk

emboscada *f* ambush

embriagado(a) intoxicated, drunk

embuste *m* lie, falsehood

emocionante emotional, stirring

empañar to dim, to blur, to tarnish, to soil (the reputation)

empapar to soak, to drench

emparentar to relate by marriage

empellón *m* push, shove

a —es pushing, shoving rudely

emplazar to place, to locate

empleo *m* job, employment

agencia de — employment agency

emprender to try, to undertake

empresa *f* enterprise, undertaking

empresario *m* manager; industrialist

— medio average businessman

empujar to push

empuje *m* push

empuñar to seize, to grasp

enamorar to inspire love

—se de to fall in love with

enano(a) *m or f* dwarf

encabezamiento *m* headline, heading (of a letter); title

encajar to fit in, to fit

encaje *m* lace

encajonar to box, to crate, to squeeze in

encaminar to direct, to show the way

encanecido(a) gray-haired

encantar to delight, to enchant

encanto *m* charm

encapricharse to indulge in whims

encarcelación *f* imprisonment

encarcelar to imprison

encargar to entrust

—se de to take charge of

encasillar to assign; to classify

encauzar to guide, to lead; to direct, to channel

encender (ie) to light, to turn on

encerrar (ie) to enclose; to lock up

encima de above, on top of

enclavar to nail

encoger to shrink, to shrivel; to shrug

encomendar (ie) to entrust

encontrar (ue) to find, to meet

encuesta *f* survey, opinion poll

enderezar to straighten

—se to straighten up

endulzar to sweeten; to make pleasant

enfadar to anger

—se to get mad

enfado *m* anger, ire

enfebrecido(a) feverish

enfermarse to become ill, to get sick

enfermedad *f* sickness, illness

enfocar to focus

engañabobos *m* booby trap

engañar to cheat; to deceive, to trick
engaño *m* trick, deceit
engrosarse to swell
enhorabuena well and good; all right;
  f congratulation, felicitation
enigmático(a) puzzling, not easily under-
  stood
enjaular to cage, to imprison, to confine
enjugar to dry, to wipe off
  —se to dry up
enojar to anger
  —se to get mad
enojo *m* anger
enjuiciar to judge
enrollar to roll up
ensangrentado(a) bloody, covered with
  blood
ensayar to practice, to rehearse, to try
ensayo *m* rehearsal
enseñanza *f* teaching, education
ensillado(a) saddled
entendimiento *m* understanding
  malos **—s** misunderstandings
enterar to inform, to acquaint
  —se de to find out about
enternecer to move to pity
enterrar (ie) to bury, to inter
entierro *m* funeral, burial
entintado(a) inked, printed
entonces then
entorno *m* surrounding, environment
entregar to hand over, to hand in; to give
entrelazar to interlace, to interweave
entremezclado(a) intermingled
entrenador(a) *m* or *f* coach, trainer
entretanto meanwhile
  en el **—** in the meantime
entretenerse to amuse oneself
entrevistar to interview
  ser entrevistado(a) to be interviewed
entristecido(a) saddened
envanecerse to become vain
envejecer to make old, to make look old
envenenar to poison
envergadura *f* span, spread
enviar to send
envolver (ue) to wrap
envuelto(a) wrapped
equilibrio *m* balance
equipaje *m* baggage, equipment
equipo *m* team, equipment
equitativamente equitably
equivocado(a) mistaken
erguir (i, i) to raise
  —se to swell with pride; to straighten up;
  to sit erect
esbelto(a) slender
escalar to scale, to climb
escalofrío *m* chill
escalón *m* stair; step of stairway
escarmiento *m* lesson, warning
escaso(a) small, limited, scarce
escenario *m* stage (theatrical), the
  "boards"
esclarecer to lighten up, to brighten

escoba *f* broom
escoger to select, to choose
escombro *m* rubble, ruin
esconder to hide
escopeta *f* shotgun
escopetazo *m* gunshot; gunshot wound
Escorial *m* a famous monastery in Spain
escritor(a) *m* or *f* author, writer
escudero *m* squire, page, shield bearer
escultórico(a) sculptural
escurrir to drain
  —se to drip, to ooze, to leak, to trickle
esfuerzo *m* effort, endeavor
esmerar to do one's best
eso that (that thing, fact, etc.)
  a **— de** toward, about
  por **—** for that reason, on that account, that's why
espada *f* sword
espalda *f* back, shoulder
espantar to scare, to frighten
espanto *m* fright, terror
espantoso(a) frightful, terrifying
esparcir to scatter, to spread
esparto *m* hemp
espejo *m* mirror
espeluznante setting the hair on end,
  dreadful, horrifying
esperanza *f* hope
esperar to hope; to wait for; to expect
espeso(a) dense
espía *m* or *f* spy
espina *f* thorn; fishbone
espíritu *m* spirit
espolear to spur, to spur on
espuma *f* foam
esqueleto *m* skeleton
esquina *f* corner, angle (outside)
estallar to explode; to break out
estallido *m* explosion, outbreak
estampilla *f* stamp
estanque *m* pond, pool, reservoir
estimable esteemed, respected
estimación *f* esteem, estimation
estorbar to disturb; to hinder, to obstruct
estrato *m* layer, stratum
estrecho(a) narrow
estrella *f* star
estremecer(se) to tremble, to shake
estrenar to use, to do or to wear for the
  first time; to open (a play)
estreno *m* commencement, debut, first
  performance
estrépito *m* crash, din, deafening noise
estrepitoso(a) noisy, boisterous
estropearse to be out of order, to be damaged
estudio *m* study
  — **cinematográfico** movie studio
estufa *f* stove
estupefacto(a) dumbfounded
etapa *f* stage
evitar to avoid
exigente demanding
exigir to demand

existencia *f* existence
éxito *m* success
  tener **—** to be successful
éxitosamente successfully
expediente *m* file of papers
  — **académico** *m* academic record;
  transcript
expiar to atone for; to make amends for; to
  purify
explotar to operate; to exploit; to explode
exponer to expose, to explain
  —se to run a risk
exposición exposition, exhibition
exprimir to squeeze
expulsar to expel
extinguirse to put out, to put an end to
extrañar to surprise; to miss
extrañeza *f* wonder, strangeness
extraño(a) foreign, strange
extraviarse to go astray, to get lost

F

fabricación *f* manufacture
facultad *f* knowledge; skill; power
fachada *f* facade, front
faena *f* work, task, job
falta *f* lack; offense
faltar to be lacking; to falter
fallar to fail, to miss; to misfire
fallecer to die, to expire
fallecido(a) *m* or *f* deceased person
fallecimiento *m* decease, death, demise
fango *m* mud
fangoso(a) muddy
fantasma *m* ghost, phantom, apparition
fascinar to fascinate, to bewitch
faz *f* face
fe *f* faith
felicidad *f* happiness
felicitar to congratulate
feriado(a) holiday
ferrocarril *m* railway
fervor *m* earnestness, zeal; devotion
festejado(a) honored, entertained
fiado(a) guaranteed
  al **—** on credit
fiel loyal, faithful, trustworthy
fiera *f* wild animal; savage
fiereza *f* ferocity, fierceness
figurilla *f* figurine
fijar to fix, to fasten
  —se to take notice
fijo(a) fixed, firm, solid, secure
filo *m* blade, edge; ridge
fin *m* end
  a **— de que** so that
  en **—** finally
fingir to feign, to pretend
firma *f* signature
firmar to sign
flaco(a) skinny, thin
flecha *f* arrow
flojamente lazily
flojo(a) lazy
flor *f* flower

— y nata the choice part
florido(a) flowery
foco *m* focus; light bulb
fogata *f* bonfire, blaze
folletín *m* small bulletin
follón lazy, indolent, cowardly
¡qué —! What a drag! How complicated!
fondo *m* bottom; depth; basis; *pl* funds
fontana *f* fountain
forastero(a) *m or f* foreigner
forcejeo *m* struggling, striving
fortaleza *f* fortress, fort
fortificar to fortify, to make strong
forzar (ue) to force; to compel; to break in
fosa *f* grave
fraile *m* friar
francotirador(a) *m or f* sniper
frenar to restrain; to limit; to brake
freno *m* brake (for a wheel)
frente in front of; *f* forehead; *m* front
fresco(a) fresh
frialdad *f* coldness, coolness
frigo *m* refrigerator
frijol *m* bean, bean plant
friolento(a) chilly, susceptible to cold
frondoso(a) leafy
fruncir to gather, to pucker
frutal fruit
fruto *m* produce
fuego *m* fire
fuerza *f* force, strength, power; main body of an army
fuga *f* flight
fugaz fleeing, passing
fulgurante shining, flashing
fumar to smoke
fumador(a) *m or f* smoker
funcionario *m* public official, civil servant
fundar to found, to establish, to base
fundir to smelt; to fuse
furor *m* fury, furor
furtivamente furtively; in a deceptive manner
fusil *m* gun, rifle
fusilar to shoot

G

gabinete *m* cabinet (ministers of state); dentist's office
gafas *f pl* spectacles, eyeglasses
gajo *m* branch (of a tree)
galopar to gallop
galope *m* gallop
a — at a gallop; in great haste
gallardo(a) graceful; self-assured
gallina *f* hen
gallinero(a) *m or f* poultry dealer; *m* henhouse, coop, henroost
gana *f* appetite, desire
darle a uno —s de to make one feel like

tener —s de to wish to, to be anxious to
ganado *m* cattle, livestock
— vacuno beef cattle
ganador(a) *m or f* winner, earner
ganga *f* bargain
garboso(a) graceful, sprightly
garganta *f* throat
garra *f* claw of a wild beast
gastar to spend; to waste
gasto *m* expenditure, expense; waste
gatear to crawl (like a cat)
gatillo *m* trigger
gaucho(a) *m or f* person of the Argentine pampas; Argentine cowboy (girl)
gemelo(a) *m or f* twin
gemido *m* moan
gemir (i, i) to moan, to groan
género *m* genre; gender; kind
genio *m* temperament, disposition; genius, spirit
gente *f* people
gerente *m or f* manager
gesto *m* gesture
gimotear to whine
girar to turn, to rotate, to spin
globo *m* balloon
golpe *m* blow, hit, strike
golpear to hit
golpecito *m* tap, light blow
gordo(a) fat, stout, fleshy; great, large, big
el premio — *m* the big (top) prize
gorra *f* cap, hat
gota *f* drop
gozar to enjoy
grabar to record; to carve
gracia *f* witty remark; grace; pardon
caer en — to like
hacer — to strike someone as funny
grandeza *f* grandeur, greatness
granizar to hail
granizo *m* hail
granja *f* farm; grange
grano *m* grain, each single seed
ir al — to come to the point
grasa *f* grease; fat; suet
gratis free, for nothing
grato(a) pleasing
graznar to caw, to cackle
graznido *m* caw, croak, cackle
gritar to shout; to cry
grito *m* cry, shout
grosería *f* rudeness, ill-breeding; discourtesy; coarseness
grueso(a) thick; large, fat
gruta *f* cave
guagua *f* bus (Caribbean); *m or f* baby
guante *m* glove
guapetón *m* bully
guapo(a) good-looking, attractive
guardar to guard; to keep
guarecer to take in, to give shelter
—se to take refuge or shelter
güero(a) blond (Mexico)
guerrero *m* warrior, soldier

guía *m or f* guide
guiño *m* wink; signal
guisa *f* manner, way
a — de in the manner of
guisar to cook; to stew
guiso *m* dish; a cooked dish or stew
gusto *m* pleasure; taste
darse el — to please oneself

H

haber to have (auxiliary verb)
— que + infinitive to have to, must
habichuela *f* bean
habitación *f* room
habitar to inhabit
hacer to make, to do
— calceta to knit
— caso to obey, to pay attention
— daño to hurt, to harm
— falta to need, to be necessary
— gracia to amuse
hace + expression of time + que have been doing something for the length of time expressed
hacienda *f* estate, ranch, farm
hada *f* fairy
hallar to find, to discover
hambre *f* hunger
pasar — to be hungry
tener — to be hungry
hambriento(a) hungry
harapiento(a) ragged
harapo *m* tatter, rag
harina *f* flour
harto(a) full; fed up; very much
— de sick of
hasta even; until; to; as far as; as much as
— ahora until now
— más no poder to the utmost
hastío *m* loathing, disgust
haz *m* bundle
hazaña *f* feat, exploit, deed
hecho *m* deed, act; fact; event
a lo —, pecho one must make the best of what's been done; no use crying over spilled milk
de — at the same time; in fact; as a matter of fact
helado(a) frozen, cold; *m* ice cream
helar (ie) to freeze
hembra *f* female
heredero(a) *m or f* heir
herencia *f* heritage, inheritance
herida *f* wound
herir (ie, i) to wound, to injure
hermoso(a) beautiful
hervir (ie, i) to boil
hidropesía *f* dropsy
hielo *m* ice
hierro *m* iron
higuera *f* fig tree
hilo *m* thread
al — parallel; the length of
hinchar(se) to swell

hinchazón *f* swelling, inflammation
hogar *m* home, hearth
hogareño(a) of the home; domestic
hoguera *f* bonfire
hoja *f* leaf; sheet of paper
hojear to leaf through
hombría *f* manliness
hombro *m* shoulder
hondo(a) deep
honrado(a) honorable
honrar to honor
horario *m* timetable; schedule; hour hand of a clock
horca *f* gallows
hornear to bake
horno *m* oven, kiln, furnace
horripilar to inspire horror
hospedaje *m* lodging
hospedar to lodge
hospedería *f* hospice; hostel; inn; lodging
hospicio *m* poorhouse; orphan asylum
hostelería *f* hotel business
hoy today
    de — en ocho a week from today
    — día today, nowadays
    — en día nowadays
hoya *f* hole, pit
hueco(a) hollow, empty
    m hollow; hole, gap, void
huelga *f* strike
huérfano(a) *m or f* orphan
huerta *f* orchard
hueso *m* bone
huída *f* flight, escape
huir to flee
hule *m* rubber
humeante smoking
humedecer to moisten, to dampen
húmedo(a) moist, damp
humildemente humbly, meekly
humo *m* smoke
humorista *m or f* humorist
hundir to sink

I

ida *f* departure
ileso(a) unhurt, unscathed, not injured
imán *m* magnet
impacientarse to get impatient
imponer to impose; to dominate
importar to matter, to be important; to import
impreciso(a) imprecise
impulsar to impel, to drive
incaico(a) pertaining to the Inca Indians of South America
incendio *m* fire
incertidumbre *f* uncertainty
incluso(a) enclosed, included
incómodo(a) uncomfortable
incontenible irrepressible
incontrastable invincible, unconvincible; unanswerable
incrementar to increase

indefinible undefinable
indígena native
indigno(a) unworthy
índole *f* disposition, nature; kind, class
inducir to induce; to persuade; to influence
indudable unquestionable
inesperado(a) unexpected
infelicidad *f* unhappiness
infierno *m* hell
informe *m* report, information
infundir to infuse, to instill
ingenio *m* ingenuity, cleverness, talent, inventive faculty
    — de azúcar sugar refinery
ingravidez *f* weightlessness
ingresar to enter, to join (a party, etc.); to enter a university
ininteligible unintelligible
innegable undeniable
inodoro *m* toilet; that lacks smell
inolvidable unforgettable
inquietar to stir up, to excite
    —se to worry
inquieto(a) restless
inquietud *f* restlessness, unrest
inquisidor(a) *m or f* inquirer, examiner, inquisitor (eccl.)
insalubre unhealthy
insipidez *f* insipidness, tastelessness
insólito(a) unusual
insondable inscrutable; fathomless
inspirativo(a) inspiring, inspirational
insurgente insurgent, rebel
íntegro(a) integral, whole; honest
intemperie *f* bad weather
    a la — unsheltered, in the open
intentar to try; to intend
intercambio *m* exchange
    alumno(a) de — exchange student
interés *m* interest
intereses *m pl* property
interesado(a) *m or f* interested party, prospect
interesar to interest
    —se to be interested in
interponer to appoint as mediator
    —se to intervene
interrogar to question, to ask questions
intraducible untranslatable
intrépido(a) brave, courageous
intruso(a) *m or f* intruder; intrusive
inundación *f* flood
inundar to inundate, to flood
inútil useless
invernadero *m* hothouse, greenhouse, conservatory
invitado(a) *m or f* guest
ira *f* ire, anger
iracundo(a) angry, enraged, wrathful
izar to hoist, to raise, to haul up
izquierdo(a) left

J

jabón *m* soap

jacalón *m* shack
jadeante panting
jarguís *m* popular dance (Mexico)
jarro *m* pitcher, jug, pot
jefe(a) *m or f* chief, head, leader, boss
jinete *m* horseman, rider, cowboy
jornalero *m* day laborer
jornales *m pl* daily wages
jorobar to bother, to annoy
jubilación *f* retirement
jubilado(a) retired
júbilo *m* joy, jubilation
jugar to play
juguete *m* toy, plaything
juicio *m* judgment; trial, lawsuit
juicioso(a) wise
jurado(a) sworn under oath; *m* jury; juror; juryman
juramento *m* oath; curse
jurar to swear, to take an oath
jurídico(a) legal
justiciero(a) strictly fair, just

L

labio *m* lip
laboral relative to work
labores *f pl* work; housework
labrador(a) *m or f* farmer, peasant; worker
labrar to work; to plow
lacra *f* mark or trace left by illness; defect
ladear to tilt; to tip; to incline to one side
lado *m* side
ladrillo *m* brick
ladrón (ona) *m or f* thief, robber
lágrima *f* tear
lamentación *f* sorrow, lament
lámpara *f* lamp
lana *f* wool
lance *m* event, occurrence, episode; throw, cast
langosta *f* locust; lobster
lanzabombas *m* bomb thrower, bomber (airplane)
lanzar to throw, to fling; to cast out; to utter sharply
    —se to throw oneself
largo(a) long
    a la larga in the end; in the long run
    a lo — (de) along; lengthwise
lástima *f* pity, shame, sorrow
lastimar to hurt, to injure
lastimero(a) pitiful, sad
lastimoso(a) pitiful
látigo *m* whip
latita *f* small can
lavadero *m* washroom
lavandería *f* laundry
lavar to wash
leal loyal
lección *f* lesson
lector(a) *m or f* reader
lecho *m* bed, litter, bed of a river
lechuza *f* barn owl

lejanía *f* distance, remoteness
lejano(a) distant, remote
lejos far
  a lo — in the distance
  — de far from
lema *m* motto, slogan, theme
lentamente slowly
lente *m* lens
  —s eyeglasses
lento(a) slow
leña *f* log, firewood
lesionar to injure, to damage, to impair
letra *f* letter
levantar to raise, to lift; to pick up
  —se to get up
leve light, trivial, of little weight
ley *f* law
librería *f* bookstore
licenciado(a) *m* or *f* lawyer, professional
líder *m* leader
lidia *f* battle, fight, contest
liebre *f* hare
lienzo *m* canvas
ligadura *f* binding, tourniquet
ligar to tie, to bind
limeño(a) from Lima, Peru
limosna *f* alms, charity
limpiar to clean
limpio(a) clean
linaje *m* lineage
lindar to border, to be contiguous
línea *f* line
liso(a) even, smooth; straight (hair)
listo(a) ready; smart, intelligent
litigio *m* litigation, lawsuit; dispute
liviandad *f* lightness, levity, frivolity, fickleness
liviano(a) fickle, inconsistent
lo him, it; the
  — que that which
  — que sea whatever it may be
loable laudable
lóbrego(a) dark, gloomy
locuaz loquacious, talkative
locura *f* madness, insanity
lograr to achieve
logro *m* attainment, success, profit
loma *f* low hill
lomo *m* hill; back (of an animal)
lona *f* canvas
luciérnaga *f* firefly
lucir to shine; to look
  —se to dress up; to show off
lucha *f* fight, struggle
luchar to struggle, to fight
luego then
  desde — of course
lugar *m* place
  tener — to take place
lúgubremente dismally, gloomily
lujo *m* luxury
lujoso(a) luxurious
lumbre *f* fire
luna *f* moon
  — de miel honeymoon
luto *m* mourning

luz *f* light

Ll

llama *f* flame, blaze
llamada *f* call
llanta *f* tire (auto)
llanto *m* weeping
llavero *m* key ring
llegada *f* arrival
llenar to fill
lleno(a) full; plenty
llevar to take, to carry; to wear
  —se a cabo to carry through; to accomplish
llorar to cry
llorona *f* weeping person; crybaby
llover **(ue)** to rain
lluvia *f* rain

M

machetazo *m* blow with a machete
machete *m* long-bladed knife
machismo *m* the quality of being a male; male chauvinism
macho male, strong
madera *f* wood
madrugada *f* dawn
madrugar to get up early
maestro(a) *m* or *f* teacher
majo(a) showy, handsome, pretty; nice; *m* or *f* beau, belle
malambo *m* folk dance
maldad *f* wickedness
maldecir to curse
maldición *f* curse
maldito(a) cursed, damned
maleta *f* valise, suitcase
maletín *m* small valise, overnight bag
maleza *f* thicket, underbrush
malhumorado(a) ill-humored
malicia *f* malice, evil
malignidad *f* evilness, wickedness
malo(a) bad, evil, mischievous
malograr to waste, to lose, to miss (time or opportunity), to fail
malsano(a) unhealthy, sickly
maltratar to mistreat, to abuse
manantial *m* spring (water source)
mancebo *m* young man
mancha *f* spot, stain
manchar to spot, to stain
mandadero(a) *m* or *f* porter; messenger
mandamiento *m* order, command; commandment
mandar to command, to order, to send
  — hacer to have made
mandato *m* order, command
mandíbula *f* jaw, jawbone
mando *m* command
manejar to drive; to manage
manera *f* way, manner
manga *f* sleeve

manifestar (ie) to demonstrate, to exhibit
maniobra *f* procedure; trick; maneuver
manteca *f* lard; fat; butter
mantener to support, to maintain
manto *m* cloak
manzano *m* apple tree
mañana *f* tomorrow; morning
  de la — in the morning
  por la — in the morning
máquina *f* machine
  — de coser sewing machine
mar *m* (rarely, feminine) sea
maratón *m* marathon race
maravilla *f* wonder, marvel
maravillarse to wonder, to marvel
marco *m* frame
marchar to march
  —se to leave, to go away
marido *m* husband
marinero *m* mariner, seaman, sailor
marginado(a) obsolete; on the margin, separated, isolated
martillo *m* hammer
mas but
más more
masa *f* mass; dough; *pl* masses of people
matador(a) *m* or *f* killer, assassin
matar to kill
matarife *m* slaughterman
mate dull, flat, lusterless; *m* kind of tea (in parts of South America)
matrimonio *m* marriage; married couple
maullar to meow
maya relative to the Maya Indians of Mexico and Central America
mayor older, greater, larger
  al por — wholesale
mecanógrafo(a) *m* or *f* typist
mediados half full, half filled
  a — de about the middle of
medio middle, half
  en — de in the middle of
  por — de by means of
mediodía *m* noon
medios *m* ways, means
medir (i, i) to measure
meditar to meditate, to think
medroso(a) fainthearted; fearful, frightened
mejilla *f* cheek
mejor better, best
  a lo — perhaps, maybe, when least expected
mejorar to improve
melón *m* cantaloupe
mellado(a) jagged
membrudo(a) muscular, strong
mendigo(a) *m* or *f* beggar
menina *f* lady in waiting; young lady in attendance to the queen or the princesses
menor smaller, younger, youngest; slight; least; *m* or *f* minor
menos less, least
  al — at least

cuando — at least
por lo — at least
menospreciar to underrate, to undervalue; to despise, to slight
mensaje *m* message
mensajero(a) *m or f* messenger
mensual monthly
mente *f* mind
mentir (ie, i) to lie
mentira *f* lie
mentiroso(a) *m or f* liar
mentón *m* chin
menudo(a) small
a — often
merced *f* favor, grace; mercy
merecer to merit, to deserve
mero(a) mere, simple
mesar to tear; to pull out
mesero *m* waiter
meta *f* goal; objective
meter to put in, to insert
metralla *f* shrapnel; grapeshot
mezcla *f* mixture; mortar
mezclar to mix
michito *m* kitten, kitty
miedo *m* fear
miel *f* honey
mientras while
— tanto meanwhile
miga *f* crumb, soft part of bread; small fragment, bit
mil thousand
militar *m* soldier, person in military service
mimado(a) spoiled, overindulged
mimar to spoil, to pet; to indulge
mimbre *m* wicker
minuciosamente meticulously, with great care or detail
mirada *f* look, glance
misa *f* mass
— de gallo midnight mass on Christmas Eve
misal *m* prayer book
miseria *f* poverty; misery
misericordia *f* compassion, pity
místico(a) mystical, spiritual; *m or f* mystic
mitad *f* half; middle
mito *m* myth
mocetón (ona) *m or f* strapping youth; lad (lass)
moda *f* fashion, style, manner, way
modo *m* way
mofarse *m* to mock, to jeer, to scoff, to sneer, to make fun of
moflete *m* fat cheek, jowl
mojar to wet; to dampen
—se to get wet
moler (ue) to grind, to mill
molestar to disturb, to bother
molienda *f* milling, grinding
molinero *m* miller
molino *m* mill
momento *m* moment

al — right away
monacal monastic, monkish
moneda *f* coin, money
monja *f* nun
monje *m* monk
mono(a) cute; *m* monkey
montado(a) mounted on horseback
montar to mount, to ride; to cock a gun
montón *m* heap, pile, stack
moño *m* chignon, bun (of hair)
moraleja *f* moral, lesson
morboso(a) morbid; diseased
mordedura *f* bite
morder (ue) to bite
moreno(a) brown, dark, brunette
moribundo(a) dying; *m or f* dying person
morisco(a) Moorish
morlaco *m* silver coin
moroso(a) gloomy, sad, morose
mortificar to worry, to mortify
—se to be embarrassed
morral *m* knapsack, bag
mostrar (ue) to show
motivo *m* motive, reason
moto short for **motocicleta**
mover (ue) to move
mozo(a) *m or f* youth; waiter
muchedumbre *f* crowd, mob
mudanza *f* change; move (to another house)
mudar to move; to change residence
mudo(a) mute; silent
mueble *m* piece of furniture; *pl* furniture
muela *f* tooth; molar
— cordal wisdom tooth
— del juicio wisdom tooth
muelle *m* dock
muestra *f* sample
mujer *f* woman, wife
muleta *f* crutch; prop, support; red flag used by bullfighters
mundanal worldly
mundano(a) worldly; common; ordinary
mundial worldwide
mundo *m* world
todo el — everybody
muñeca *f* doll; wrist
muralla *f* wall, fence
murmullo *m* murmur, whisper
murmurar to murmur; to whisper; to gossip
muro *m* wall
musa *f* muse
muslo *m* thigh
mutante *m* change, something that changes; mutation
mutuo(a) mutual

N

nacer to be born; to start
nacimiento *m* birth; Nativity scene
nadie no one

nahuas race of Mexican Indians to which Aztecs, Toltecs, etc. belong
náhuatl *m* language of the Nahua Indians
naranjo *m* orange tree
narración *f* story
nata *f* cream
natal native; pertaining to place of birth
natural *m* native; natural
náufrago(a) *m or f* shipwrecked person
navaja *f* razor; penknife
nave *f* ship, vessel
Navidad *f* Christmas
navideño(a) pertaining to Christmas
necedad *f* foolishness
necesitar to need
necio(a) foolish; *m or f* fool
negar (ie) to deny; to decline
—se a to refuse to
negocio *m* business; transaction
nevado(a) snowcapped
ni neither, nor
— siquiera not even
nieta *f* granddaughter
nieto *m* grandson *pl* grandchildren
ningún apocopated form of **ninguno** used only before masculine singular nouns
ninguno(a) none, not any; not one
niña *f* child, girl
niñez *f* childhood
niño *m* child, boy
nítido(a) neat, bright, clear
nivel *m* level
nivelarse to level off
nombre *m* name
noreste *m* northeast
nostalgia *f* homesickness, nostalgia
nota *f* grade; note
notar to note, to observe, to notice
noticia *f* news, news item
noticiero *m* news bulletin; late news
noveno(a) ninth
novia *f* fiancée, bride, girlfriend
noviazgo *m* courtship; engagement
novio *m* fiancé, groom, boyfriend
nube *f* cloud
nublarse to become cloudy
nudo *m* knot

O

obedecer to obey
obispo *m* bishop
obra *f* work
— maestra masterpiece
obrero(a) *m or f* worker, laborer
obsequiar to present, to give
obstante standing in the way
no — nevertheless
obtención *f* attainment
ocultar to hide
oculto(a) hidden, concealed
ocupar to occupy
—se to busy oneself, to pay attention, to take care of
odiar to hate

odio *m* hatred
oficio *m* occupation, craft, trade
ofrenda *f* offering
oído *m* ear
oír to hear
ojalá would that, hopefully, God grant; I wish
ojeada *f* glance, glimpse
ojo *m* eye
  ¡ojo! watch out!
oleada *f* large wave, surge
óleo *m* oil
  al — in oil colors
oler (hue) to smell; to smell fragrant
olfatear to sniff, to smell
olor *m* odor
olvidar to forget
  —se de to forget
olvido *m* forgetfulness, oblivion
olla *f* pot, kettle; stew
ondulante waving, undulating
opinar to think; to have an opinion
opuesto(a) opposite
oración *f* sentence; prayer
  — revuelta scrambled sentence
orar to pray
orden *m* order (of things); *f* order (command)
ordenador(a) *m or f* ordainer; orderer; auditor; computer
ordenar to order, to command
oreja *f* ear
orgullo *m* pride
  tener — to be proud
orgulloso(a) proud
orilla *f* edge, shore, bank
oscurecer to grow dark
oscuridad *f* darkness
oscuro(a) dark
ostentar to show; to make a show of, to exhibit
oveja *f* sheep

P

pactar to agree upon
padecer to suffer
padecimiento *m* suffering
padre *m* father *pl* parents
paella *f* rice dish with chicken, meat, seafood; national dish of Spain
pagar to pay
  ¡Dios se lo pague! May God reward you!
pago *m* pay, payment
paisaje *m* landscape
paisano(a) *m or f* compatriot, civilian
paja *f* straw
pajarera *f* aviary; large bird cage
pala *f* shovel; stick; blade of an oar
palabra *f* word
palabrota *f* naughty word, coarse expression
paladear to taste, to relish
palenque *m* stockade
pálido(a) pale

palillo *m* toothpick; small stick
palmada *f* clap
palmo *m* span, palm
paloma *f* dove
palomita *f* little dove; popcorn
palpar to touch, to feel
pámpano *m* leaf; branch of grapevine
panadero(a) *m or f* baker
pandilla *f* gang; foul play
pantalla *f* screen; lampshade
pantanoso(a) marshy, swampy
panza *f* paunch, belly
panzudo(a) paunchy
pañal *m* baby's diaper; *pl* swaddling clothes
paño *m* cloth
pañuelo *m* handkerchief
Papa *m* Pope
papado *m* papacy, office of the Pope
papandujo(a) too soft, overripe (fruit)
par equal, on a par; *m* pair, couple
  a — del alma profoundly
parada *f* stop (as of a train or bus); parade
paraguas *m* umbrella
paraje *m* place, spot
parar to stop
parco(a) frugal, scanty, moderate
pardear to become dusky
parecer to seem, to look like
  al — apparently
  —se to resemble
parecido(a) resembling
  bien — good-looking
pared *f* wall
paredón *m* huge wall, thick wall
pareja *f* pair, couple
pariente *m* relative
párpado *m* eyelid
parquear to park
parrandista *m or f* one who "paints the town red"
parrillada *f* cookout
parroquia *f* parish church
partidario(a) *m or f* partisan, follower
partido *m* match, game (sports); political party; group
partir to leave, to depart; to split; to divide
  a — de beginning with, starting from
pasaje *m* passage, fare, journey; passengers
pasar to pass; to put through; to hand; to happen; to spend time
  — lista to call roll
Pascua *f* Passover; Easter
pasillo *m* corridor, hall
pasmado(a) dumbfounded, astounded
pasmo *m* astonishment
paso *m* step, footstep
  de — in passing; at the same time
pasta *f* paste; batter, dough; noodles
  — de dientes toothpaste
pastilla *f* tablet, lozenge, drop, pill
patada *f* kick
patín *m* skate

  —es de ruedas roller skates
patinar to skate
patinete *m* skateboard
patón (ona) large-footed, clumsy-footed
patria *f* country, native land
patrón (ona) *m or f* boss
patrullar to patrol
pausadamente slowly
pava *f* turkey hen
  pelar de — to court; to carry on a flirtation
pavimentar to pave
pavo *m* turkey
  — real peacock
payaso *m* clown
paz *f* peace
peatón *m* pedestrian
pecar to sin, to yield to temptation
pecho *m* chest, breast
pedazo *m* piece
pegajoso(a) sticky
pegar to hit; to stick
peine *m* comb
peineta *f* ornamental shell comb for the hair
pelea *f* fight, struggle
pelear to fight, to struggle
peligro *m* danger
peligroso(a) dangerous
pelo *m* hair
  tomarle el — a uno to "pull one's leg"
pelotón *m* platoon, squad; firing squad
pena *f* pain; grief, woe, sorrow
pendenciero(a) quarrelsome
pender to hang, to dangle; to be pending
pendiente *m* earring; slope; pending
penosamente arduously; with difficulty
penoso(a) painful; laborious
pensamiento *m* thought; mind
penúltimo(a) penultimate; next to last
penumbra *f* half-light
pequeño(a) little, small
pera *f* pear
peral *m* pear tree
perchero *m* clothes rack
pérdida *f* loss
perecer to perish
peregrinaje *m* pilgrimage
peregrino(a) *m or f* pilgrim
perezoso(a) lazy
periodismo *m* journalism
periodista *m or f* journalist
perjudicar to damage, to hurt, to injure, to impair
perjurarse to perjure oneself
permanecer to remain
perpetuar to perpetuate
perplejo(a) perplexed
perseguir (i, i) to pursue; to persecute
persiana *f* window blind
personaje *m* character (in a play); important person
pertenecer to belong
pertenencia *f* ownership, holding; property; possession

pertrechos *m* supplies, stores, provisions
pesadamente awkwardly; heavily
pesadilla *f* nightmare
pésame *m* condolence
pesar to weigh
   m sorrow, grief, regret, repentance
   a — **de** in spite of
pescador(a) *m or f* person who fishes
pescar to fish; to catch
peseta *f* Spanish unit of money
peso *m* weight; unit of money in some
   Latin American countries
pesquero(a) fishing; *f* fishery
pesquiza *f* investigation
pez *m* fish
picada *f* trail; animal bite
pico *m* peak
pícaro(a) *m* mischievous; rogue, scoundrel
piedad *f* pity, mercy
piel *f* skin, hide
pieza *f* piece; room; play (theatrical)
pila *f* pile, heap; stone trough or basin;
   holy water font
pincel *m* artist's brush
pintura *f* painting, paint
piñata *f* decorated pot; game of breaking
   clay jug filled with candy
piropo *m* flattery, compliment
pisada *f* footstep, footprint; hoofbeat
pisar to step on
piscina *f* swimming pool
piso *m* floor; apartment or story
pista *f* track, trail; paved road
pizarra *f* blackboard
placer *m* pleasure
planchado *m* ironing
planear to plan
plano(a) level, smooth, flat
plantar to plant
plasmar to mold, to shape
plata *f* silver, money
plática *f* talk; conversation
plaza *f* space; office employment; city
   square; market place
plazuela *f* small square
pleito *m* dispute, fight; lawsuit
plenitud *f* plenitude, fullness, abundance
pliegue *m* fold, wrinkle
plomo *m* lead (metal)
poblador(a) *m or f* founder, inhabitant,
   settler
poder (ue) to be able to
   a más no — to the utmost
   no — **menos que** to not be able to
   keep from
   m power
poderoso(a) powerful
polemístico(a) controversial
polvo *m* dirt, dust; powder
polvorearse to cover oneself with dust or
   powder
ponche *m* punch (liquor)
poner to put, to place
   al —**se el sol** at sunset
   — **la mesa** to set the table

—**se** to put on; to become
—**se a** to begin to
—**se al tanto** to catch up
—**se de acuerdo** to come to an agreement
por by, through, by means of, over, during,
   in, per, along
   — **completo** completely
   — **lo tanto** for that reason
   — **lo visto** apparently
   ¿— **qué?** why?
   — **su cuenta** on his (her) own
pordiosero(a) *m or f* beggar
pormenor *m* detail
portada *f* book cover; gate
portar to carry
   —**se** to behave oneself
portátil portable
portezuela *f* little door
porvenir *m* future
posada *f* lodging, inn; Christmas proces-
sion
poseer to possess; to own
postal postal
   f post card
poste *m* post
postergar to postpone
potrero *m* farm for raising horses; pasture ground
pradera *f* prairie, meadow
prado *m* lawn, field, pasture
   Museo del Prado famous art museum in
   Madrid
preámbulo *m* preamble, preface
precavido(a) cautious, guarded
precioso(a) precious, dear; beautiful
precipitar to rush
   —**se** to throw oneself headlong
preciso(a) necessary, precise, exact
precursor *m* forerunner
predicador(a) *m or f* preacher; spokes-
person
predicar to preach; to foretell
premiar to reward
premio *m* prize, reward
premura *f* urgency, haste
prenda *f* article of clothing
prender to seize, to grasp; to pin; to imprison; to turn on (a light)
preocupar to worry
   —**se** to become worried, to be worried;
   to concern oneself with
preparatorio *m* preparatory school; preparatory
presagio *m* omen
prescindir to leave aside; to do without; to
let pass
presenciar to witness
preso(a) *m or f* prisoner
prestar to lend, to loan
   — **atención** to pay attention
   —**se** to offer one's self
pretender to pretend; to aspire to; to try
pretexto *m* excuse
prevenir to prevent; to avoid
prieto(a) dark, dark-complexioned

primor *m* skill; elegance; beauty
principiar to begin
principio *m* principle; start
   al — in the beginning; at first
prisa *f* haste, rush
   darse — to rush, to hurry
privar to deprive
   —**se** to deprive oneself
probar (ue) to test, to prove; to try
   —**se** to try on
procesión *f* entrance march, processional
proceso *m* process
   — **legal** trial
procurar to try
prodigar to lavish; to squander
prodigio *m* prodigy; marvel, miracle
profundo(a) profound, deep
prohibir to forbid, to prohibit
promesa *f* promise
prometer to promise
promover (ue) to promote; to further, to
advance
pronóstico *m* forecast, prediction; omen
pronto fast, quick
   de — suddenly
propietario(a) *m or f* proprietor, owner
propina *f* tip
propio(a) own, one's own; proper, correct,
suitable
proporcionar to furnish, to provide
prorrumpir to break forth, to burst out
proseguir (i, i) to continue, to carry on
something previously started or interrupted
proteger to protect
proveedor(a) *m or f* provider
provenir to come from
próximo(a) next
prueba *f* test
psíquico(a) psychic
puerco *m* pig, hog
puerto *m* port
puertorriqueño(a) Puerto Rican
puesto que since, in as much as
pulmón *m* lung
   con toda la fuerza de los —**es** at
   the top of one's lungs
punta *f* tip, point
puntiagudo(a) sharp, pointed
puntuar to punctuate
punzada *f* sharp pain
puñado *m* handful, bunch
puñal *m* dagger
puñetazo *m* punch, blow with the fist
puño *m* fist

Q

quebrada *f* narrow opening between two
   mountains, gorge, ravine
quebrar (ie) to break
quedada *f* spinster (*familiar*)
quedamente softly, quietly
quedar to remain, to stay
   — **de pie** to remain standing
   — **en** to agree on

— se to stay, to be left
quehacer *m* occupation, business, work
  —es de la casa household chores
queja *f* complaint
quemar to burn
  —se to be burned, to be consumed by fire
querer (ie) to want, to wish; to love
  — decir to mean
querido(a) dear, beloved; *m or f* loved one
querubín *m* cherub
queso *m* cheese
quieto(a) quiet, calm
  ¡quieto! Be still!
química *f* chemistry
quinta *f* villa, small farm
quitar to take away, to remove
  —se to take off
quizá (quizás) perhaps, maybe

R

rabillo del ojo *m* corner of the eye
rabo *m* tail
ráfaga *f* gust of wind; machine gun burst
raíz *f* root
rajar to split, to rend, to tear; to slice (food)
rama *f* branch, bough
ramo *m* branch (of business, trade, science, art, etc.)
rana *f* frog
rapaz rapacious, predatory
rápidamente quickly
rascar to scratch
rasgo *m* trait, characteristic
rastro *m* track, trail
rato *m* short time
  a cada — frequently
  a —s from time to time
  un buen — a long time
ratón *m* mouse
rayar to scratch
rayo *m* ray, bolt of lightning
raza *f* race
razón *f* reason, reasonableness; conjecture
  tener — to be right
real royal; real, true
realista realistic; *m* royalist
realizar to fulfill, to carry out, to achieve
reanudar to renew; to resume
rebanada *f* slice
rebato *m* alarm, alarm bell
recado *m* message
recaer to fall again; to fall back
recalcar to cram; to pack, to push, to squeeze in; to emphasize
recámara *f* bedroom
recatarse to be cautious; to refuse to take a stand
receta *f* recipe; prescription
recetar to prescribe
recibidor(a) *m or f* receiving clerk
recién recent
recio(a) strong, robust; loud; vigorous

reclamar to claim; to demand
recoger to gather, to collect; to harvest; to pick up
recogida *f* withdrawal; collection; harvesting
recompensa *f* recompense; pay, payment
reconstruir to rebuild, to restore
recordar (ue) to remember
recorrer to go over
recostar (ue) to lean
  —se to lean back
recto(a) straight
recuerdo *m* memory; souvenir
recurrir to resort; to have recourse; to revert
recurso *m* recourse, appeal; resource
rechazar to reject; to refuse; to repel
red *f* net
redacción *f* editing; wording; editorial rooms
redactor(a) *m or f* editor
rededor *m* surroundings
  al— around
redondilla *f* short poem
redondo(a) round
reemplazar to replace
reencarnar to be reincarnated
referir (ie, i) to refer; to tell
reflejar to reflect
  —se to be reflected
refrán *m* refrain, saying, proverb
refrenar to curb, to check; to restrain
regalar to give a gift
regañar to scold; to growl, to grumble; to mutter
regar (ie) to water, to sprinkle; to irrigate
  — la noticia to spread the news around; to gossip
regatear to bargain
regazo *m* lap
regir (i, i) to rule, to govern; to control
regla *f* rule
regocijadamente joyfully, happily
regocijo *m* joy, gladness
regresar to return, to go back
regreso *m* return
rehusar to refuse, to turn down
reinar to reign; to prevail
reino *m* kingdom; reign
reja *f* grate, grating, railing; iron bar
relámpago *m* lightning
relampagueo *m* flashing light
relatar to relate, to tell
reluciente shining, brilliant
rellenar to refill; to replenish; to stuff
remar to row
remesa *f* remittance
remitente *m or f* remitter, sender
remo *m* oar
remolino *m* whirlpool, eddy; disturbance
remontar to raise, to rise; to soar
remozar to rejuvenate
renacuajo *m* tadpole, polliwog
rencor *m* rancor, resentment, ill will, malice

rendija *f* crevice, crack, cleft
rendir (i, i) to conquer, to subdue
  —se to surrender, to give in
renta *f* income, profit; rent
reparar to repair; to notice
  —se to stop; to refrain
repartir to distribute
reparto *m* cast of characters (theatrical); distribution
repasar to review
repente *m* start, sudden movement
  de — suddenly
repentino(a) sudden, unexpected
repetir (i, i) to repeat
replegarse (ie) to fall back; to retreat
replicar to reply
reponer to replace; to restore
reposar to rest
reprimir to repress
res *f* head of cattle
resbaladizo(a) slippery
resbalar(se) to slip, to slide
rescatar to rescue
rescate *m* ransom; redemption, exchange
resecar to dry thoroughly
reseco(a) dried, dried out
resentir(se) (ie, i) to resent, to be offended or hurt
resfriado *m* cold (illness)
respaldar to endorse, to back
resplandor *m* brilliance, radiance
responder to reply, to answer, to respond
respuesta *f* answer, reply
restar to subtract
restaurar to restore
resto *m* rest, remainder; balance
retirar to retire; to withdraw; to retreat
retorcer (ue) to twist; to wring (hands)
  —se to twist; to writhe
retrasado(a) set back; retarded; late, behind time
retratar to portray; to draw a portrait of, to paint, to depict; to photograph
retrato *m* portrait; picture
retroceder to retreat
reunir to gather, to collect, to assemble, to get together
revancha *f* revenge
reventar (ie) to burst, to explode
revés *m* reverse
  al — in the opposite direction; on the other side
revivir to revive
revolver (ue) to stir; to scramble; to turn around; to toss and turn
reyezuelo *m* petty king
rezagado(a) *m or f* straggler, laggard; tramp
rezar to pray
rezo *m* prayer, devotions
ribera *f* bank, shore
riego *m* irrigation, watering
riel *m* rail
rienda *f* bridle rein
  dar — suelta to allow another to

have his (her) own way; to give free rein to

riesgo *m* risk
rincón *m* corner
riña *f* quarrel
riqueza *f* wealth, riches; excellence
risa *f* laugh, laughter
risueño(a) smiling, pleasant
ritmo *m* rhythm
rito *m* rite, ceremony
rivalidad *f* rivalry
rizado(a) curly
rizar to curl
rocío *m* dew, drizzle
rodear to surround
rogar (ue) to request; to beg; to pray
rollo *m* roll; anything rolled up
  ¡qué —! how boring! what a drag!
romper to break; to tear
ron *m* rum
roncar to snore
ronco(a) hoarse
ronronear to purr
ropa *f* clothes
ropero *m* closet; wardrobe
rosca *f* cake served on the Day of the Kings, January 6
rostro *m* face
roto(a) broken, torn
rótula *f* kneecap
rozar to rub; to touch lightly
rudo(a) coarse, rough; crude; severe
rueda *f* wheel
rugir to roar; *m* roaring, bellowing
ruido *m* noise
ruidosamente loudly, noisily
rumbo *m* course, route, direction

S

sábana *f* bed sheet
sabiduría *f* learning, knowledge, wisdom
sabio(a) wise; learned; *m or f* wise person
sacar to take out; to remove
sacerdote *m* priest
Sacro Imperio Romano Germánico Holy Roman Empire
sacudir to shake, to shake off; to dust
salarial relative to salary
salida *f* exit; departure
salir to leave, to go out
  —se con la suya to have one's way; to accomplish one's end
salón *m* large parlor; living room
saltar to jump, to leap
salud *f* health
saludar to greet
saludo *m* greeting; salute
salvador(a) *m or f* savior; rescuer
salvaje *m or f* savage
salvajismo *m* savagery
salvar to save
salvo excepting
sangrante bleeding; bloody

sangre *f* blood
sangriento(a) bloody
sano(a) healthy; of sound mind
santiguar to make the sign of the cross; to bless
santo(a) *m or f* saint
  día del — saint's day
sarmiento *m* branch (runner) of a grapevine
sastre *m* tailor
sazón *f* season
  a la — then, at that time
secar to dry
seco(a) dry
  en — suddenly
sector *m* sector
seda *f* silk
sedante soothing, sedative; *m* sedative
sediento(a) thirsty
seguida *f* continuation
  en — immediately; at once
seguir (i, i) to follow; to continue; to keep on
según according to
selva *f* jungle
sellar to seal
sello *m* stamp; seal
semáforo *m* traffic light
semanal weekly
  —mente weekly
sembrar (ie) to plant, to sow, to seed
semejante similar; such
semiabierto(a) half-opened
semidesnudo(a) half-dressed
semilla *f* seed
sencillamente simply, plainly, candidly
sencillez *f* simplicity, plainness; candor
sencillo(a) simple, plain
senda *f* path, trail
senectud *f* old age
seno *m* breast, bosom
sensual sensuous
sentar (ie) to seat
  —se to be seated; to sit down
sentenciar to sentence; to pronounce judgment
sentir (i, i) to be sorry, to regret
  —se to feel
señal *f* sign, marker
señalar to indicate, to point
sepa (subjunctive form of **saber**) know
  que (yo) sepa (yo) to my knowledge, as far as I know
sepulturero *m* gravedigger
sequedad *f* dryness, drought
sequía *f* drought
ser *m* human being, being
seriedad *f* seriousness
sermonear to sermonize; to lecture; to reprimand
serranía *f* mountain range; mountainous country
servicios de limpieza *m* cleaning services

servilleta *f* table napkin
sexo *m* sex
sibila *f* sibyl
sí como no Indeed! I should say so!
sido been
siembra *f* seeding; sown field
sien *f* temple (anat.)
sierra *f* mountain range
siglo *m* century
significado *m* meaning
siguiente following, next
silbar to whistle
sillón *m* armchair
simpatizar to be congenial; to get on well together
sin without
  — embargo nevertheless
sinnúmero *m* no end; great number
  un — de countless, a great many
sino but
sinvergüenza *m or f* scoundrel, rascal; shameless person
siquiera even, at least; although, even though
  ni — not even
sirvienta *f* servant, maid
sitio *m* site, place
soberbia *f* excessive pride, arrogance, haughtiness
soberbio(a) proud, haughty; superb
sobornar to bribe
soborno *m* bribe
sobre over; on; above; *m* envelope
sobrellevar to ease another's burden; to bear with resolution
sobresaliente outstanding; more important
sobresaltar to startle; to frighten
sobrevivir to survive
socavar to undermine
sociedad *f* society
  — anónima stock company, corporation
socio(a) *m or f* member; partner
socorro *m* aid, help
sofocar to suffocate; to smother; to put out
soga *f* rope
soler (ue) to be accustomed to
solicitud *f* request
solo(a) alone
  a solas in private; alone
sólo only
soltero(a) single, unmarried; bachelor (spinster)
solterona *f* old maid
sollozar to sob
sombra *f* shade; shadow
sombrío(a) shady; somber; gloomy
someter to submit
  —se to yield; to surrender
somnámbulo(a) *m or f* sleepwalker
sonar (ue) to sound; to ring
  —se to blow one's nose
sonido *m* sound
sonreír (i, i) to smile
sonrisa *f* *smile*

soñar (ue) to dream
— **con** to dream of
soporte *m* support
sorber to sip
sordidez *f* sordidness; filth
sordomudo(a) deaf and mute; *m* or *f* deaf-mute
sorpresa *f* surprise
sorteo *m* drawing; raffle
sosegado(a) calm, quiet, peaceful
sospechar to suspect
sospechoso(a) suspicious
sostener to hold; to hold up
suave soft
suavidad *f* softness
subalterno(a) subordinate; of lesser rank
subasta *f* auction sale
súbito(a) sudden, unexpected; impetuous
sublevar to incite to rebellion
—**se** to rise up
subvencionar(se) to subsidize
succionar to pull, to suction
suceder to happen, to occur
suceso *m* event, happening
sudar to sweat; to perspire
suegra *f* mother-in-law
suegro *m* father-in-law
suela *f* sole of shoe
sueldo *m* salary
suelo *m* floor
suelto(a) loose
sueño *m* dream
tener — to be sleepy
suerte *f* luck; fate
sujetar to subject, to subdue; to hold
sumar to add; to sum up
—**se** to be added or summed up
sumergir to submerge
—**se** to submerge; to dive
sumido(a) sunk
superficie *f* surface; area
superviviente *m* survivor
suplente *m* or *f* substitute, replacer
suplicar to beg, to implore
suponer to suppose
supuestamente supposedly
surgir to appear; to arise; to come forth
surtir to supply, to furnish, to provide
suscitar to stir up; to raise; to start, to originate
suspender to suspend
suspirar to sigh
susto *m* fright, scare
susurrar to whisper
sutil subtle, fine
suyo(a, os, as) of his, of hers; of yours; of theirs
salirse con la suya to have one's own way

T

tacaño(a) stingy
taciturno(a) melancholy, silent, reserved, moody; talks little

tachar to cut out; to cross out; to cancel
tal such, so, as
talla *f* to carve; to engrave
tamaño *m* size
tambaleante staggering
tanto so much, as many, so many
por lo — for that reason
tapar to cover; to hide
tapia *f* wall
tapiz *m* tapestry
taquilla *f* box office; ticket window
tarasá nonsense word suggesting magic or wizardry
tardar to delay; to be late
tarea *f* task; homework
tarjeta *f* card
— **postal** post card
tartamudear to stutter, to stammer
tarta *f* tart
taza *f* cup; cupful; bowl
tecla *f* key (of a piano)
techo *m* roof
teja *f* roof tile
tejado *m* tile roof
tejido *m* weaving; textile; cloth
tela *f* cloth, fabric
en — **de juicio** in doubt; under careful consideration
teleférico *m* cable car
tema *m* theme, subject
temblar (ie) to tremble, to shake, to shiver
tembloroso(a) trembling, shaking
temer to fear
temor *m* fear, dread
tempestad *f* storm
templarse to be moderate
temporada *f* season, period
temprano early
tenacidad *f* persistence
tender (ie) to stretch, to stretch out; to tend, to have a tendency
tener to have
— ——— **años** to be ——— years old
— **calor** to be hot
— **frío** to be cold
— **ganas de** to feel like
— **la culpa** to be guilty
— **miedo** to be scared
— **razón** to be right
— **sed** to be thirsty
teniente *m* lieutenant
tentador(a) *m* or *f* tempter (tempting)
tentar (ie) to touch, to feel
tenue soft, subdued
teñir (i) to tinge, to dye; to stain
tercio *m* third, third part of an entity
terco(a) stubborn
terminar to finish, to end
ternura *f* tenderness, love
terrateniente *m* landholder
terremoto *m* earthquake
terruño *m* piece of ground; native soil
tertulia *f* social gathering; club
tesoro *m* treasure

testa *f* head
testamento *m* last will, testament
testarudo(a) stubborn, hard-headed
testigo *m* witness
tibio(a) tepid, lukewarm
tiempo *m* time, weather
tienda *f* store, shop; tent
tierno(a) tender
tijera *f* (usually in *pl*) scissors, shears
timidez *f* timidity
con — timidly
tinta *f* ink
tintinear to jingle; to clink
tirar to throw, to shoot
tiritar to shiver
tiro *m* shot
prácticas de — target practice
tiroteo *m* shooting at random
titubear to totter, to stagger, to stutter
tizón *m* brand, firebrand
toalla *f* towel
tobillo *m* ankle
tocar to touch; to play an instrument
—**le a uno** to be one's turn
todavía still; yet
tontería *f* foolishness
tonto(a) foolish; *m* or *f* fool
topar to collide with, to run into or against; to meet by chance
toque *m* ring, ringing of a bell
torcer (ue) to twist
torcido(a) twisted, tortuous, crooked, bent
tordillo(a) grayish
torero(a) *m* or *f* bullfighter
tormenta *f* storm
tornar to return
torneo *m* tournament, contest
torpe slow, clumsy; dull
torpemente clumsily, slowly
torpeza *f* clumsiness, awkwardness, slowness
torre *f* tower
tosco(a) coarse, rough, unpolished, uncouth
tostar (ue) to toast, to tan, to burn
totonaco(a) pertaining to Indians of Mexico (reportedly builders of the pyramids of Teotihuacán)
tragar to swallow, to gulp down
trajecillo little suit
trajinar to carry; to bustle about
trama *m* plot, scheme
tranquilo(a) calm
transcurrir to pass, elapse
transcurso *m* course of time
transeúnte *m* passerby
tránsito *m* traffic
trapiche *m* sugar press
tras after, behind
trasgo *m* goblin, hobgoblin
trasladar to transfer; to move
trasquilado(a) clipped; cropped; curtailed; cut down
trastorno *m* upset; disturbance
tratar to treat; to try

través *m* inclination
  a — de through, across
travesura *f* prank; mischief
trazar to trace; to outline
trementina *f* turpentine
trepar to climb
trepidar to vibrate, to shake; to hesitate
tribu *f* tribe
tribunal *m* court of justice
tricotar to knit
trimestre *m* quarter; quarterly payment
trinchante *m* fork for holding food for
  carving; carving implement
tripa *f* gut, intestine
triste sad
tristeza *f* sadness, sorrow, grief, woe
triunfal triumphant
trofeo *m* trophy
tronco *m* trunk (of a tree or an elephant)
tropa *f* troop
tropezar (ie) to stumble, to slip
  — con to run into; to trip over
trotar to trot
trozo *m* piece
tubería *f* tubing; pipeline
tuerca *f* bolt nut, lock nut; female screw
tumba *f* tomb
tumbar to knock down
tuna *f* prickly pear; Indian fig
  La Tuna *f* group of university singers
  that perform like strolling minstrels
turbación *f* confusion, disorder
turbar(se) to disturb, to trouble; to be con-
  fused
tutear to address familiarly; to speak using
  tú, ti, and *te*

U

ubicarse to be situated, to be located
último(a) last
uncir to yoke, to hitch
único(a) only, unique
  lo — the only thing
uña *f* fingernail or toenail
urna *f* urn, jug
usado(a) used, accustomed; worn out
usar to use, to wear
útil useful
utilizar to use, to utilize
uva *f* grape

V

vaciar to empty, to drain
vacilar to hesitate, to waver
vacío(a) empty, unloaded
vacuna *f* vaccine, vaccination
vale O.K., all right; that's it; enough; under-
  stood (popular slang)
  más vale que + subjunctive it is better
  to
valentía *f* valor, courage
valentón (ona) *m or f* braggart, boaster
valer to be worth

—la pena to be worth the trouble
valeroso(a) brave
valía *f* value, worth
valiente brave, valiant
valioso(a) valuable
valor *m* value, worth
valorar to value, to appraise
vals *m* waltz
valla *f* fence, stockade
valle *m* valley
vano(a) vain, conceited
vaquero(a) *m or f* cowboy, cowgirl
variado(a) varying, diverse
varón *m* young man
vasallo *m* vassal, subject
vasto(a) vast, huge, extensive
vecindad *f* neighborhood, vicinity
vecindario *m* neighborhood; population
  of a district
vecino(a) *m or f* neighbor
vedado(a) forbidden; closed
vejete *m* old codger; ridiculous old man
vejez *f* old age
vela *f* candle
velada *f* watch, watching, vigil; wake
velar to watch over; to guard
velocidad *f* speed
veloz swift, speedy
venado *m* deer
vencer to vanquish, to conquer; to overcome
vencido(a) vanquished, beaten; out of date,
  expired
venda *f* bandage; blindfold
vendar to bandage; to blindfold
vendedor(a) *m or f* seller, salesperson
veneno *m* poison; venom
vengarse to get revenge
venir to come
venta *f* sale
ventaja *f* advantage
ventana *f* window
ventanal *m* large window
ventanilla *f* small window
ventanuco *m* small window
vera *f* edge
  de —s in truth, really
verano *m* summer
verdadero(a) true, real
verdoso(a) greenish; stagnant
verdugo *m* executioner
vereda *f* path, narrow trail
vergüenza *f* shame, embarrassment
  sin — *m* rascal, scoundrel
  tener — to be ashamed
verificar to take place; to check, to confirm
vermú *m* vermouth
verso *m* line of poetry
vestido *m* dress
vestir (i, i) to dress
  —se to get dressed
vez *f* time, occasion
  a la — at the same time
  a veces sometimes
  de — en cuando from time to time

tal — perhaps
vía *f* road, route
víbora *f* snake
vicio *m* vice
vidrio *m* glass; any article made of glass
vientre *m* belly, abdomen
vigilia *f* vigil, watch
vil vile, base, mean
vilmente comtemptibly; abjectly
villancico *m* Christmas carol
vindicar to avenge
virrey *m* viceroy
virtud *f* virtue
viruelas *f* measles
visita *f* visit; visitor
vislumbrar to glimpse; to see imperfectly at
  a distance
visón *m* mink
víspera *f* eve, night before
vista *f* view
vistazo *m* look, glance
viuda *f* widow
viudo *m* widower
vivaz vivacious, lively
víveres *m* food, provisions
vivienda *f* house, dwelling
vivo(a) alive, living; bright
vocal *f* vowel
volar (ue) to fly
voltear to upset, to turn over
voluntad *f* will, determination; good will
volver (ue) to return, to come back, to go
  back
  — en sí to come to, to recover consciousness
votación *f* voting, vote, balloting
voto *m* vote; ballot; vow
voz *f* voice
vuelo *m* flight
vuelta *f* turn, change
  dar la — to turn around

Y

ya already; now
yacer to lie
yararacusú *m* poisonous snake
yegua *f* mare
yema *f* bud; yolk of an egg; fleshy part of
  fingertip
yerba (hierba) *f* grass
yerno *m* son-in-law
yerto(a) stiff, rigid
yugo *m* yoke

Z

zanja *f* ditch, irrigation canal
zapatilla *f* slipper
zapato *m* shoe
zumbido *m* humming; buzzing

Estas breves notas biográficas mencionan algunos acontecimientos importantes en la vida de los artistas quienes en el texto han sido representados y que en el cuadro 1 no han sido mencionados.

FRANCISCO DE ZURBARÁN (1589–1664?)

Hoy día se reconoce el gran valor de este pintor que se encontraba en el olvido el siglo pasado. Forma con Velázquez la pareja de gigantes del arte español del siglo XVII.

Nació Zurbarán en un pueblecito en Extremadura, España. A los dieciséis años se marchó a Sevilla donde se estableció y antes de cumplir los treinta años ya se le consideraba maestro.

De los últimos años de Zurbarán se sabe muy poco. Desapareció después de 1664 y no se sabe cómo, cuándo, ni dónde murió.

JOAQUÍN SOROLLA Y BASTIDA (1863–1923)

Nació en Valencia en 1863. Era uno de los más notables representantes del arte español contemporáneo. Sus cuadros más famosos son los que retratan las diferentes regiones de España.

IGNACIO ZULOAGA (1870–1945)

Nació en Eibar, España, e inicialmente estudió arquitectura en Roma, pero después de poco tiempo viajó a París donde finalmente se dedicó a la pintura. Se le conoce como el fundador de la nueva escuela de arte español. Viajó a los Estados Unidos en 1924 y murió en Madrid en 1945.

Una de las obras de Zuloaga, *Albarracín*, representa unas casas sobre una colina rocosa en la ciudad del mismo nombre.

ROBERTO MONTENEGRO (1885–1968)

Nació en Guadalajara, México, y estudió en la Academia de San Carlos, México, D.F. Viajó a Europa donde también continuó sus estudios. A su regreso, organizó el Museo de Artes Populares en México, D.F., en 1934.

Además de ser pintor fue también fresquista, ilustrador, escenógrafo, grabador y editor.

DIEGO MARÍA RIVERA (1886–1957)

Nació en Guanajuato, México. Rivera estudió en la Academia de San Carlos y en 1907 viajó a España para continuar sus estudios.

Durante toda su vida tuvo mucho interés no sólo en los asuntos políticos de México sino también en los del mundo.

Agrarian Leader Zapata, una de sus obras, es una variación del fresco que está en el Palacio de Cortés en Cuernavaca, México.

JUAN GRIS (1887–1927)

La muerte prematura de este pintor español en el pleno apogeo de su arte ha sido una gran pérdida para el mundo de las artes. Fue uno de los españoles que pertenecieron a la escuela de París y es uno de los mayores exponentes del cubismo.

JOAN MIRÓ (1893–1983)

Este pintor nació en Cataluña, España, en 1893 y viajó a París en 1919, donde pasó la mayor parte de su vida, incluyendo los cuarenta años de la dictadura de Franco. Fue un pintor surrealista que influyó en el trabajo de muchos otros artistas en Europa y en los Estados Unidos. Murió en Mallorca en 1983.

DAVID ALFARO SIQUEIROS (1898–1974)

El pintor nació en Chihuahua, México. Siqueiros, al igual que Rivera, estudió en la Academia de San Carlos y de joven se alistó en el ejército de Carranza. Después de viajar por Europa, volvió a México donde se interesó en los asuntos políticos de su país.

RUFINO TAMAYO (1899–)

Este pintor mexicano fue inicialmente un muralista como sus compatriotas Rivera, Orozco y Siqueiros. También como ellos, trataba en su obra el tema revolucionario. Más tarde siguió un camino independiente en el que divorció la estética de lo social. Se lo considera hoy en la tradición de Pablo Picasso.

ÍNDICE GRAMATICAL